民办大学的实践与思考

陆 丹 ◎著

人民出版社

目　录

民办大学的"卓越进程"

鹤鸣于九皋，声闻于天。

鱼在于渚，或潜在渊。

——《诗经·小雅·鸿雁之什·鹤鸣》

南海边的落日小院，幽静得只能听到归巢的鸟语和花树的呼吸，但城市远处恭迎 2017 年春节节庆的脚步还是让人感受到春天近了。以北京为代表的北方以至举国的寒冷和雾霾让人们逃无可逃，也因此，三亚，不再是我十三年前来创业的边远、边缘小城，不再只是当地人竭力推介的旅游目的地，甚至也不只是中国稀缺的热带滨海度假地。因为雾霾不见天日的弥漫和不见边际的蔓延，中国一些有条件的人已经把海南尤其是三亚作为置地置业以便于避难之地。蜂拥而至的远不止是最初逃离东北来创业来讨生活的人们，也不只是最能把握商机的浙江人和最爱追逐时尚的上海人，而是北京为代表的在大都市里拼世界的中国式精英群体，三亚成为他们中一些人长年累月的栖息地，如果可能，一定还是他们极私密也极放松的疗养所。当然，他们的到来，会吸引当地许多有责任的人们更加勤勉，如蜂如蝶。殷勤，本是亚洲人的待客之道。待尊贵之人，倍加的热情和小心翼翼，毫不犹豫地改变了当地万事从容不迫的生态。

此刻，我的心情是难以言表的。2012 年，辛苦许久、积蓄许久、谋划许久、巧妙沟通的转设方案，让三亚学院与海南大学没有了名义上的隶属关系，成为名副其实的独立学院，三亚学院的"出世计划"宣告成功。接下来，经过两年休养生息与弥补因为快速发展而难免的缺漏，三亚学院顺利通过教育部专家团队的合格评估，获得官方、专业而贴心的办学评价：三亚学院在中国民办大学中位居前列，甚至于超过不少同批次接受评估的公办院校。这个评价从学校外部宣告三亚学院"正常办学"进入预设的健康轨道。三亚学院，一所南海边、孤岛上、边缘小城的大学，被我此前的办学高人普遍评价为在文化沙漠的三亚不可能办成大学的大学，可以由此不再千辛万苦筑基础、殚精竭虑赶时间、如履薄冰建防火墙了，可以放下应对各种规制的紧张，从容开启自己更广阔的大学梦想之旅了。

"卓越进程"是由我动议的三亚学院五年前描绘学校十年远景目标时的计划，最初是王勖铭副校长出了初稿，2016 年学校谋划与国家"十三五"规划同步的五年规划时，"卓越进程"成为正式启动规划的名称，王勖铭副校长在已经校务委员会通过的远景规划基础上起草，继任分管教学的洪艺敏副校长跟进丰富，分管人力资源和文化建设的车怡副校长统筹统稿，经过校领导沈建勇副书记（分管党务、学务）、刘晓鹰副校长（分管科研）等多位管理者和教师代表集思广益，我参与全程，学校"十三五"规划于2016年教代会讨论通过。

我很在意这个过程。在办学的前两个阶段，我的"权力"（同样是责任）是独自承担的，尤其是第一个阶段，一个人于办学上"独立思考"，于文案上"独揽全篇"，于学校事务决策上全力以赴发出"一个声音"，是全校财务的"一支笔"，还是干部评价的"一张票"。如果是不谙世事、心怀狭隘的人，一定可以把这个状况当作享受，但我不笨。我受到的家庭启蒙教育是要平等与顾及他者，我受到学校的开化教育是公平与尊重别人，我在大学的文学系浸泡的是人文关怀与人为善，而不是独断专行、盛气凌人、颐指气使，这些令人厌恶的、自卑拙劣的自我表演与损伤别人生活世界的公务行为，哪怕这些行为师出有名，正义在手。我研究的社会制度是，均衡才低风险，良制需协商，良治要民主和相互尊重。在办学的第二个年头，考虑到董事会不常开和董事会主要成员距离远，我主动对李书福董事长说了三件事：一是我不会把我的亲朋好友和校友熟人引进学校，学校要五湖四海；二是学校还需要您继续投资但不会长期依赖；三是我需要和不得不在三亚学院实行几年人治，但几年以后必须转型为制度治理和文化自为，八到十年以后没有我和我的痕迹学校也能自行健康运转。与此承诺相关的是，有一同创业的同事有一些自我期许，我的告诫是，我研究社会理论、研究民营经济环境以及企业生态，我的认知是，中国的法治还在路上，政府公信力尚不强，社会普遍信用不足，企业诚信度不高，在此背景下，认识自我和做好自己才是职场第一要务。为此，我戏说：我和我们的价值就在于教育部办学许可审批之前、第一届新生进校之际，此后，我们的职业岗位价值与日俱减，自我放大就是自找没趣和自寻末路。教育本是我们的意趣情怀，进取是我们人生和工作的内生动力，其他的不多考虑，就自得其乐、少生烦恼了。中共十八大以后，中国政治生态发生巨变，全面治理的第一斧砍在治党上，治党的第一动员是群众路线，也许对别人是个迷思，但我觉得这是个契机，如果大学的社会政治环境向着群众民意关注的方向改进，那么，大学治理的放权就得以里应外合、得到成本小风险低的治理方式变迁的良机。因此，借助足够宏大的话语环境，学校实行完整的董事会领导下的校长负责制，明确中央要求的党委政治核心定位。学校治理现代化带有中国特色，但与国际经验并不远。学校实行校务委员会（校长办公会，其下是六长制）、校党委会、校学术委员会一级决策制度；校教师工会知情参与决策制度；若干二级委员会决策和工作制度；基于九个学科分设的十五个学院更多的获权，学院从教学机构合并为教学科研机构（院所合一），再转向办学机构，2016—2017 学年开始，专业（系）更多权责相当。依法和依制度全面治理已经有几个年头，但更为广泛的授权和更多的权责由同事相对独立地担当，则是晚近的事，这与干部们的成熟度有关吧。校长出席会议和讲话越来越少、一支笔变成几十支笔，校长从台前更多转向幕后，校长恪守岗位职守，积极进取却又有意识地自限作为，我称之为共赴前程，各自自决，大家舒服、大家开心。

大学本是个性化存在的独特机构，民主协商方式本是学术的基本路径和应有生态，有利于这个生态的行政是必要、健康和有效的，相反，则是多余、病态和低效以至失效的。当然，办学者必要的教育情怀是一回事，情怀加知性加明智则又是一回事，个人的感知与能否与时代以及环境适配却又不是一回事。此情本可以以天时地利人和作比，但这被反复引用的话语已然失魅，所以换个说法，足够自信的人才会授权基层、宽以待人、以制度治理、促文化自为，至于什么时机合适把个人自信变为组织行动，既关乎环境时势，更关乎心脏是否足够强大和眼睛不那么近视。

2016 年，学校有一件事，表明我和同事的心脏还不够强大，我们即便已经知道自己是谁，有时候难免还需要别人的评价验证自己。因为与会博鳌亚洲论坛，国家领导人将视察三亚，三亚学院是备选。我个人受李书福董事长的邀请和委托，得以于 2014 年在浙江吉利集团总部代表产学研合作关系向李克强总理汇报工作，并赠送学生制作的工艺车模作品。但领导人接见大学校长和领导人视察大学毕竟影响不同。听到对校园的溢美之词，不禁心脏跳动加速，喜形于色。在接待做前期相关工作的各级领导过程中，被北京来宾一再称赞三亚学院设计自然而现代，生态校园于山水之间透露人文气息。的确，多年间，国家相关部委的高级专家称两万余学生却看不见人头攒动，都在围绕人的生态和建筑设计关照之中；上海同济大学建筑与城市规划学院老院长王伯伟教授，称学校设计布局完全摆脱中国大学千篇一律的高度轴对称的科层制结构，按块茎方式延自然肌理展开，设计理念先进、难得；北京大学的叶副书记直言学校美丽宜居宜学；山东财经大学的翟副校长有欧美学习和考察经验，夸赞学校的环境从楼宇形态到色彩再到停车场处处见国际范儿；台湾的台南应用科技大学的林校长对图书馆阅览室内部布局如同私家书房的设计感慨颇深；而国务院的一位同志则直言，都说厦大漂亮，你们学校堪比厦大，美过厦大。虽然，理智告诉我，美是难于比拟的，更不能以高下论，大学之美在大学味道，大学之美更是个性化的，可以美美与共，不宜美美计较，但，还是美滋滋的。这一年，海南省官媒和建筑协会组织海南十大建筑评奖，学校承载人文传播学院、传媒学院、艺术学院的书德楼被评为十大最美建筑之一，凝聚我许多用心、汇聚包括李书福董事长在内许多人智慧的图书馆书山馆被评为最美建筑，学校整体则被评为生态校园，在所有奖项中，所有的海南高校，只有我们学校入选。从此乐于示人。

此前，我们在出世计划阶段，时间和条件只允许我们追求校园的安全、便利，功能够用、减少不舒适，树木多数为走道遮阴，少数美观点缀一定置放于三面以上目视可及位置。美，需要打扮，打扮需要投资，投资需要钱、精力和心情。到正常办学阶段，可以追求办学条件的不断改革完善，从更加丰富的建筑空间到更加多元的实验条件。到了卓越进程阶段，学校不但追求办学功能齐全，还在追求办学环境优美、舒适、宜教宜学，用力用心积累，调理大学的味道。

从校园环境着力建设生态校园经年，学校已然成为全国独特而难以企及的热带生态大学。三亚学院三千余亩校园地处笔架山环山之中，地势北高南低，北部群山有两座水库，云蒸雾绕或暴雨倾盆，水库水满则溢，下行即校园。建校初期遇暴雨，我和时任后勤处长的王昌军冒雨延千百年泄洪道而下，雨后依泄洪古道扩大河道，校园内做四级叠水坝，一条依地势或阔或瘦的河道，命名落笔溪，两个大小不等的湖面，南曰东湖，北称北池，湖面广植睡莲，北山溪流和园内河水依势逶迤而下，贯通校园由西北出东南，继续下行至三亚河入大东海，汇进浩渺南海。此水系建设得益于董事长的鼓励支持，他喜欢水，每次到校短暂工作时间内喜欢在河边湖边散散步，甚至发来有关外地的相关景观视频。校园中央耸立一座数百米高的山峰，史称落笔洞，是新石器时代人类活动（据悉是海峡人）遗址，当地人奉为神山，以至人迹罕至、植被葱茸，为国家一级文物保护单位，2006年，全国人大教科文卫委员会姜副主任委员前来视察，笑道：小老乡，国宝掉进你们家了。据信，大学园内有如此体量（801亩）国家一级文保的尚属首例；因为靠近文保，校园部分区域不宜有地上建筑以免有碍观瞻，学校便建高尔夫球场一座，美轮美奂，供高尔夫专业实习和全校师生体验时尚体育运动。如此，墨绿的落笔洞峰高耸居中，环绕一片平缓起伏的高尔夫浅绿，数百亩绿地与数百米笔架山高山环抱其间的，便是我们三亚学院的生态校园，美丽大学了。学校种植热带树种千余，其中热带植物园内棕榈科植物数十种，花卉百余种，海南黄花梨和沉香数万棵。经过2015年李长禄教授提议校代会通过，三角梅成为校花，凤凰木当选校树。我内心欢喜，三角梅是贫瘠土壤中的不败玫瑰，热带阳光越烈她越恣意绽放，凤凰木与三角梅同属同型同地同色，但花期不共时，凤凰各自涅槃，各自重生，各自开放。

2011年开始，学校刻意从校园建筑内外优化美化着力，校园成为方便师生教学、工作、生活和更舒适交互的场所，优化工程采用整体设计、逐年推进、由外而内的路径。成立校园规划设计委员会，我任主任，聘请美籍华人单冰茸老师任副主任，单老师用心而专业，校园保障处李源、李志伟两位处长专注而用功。经过五年耕耘，形成了如今校园的环境生态、花木扶疏，各个节点足以方便师生互动交流小憩；建筑外观依据海南常年植被茂密、学校树木四季常青的背景特征，形成各个区域建筑统一的红顶、白柱（竖形）、黄墙（横面）、石基（外墙裙）、纹面（各标志性学术建筑文化石贴面）；楼宇建筑内部，全部连廊封闭贯通，竖窗收窄避阳光射角过大，顶层楼窗形成弧顶，与国际普遍的校园审美习惯接洽；教学楼、宿舍楼入室门重新置换成钢制，每层色彩一致、各层色彩不同，加之楼宇内部面向中庭的连廊构筑花池，形成四季环廊的花色彩链；重要楼宇前面和楼群中央，置放思想家铜像计数十尊，形成思想家就在身边和与思想共时同在的大学知性人文环境；室内则在满足包括网络等各项使用功能的基础上，突出书香内环境，所有中小型报告厅、会议室、接待室、办公室一律置放书架书柜，形成大学之内进门是书、俯拾皆书的以书为家的局面。

中国大学教育与欧美有别，三亚学院作为新校与老大学有距。在法治支撑的信用环境中，教授普遍敬业的职业行为既可能是自己自觉的，也一定是有效约束的；在竞争激烈和传统厚积的环境里，年轻教师专业的职业行动即使可能是个人的喜欢，也必然是环境惯性的推动。而我们，则需要学校刻意的价值观引导、机制激励和环境启发熏染。是的，在中国新办好一所大学，尤其是要办好一所民办大学，需要做得比人们的常识多得多，在文化导入植入方面是如此，在人力资源开发方面亦是如此。这些年，三亚学院不仅一如既往地提供更多纸质图书、电子图书，提供教师培训，提供读书报告会，提供科研项目和资金，提供科研奖励，而且，更细致地提供科研项目申报培训，曾任海南大学书记和海南社科联党组书记、主席的赵康太教授慷慨地为所有教师提供高级别的科研项目申报培训，厦门大学的张光教授为全校教师提供与国际接轨的课程大纲编写的培训，刘晓鹰副校长、朱沁夫校长助理为青年教师提供科研方法培训，洪艺敏副校长为青年干部提供人才培养方案编制和为青年教师提供课程地图编写的培训，车怡副校长为全体干部提供学校战略解析、人力资源及新教师培训，沈建勇副书记为全体思政队伍提供转型发展的培训，许多学院坚持科研报告制度，创新教师办公时间的内容形式，一些教授在图书馆王昌军书记的邀请下到讨论室与学生近距离讨论学术，等等。每一种培训、报告、讨论的内容和形式的形成，各位同仁都与我面对面讨论，而我自己，作为过往学校各种培训的原创者，已经退在其后。我欣喜地感到，同事们不论是否每次是他们的动因与原创，但都想得到，做得好。在一个励志成为育人家园的新大学里，学校的教职工们勤奋地工作，努力研究学问，大多数年轻人在经历恋爱、结婚、养育子女的人生最繁忙阶段时，却能够欣然接受学校各种专业技术和新知识的培训，这需要何种的校园文化足以支撑和何等的胸怀心境足以支持啊。也因为这样，在一个网络时代，书的味道，不但在图书馆弥漫，也在校园许多角落迷散开来，好像要与花草树木对话。

回到校园内静静开放的花与静静长大的树吧。早先与我一起创业的同事都说，校长熟悉校园的每一棵树，为什么是这种而不是那种，为什么栽这里而不是放那里。我至今仍喜欢日复一日地在校园散步一周，陪同访客时，每每说到此，别人都说，很享受吧，成功感？花园般？我说，我因为创业不易而疑有焦虑症，美丽校园散步，总看到的是问题，然后就会和不同的管事同事沟通。想来大家不会喜欢随时接到改进工作的指令，所以后来就努力不在下班以后、不在节假日谈工作了，我和不同的干部群体建立了微信工作群，但事先约定，若非大事急难，不在下班后及节假日网谈工作。

当地的官员多把五加二、白加黑、微信二十四小时工作当作管理者的尽责作风和为官境界，我曾经也一度迷信于此，但读书人的本色是有反思能力，推己及人便知从科学上它不可能有效率，从精力上它不可持续，从价值观上它不人道。若非不可抗力的战时、灾害，若非创业初期短阶段或短暂突击救急任务，长期的鼓励无休假加班、拼命工作的命题在道义上恐怕难以自洽。为官一任数年，总是鞭策群僚没日没夜工作，组织存在数载数十年，众人只有工作时间没有生活状态，管理者是否有德有能已是个问题，组织是否具备德性和组织能否可持续也是问题了。工作时间和内容不能设计好，是管理者的失败，是所谓"将帅无能，累死三军"，此路不通的失败而鼓励部属继续前进，便是草菅人命了。若支配者陷入自己一大堆高大上的理由自娱，被支配者便永远不悦不舒服，何来心悦诚服、何来敬业乐业和工作效率效益？如此看来，在中国改革开放数十年以夜以继日方式艰苦奋斗之后的今天，能够抑制个人工作冲动累及部属鸡犬不宁的领导是更有责任心、道义感和不蠢笨的领导，也一定是更有成功可能的人。政治学认为，权力偏好更大的权力，这种说法会让偏好道德的中国人不舒服，可以换一个角度，或许可以说，责任承担刺激更大的责任担当。但承担责任并不意味着必须鞭策大家马不停蹄。如果并不在特殊时期，会议需要越少越好，会议开的规模越小越好，越层的会议不开更好，大会讲话越简洁越聪明，跨界的会议越少发宏论越幸运。希望通过各种非制度性的（如法定方式）会议方式管理各种人间事务、以至于企图全方位全覆盖无死角的领导，自己的企图心越大，受众理解面越小，歧义越多；自己责任感越强，他者的怠惰抵制心越重；你的会议桌离普通人越近，普通人的心离你越远。因为如果您不能真诚听取每个人意见的话——事实上在长期的文山会海中有限的精力令您永远不可能真正听取每个人的内心声音，也没有能力马上判别每条意见的真实性、可靠性、合理性，所以，大会之上，普遍号召如同广泛训诫，独自发言如同专权独断。如果是大会，还不如对众人作即兴演讲，传递及时信息而不是简单形成决策。会议依赖症的领导人，要么是对大局和团队不够放心，要么是自己心中无数不够自信，要么是权力欲望欲罢不能，要么是能力恐惧或责任恐惧强迫症患者。

当然了，相比之下，谈话沟通便是办学者必需的工作方式，治理依靠制度，但制度再周全自己也不会说话、不会去解释许多永远不能穷尽的新问题，许多新问题需要调研、统计、交流以后通过程序重新设置流程，以便更好地以制度明确无误和简洁有效地管事。在此制度和流程默认管事之前，谈话沟通成为领导者的基本工作方式，尤其是与干部的对话方式，可以真诚听取，也可以充分讨论达成共识，形成决策的共识基础。我与不同的人的对话占据了我三分之一以上的工作时间，以至于办公室外有时需要预约需要排队，如果这种工作对话记录下来，相信比我所有的公开出版的文字要多得多。曾经有一位莫名其妙的离职者到处吐槽，认为我这是享受尊贵，可能他有未释的权力欲吧，他不知道我在三十六岁时就因为在微型吊扇下写书一个暑假，导致颈椎病已同六十岁病症，南京军区总医院的门诊主任医师嘱我马上入院手术，从那时起，坐久如酷刑。此后一直以来，我站立时腰背很直，军人当我是同道，众人不知我有病只知道腰杆和脖颈要硬。即便每日难免坐着办公到腰酸背痛，但还是必须坐着。印度的班加罗尔是纽约的财务外包基地，但纽约商业的重要交易还是商人们面对面沟通完成的；耶鲁的教务长履新剑桥校长，她说她每天不得不与不同的管理者和教授广泛地面对面交流；我本人在数年间于美国纽约的圣约翰大学、纽约的尼亚加拉大学、阿肯色州的阿肯色大学、佛罗里达州的佛罗里达大学和迈阿密大学、加州的西方大学拜会各校校长进行工作访问和交流，发现校长门口的秘书工作台附近的椅子上总坐着等候与校长会晤的学校管理者、教授和各类访客。至于中国大学，我就不列举和评价了。不断地与不同的人们谈话交流，这便是有些人的工作和工作形态。

能够花大量时间面对面交流，前提是已经更充分地授权给两级管理者，他们独立地工作当然更有动力和乐趣。但未必事事有把握，这些同事们大多与学校共成长，对事业有感情也精益求精，为了降低可能多余的工作成本，我便是那个公益咨询提供者。讨论，再讨论，我与十五个学院的院长、书记以及许多研究所的负责人分别讨论，分别与班子讨论，与普通教职工讨论，既谈办学规划、方向，也谈学科及专业定位和策略；既谈产学研协同、人才培养、社会服务，也谈为人处世和队伍建设；既谈尊师爱生，也谈个人修为的学术精进、职业进取和教育情怀，当然，大量的是探讨一些具体创新、设计、策划、突破的事项可行性分析以及探讨工作尺度的把握。在与同事们的讨论中，学校"十三五"规划的定位以及十大工程、各学科各专业建设重点和特色以及相应的人才培养方案、课程设置创新、社会服务切入点、人才队伍建设路径方法，以及学校理念的一一落地，战略的集体行动、文化的系统发力和一个个体现核心竞争力的创新平台创新节点等等，得以一一丰富、得以一一论证，得以论证风险，得以清晰理解和愉快分解。同事们的工作积极性、聪明劲和创造性已经经常让我感动，这与十三年前、五年前已经不可同日而语了。

同时，这两年，学校获得许多更为具体而显著的成绩，继续在民办大学综合排位中位居前列；新生报到率民办本科排位第一；科学研究民办本科排进前七，连续三年国家社科基金项目和社科科研成果数在海南排第三，越过三所公办本科高校；就业率在教育部全口径计算中排进五十强；全球企业文化中心与美国全球企业中心合作，在学校成功举办四十多位世界500强CEO研讨企业未来发展的闭门会议；引进北大王海明教授，成立了国家治理研究院，与商务印书馆合作计划出版五十部国家治理丛书，吸引了全国和亚太近五十位相关领域学者讨论国家治理理论与实践；柔性引进新华社前副总编夏林，建立三亚论坛等智库；柔性引进中国前驻外使节郁序忠，成立公共外交研究中心，由外交部前部长李肇星任名誉主任；与国家发改委国际合作中心合作，成立丝路商学院，以此为平台获得与世界各地十多所商学院的合作，中央政策研究室前副主任郑新立任名誉院长。

并且，学校师生每年获得更多的竞赛佳绩和荣誉。在2016年，学校师生获得多项全国大奖。如，在中央宣传部、中央组织部、人民日报社等部门和单位联合举办的"四个100"先进典型活动中，学校蓝丝带海洋保护志愿者服务社团在此次活动中被评为"最佳志愿服务组织"；在中国机器人大赛中，理工学院电信专业刘浩钰和测控专业侯鹏飞同学组成的"三亚学院3队"在武术擂台轻量组项目竞技中摘得冠军；在第13届中国大学生广告艺术节上，传媒与文化产业学院教师李跃平指导、2012级广告学专业学生腾安琪创作的《中国·夜》荣获本次大赛"中国邮政"命题竞赛单元"平面广告类"金奖，还有，学校鸣鹰支教队荣获"全国百佳大学生理论学习社团"称号，等等。

学校在传统的机构之外，布局了"教师学术中心"——优雅而端庄的空间和平台（科研处提供服务），"教师发展中心"——多元和宽松的空间和平台（教务处提供服务），"教师访客室"——时尚而活泼的空间和平台（工会提供服务），"学生中心"——咨询和多元服务的温馨空间和平台（教务处提供服务），"学生访客东中心""学生访客北中心"——宽敞时尚的多功能空间和平台（校团委和学生会提供服务），"学生创新创业中心"——形成数千平方米多空间多平台的创业街。每个空间都有自己独特的功能设计和项目内容提供专业的服务。学校联合十五个学院形成一学院一节庆，形成迎新生节庆、迎新年节庆、军训表演节庆、体育欢乐节节庆、毕业庆典节庆，音乐学院的"落笔雅声音乐会"、艺术学院的"三亚的冬天时尚服装秀"、外国语学院的"莎士比亚戏剧表演"、国际酒店管理学院的"鸡尾酒招待会"等等，不仅成气候而且成品牌，影响到校外。学校官网、文宣的格局和丰富的内容方式不但领先于海南，而且成为民办高校紧盯的标杆，学校官微不仅走到海南第一，而且连续两年在华南高校中排名前列，单周单月表现屡屡挤进全国前十五，常年在前五十，最差的一次在全国三千多官微中仅跌出百强。

在此条件下，我在暗自揣度，也许是到了全力回归办学使命——"学生更好地走向社会"的时候了，是该全力聚焦服务于学生中心了，是该更加聚力成就学生成长了。但是，这一次的方法不应该是我先学习、思考，再一级级传导同事，而是应该同步思考。2016 年，中国企业界突然人人争说华为，华为的成功与华为的战略、文化、人力资源以及激励机制有深刻关系，任正非理所当然是华为的思想领袖，特殊的激励机制是华为的心脏，战略作为华为的恰当定位则为华为的血液，即华为的动力系统。此前我对华为毫无研究，甚至没有关注，但李书福董事长对华为的兴趣引起了我的注意，学校于是邀请华为前高管前来授课，我和几十位干部、教师做学生，参与听课和讨论。此后一周，我与车副校长充分沟通、几次讨论，与校务委员会委员多次沟通，车副校长不出三个月就拿出"USY 战略设计与行动""USY 文化设计与发力""USY 进取者行动指南""USY 办学大纲"等数个方案草稿。方案遵循十三年前确定的使命，沿着"十二五"和"十三五"规划的定位，启动十大工程、聚焦能够培养学校核心竞争力形成的四十五个创新点，整合学校前三个阶段发展的战略和校训校风累积的价值取向、文化、机制力量和运行经验，继续瞄准办中国民办大学标杆的目标，确立"以学生为中心，以进取者为标杆，以教育情怀为快乐"的战略目标和战略支撑点，形成学校未来办学的纲领性文件、干部职业岗位的行动指南、学校文化的向度辨识和学校竞争力的着力点。我在学期结束大会的演说辞中说，在大学三个基本功能上积累和比拼是大学必要的基础运行规则和内涵建设的基本功，但赢得现代大学的竞争力已经远不止这些了，规范和厚积之上，大学的成长性、大学自身生态的健康、大学的环境响应力、技术更新力、创新力、创业力、国际化、社区互动力，与政府、区域和行业的融合度、文化辐射力、品牌影响力等等，都自然而然地呼唤大学作为社会特殊设置要随社会发育进程而渐次全方位展开，呈现其独特形态和独特魅力，就此，大学需要不间断地、与时俱进地整合内外资源，全方位协同发力。而今天的三亚学院，对这一切，知晓、明白、清晰、系统且有效地运行这所大学，并且富有成效。认识不偏差、价值不偏离、环境不疏离、布局不缺漏、行动不迟缓、运行不卡壳、协同不推诿、士气不萎靡、工作不等待、结果不平庸，这并不是所有的大学、无论新办还是老牌的大学都能一直做到的，而我们，一贯重视，已然不成问题。

我们有其他的大问题。质疑，是现代科学诞生时与生俱来的精神气质，向宗教权威统辖的迷信世界挑战，带来了科学最初的精气神，与其共生的实证研究和实验方法则是科学自证真理的看家本领。然而，在现代性成为全球化趋势性价值向度的背景下，在中国改革开放的观念和价值正确性无可置疑的语境里，在中国经济规模和经济总量成绩斐然的环境中，中国大学发展的成就也变得似乎无可辩驳的正确，中国先发大学的路径和成果以及中国教育精英、专家、领导们的话语因为地位和权力而变得权威，变得一贯正确，而新办的大学要接受政府管理（难免夹杂了行政化取向）、要接受专家评估（难免有片面和短视的角度尺度）、要接受社会评价（商业化的媒体、被媒体左右的大众而不是公众），即便校长和管理团队、清醒的教授们理智地与其保持距离，更多的师生员工也难敌各种"权威正确""官方正确"的冷落和挤兑，更不要说有些力量有足够技巧能够把学务教务事务变成政务而自带压迫性。所以，不仅仅领导需要清醒的头脑和强大的心脏，学校还要有巨大的组织聚合力以及必要时候的环境响应力和组织变迁力。困难的是，这种内聚能力并不能如韦伯、达伦多夫所论的以外树敌手来形成内部团结的方式，而只能以共同理想、价值观、文化、机制和自己确确实实的过人进步来一点点地建立自信心、内聚力和协同变迁力。这样的能力，已经超出办一所大学的智商情商，而要把大学与社会统合起来进行考量。我自嘲，也许有朝一日教育学需要研究"社商"吧，把设置了自己但却几乎习惯于与自己撇清关系的社会友善对话、把需要自己服务却预设不待见自己的社会作为忠诚与服务对象，我们自己委实需要一些由特殊的心脏、大脑和情怀铸就的金刚不坏的"社商"。在假设或杜撰的"社商"成为业界共识之前，我们需要有坚硬的意志力、足够用的知识和事实数据质疑办学的"环境正确"。而这些年，我一直如此，同事们已经习以为常。是的，教育者自己如果精神萎靡，其知识和专长如何能支撑学生的脊梁和肩膀？而我们的国家和社会难道只需要千千万万个会劳动的"技工手"和人云亦云的"甜嘴巴"？我们的环境正确的压力，不只体现在事实上到处存在的体制性歧视，体现在公办大学与政府部门因为事实存在的旋转门带来的大量资源配置不公，还体现在时不时的国进民退的价值取向所带来的环境压迫。中国的民办大学体量占总量的三分之一不到，虽然培养了大量的社会所需人才，但比不上中国民营经济的影响。对民办大学这种设置，只要有钱就是可以随时被替代掉的。当然，如果明白市场经济规律，你就会哑然失笑，因为人们知道没有谁会总有钱。所以，我在中国民办教育学会千人会议上发表演说说，未来一个阶段的民办大学，比质量，更比耐力，看谁熬得过谁了。我还没有说，有位历史学家布罗代尔著名的"长时段"论，历史的周期性不只是现代人们熟悉的岗位任期制，也远比中国人熟悉的纪年方式比如朝代要长，甚至长过知识、科学的范式长度，对于有志于民办大学的人而言，谁都有足够的时间。

　　而现在，不是等待，不是蛰伏，更不是逍遥自在。风高浪急前修牢渔船，群情鼎沸时做好产品。这样，顺理成章的，三亚学院的战略设计与行动方案出台，学校继续愿意做中国民办大学的代表者，把战略落地定位为三个价值与行动向度：以学生为中心（而不是教学或科研为中心，聚力学生成长），以进取者为标杆（而不是泛泛的以人为本、以教师为主体或者以教师学生为双主体，围绕主体运行），以教育情怀为快乐（在社会的收益、地位、声望排行榜中，教师不属上层而是中产，从教者奉教是职业传统与职业荣耀）。其实，从组织管理和个体行动的角度，三者的逻辑顺序是：教职工"以教育情怀为快乐"，选择从教、甘于乐于奉教；一群志同道合者，并不能自动成为高质量教育教学产品的提供者，所以需要聪明的劳动、有效的劳动尤其是持之以恒的想方设法的劳动，这便是学校教职工"以进取者为标杆"；学校功能有人才培养、科学研究、社会服务、文化传承传播、创新创造、服务社区区域发展等等，支撑学校各项功能实现的是一个完整系统，治理结构科学、环境融合、战略恰当、系统完整、文化积极、条件充裕、管理得法、队伍结构合理、人才兴旺、士气高昂、产品质量和特色皆有保障等等，我称之为大学的生态，完整而有生命力的大学生态便是健康的大学生态。建立系统易于实现的目标，而大学系统无论是老牌大学还是新办大学的主要目标，都应该是和只能是人才培养。学生作为大学智力生产最基本和最主打的产品，当然需要获得最优先的资源和最关怀备至的细致贴心照顾，因此大学系统所有的努力回归和集中于"以学生为中心"，就呼之欲出，就理所当然了。

　　教育如果有什么规律可言，不是教育家的天才发现和总结，也不是政府的指挥和命令，而是市场和社会的自然选择幸运地被学校敬畏和尊重。欧洲历史上权威机构为牟利而滥批准设立大学、大学滥发文凭，文凭的社会价值贬值，导致办学注意力不在学生而在其他，结果便是大学倒闭潮。事实上，如果大学的利益攸关方都把办学回归人才培养，"为学生自身的发展开展教育"，那么，受到尊重的学生愿意用脚投票选择学校，受到悉心照顾的学生习得的知识、能力、品格会有更高质量，当其回馈社会，社会会用舆论给学校加分加力。所以，从 2017 年开始，学校真心诚意、聚焦聚力围绕"以学生为中心"，展开办学的各项政策、措施、行动以及评价。当然，这也是我们大学的空间、时间、资源、条件和积累的时候到了，是辛苦办学时候到的一个逻辑结果，以及这个逻辑结果没有被办学者愚蠢地无视、忽视和舍弃而已。

教育如果有什么魅力可言，不在于教育改变了个体命运和促进社会文明，而在于教育首先能够时时改变教育者自己。在经济社会，在一切可以为经济或其他什么化约的时代，教育已经成为为数不多的能够聚集反思人群的行业，大学成为为数不多的提供专业于反思的人群聚集的平台，办学者很幸运地成为可以专务反思但可免受饥寒与风雨困厄、很幸运地成为可以免受环境挤压而保持人性自由和饱满、并得以奢谈高贵存活着的一群人。不管经济收益、社会地位和社会声望不幸或幸运的不在土豪之列，大学从业者都随时可以对自己或对所有的别人响亮地说，君子固穷，不穷于心。这大概也是我所一直避谈的教育情怀之下的教育者的一点私心吧。未必可爱，却不可弃。

（2016 年 12 月 30 日于三亚）

第一篇

伙伴——在学校各类典礼与培训上的讲话

采采芣苢,薄言采之。

采采芣苢,薄言有之。

采采芣苢,薄言掇之。

——《诗经·国风·周南·芣苢》

大学校园的思想漫游者

（2013 年 9 月 17 日在 2013 级新生开学典礼上的讲话）

各位尊敬的来宾，各位尊敬的老师，各位尊敬的同学：

大家好！

感谢各位远道而来，出席今天典礼的尊敬的来宾！感谢一直在阳光大学播撒智慧、快乐劳动的老师同仁！

在三亚学院和三亚理工职业学院过去的历届开学典礼的致辞中，我都会毕恭毕敬地向各位与会者报告学校过往建校发展的思路，各方面建设的成果，我们当下和未来面临的问题和克服难题的办法。

学校已经走过近九年的历程，今年，请允许我专注于与新同学的交流。如果同意，请鼓掌示意。如果讲得不对，请老师和来宾随时叫停指正。谢谢。

各位尊敬的同学，欢迎你们来到位于美丽三亚浪漫天涯、就在大海边的三亚学院！我先介绍我自己。我在大学从教三十年。开始，我没想过要当教师，因为母亲做教师做"蜡烛"做得很辛苦；我也没想过在大学当干部，因为"文化大革命"批斗给我的童年留下许多不美好的记忆。当生活让我做了当大学教师的选择，我才在大学校园的学术环境里知道教师是一个持续创造性的职业，每天的课程也是思想历险的旅程，教师职业是个堪称精彩的人生安排；当大学干部还需要许多其他的能力，需要不断自己挑战自己的知识和德性，比如更大的包容心，更多的爱心，乃至必要的奉献，但这并非牺牲，这益于帮助人提升境界。

我喜欢学习，但我不如许多同事，我还没有著作等身。我用和同事们一起创办一所大学这本无字之书，回馈了李书福董事长投资办大学的良好愿望，回报了海南各界和师生们的殷切期待，也勉强回应了我的学问祖师费孝通先生的命题：人生要读两本书，一本有字之书，文本；一本无字之书，实践。

因为读书和做事，因为学问和实践，我们三亚学院的老师们收获了双重快乐，并且，我们的身体和内心还充满了工作的热情和劳动的愿望。

每年的开学典礼会让我想起大学的毕业，想起我教过的学生，想起大学的毕业聚会，毕业几十年后，奇怪的是好像大家各自都没有太多变化。不说当年各自考试成绩，因为中国大学生普遍对此颇有微词，也不说性格，因为性格不决定命运。人格才决定未来。人格是我们的稳定的心理情感、价值倾向、生活方式和行为状态。

说说学习状态。当年那些用功的，那些读许多书、那些参与校园社团活动、那些用心体验大学生活的人，在后来的数年、数十年岁月里，他们坚韧不拔，先先后后，终有所成。而其他各色人等，好像都存在些许精神残疾，哪怕他们一开始偶然找到了好工作，哪怕他们因为家庭力挺，比别人更轻易铺垫了人生顺畅的通道。但人生毕竟是长时段的竞走赛跑，使一时幸运者终究还成落伍者。物质和精神上的双重啃老，使他们不幸的半辈子还停留在婴儿期。

我知道，我再讲下去，同学们要不耐烦了，哦，大学老师和中学老师一样好烦唉，总让我们励志啊，我们上大学想轻松一下，我们该自己体会、找寻大学生活怎么过。的确，独立思考和独立选择是大学生的权利。大学，这好像是人生难得的另类大礼包，好像是可以权利义务不必对等的奇妙时光。其实，我们是要用较多学费、很大机会成本和无价的生命光阴为有权利而没义务的学业埋单的。

喔，我又差点唠叨上了。让伟人们说话吧。提出反思性现代化的德国学者贝克，在归纳西方现代成就时指出，已经看似精湛的体制，包括经济、法律和政治，给人类生活制造了风险，加之诸多的不确定，我们实际处在一个无法保障的风险社会。如果人们无法确信未来，那么人们倾向于及时行乐，人类早期的应对危机的生存经验就是末日狂欢。但我们是处在末日吗？我们这个时代，和我们的少年中国，尚处在现代化事业未竟过程之中，中国和我们每个年轻人，还史无前例地、还令世界羡慕妒忌恨地有许多许多机会！

我想，后现代哲学家提出了关注当下，后现代文学家解读为体验此刻，他们是在与传统社会稳定结构相比较时，提醒我们当下社会的风险和应对之策，他们没有错，错在我们把哲学的社会思虑简单当作了个人的行动指南。

如果我们多读几本中学没有时间读的书，我们可以发现，我们生活里的许多时尚其实都可以在对后现代思想的溯源里找到。

如果我们再多读几本书，还会进一步发觉，原来哲学家的社会解读，与我们个体的人生经历常常是需要区分乃至做某些必要切割的。社会与个人都存在阶段性，社会发展阶段性难以精确预判，人的成长阶段性相对清晰；社会与个人都有某种周期性，社会走势的周期性要长得多，还可能多次反复，我们个体的人生周期性只有一次，对每个个体而言，一生过去了就过去了，自己悔不得，借鉴不得，总结不得。

如果我们不止读了评价上述观念所需要的哲学、文学、历史学、人类学的一般知识，我们还读了一两本生物学著作，我们就可以借个体的一些经验注解一下进化论的系列观念。有学者写了本书——《自私的基因》，说达尔文的进化论揭示的生物进化，并非是生物种群的选择，而仅仅是某个生物个体的进化的需要和个体的进化策略。自从基因可以排序谱，我们大众常常被基因稳定的遗传现象弄得悲观。我们知道了，我们每个人出生时无法选择基因，基因决定了我们此生很多，基因之间的差异和竞争，不是我们个体一辈子的能力能够改变的。但，我们真的就此无可奈何吗？

如果我们继续读书，读心理学，人格健康心理学会告诉我们，虽然人的基因有差异，但在一个社会，一个时代，世界上人们的智商差异是不多的；

我们是有可选择性的。

我们接着读书，社会学会说，即便人们智商差异不突出，但情商差异还是较大，并且，情商高低与家庭教育高度相关。这样一说，我们这些没有更优势爹妈的大众可能接着悲观起来：逃过基因决定，逃不过家庭环境和社会制度决定，还是苦命没有拼到好爹。

当然，如果我们不只是读某个学科的概论，而是稍微深入读一点该学科的演变历史，了解学科内部的争议，我们就会看到社会学的另一种观点会接着争论：尽管家庭生活会产生人的身份、财富的代际遗传，但富二代富三代们往往容易过度依赖并缺少冒险精神和另类思维，他们的独立生存能力和独立处理问题的能力更可能被忽略；而相反，普通家庭的孩子更懂得爱，珍惜，更早习得励志、拼搏和自立。

接着，我们读下去，看见政治学加入讨论，他们说：人们不应该静态地比对个体条件，而应该不断改变不合理的社会结构，让教育等公共产品更均等地服务于所有家庭和年轻人。

诚然，教育学，大多会赞同这样的观点。教师们更会主张：教育要讲公平，教育者要有大爱，教师应因材施教，如此等等。

我要打住了，当你们在大学校园里，一边可能如愿轻松着，一边可能真诚恋爱着，一边体验着生活，一边打量着世界，一边好奇着专业，一边加入这些事关你们大学生存状态和未来生活安排的讨论，重要的是，当你们用所读的一些专业知识，用其他学科的一点知识，并加上用你们有限的人生阅历经验一起参加讨论、争论，并形成自己的一定看法，你们就可能自动会渐渐紧张起来。

你们会自主花更多时间于学习，你们可能已经阅读了很多，你们可能已经有了不少学习方法和学问工具，你们可能已经有了独到的学术见解。你们在其中依凭了科学态度，遵循了学术规范，尊重了知识进路，严肃面对公平和正义价值，认真看待情感和责任话题，在世事大事和生活琐事里，由"真善美"这个衡量人类生活万物的准则，帮自己选边、站队。这时，你们可以对母校说，我们可以毕业了；你们可以对家长说，我们长大了；你们可以对社会说，我们来了！

我的讲话可能引来一些新同学的疑虑、担忧、恐慌，要读这么多书才能毕业啊？算算几百本吧？我想，我的回答不一定对，如果是应对专业问题，读懂教材加上专业理论的三四十本书，也可以啊；如果回答一个特别的专业问题，再多读几本相关专业书籍和杂志也能够解惑；如果想回答一个较为普遍、复杂、层面较高的问题，可能就需要多学科的知识；如果要思考刚才我提出的具有挑战性的话题，也许需要如我所说，读更多学科的书，需要不少于五十本典籍文本吧。在这个网络世界，在自媒体人人都是麦克风的时代，不缺感受，不缺观点，不缺理由，唯缺借系统知识支持的判断力，也缺有效实践证明的事实。当我们做到不缺失的时候，是会蛮辛苦的。

问题是，我们要以什么样的状态走上社会呢？我们需要什么样真实的自我水平呢？我们又需要怎样的人生呢？我记得我中学毕业时，我的那位有许多历史知识的语文老师给我留言：一辈子爱读书籍。我当时挺惶惑：高考迎考一年，还要读书？还一辈子读书？我还有许多其他事要做呢。经历了三十年，我真的还爱读书，读书让我做成了一些值得做的事情。学校的董事长李书福先生，做了大事业，成为中国著名企业家，成为世界汽车业的著名人物，他也还在读书，还向我推荐好书。

同学们，大学里有许多财富，书籍是最大的宝藏，能够回答我上述讨论命题的典籍文本三亚学院图书馆大多都有；大学里有许多温情，老师的关注是最大的温馨，三亚学院的很多老师准备好了更大的爱心；大学有许多的帮助，同学是最亲切的问候，三亚学院的阳光学兄学姐们足够热情；大学会留给人一生满满的记忆，读着书，体验着校园生活，思想自由地漫游，不虚掷时间，不荒废学业，是人一生仅一次的大学本科学业生涯最美好的回想。在这个网络刻刻翻新的世界，在这个还到处充满一试身手机会的中国社会，在这所立志要培养学生实践和实用能力的大学，我渴望我吁请诸位同学好好利用人生难得的大学时光，做大学校园思想的自由漫游者的话不应归于多余，哪怕有人觉得不合时宜。没关系，诸位有的是时间细细品鉴。

相信新同学们，我们不再等待，我们奋力前行。祝愿同学们学业增进，学习生涯获益良多，美丽浪漫的大学生涯在你们手里了，风光无限的未来社会之路在你们脚下了。

因为我们有共同的愿景

（2013 年 11 月 13 日就"海燕"台风致全校师生的公开信）

尊敬的各位老师，各位同学，当你们从校园网看到这封公开信时，台风"海燕"造成的全校停电停水的艰难煎熬时日已经过去了，经历刻骨铭心的校园水电及相关设施"停摆"80 小时后，学校已经全面恢复正常了，学校已经恢复上课，教学正常运行了，阳光重新普照三亚也普照我们校园。但是，狂风暴雨笼罩我们心头的阴霾还未完全散去，过千万的校园固定资产损失事小，师生在无电无水日子里的窘困事大。

尽管学校在特大自然灾害来临时做了应急预案，特别工作小组专门协调政府有关部门，请求政府救助，请求供电部门紧急抢修学院路被刮倒的 20 根高压线杆；机关和各学院师生在没有网络电话手机的情况下值班靠人工上传下达相关信息，后勤干部移走倒伏树木疏通校园道路，尽量保证食堂应急供电供水和超市食品饮用水供应；然而，这一点点的努力比起全校手机讯号和对外道路中断四十小时成为"孤岛"，比起全校中断供电供水网络 80 小时，比起师生在此时期不能洗澡和冲厕，比起师生不能工作和学习而"失去的正常生活"来，实乃微不足道！

为此，我们心生愧疚，我们向在次生灾情中饱受艰辛的全校师生员工致歉！我们向在次生灾情中面对有关方面的应急能力采取极大包容宽容的师生表示感谢！我们向奋斗在抗击自然灾害一线的后勤、保卫、食堂员工和在其他岗位工作的干部师生致敬！

　　痛定思痛，我们不能不清醒地意识到，不仅人类在自然灾害面前依然显得脆弱，新建城市的供电基础和应急能力、新建学校独自应对特大灾害的能力都需要加强。学校在此次煎熬过程中，已经决定再出资引进一条市政供电线路（拟明年开工建成），即在现有的从荔枝沟变电站引出的市政双回路之外再增加一条供电应急线路；在校园内外几处市政供水管道节点增设临时发电供电增压泵房，以支持当市政停电未停水时校园有供水；在校园现有的两条照明系统外再增设独立的校园发电照明系统。

　　我们无奈说未来会好，事实是我们仍然心存愧疚，我们记取这次蒙羞，我们会加倍继续默默努力。恳请全校师生、恳请全校师生背后的万千家人接受我们的歉意！因为我们的愿景相同，期待我们共同奋斗！

让历史穿透未来

（2014 年 6 月 21 日在优秀毕业生表彰大会暨学士学位
授予仪式上的讲话）

今天的这一刻注定会载入你们的人生史册。通过毕业典礼庄严的仪式，你们四年的付出获得了见证，诸位马上要扬起青春风帆、鼓动豪情壮志向社会海洋徜徉远行。我代表学校，向你们表示衷心的祝贺。

从你们步入大学校园的那一刻起，大学各种不断展开的思想机会、沟通机会、学习机会、实践机会、表达机会、拓展机会，就在不断搭就你们个性成长的长幅阶梯；当你们能够以"工具、专业、人文、人格、行动力"明于思而敏于行的时候，表明你们已经通关过桥，可以真正走上社会了。

从此，你们会不断盘算如何应对生计和职场的各种疑虑，你们会像先贤、先进一样思考如何把一个岗位、团队、社区、地区、国家和这个世界建设得更加美好。今天，由于网络的存在，不缺观点，但缺能够解决问题的能力。今天世界的基本样子，并非由我们中国造就，前进中，国人总自觉不自觉地有一个比学赶超的西方模版。在我看来，现代化技术路径的参照，我们向西方习得不少，但我们价值取向的参照用别人的，别人的不诚也不灵。这是我理解的中国道路必要性的基点，也是我期望诸位每逢与"外部世界"说事时，必须要守住的一条底线，自立自主之线，是独立尊严之线，也是明智可靠之线。

诸位，大学毕业，同时意味着自己从此要独立地承担责任、要自主地展开人生画卷了。我们每个人都曾有迫切推开学校拐杖的那一刻，当踌躇满志面向未来的时候，请留住我们终生不能告别的一位老师——历史。中华文明是世界唯一古老文明国家未经断裂、未经换血而成功进入现代化的国家，这是我们每个炎黄子孙的荣耀。近几十年经济的巨大进步，是我们每个中国劳动者的荣耀。巨大的社会转型，使我们自己头晕，也使世界目眩，头晕目眩下的反应不见得都理智成熟和公允，但不必焦虑，发展的时间在中国一边，这是我们这代人的自信和我们子孙的幸运。

诸位远行在即，老师叮咛再三：

独立判断。现代社会提供了各种成功的范本，不管是花样兜售的还是我们殷切寻觅的，都不能提供给我们现成的道路。个人成长，需要每个人自己独立判断；国家进步，需要中国人自己选择道路。依靠自己的力量，走自己的道路，在中国梦的伟大实践中实现我们的个人梦想。

道德底线。现代社会是法制社会，当千百年形成的道德观念受到现代文明的挑战，当社会权利与义务正发生阶段性失衡时，我们自己依然要记得法律的实施离不开守护社会道德底线。呵护和合乎公德不仅高尚而且聪明。谨记三亚学院阳光独立的健康人格教养，用阳光照亮自己，也用阳光照耀他人。

诚信为王。诚信是转型社会的稀缺资源，所以诚信便是成功人生一生的保险和投资。虚假和欺骗总加载人生重负，终会赌输人生的最后一个铜板。用所学的知识诚实劳动，用掌握的技术去解决问题，真诚地面对每一个人和每一件事，是一生的轻松也是一生最大的收益与幸福。

最后，我再道一声：前途珍重，事业珍重，公德珍重，良知珍重，健康珍重，生命珍重，一切珍重！

学生的健康成长靠我们共同努力

（2014 年 7 月致 2014 级新生家长的一封信节录）

尊敬的家长：

您好！

经过您多年的倾心爱护、精心培养，您的孩子终于跨入了神圣的大学殿堂，在此，我们向您表示衷心的祝贺！同时也衷心地感谢您对三亚学院的信任和支持！我们将以真诚的努力、创新的理念、优质的资源、先进的管理和热忱的服务，悉心教育您的孩子，将他（她）培养成为拥有健康人格、具备专业素养、能够解决问题、适应社会需求、备受社会悦纳、担当社会责任的优秀人才。

……

近 20 年的辛勤养育，您为孩子的成长成才付出了无数心血，收获了今天的成就。在大学阶段，学校的一切工作都是为学生成长成才服务的。大学阶段的培养，将有益于年轻人学会独立学习，学会独立做人，学会科学地思维，形成独立思考、独立判断的能力。希望您能和我们一起，为培养您的孩子独立自主顺利完成大学学业共同努力，也希望您能一如既往，从各方面继续关注您的孩子的健康成长。

大学的教学方式、学习方式与中学有了较大的不同，大学给学生提供了更多的自由支配的时间、更广阔的自我选择的空间，学生自主安排生活的愿望也更加强烈，这对学生的自控能力、自学能力、独立生活和独立研判能力也相应提出了更高的要求。中国教育制度有别于西方教育设计，漫长的基础教育阶段"绷紧"的现实，导致学生考入大学后普遍渴望"放松"，同时，家庭呵护备至的传统和中小学知识传授的密集安排也拉长了孩子的"心理断乳期"。大学提供给大学生更多自由支配的时间和方式是必要的，但这种必要的自由安排如果与独立行动的习惯和渴望放松的心态形成不恰当的结合，往往可能导致学生生活放任、学习放松，长此以往，大学成才就可能成为泡影。作为教育者，学校将尽可能为学生提供更科学合理的学业课业安排、更贴心周到的生活和学习指导，帮助他们适应大学的生活和学习方式。经过努力，绝大多数新生进校后会较快适应新的学习要求，把大学作为成才的新起点，取得令学校满意、令家长放心的学习成果。但也有一些学生，面对较充裕的时间、较广阔的空间，不善于安排自己的学习，甚至不能把握自己，或把主要精力投在与专业与学业相关度较低的方面，或放松对自己的要求与标准，不再励志、不再勤奋、不再进取，有的还沉溺娱乐、一发不可收拾，或因学习成绩达不到要求，或因触犯校纪校规，最终被大学淘汰。到这时，学校惋惜、家长痛心、本人痛悔，但为时已晚。对此，学校、家长有必要保持"心理预警"。

我们深知，每个孩子都怀揣一个家庭的希望，我们有责任让每一位学生在这里为人生的理想和未来的发展打下坚实的基础。我们将努力为每一位学生提供安全、生活自立、学习自主、健康成长的环境。

我们同样深知，学校教育和社会教育的功能再优化和增强，也不能完全代替家庭教育。大学生们在家庭生活潜移默化中习得的角色行为有可能正是社会其他部门所需要行为的模式典范，也可能恰恰相反是要排斥的，因此，恰当的家庭教育是慈爱父母的一份担当。

大学生活是青年人生旅程中一个重要的阶段，建议您利用书信、电话、网络等多种途径及时了解子女的学习、生活、思想状况，平和、平等、耐心沟通并做到心中有数；请您通过学校的官方联系方式保持与招生、教务、学工部门、子女所在学院辅导老师的经常沟通，合力为孩子指路引航，使他们更好地在大学成长。学校要求每一位学生远离黄、赌、毒，远离各种水、电、火等危害，增强安全意识；学校规定大学生不做留宿校外、酗酒、打架等可能危害自我和他人的活动，增强法律意识；学校鼓励学生用四年的刻苦学习打牢未来人生发展的坚实基础，不攀比消费，专心学业，素朴、节俭。请您务必嘱咐孩子离开家庭走向学校或离开校园时，保持安全意识和法律意识。

尊敬的家长，大学是获取知识的特别殿堂，也是青年同辈群体集合以相互砥砺、磨炼意志、修养品质、培养健康人格的熔炉。在三亚学院，学生要在不断展开的各种思想机会、沟通机会、学习机会、实践机会、表达机会、拓展机会中展现各自心性成长的长幅画卷，焕发学习兴趣和热情，积极建构认识世界、分析问题的知识体系，掌握发现问题、解决问题的专业工具，以学以立业、学以去惑、学以致用、学以济世的学习智慧，培养"工具、专业、人文、人格、行动力"等五种素养和学习能力、实践能力、适应能力、创新能力、可持续发展能力等五种职业生涯发展能力。希望您和我们一起，相信您的孩子，引导您的孩子，阳光、独立、自信、自主、健康、积极地开启他们的大学之门。

我们相信，我们的心是与您相通的，我们对学生的期待也是您对孩子的期望。衷心希望您的孩子励志成长、独立自主、明确目标、勤奋好学，以时不我待、只争朝夕的态度，确立圆满完成大学学业才能更好地走向社会的志向。希望我们在未来的几年里加强联系，密切配合，与孩子共同努力。我们共同期待，数年以后，收获一份他（她）骄人的惊喜！

大学改变命运，教育成就未来。让我们一同牵起孩子的手，走向属于他们的灿烂明天！

教师职业确实值得我们坚守

（2014 年 8 月 20 日在新教师入职宣誓暨培训开训仪式上的讲话）

今天是三亚学院重要的日子，三亚学院又迎来了新的教师。

大家来自不同的省份，乍见的三亚，气候不同，阳光强烈，女教师们马上习惯了出门带一把伞。阳光无处不在的三亚学院，需要防晒，也需要一份心情去感受。我曾说过、在书里也写过：三亚四季如春，不太会让人有变化无常的感伤，作为外乡人来三亚好像哪怕过十年也就如一年，一年又好似一天，每天以同样的心情睁开眼睛面对生活、工作和同事。我每次出差到外地，遇到秋雨绵绵、雨雪霏霏，感伤便油然而生，年轻时学习文学的情愫挥之不去，每一刻都会感慨时间去哪儿了，日子过得真快，很快便老去了。可一旦在三亚凤凰机场落地，马上就会快乐起来。这是一个"忘忧岛"。

人类社会到今天，新职业不断涌现，但一些传统职业也从未没落。中国人现在讲究科学，但在对待职业上，却延续着农耕时代的惯性。在中国人心目中，职业是分三六九等的，而教师职业从古至今都稳居上流。做教师让人自豪、心灵安宁，业绩还可以载入史册。教师职业确实值得我们在这个"忘忧岛"上坚守。

其实，现代商业文明下，也不是新兴职业、赚钱职业就受尊崇。中国文明悠长，历史悠久，行为易成惯性，进而变为惰性，于是在近代西方突飞猛进推进现代化的时候，我们却落后了，失去了自主推进现代化的机会。先是被迫打开国门，被现代化，后是革命奋斗，自主探索现代化，融入现代化。

这样的过程并不是一条直线，也不是人人都乐意，经过了反复思考、讨论、争论，甚至战斗的漫长过程，才选择了这条道路。因此，从社会转型理论看，中国社会在现代化的维度上转型了四五次，到今天，到中国共产党十八届三中全会后，才走上了既传承中国文化又保持社会主义理想，同时与国际社会接轨的正确道路。因为这样的道路中毕竟有一个与先发国际社会接轨的向度，所以在当代中国人的一般意识里，难免会以为现代商业文明中新的就是好的、发展就是对的。美国是个历史不长的国家，在近半个多世纪里，都是不少中国人心目中发达商业文明的样板。现在中国富起来了，更多中国人可以走出国门到美国看看了。当中国人看过曾经无限仰慕的美国大都市，如纽约，会觉得不过如此，中国的多数省会城市都可以与之媲美，美国的中小城市就更不在话下了，走出国门的中国人感受到的不再是自卑而是自豪。确实，经过两百多年的发展，美国的建设慢了，城市旧了，但有心思慢慢观察，美国的发达还是显而易见的。美国城市的经典建筑是教堂、博物馆和大学，中小城市如此，大都市也是如此。在美国这个高度发达的商业社会，这三类建筑承载了致富过程中和富裕后的美国人对文化、高雅、高尚的理解。当社会经过现代化发育，恢复到正常后，可能很多职业会更加显赫，社会学家会用经济收入、社会地位和声望指数来评价一个职业人在社会上成功与否。律师、医生（尤其牙医）、金融产业和 IT 行业是美国最新颖的职业，会吸引更多人才。但是，大学作为特殊的社会设置，每年仍然会吸引很多人才流入这个行业。或许是因为教师行业最能体现现代商业社会中富裕后的人们对于生活的看法。

我曾和成功商业人士交流，他们的感想是，无论是什么变局或身处何处，商人总有生存的地方，商人可以和任何人打交道。此言不虚，商人无利不起早，无论在什么时代，哪怕是在战场，都能见到商人的影子。我是想说，商人无利不起早，有时把心累坏了。多年前，曾与一位新入职同志谈起放弃导游职业的原因，他告诉我在当下阶段（"黑导"机制），导游可以挣钱，但心理却过不去。在政策不规范、法律不健全的情况下，很多导游挣了黑心钱，提供的产品、提供的服务和产品说明是不相符合的。商人们在市场和法律不健全、政策不规范的情况下，要挣到钱也要昧着良心。

而教师，挣钱没有商人们多，但他们会把自己的心灵锤炼得更纯净，使自己的道德变得更高尚，而区别于普通人。读书人，有教养的、书卷气的、明白事理的人，人们心中高尚的人，便是教师。中国人在两千多年的历史中便是这样评价的。曾经有老师说："我们要坚持安贫乐道。"这句话一点没错，只是这个"贫"字不只是具有经济上的意义，事实上是指清高，道德上的清高，指的是我们应舍去什么和坚持什么。当然，顺便提及，如果有一天经商挣钱也普遍被认为没有任何道德质疑时，中国社会现代化的确已经进入到一个新的里程了。

在宗教独立（如基督教、伊斯兰教、佛教）成为一种单独的社会设置前，人类对社会的理解是混沌的、边界模糊的，不知道自己的命运往哪儿去，需要信仰什么，那是一个乱信而迷信的时代。那时候诞生了一种职业，称为祭司，他们解释世界。有的教育学家把教师称为最古老的行业，就解释世界来说，这种说法是不错的。祭司在人类处在混沌，最困惑、最困顿、最害怕时，帮助人们释疑解惑。当然，人类进入文明时代后，不断出现了解释世界的工具，如哲学、自然科学和社会科学，人们从各种侧面解释世界。但无论如何，一个学科发展后，它只是在某些方面特别专业，除了早期的思想大师，如孔子、柏拉图等，凭学识解释一切。但人类进入现代社会，自然科学、社会科学每个门类解释的就只是某一个层面的困惑，解释这些特殊领域现象的人被称为专家，没有多少人能在数以百计的学科里都成为专家，大多数人不是专家，普通人有普通人的生存方式。现代教育有基础教育，也有大学教育。基础教育教会基础的知识，大学教育教会专业的知识。当然，时代进步很快，在不足百年的大学传授专业教育阶段过去后，大学又在通识和专业之间谋求一定平衡。所以，现在，作为一个教师，在课堂从专业知识出发，为学生解释专业领域的知识，但仅有专业知识是不够的。

作为新入职教师，需要接受教育学、心理学等学科的知识学习，也需要加强专业知识研究，然而这也不够，我们所学的专业知识往往称之为某个专业或者某个学科类群知识，而我们所遇到的现象往往是跨专业或跨学科的，尤其在网络时代，学生思想可以跨越也可以穿越，他们提出的问题层出不穷，也许在课堂上你可以将仅你所知的告诉大家，但时间久了，学生得不到对更宽泛的困惑的解释，他会离你的距离越来越远，你的讲台魅力会衰减。

对教师而言，传授知识并不是复制知识，大学教师和小学教师其同质性的要求都是要讲授知识，以知识为基础，和年轻人交流，领着年轻人走向明天。但是大学教师、中学教师和小学教师巨大的区别是不仅要讲授知识，还要解释原因，还要告诉学生如何能产生新的知识。这就要求大学课堂环境充满质疑，要求大学培养创新型、创造性人才，这样的人才需要具备很多素养，有专家说现代尤其需要培养想象力、冒险精神、发散性思维，需要爱心依然，坚持有教无类操守，需要科学研究素养等等。

对于一些硕士毕业就当大学教师的人而言，已完成自己的毕业论文，有一定的科研基础，这没有错，但大学教师科研不仅是求学期间的能力，更应该是一辈子从教的能力，是要不断更新的能力。在此，我们的年轻老师要做好思想准备，入大学之门不只是诲人不倦，同时还要不断进行科研和创造，或早或晚，终究要回到这条学问路上，才能站稳讲台，受人尊敬，被人称道有学术见解、有真知灼见。

科研在今天不只是每年要有论文，不同岗位、不同专业用不同的科研成果来衡量各位科学研究的意愿和能力。科研不只是为职称，工作中有无科研的精神、思维方式和态度、方法，是考量新入职教师能否胜任教师岗位的条件。也许你三年或五年都没有科研成果，这并不可怕，你对阅读是否厌烦，对教学是否倦怠？如果不是，那我们将相信你总有一天会回到科研状态，会拿出科研成果。入大学之门，就要有科研追求和学术精神。

我因国际交流需要，走访了多个发达国家的高校。得到很重要的信息是，发达国家出入大学的教师和走在路上的人们有着明显区别（一眼分辨），"西装革履，外套呢子大衣"的绝大多数是大学教授。看起来，步入古老的行业，就应该入这个行业的门槛，接受行业习惯。中国大学只有百年历史，中国社会还在转型之中，中国大学在社会转型中会有新的形象，我相信不断国际化便是大趋势，当然，也会不断恢复经典与传统，未来人们会越来越多重回对古老教师职业的尊敬。我看到一些新教师报到时，穿着拖鞋、短裤，但一旦进了三亚学院校门，在校园内（课堂上）当穿正装，男教师便是衬衫、长裤，女教师着装也许会更多元，但哪些着装是不宜的、禁止的，应该知晓。一个神圣职业，总起码有仪式和规范的，这是人们对古老行业的认知，我们对此应该有一致认识，争论是否该丰富多彩是没有价值的，有同质门槛，才敢讲异质特性。虽说时代在变化，教师也在变化，思想更必须要解放，但人进入公共领域，在什么场合需要什么样的言行举止，在现代社会且有角色分工，请大家辨别清楚，角色不能错乱、模糊，不同的角色需要按照不同要求完成。也许，有人会说国外某些大学或国内某些名校也有着装奇异的教授，不错，在每个学校，总有特立独行的人，挑战常规、权威，有些人成为笑柄，有些人称为胆色。但正如我们老百姓常说的："如果你要牛，你要有底气。"否则，就如社会学所说，你是社会的越轨成员，而不是挑战秩序的勇敢者。

大学是古老的社会设置，大学有了不起的传统，大学有同质性的要求，大学要承担教书育人、科学研究、社会服务、文化传承、创新创造的基本功能。作为大学教师，需理解这个行业的完整要义。既然步入古老行业，就需懂得这个行业对传统、严谨、规范和道德操守的偏爱，我希望能与你们一同理解下去。

昨天，有新闻报道评价"习近平唤醒了中国"，希望大家作为大学教师能多留意中央的精神和中国在瓶颈中的变化。一些老旧恶习正在被逐步去除。比方说，全民报考公务员时代过去，有些人作为公职人员，是为自己政治抱负、为服务群众而去，但有些人却是为灰色收入而去的。正如我在党课上告诉学生一样，如果不因"为民请命"，"为国家效命"，如果想下地狱，就冲着灰色收入去吧。

　　我们为了一份高尚的事业而聚在一起，这份事业不可能单靠一个人而发展，学校要不断发展、提高，办学水平和社会声望不断提高，如果说三亚学院早期是靠着学校领导和干部创业奋斗，今天和未来的三亚学院必定要靠大家共同努力。谢谢大家！

　　在阳光无处不在的三亚，在生如夏花般灿烂的三亚学院，希望青年教师们能够迅速地融入城市，融入学校，以诗意的心情从事每天的教学科研工作，并在每天的辛勤工作中，体会这份古老职业带给人心的历练与人格的崇高之感。

附：三亚学院新教师入职誓词

　　我光荣成为大学教师。

　　落笔峰下，庄严我誓：

　　我必爱岗敬业，为人师表；有教无类，知行合一；尽此心力，精益求精。

　　我必博学笃行，学术立身；兴我中华，至善求真。

　　我必守法遵纪，品格端方；爱校如家，勿使毁伤。

　　我为三亚学院教师，勿忘使命，谨遵校训。

做创新与持守兼备的大学教师

（2014 年 8 月 20 日在新教职工培训首课上的讲话）

大学是一个非常古老的设置，大学教师的社会角色已经有了几百年的历史。可称之为现代大学早期模型的是在法国和意大利，大概在 800 年前就有这样的角色。不过，历史记载比较清晰、被人们更多认同的，是有近 800 年历史的英国的牛津大学和剑桥大学。英国是现代早期建立民主秩序的国家。二十世纪八十年代后期，我在华东师大学政治学，我的老师就讲，英国官僚体系制度是比较成功的官僚体系制度，首相和部长时常换来换去，但次长以下的官僚轮换很少，队伍稳定，规范清晰。这是套基于法治和自由民主理念的现代官僚体系。中国官僚体系早于英国，从秦开始就非常成熟，大一统的国家领导州郡县的治理方式，层级、办法和考核清楚，但制度不是基于法治和自由民主理念，而是基于皇权高于一切的理念。当然，中国的皇权高于一切和西方的皇权高于一切不一样。君权神授，水能载舟亦能覆舟，如果君王不能够为天下取得平安，为天下抵御外敌，为天下救灾救难，为天下谋福利，那么皇权的合法性就会崩溃。大学属于社会设置，大学的制度不能超出当时特定阶段的社会。中国没有自发产生现代大学制度和大学教师这样的现代角色，与上述中西官僚制度的差异有一定的关系。一些人孜孜于把去行政化当作中国大学改革的中心，其逻辑起点也在于此。其实，问题远较此为复杂。

我到美国去，一两百年以上历史的大学，看到过不下十个。参观这样的大学，就像穿越现实走进了历史博物馆。美国不少老大学的传统基本上没有受到当时美洲新社会的影响，而复制了老欧洲的浓郁特色，成为一座座文化堡垒。而还有一些大学，却完全是新大陆土壤上生长出的新事物，比如一些大学同老欧洲的大学一样是由教会资助办起来的，但新大陆的共和精神不能容忍宗教和政治的合一、宗教和大学教育的合一，这些大学在遗留一些宗教的外观的同时把教会清理了出去。

现代社会的发展存在两条路线。一条是不断创新，这是社会面对环境做出选择的基本线索。创新的前提是学科知识不断分化和人群不断分化、分层，在分层分化中，社会充分竞争，才会有独立个性的价值显现，才会有思想的开放，才会有知识和产品的创新。近代以来的全球化进程，就是沿着一条不断分化、分细、分层的路径而扩展的巨幅创新链条。另一条路线是融汇中持守。虽然要不断面对新生力量的整合、合并、跨界交流，不断要为集体团队汇入新鲜血液，但却顽强持守古老的价值和礼俗。现代大学也存在这样两种路线：一种是固守传统，与社会大趋势大相径庭；一种便是深受当时社会的影响，引领创新的方向。

早先英国牛津大学创建时受到王权和皇权双重影响，那个时代基督教力量和地方势力此消彼长，双方争持不下，就会将一些权力让给第三方（包括大学）。因此，可以看到古老大学来自多个方面，不是现在我们所说的公办和民办两条路径。早期大学是在王权和皇权充分斗争中，在新兴的社会力量发育中开始受到双方关照。斗争的双方（皇权、教权）都希望得到第三方的支持，都颁发特许证给大学。所以，我们可以看到古老的欧洲大学有来自世俗的力量，也有来自神圣的力量。这些传统，明显带着当时社会的影子。美国在血腥之上建立国家、资本和大学，美国大学认识到欧洲大学过多承载历史的局限，希望在新制度上建立新的大学，但也有大学希望复制老欧洲大学，不仅仅是建筑，还有价值和礼俗，虽然没有做到精致。

中国的大学改革只能是渐进性改革，这与美国大学显然不同。美国是在一张白纸（或在血腥之上）建立大学，而中国是在自己的传统之上建立的。中国大学必须改革，必须要去行政化，必须要达到独立办学，这些都是正确的，但切不可走极端，更何况创新和持守本就是世界大学存在的并行的两条路线。作为学者，必须要有独立的知识，要有独立的思考，评价事情不能简单比较，要还原历史，尊重合理存在，善待当下所谓不合理的根源。在这个问题上要保持独立思考并不难，困难的是保持良好的心态，这是安贫乐道的心态，而不是夺人眼球的心态，前者是严谨科学精神，后者是急躁、焦躁。在当前社会，一些教授着急发表意见，用将评价推到极端的方式来夺人眼球。

做到平衡往往是合理的，做到极端往往是害人的，尤其是在大学课堂。大学老师不允许通过极端言语来讨好和吸引学生。对于年轻学生来说，批判旧世界、建立新生活是最正常的思维取向，因为学生身体和心理处在成长、成熟的过程中，思维、心态和心理还没有发育完整，对极端的事情感兴趣，而对平衡的事情没有兴趣。这就考验教师品德。如何塑造完整、健康的人格，让学生取得科学合理的思维，形成积极向上的心态，这样的育人方法在所有专业都考验着我们的老师的品格是否符合要求。对于教师来说，在科学研究时必须穷究事理，但这是学术研究的思考、实验和讨论过程；在向学生传授知识时，需要用平和的心态、平衡的价值观。有这样的思维方式、人格态度和教学手段，才算是称职的教师。

作为大学教师，处在中国好吹牛的社会文化中，处在当下社会急躁的心态下，很有必要平衡自我。这需要我们回归经典和跨出国门思考。欧美社会工业化已完成，欧美大学教师特立独行，但在正式场合仍西装革履，这是对传统、对职业、对场合的尊重。美国大学以创新著称，但也尊重古老传统，非常严谨（如美国终身教授制度）。美国教授的课堂讲授形式与中国教授不同，中国教授上课要受到教学大纲和教案的严格束缚，美国教授则直抒胸臆，但仍不失严谨和细致。美国教师在从事教师职业前，必须要有博士学位，受过一定的科研训练，对学术、职业道德和教学技术有基本掌握。美国有着发达的信用制度，作为教师，不能在课堂上发表不恰当的言论，否则，便会被学校或学生"炒掉",对今后职业生涯产生影响。美国大学强调自由,管理民主,有终身教授制度,但对教师要求更加细致和严格。美国对终身教授的要求:第一要受学生欢迎,能经受系主任的行政评价和教授委员会的学术评价的双重考核;第二要有自己的学术建树,有一定的学术影响力;第三有终身教职岗位空缺;第四要有社会参与(参与团队活动,有 Office Time);第五要参与学生活动、社区活动、行业活动服务(教授不能与学生谈恋爱,以防有违公平)等。这样的制度好不好,中国有无需要学习,这需要我们仔细探讨,不能采取回避态度。

作为大学教师,对所有的知识都要有开放的态度和头脑。对别人的批评和表扬,对国外高校的优秀经验,对中国自身的不理解、批判或优秀的传统,对古老职业的规范,对新生活世界,等等,都要有开放的态度。在一定意义上,社会状态决定人生经历,人生经历决定价值观,价值观决定自身评价。作为一名教师,要对历史、世界、国际、同事等保持开放的态度,更重要的是,要对教育对象保持开放的态度,力求在学生身上找到合理的影子,而不是以自己的知识、价值的尺度去量其长短。

作为大学教师,要真正做到有教无类。至少在你的权力职责之内,尽量将你的"钢丝圈"放大,让更多的"苹果"通过,成为你的教育、关注、帮助和启发培养的对象,而不是将一些学生归为另类。虽然,在我们的生活经历中,从小学、中学到大学,我们一直被拣来挑去,我们有着挑拣的思维惯性,要练就博大的胸怀和扎实的能力去克服这种惯性确实是挺难的。好在我们是读书人,可以不断学习,而世界也是在不断向好的方向发展。而且我们入了这个古老行业,它的传统便是将与人为善变为爱心,负责任地教会每个学生。

在今天,中国人还习惯把教师比作雷锋,比作蜡烛,当作稀缺的精神典范。但一些教师,包括今天还很有名的教授,一心只在项目、课题和挣钱上,忘却了课堂,忘却了育人的天职。我想说的是,我们的社会环境和社会制度不一定最优越,我们的成长和学习环境不一定都好,包括我们的老师不一定都有爱心和责任心，但是这个世界在朝着有爱心、有责任心、作风更严谨、更具有科学精神和社会更开放的方向渐进发展。其实，今天发达的欧美当初也经历了如此的发展过程，它们曾经历过比中国更加痛苦的转型。十七、十八世纪的文学巨著中描写的那些血腥的资本原始积累、尔虞我诈的官商勾结和残酷的战争，比中国转型付出的代价要巨大得多，如法国大革命、美国南北战争，无一不为了社会转型、现代化而付出血的代价。我们处在这样的社会，是幸运或是不幸，大家可以自己衡量，但至少我们有了和平的环境和平和的心态。我们应该看到欧美在经历剧烈动荡后换来了现在的相对健康的社会发展、大学发展的相对高尚。我们觉得中国未来有无限可能，我们用不断的改革来实现我们的梦想。

任何一所大学都不可能在穷乡僻壤成为优秀的大学。一位英国教育家说，大学发展有一些要素，包括相应的条件、建筑、人才，对应的交通便利、信息和文化。对于三亚学院而言，十年前不可能拥有这些，近年开始加固，在未来将不断加固。中国雾霾一天不去，三亚城市的价值便随之增长。当雾霾离去，三亚已增值，它会以另一种模式发展。这是一段特别的发展经历，需要抓住机遇。欧美优秀大学能做到的我们也能做到。

一名大学教师，只在复制知识，那课堂便是无趣的。我们的教师，要保持自由的思想和独立的人格，要严守校训和规范，要严守教师行业的基本准则，在课堂上，要将更加丰富的知识以更加开放的心态传授给学生，和学生一起交流讨论，把每一节课都变成一场思想探险的经历。概括起来就是三点：

第一，要不断学习研究更多知识，应对社会、课堂和学生的挑战。

第二，要始终保持开放的心态，应对职业的挑战，把爱心、责任放在开放的态度、开放的思维基础上。

第三，要恪守行业的古老传统，三亚学院不足，中国大学多数也不足。但作为大学同质性的组织，别的国家能做到，中国也能做到。我们的先辈能做到，我们也能做到。

中国社会往好处去，三亚学院正往高水平发展。有了你们的加盟，我相信，带着你们的热情、智慧，我们将一起携手共创美好的明天。正如我刚才所说，社会在两条线上交织前进，一条不断分化，要特立独行、自由独立、创新；一条不断整合，需要团队的力量和集体的温暖，我们在两条并行的社会脉络中选择自己的职业、岗位和人生定位。我相信，正如习总书记所说，在中国，只要共同努力，人人都有出彩的机会，在三亚学院，各位也一定能有出彩的机会。

我们深知创建一所好大学，绝非易事，但我们一直努力，我们不仅是大学教师，更是一名忠诚于教育的劳动者。我们全体教职工勠力同心促内涵建设，定能实现共建理想大学的夙愿。

从教是我们一生无悔的选择

（2014 年 9 月 10 日在庆祝教师节暨表彰大会上的讲话）

各位同事、同志、同仁：

今天是我们的节日，大家好！

今天我收到了很多学生的节日祝福，大家送来了第 30 个教师节的祝福。我才恍然记起我已有三十多年教龄了。我的同学有很多都从事了别的行业，到现在我认为从事教师职业是我一生无悔的选择，也是一份荣光。

今天上午海南省举办了 2014 年教师节大会。大家知道自十八届三中全会后中央对大型庆典是严格控制的，但今天上至省委书记、省长，下至各县委书记、县长一律到会，隆重纪念教师节，表彰海南的优秀教师。这个场景让我想起了两件事情。

第一件事，去年我曾观摩在三亚举行的中国企业家联合会庆典，在与参加会议的香港理工大学商学院院长交流时问到，在他的经历中，有没有哪个国家或地区企业家自己组织节庆，没有政府官员、社会其他人士祝贺的，纯粹是自己的活动，为自己打气，他当时的回答是没有。我不能评价中国企业家和教师是两类不同职业，但教师尤其是大学教师这个古老行业、职业，不但受到民间的崇尚，政府重视，还受到社会的景仰。在做这样比较的时候，关于"钱和权"的价值已淡去了。

第二件事，上午海南省的教师节大会与学校的教师节表彰大会一样庄重，同时充满激情、热情和对崇高道德的赞美。大家以此聚会，以此表彰，以此彰显教师职业的神圣和崇高，以至于我着急递便条给省教育厅的一名领导："教师节已有 30 个年头，对于教师的职业精神是否有高于常人的职业理想、职业精神、职业道德该有结论了，所谓的牺牲、奉献和忘我之外，还应有更富有现代朴实意义的职业规范和价值"。上午表彰大会上，有位澄迈的教师为评为全国十大"最美乡村教师"，他是一名琼台师范的毕业生，毕业后不幸罹病双腿残疾，但他仍坚持理想，拄着双拐在讲台一站便是 13 年，用他自己的话说，他拄着双拐撑起了自己的人生，也给乡村的孩子撑起了一片蓝天。在我看来，这是非常崇高的职业道德和人生境界，但我会追问，我们选择这个职业的时候，可能不仅是因为职业的高尚，也不仅是因为教师为人所景仰，我们的职业理想应该远不止如此。至少不能只限于高于常人、高于日常生活的道德选择上。

今年的教师节有特别的意义。现在的中国正迈过一个新时代的门槛。中国梦，被国外媒体称作唤醒中国人自信的号角，被国内一些企业家称作是非有人管的时期，或者用社会学眼光来看，中国重新回到一个可以讲道理的社会。讲道理的时代是从中国传统儒学时期就存在的，但不幸的是，晚清大门被西方列强用鸦片、大炮打开，当时国人着急于中国技术、管理、制度、文化的落后，新文化运动开展急了些，步伐也就偏了，不幸中国"文化大革命"中犯了极"左"的错误（时机、条件不成熟的情况下做了"高大上"的事情），以至于夹带了更多的疯狂和私欲。当我们中国重新回到一个可以讲道理的时代时，这是中国社会的幸运，也是教师行业的幸运。因为自古以来，教师便是传道授业解惑，靠知识、靠科学、靠经验和靠真诚与人讲道理，推进社会进步。当一个社会，万事以"钱和权"当先时，道理便褪去，教师地位便低下。当社会讲道理时，教师职业便"高大上"。当然，现代社会讲道理要依据法治，这恰恰是中国未来必要的道路，也是中共中央下定决心要前进的道路。

回到刚才所说，教师节我们聚会，接受政府表彰，接受社会祝福，我们自知选择这个职业本身带来了职业的高尚。但职业的高尚还要基于职业的规范、职业的技术、职业的策略和职业的能力。三亚学院倡导职业化已经有许多年，可能还是个大学梦想，梦想还在路上，还不是现实。职业化是什么？学校解释说，志业、敬业、专业、乐业。有志于教师行业，是热衷劳动的态度，不是勉为其难；敬畏于教师岗位庄重，是尊重科学精神的工作伦理，不是游戏敷衍；专业于教学技术，是够格受欢迎的校园地位，不是多余或边缘的职业位置；乐于诲人不倦的生涯，是出彩的人生，不是苟且的生存。说的是我们选择教师职业，高等教师的这个职业的志向、态度、精神、技术和能力。要将"四业"每一项解释清楚，可能每一项都是大文章，洋洋洒洒、不能穷尽。但它的某些边际却很清晰。大学教师的职业化，排斥工作的平庸，而恪守真诚付出、精益求精的劳动观念；排斥职场亚文化和溜须拍马的市侩，而恪守独立人格；排斥唯利是图的不择手段，而恪守依法诚实劳动的原则；排斥旧时文人道德标榜和美丽托词的酸腐，而恪守阳光文化与科学精神；排斥腐败官场的小圈子、小伙伴的庸俗，而恪守公正竞争立场。诸如此类，我想，在每个人心中、在学校、在整个社会是有一把尺子来度量哪些是不职业化的。

在暑期中层干部会上我列举了沈为平资深校长等一批同事，在我心中，他们是大学教师的标兵、楷模。当我们在心中这样认同时，其实不是指他们知识更多、能力更强、水平更高、道德更高尚，令我们钦佩，而是他们更职业化，作为大学教师有大学教师的样子，有大学教师的标准、规矩和"范儿"（有时可解释为国际范儿）。它已经超越了我们的传统、社会评价赞美教师的公共道德，或者说是高于公共道德之上的个人修养。当他们从事这个职业时，他们有志于此，热忱于此，专业于此，并一生乐于此。教学对于他们来说是本分，科研是他们勤于、乐于的事业。当我和同志们分享他们的经验和为人处世的方法时，其实我们都明白，我们正向一群人致敬，也向古老的行业致敬，也向全世界同行致敬，也向我们自己的未来致敬。

今天受表彰的同志，是各类岗位的优秀人才。学校表彰优秀的类别设定，针对性非常强，一方面说明这些同志工作突出，另一方面与学校的志向有关，也与学校的缺憾有关，说明学校希望在这些方面有更多作为，也说明学校离设置的目标距离不小。在此，我要与大家共同勉励，受表彰的同志也代表了我们的辛勤付出，我们要有宽容的胸怀来共同庆祝我们的节日，也要充满自信面对自己的未来。

在一个讲理的时代，处在擅长讲理的岗位，我希望我们的同志们不仅要有良好的职业态度、精益求精的职业伦理、更高更精湛的职业能力，我们还要有恰当的职业技术和策略。刚才沈建勇副书记和我们分享了我校李卉妍老师荣获"全国优秀教师"荣誉称号的消息，这是学校的荣耀，也是李老师的成功。李老师是个聪明人，来校后并未因为自己是博士，是学校稀缺人才而原地踏步，反而不断进取，教学、科研不落后。相比之下，我们不少教师缺乏起码的职业技术和策略，学校今年有百分之五十的教师在学历、职称、年限可以申报高级技术职称的情况下未申报，错失良机。未来几年，还是海南高校教师申报高级技术职务的适度门槛期，三五年后，本省门槛会越来越高。聪明的人不但要勤奋，还要合理分配自己的时间和精力。处在科学、教学和管理各岗的聪明人，在这些方面要有时不我待的紧迫感。

当然，今天似乎不太适合谈略显沉重的话题，我们还是以愉快、快乐的心情庆祝我们自己的节日，分享我们一年辛勤劳动的成果，期盼我们未来集中精力确保教育部对学校本科教学合格评估的通过。接下来，我希望我们有一天能和我们沈为平教授、王勋铭教授、潘均教授等同志去分享一件事，陆丹同志从教三十年没有后悔，他们从教四十或五十年没有后悔，我们从教三五年、十年八年后不后悔。一个古老的行业，一个国际的准则等待大家思考、实践来评判它的标准需不需要修改，等待大家回答。

职业化教师的养成与塑造

（2014 年 9 月 9 日在三亚理工职业学院教师节表彰大会上的讲话）

职业化的人是时代发展与社会进步所需的人力资源基础，是制度的约束性与人克服人性弱点所达到自律状态的整合，涵盖了职业化的技能、职业化的形象、职业化的态度和职业化的道德，并依赖于完善、简洁、高效、具有可操作性的制度规范和流程，是新时代人才观的基本组成部分，是一个组织、一个团队凝聚人心的基本构成要件。

改革开放之初，邓小平同志就提出了"国家要四化，人才要优先"的理念，中国的高等教育得到了恢复与发展。随着社会经济的发展和人们观念的转变，中国的高等教育在经历了精英教育向大众教育转型之后，大学不再只是为了研究而生存，人才的界定标准也不再一味地追求高精尖或是否能够研究出拉动 GDP 增长的成果为主要判定依据。

在经历了以牺牲环境为代价的粗放型经济增长阶段后，中央提出要转变经济发展方式，将科技理论成果转化为实际的生产力，提高中国制造的技术含量，人才的界定逐渐多元化，其得益于依法治国、信用系统的建立和推进职业化三个支撑点。李克强总理就指出具有敬业精神，做事精益求精的人就是新时期社会所需要的人才。

在时代的转型与发展时期，国家对高等职业教育给予了明确的政策性引导，这是契机也是挑战。作为高等职业院校要坚定不移地贯彻有关文件精神，探索职业教育改革的新路径，落实"办好优秀职业院校""培养优秀职业人才"的发展目标。把握好这次机遇，将学院自身发展实际与区域经济发展相结合、与企业需求相结合，积极探索高等职业院校教育教学改革创新之路。要以政策学习为途径，业务培训为手段，提高广大教职工的政策性意识和职业化水平。

对从事高等教育的教师来说，要培养职业化的人才，首先要对自己有明确的职业化要求。要能够有志于未来的职业，能够专于未来的职业，能够敬畏未来的职业，能够乐于未来的职业，并与学校的价值观一致。

对高校教师而言，学生就是院校培养的"产品"，每一件精湛的"产品"都代表了这个组织管理体系的科学性，也代表了教师育人过程中所透射出的精益求精的精神和附着在每一个育人环节的工作态度。

作为三亚理工职业学院师资队伍建设的目标定位，职业化可以归结为志业、敬业、专业、乐业。要树立随时开花，随时播种，予人玫瑰手留余香的心胸和致力于"办好优秀职业院校""培养优秀职业化人才"的奋斗目标。作为一名职业人、一名职业化教职员工，应具备新的劳动观，在尊重自己劳动的同时，也尊重他人的劳动，诚实、讲信用，有志于这份工作，敬畏于这份工作，快乐地享受这份工作，学习更多的知识，教育更多的学生。

今天，我们处在一个新的时代，这个时代标志着国家要依法治国，学校要依法治校；标志着国家要建立信用系统，我们要诚信劳动；标志着这个国家需要敬业、精益求精的人才。我们要尽心尽力地工作，让我们一起看到国家的前途，职业教育的前途，我们三亚理工职业学院的前途，我们要齐心协力地做职业化人才，做职业化的教职员工，一起办好职业化的院校，培养好优秀的职业化人才。

一个人在一个时代里能做什么

（2014 年 9 月 16 日在 2014 级新生开学典礼上的讲话）

各位亲爱的同学

各位尊敬的老师

各位尊贵的领导和来宾：

今天我想和同学们一起探讨一个多年来我一直在思考的问题：一个人在一个时代里能做什么？

在一个时代，一个人能做什么？在现代价值判断里，一个人被从传统社会纳入到现代工业和城市文明以后，极易于变成时代流水线上的标准产品，而以后现代的视角来看，一个人很容易被时代的各种价值观撕成碎片。似乎我们抓不住时代什么。

但是，仅仅如此吗？我们能不能稍微往前走一点，回顾一下历史？我们不相信时代真的与我们微弱的自己并无关涉。

如果我们生在晚清时代，任我们爱国激情万丈，我们也只能眼睁睁看着列强瓜分国土，因为鸦片，因为封建腐朽，因为没有工业化，我们手无缚鸡之力。

如果我们生在新文化运动时代，我们即便是冷眼旁观的，我们即便不参加任何体用之争、问题与主义之辩，我们也难逃说白话、写白话文、用新文明词，否则，我们哪怕具备文韬武略、满腹经纶，交流沟通能力也会一落千丈，自动被时代所边缘化。

如果我们生在"九一八"之后的东北华北，即便是冷峻无比的书生，面对着国破家亡、新仇旧恨，偌大的天地放不下一张书桌，我们也会燃起万丈怒火、投笔从戎，否则，要么做汉奸与侵略者同流合污，要么成为亡国奴苟且偷生。

如果我们生在新中国初建时期，积贫积弱的国家百废待兴，万众热情洋溢，万物欣欣向荣，我们自己谁能置身事外？

如果我们生在改革开放初年，被禁忌的思想一旦打开闸门，被禁锢的行为一旦松绑，春江潮水，万马奔腾，生命压抑太久，此生只争朝夕。谁还骑墙逍遥，谁还彷徨观望，谁赶不上政策末班车，谁就会被抛离社会快车道。

中国古代文明史，较之其他文明，早熟、繁荣、稳定，大多相似、周期反复，相对确定，也相对平和，除去战乱，时代对个体的影响更多是文化久远留存的温和印记。

中国近代史至现代史，多灾多难、跌宕起伏、变动不居，时代对个体的烙印，是逼迫人们不断做出判断和选择，往往还是非此即彼，如果采用中庸策略，则不是受欺，便是挨饿。

我们看到，在急剧动荡的时代，我们必然会卷入时代漩涡，不是主动投入便是被动卷入，难能例外。个人在那样的年代里，只能与时代同呼吸共命运，一个人在一个时代里做什么或不做什么、做成或做不成什么，全然由时代决定，我们自己如何选择都由那个时代注定。

改革开放以后的二三十年，中国的工业化、城市化以及基于其上的现代化诸项事业有成，经济基础渐厚，社会阶层重组，制度惯性趋大，社会结构趋稳。这一切，如果以大学生毕业做观察点，三十年前，大学毕业生被社会尊称为天之骄子、未来栋梁、国家人才，社会张开双臂拥抱。三十年后，今天的大学毕业生，依然是天之骄子，但眼看着行业岗位少，职业门槛高，毕业就业难，国家要托举，社会要包容。

这是教育工作者观察的时代与青年人的命运关系图。这是一个经济财富渐丰的时代，一个社会结构形成的时代，一个社会趋稳的时代，人们很难看到被人为推远的大时代，人们容易看到被宠坏放大的小小自我。但是，在一个大时代，如果人们只看到时装发布的新季风格，只看到娱乐发布的本期通告，只看到网络媒体的新技术和新表述，那么，在这些新新之中被撕成碎片的就是我们自己。作为一个跨进大学之门的新青年，我们要用自己的眼睛，透过小时代，张望大时代。

你们"90后"这一代，知道多少时代？了解身处哪一时代？喜欢何种时代？相信时代与己何关？

我所知道的，我们师生大家正同处一个新时代的门槛边，这是个什么时代？用外媒评价，习总书记唤醒了一个国家和一个民族的梦想；用一位著名中国企业家的话，这是一个事情有人管的时代，坏事有人制止，难事有人料理，好事有人传播；用我所熟悉的社会学视角来说，这是一个回到讲理的社会的时代，这个时代基于法治也基于民主，基于知识也基于经验，基于能力也基于成就；讲理是中国社会传统。

对于一个跨进知识大门，也同时跨进一个新时代的年轻人来说，未来的命运即在一个新时代的惯性上，也在我们每一个人的把握之中。在这个时代，我们用知识、能力、经验、办法去成就自己也造福社会，圆中国梦也尽放自己的光彩。

然而在此前，我们应该做一下算数。先做减法。因为每个人能够做成什么样的加法，首先取决于去掉本不属于我们的那些什么。过去之中，如果我们靠着别的，也可能侥幸过关。但是如果我们把这种侥幸带到新时代，那我们就只有小概率获得成功。只有用自己诚心诚意学到的真知识、真本领服务社会，才是未来社会的主流。因此，在一个新的时代，在一个阳光的时代，在一个未来开明的时代，我们的年轻人所需的不仅仅是勤奋，不仅仅是聪明，不仅仅是本领，重要的是，诚心诚意树立自己的信用。

应该庆幸，你们完成学业走向社会的未来时代，将是一个欢迎人格健康、专业扎实、知识丰富、技术能干、有真实本领的人才的新常态时代。

李书福董事长再三告诫学校，办学的目的是为了让学生更好地走上社会。在我今天看来，更好地走向社会是要用自己的诚心诚意，用自己的信仰，去和过去告别，去开拓一个崭新的世界。

相信同学！相信学校！相信社会和政府！

"忠诚干净担当"与大学党建新契机

（2015 年 5 月 27 日在"三严三实"专题教育党课上的讲话节录）

一

习近平总书记强调的"三严三实"和"忠诚干净担当"，是在清醒把握党员干部作风现状基础上对改进作风提出的新要求，涵盖了政治建设、思想建设、业务建设、作风建设、品德建设等各个方面。

严以修身，就是要加强党性修养，坚定理想信念，提升道德境界，追求高尚情操，自觉远离低级趣味，自觉抵制歪风邪气。古人讲："修身齐家治国平天下。"其中"修身"是人生的基点基准。文化自觉是新一届中央、习总书记在论我们国家的"两个一百年"的奋斗目标、论及社会主义核心价值观时，对我国传统的一个继承态度，这也应是今天我们中国进行方方面面建设时来自何处、坚守什么的一个基本的信仰。在这一方面，我们要意识到不能把它仅当成一个学科趣味，一个知识的要求。如果我们有更多的国际交流的经验，有更多的关心时政的态度，我们就会发现所谓的全球化与本土化之间将存在着诸多的冲突。两年前我们三亚学院组织了一个代表团，有五六个同志去日本大学考察，在日本的大阪，拜会一个株式会社的负责人，此人还曾是两届上海白玉兰奖的获得者。白玉兰奖是上海市设立给国际友人的一个奖项。他在跟我们交流的过程当中说起一件事，说他们株式会社每年拿出一笔资金，在牛津大学设立一个讲席，他们的目标或者论题持续一贯的是"如何把中国纳入国际轨道"。我听了以后真不是滋味。改革开放我们自己学习国际经验，与世界文明接轨，是我们的愿望之一，也是我们的认真实践，但是当别人说要把你纳入世界国际惯例的时候，其实里面隐含了很多对价值、身份的歧视和质疑。我们在一对一的国际学术交流和校际交往、商贸洽谈过程中，我们感受到的是友好，感受到的是尊敬，但是作为国与国之间的竞争关系，尤其是像中国这样一个社会主义国家，其实还是被很多人故意地贴标签、故意地妖魔化的。对于一个执政党，对于我们中国的学者，对于我们教育工作者，对于我们教育单位的领导同志，我们从何而来、我们身处何处与我们要往哪里去是重合在一起的。因此文化自觉就成为我们解读当下、前瞻未来、把握立场和分寸的必要守护。想想中央领导是站在更高的视野上面考量的，提出了孔子的"严以修身"的这一著名论断来作为提升党员干部党性修养的重要标准，我们应该对此有一个严肃的认识。我们都知道从"格物"到"修身"，到最后"平天下"有一个严密的逻辑关系。"修"不是修到此就结束，还要有后面的目的，要达到"齐家治国平天下"，也就是要胸怀更大的抱负和理想。但是，在现实生活当中很多党员干部是修身不到位的，倒过头来看根源于缺乏精神追求和远大理想。党员干部的思想境界应当是胸怀抱负、志存高远，而在现实中，不少党员干部缺乏高尚的精神追求。严以修身才能铸就金刚不坏之身。要养成"省吾身""志于道"的良好习惯，要在是非之间对照理想信念、党章党纪、民心民生、先辈先进"四面镜子"，反思自己对组织是否忠诚、对师生是否尊重、对岗位是否尽责、对工作是否用心，不断反省自己、改善自己、提高自己。如果这样说，我想"三严三实"专题教育会让我们每个同志静下心来，反躬自问，都有一大堆话要说。

严以用权，就是要坚持用权为民，按规则、按制度行使公权力，把权力关进制度的笼子里，任何时候都不搞特权、不以权谋私。权力是一把"双刃剑"。邓小平同志曾告诫说："我们拿到这个权以后，就要谨慎。不要以为有了权就好办事，有了权就可以为所欲为，那样就非弄坏事情不可。"要自省自警，谨慎用权、规范用权，如履薄冰，当个人感情同党性原则、私人关系同师生利益相抵触时，必须毫不犹豫地站稳党性立场，真正做到权为民所用，权源于公众，用权出于公心。

严以律己，就是要心存敬畏、手握戒尺，慎独慎微、勤于自省，遵守党纪国法，清廉为政。对领导干部来说，律己能赢得尊重，树立职务威望；律己能凝聚民心，汇聚发展正能量。我们要经常审视自己，看一看自我要求严不严，对家人、亲属、身边的工作人员要求严不严，是不是谨慎交友、从善交友、择廉交友。公生明，廉生威，在这一方面我们都有正反两方面的体会。客观地讲，我们三亚学院是社会力量开办的学校，我们没有政府赋予的资源性的、财产性的、财政性的权力，但是你只要在这个为公的岗位上就有公权。客观地讲，我们的公权比起公办学校要少，但是也一样有。再客观地讲，这十年来我们三亚学院在这方面自省自励，不敢掉以轻心，我一直强调所谓"如履薄冰"也是包含这一方面。然而，我们也应该警醒人有时候会容易犯低级错误。我们身处在这个社会，就可能会被社会上一些不好的风气所污染。对身边的同志、对下属、对亲友要求严不严，我曾经在若干次会议上说过这层意思。从反腐的实际案例来看，很多干部痛哭流涕地说交友不慎。这句话只说了一半，其实另一半首先是自己的心缺了一角，然后才会交友不慎。如果没有心缺一角，真的是因为自己糊涂、笨，依然潜藏着交坏朋友也有好处的这些私心杂念。曾经一段时间，我们国家党员干部中间流行着如何交成朋友、扎成堆才好办事，在江湖上叫"哄起来抬、抬起来哄"的话。这是我二十多年前在其他高校当干部的时候跟一些人喝了酒说起的话，相互抬轿子、帮衬着，才能把江湖混熟、混好、混高、混得利益多。现在回过头来讲，一句戏言其实是民风坏了，社情出现问题了。而民风社情反映了什么？党风出了问题了。因此我想我们在座的没有公务员那样的权力，但是也要自省自励、慎重交友、慎重填补自己潜藏的愿望和心缺的一角。我们只有严以律己，以身作则，率先垂范，才能带出好队伍，养成好的作风、好的师德师风。

　　谋事要实，就是要从实际出发谋划事业和工作，使点子、政策、方案符合实际情况，符合客观规律，符合科学精神，不好高骛远，不脱离实际。这一点上，我们可以看到在典型反腐案例当中，很多所谓的能人，有好点子，出了很多好方案，名噪一时，有相当的政绩。但是从科学规划的角度、从社会和谐发展的角度、从民生的角度经不起推敲，发生过很多做了却留下后患的事情、伤及民生的事情。我们三亚学院、我们的同志们权力没有那么大，但是想一想平时我们每一个中层干部尤其是一把手都得要决策，我曾经说过每一堂课都是一场思想风险之旅，这是教育学的经典之语，有时候我们干部每一天都在做选择、都在做决策，行与不行、上与不上、这个请求答应不答应、那个要求我们怎么执行，涉及个人风险之旅的个人承担，但是涉及你是负责人可能有时候你还承担不了，会伤及组织利益、群众利益。所以谋事要实，我们要从这个方面去考虑。从三亚学院来看，还是在会不会谋事、能不能谋事、谋事到什么样的层面上，还没有达到谋事不实造成灾难性后果那个程度上，但是我们也要警戒。总有一天我们队伍要壮大、实力要加强、我们谋事的能力也要提高，现在提前预警不是一件坏事。不谋实事、不干实事，历来为世人所诟病；花拳绣腿、华而不实，历来为民众所厌恶。我们党从小到大、从弱到强，历经苦难、走向辉煌，靠的就是"谋事要实"的品质和追求，也就是实事求是的精神。党员干部都要按照"谋事要实"的要求，处理好长远利益、根本利益、学校利益和个人抱负的关系，一切从实际出发，把远大理想和现实目标结合起来，从眼前做起，从师生期盼的实事做起，不能违背广大师生的利益，不能违反发展的规律，绝不能脱离实际，不能为眼前利益而留下无法弥补的后遗症。

　　创业要实，就是要脚踏实地，敢于担当责任，勇于直面矛盾，善于解决问题，努力创造出经得起实践、群众、历史检验的实绩。我们现在不断在提学校的干部要有实绩，用绩效来考核，用绩效来作为一个导向，这是必要的。但是当我们说绩效的时候，是什么样的绩效、是什么时候的绩效，这个问题可能就要上升到价值观了，那肯定是综合的绩效、长远的绩效、符合学校利益和群众利益、符合教育规律的绩效。"创业要实"树立的是一种正确的政绩观导向，体现的是一种责任担当意识，倡导的是一种改革创新精神。我想这一项主要针对的是机关干部。我们学院层面的干部这方面压力要小一些，因为大家大部分每天都遇到实际问题、每天都要务实地解决，一打马虎眼、一耍花腔、一敷衍了事，这个日子就过不下去了。所以，我想在这一点上校一级领导和机关干部要更加注意。

做人要实，就是要对党、对组织、对人民、对同志忠诚老实，做老实人、说老实话、干老实事，襟怀坦白，公道正派。73年前，毛泽东写下著名的《改造我们的学习》，严厉批评了"华而不实、脆而不坚"的风气，我们在座的很多老同志都学过。大家想想73年前是什么状况。73年前我们党还很脆弱，我们党还没有很多的物质条件，我们党还没有很多的知识分子，还没有所谓的平均数以上的人才，但那个时候我们党就出现了毛主席说的"华而不实、脆而不坚"。我们从组织学的角度来讲，组织发展过程，先是要勇于牺牲、要面对艰难困苦，接着要解决实际问题，接着要科学规范，不断在组织发展过程当中讨论新的阶段、新的任务、新的要求，到一定的阶段就一定会出现要规范、要科学、要漂亮、做事情要做得有质量的时候，"华而不实、脆而不坚"的事情可能就会做出来。我们三亚学院也要警示自己，我们从艰苦奋斗中走过来，要推进卓越进程，在这个过程当中我们要强调规范、要强调质量，但同时我们要记得这次"三严三实"教育，不要做表面文章，不要做华而不实的事情，不要做只会说不会做的事情、说得多做得少的事情，不要做说给领导群众专以表功的事情，而是要务实解决群众问题，推进学校事业发展。我想"三严三实"教育来得正是时候。党员干部做人要实，待人处事要表里如一，在政治大是大非面前站稳立场，在工作矛盾问题面前迎难而上，面对违法违纪、歪风邪气坚决斗争。要以实立身、以实守志、以实行事，对组织忠诚老实、对同志诚恳实在、对工作负责扎实、对人民真情实意，努力做一个高尚的人、一个纯粹的人、一个有道德的人、一个脱离了低级趣味的人、一个有益于人民的人。这几句话是毛泽东同志在纪念白求恩同志的讲话当中说的。

忠诚、干净、担当，进一步突出了对党员干部的政治品格要求、党性修养要求，也是现代教育机构中的职业素质要求。我们现在说到忠诚，在回顾入党誓词的时候觉得很贴切，但有的时候我们可以把忠诚延伸理解为专注，理解为不抛弃、不放弃、不背弃。对党忠诚是政治品格，就是要在党爱党、在党兴党、在党忧党、在党护党，如果用这几句话对照，我想我们很多同志可能会汗颜。我举个小例子，不知道是哪个比较好事的人把百度上面"陆丹"的词条信仰一栏里写上是共产主义，据说网友都可以编辑百度词条，没有什么定论，这本身是一个非常正常的事情。但是在我众多的社会交往当中有一次让我很惊讶，好几年前有位政府干部在吃饭的时候向我敬酒，说我很佩服你，当今一个大学书记敢于在百度上说我信仰共产主义。说实话，我听了以后很汗颜。1983年我入党的时候，宣誓的时候，对党忠诚是我们每个党员最起码的事情，三十多年以后，我做了党委书记，别人说你很了不起。我们倒推一下，我们的干部是不是在党护党、在党兴党。更多的时候我们会把自己当成一个普通人，当作是一个在社会分层结构层次里面普通的人。我们不是高官，我们不是公办大学的，我们不是社会名流明星。我们把自己当作普通人的时候会感到憋屈，同样是一个党，党的干部、普通党员，只是在党的不同的基层组织里，我们得到的关爱、关心是不是一样平等、一样均等啊，我们有时候纠结这样的问题。我们有这样的想法不奇怪，我们可以跟党交心，向上级党组织提意见，但是我们不能破坏党的纪律、党的形象，破坏党的凝聚力。以此来推论我们在座的干部平时是不是都在党爱党、在党护党、在党兴党、在党忧党，可能未必都尽然。所以，从我做起，我们各位干部在这一方面也要有自觉，也要反省，要改变，要提高。对马克思主义、共产主义信仰的忠诚，对中国特色社会主义信念的忠诚，对党和人民事业的忠诚，个人干净是为官底线，就是要心存敬畏、严格自律、清正廉洁，权与利面前不贪不腐，做到慎言、慎行、慎独、慎初、慎微、慎交友，行为上清醒，经济上清白。敢于担当是从政准则，是职责所在，要敢想敢做敢当，善谋善为善成。敢于担当是全面从政的要求，也是职业素养，用这方面的要求来看，可能我们很多同志都存在着这样那样的不足，有的可能还比较严重。我经常跟我们的总支书记讲，多年来一直在讲，党总支要成为基层党组织的核心，在大是大非面前要敢出来讲话、敢表明立场。事实上不是所有的总支都能做到的。在你那个学院里面，在你那个总支里面，如果有一种现象得不到制止，你在哪里、你做了什么，这是我们一直追问的一句话。假如群众有困难，视而不见，出了问题，我们就会问，你在哪里、你做了什么。因此，在这个意义上我们所有的党的干部都要追问自己，是不是真的敢担当。我们有时候容易满足，我做了很多事，我解决了不少困难，别人没做的我做了，这是了不起的事，当干部就要解决问题。可是这个职业素养，所谓的从政准则，它是比较全面的，既关乎政治上的大是大非，也涉及具体的有矛盾的、有危险的时候，还包括有了失误要如何承担。承担失误，小而言之是一个人的责任感，大而言之是一个人的胸怀，高而言之它是一种境界，换个类似表达它是艺术。前几天我在北京和部委的领导谈工作合作，他们就说三亚现在不错。三亚的领导同志们最近在媒体上公开承认自己这方面不足、那方面不够，这是一种成功的策略，这是一种境界。事情对不对、做得妥与不妥，用一句老套的话说群众的眼睛是雪亮的，不用专家评估，你是什么样的境界、什么样的态度、什么样的水平、什么样的胸怀，不一定能从你取得的成绩当中看出来，倒是在你面对问题、面对困难、面对失误的时候能够考验到。

作为学校的党员干部，要进一步加强党性修养，坚定理想信念，忠于党、忠于国家、忠于人民，忠于事业、忠于学校、忠于岗位。这是建设好干部队伍必须解决的重大原则问题。过去很多学者一谈忠诚就贴"愚忠"标签，知识分子作为党的干部应该用科学的理性的标准来衡量，这话不错，但是我们要看在哪一种话语环境中说这个问题。我们现在遇到的党建工作当中的具体问题是我们的很多干部没有站稳立场，我们为官用权没有做到人民满意。这个时候中央提出了一个新的标准，你还说你要不要做、要不要专注、要不要尽心、要不要做到位，这显然和仅仅是抽象地去谈谈这个问题是两码事。

按照"三严三实"要求，每个党员干部都要注重加强自身建设，牢固树立大局意识，强化责任意识，增强服务意识，要善于培养宏观思维，要树立国际视野，要扎实练好内功，不断提高履职能力和服务水平。

要练好扎实的内功是一件不容易的事。我刚刚从美国出访回来，在交流过程当中我一方面为我们的学校、为我们的同仁、为我们过去的那段经历感到自豪，因为世界上很少有大学在十年之内办到有两万本科在校生的规模。对美国人来说，人家人口没那么多，人家发展是另外一种模式，他可能比较吃惊，也比较尊重我们的这个成就，所以愿意跟你合作，各有需求、各有所长。无论是在大局意识，还是责任意识、服务意识、宏观思维、国际视野、内功上，我们现在的这支队伍总体上看，团队成员各有所长，团队的凝聚力量是达到一定的标准的，否则难以解释我们三亚学院能够率领这支队伍走到今天，在民办学校当中独树一帜。前两天，王副校长、沈副书记率队接待了国家教育部的一个团队，他们在全国两千六百五十所大学当中要选出五十所学校作为在就业方面有突出成就的单位。我今天上午在校务会上听说专家对学校的反响很不错，三亚学院做了很多。海南省推荐了两个学校，第一轮就把另一个学校刷下去了。从我们自身来看，我们有这样那样的问题，可是成绩又摆在那里，我们怎么来解释呢？这说明我们的团队、团队的整合力量形成了整合效应。所谓"三个臭皮匠凑成了我们团队这个诸葛亮"，我们这么解释。校内校外常有人夸我，但我深知，陆丹一个人能独撑天下？没人能包打天下，没人能独撑天下！当然是团队力量。当然，我又常常看到我们的同志们在这个地方不足、在这个地方不够，不停地提醒鞭策。我们要反思，不是哪一个人更好、哪一个人更强，而是我们很幸运地形成了一个团队的力量、形成了一个团队整合的力量，是我们这支干部队伍能够打仗、打硬仗、打胜仗，这是应该肯定的。但是冷静地想一想，由刚才所说的，有没有大局意识、责任意识、服务意识、宏观思维、国际视野，有没有练好内功，我们每个人从我具体开始比一比就有诸多不足啊。说到大局意识，我举个例子。我们从台湾访问回来，台湾亚洲大学现在是我们的姊妹学校，姊妹学校就要做姊妹学校的事情，一大堆的事情，在座的相关的学院专业老师都要参加这些合作项目。亚洲大学的总务长给我们介绍整个学校，在交流当中我说我想提一个问题，你们的学校校园是怎么打理的，总务长就带着我们在整个学校里面转了一圈。这哪是总务长呀，这是校长吧，学校的理念、学校的机构、学校的价值观、学校是怎么去搭建一个个平台的，在他这个总务工作层面上是怎么样实现育人的，环境怎么样育人的，津津乐道，这就是全局观、责任意识。我就在想，我们的总务长要是也这样就好了。当然我也检讨自己，我带大家出来看得不够，我们的同志要是看得多了可能会超越他。再说宏观思维和国际视野。过去我们有一些干部请来了，很有国际视野和宏观思维，但他就是个批评家，他就是个旁观者，他坐而论道而不履责亲为，不亲力亲为，他倒是有宏观思维，但是他没有责任意识，这我们很着急呀。学者多得是，要来给我们三亚学院提提意见、来把把脉的人可就多了。为了迎评，我们请了两批学者，都给我们提一大摞一大筐的意见，他们眼睛是雪亮的，我们很佩服，但是谁来帮我们干事呢，谁能有效地帮我们解决问题呢？宏观思维、国际视野都要跟责任和能力挂钩。在这个意义上我们很多人都有缺陷，我们在座的一些年轻干部尤其要补课。要加强制度建设特别是内部控制建设，规范行权用权。"三实"要求我们进一步增强责任心和紧迫感。我们三亚学院好人一大堆，但是每个人身上都有很多不足甚至是坏毛病。我过去有时候着急，就跟人急，现在我进步了，我跟自己急不跟人急，我希望我们每个同志都跟自己的坏毛病着急，把自己变成一个很全面的人，如果大家都有全方面的才干，我们这个团队整合起来的力量就更大了，就不会像现在这样由"臭皮匠"凑个"诸葛亮"了，而是更多的"诸葛亮"凑成了"超人"了。

二

罗保铭书记在5月16日专题党课上列举了目前一些领导干部存在"不严不实"问题表现的八个方面：一是不重学习、眼高手低；二是安于现状、不思进取；三是为官不为、不敢担当；四是急功近利、好大喜功；五是疏于管理、放纵下属；六是公私不分、滥用职权；七是拉拉扯扯、搞小圈子；八是做人不实、弄虚作假。这描述得真准，提醒广大领导干部引起高度警觉和深度反思。我们学社会学的都说人是社会的人，我们三亚学院虽然有个围墙，我们距离三亚市十公里，距离海口市两百七十公里，我们在桃花源就很清静吗？这些毛病我们身上就没有吗？我们要找我们的问题。

保铭书记指出的海南领导干部"不严不实"的八个方面在三亚学院领导干部身上有没有？我认为应该把"三严三实"作为一面镜子、一把尺子，照一照、量一量。结合学校的实际，对照"三严三实"的要求，我们要找准学校发展和干部队伍中存在的问题，解决好存在问题，为实现卓越发展创造良好的作风氛围。

从目前学校发展的态势上看，总体是好的。这学期，学校狠抓作风建设，落实服务理念，增强服务能力。转变机关工作理念和作风，树立服务意识，试点机关服务窗口日常问题负面清单制，解决师生诉求，提高服务能力和服务质量；健全学校信息公开制度，建立统一的信息公开平台，更广泛及时地听取师生意见和建议。加大对制度执行情况的督办督查力度，及时公开、评比各项制度落实和工作任务的完成情况。重点考核各部门、各学院一把手的工作绩效。开始实行各主要部门和学院一把手公开述职制。总的目标就是通过改变作风提高工作效率和服务质量，方便师生生活和方便师生开展教与学，这是在今年"三严三实"专题教育布置前我们自己在做的事。群众路线教育活动已经让我们眼睛一亮了，知道有些事情非做不可了，不能等着上级催着办、让群众推着走，自己要提早几步赶着走。我们已经做了。但是我们做得全不全、对不对、到不到位，不知道，所以我们要借着这个"三严三实"教育来总结它。教学方面，推进慕课教学试点、专业课小班教学改革试点、毕业论文写作改革试点，书山馆开放运行，在实验室及各实践教学环节教学效果保障"大众创业、全员创新机制进校园""美丽社区环境""美丽校园环境"方面下功夫。科研方面，提高服务地方经济社会发展和服务政府部门决策咨询的能力，"科研本分""科研促进教学""重视科研、崇尚学术"已经成为全校教师的基本认知。后勤保障方面，提高后勤整体的发展活力和校园服务能力，及时有效做好涉及师生生活、工作、学习的校园维修、环境卫生、生活服务等保障工作。学期末开展后勤服务团队与师生代表见面会，推进民主监督，真诚交流，进一步提高校园保障服务质量和师生满意度。这些都是我们在做的事。通过改变作风、改变做法来改变教学质量、提高工作效率、提高人民群众的满意度。但是这和"三严三实"扣得紧不紧、契合得够不够，我们还要再下功夫，要把它当作是长久的事情，当作是一个制度建设、作风建设的长效机制，当作我们解决问题、提高质量、提高队伍素养和能力的一个重要机会。要落实到工作的方方面面。我们必须正视学校发展中存在的问题，例如学校过往的办学理念和办学成果与"三基本"要求有差距。我们往往想的说的是不错的，这次我们到台湾去，很多同志看到台湾同行做的那些事眼熟耳熟，好像我们三亚学院也做过，可是人家有实实在在的东西放在那，有平台、有效果，在每个点上，在教学上、人才培养上、后勤服务上都有显现出来。政府说要解决"最后一公里"的问题，我们就要解决差那么一毫米的问题。学校自"二次创业"以来，自身树立的教育理想与建设现状有差距，服务地方经济社会发展方面存在差距。师资队伍结构亟待改善与优化，学校与各二级学院对于培养应用型人才的重视程度和意识不同步、不平衡，专业布局和专业结构需要进一步调整和优化，进一步体现特色等。

从干部队伍的素质来看，党的群众路线教育实践活动开展以来，学校党委旗帜鲜明地反对"四风"，学校的党风、政风、校风、教风、学风得到明显改善，呈现出新的气象。可以说，我们的干部队伍作风总体是过硬的。但是要看到，还存在服务意识与工作效率不高、忧患意识与担当意识不强、改革创新与攻坚克难的锐气不足、少数单位领导班子战斗力不强、干部监督管理不严等突出问题。请大家思考以下主要问题：校、院干部教育理想和情怀还在不在？我们这些人都是从事教育的，我们平时都是做具体工作的，但是当我们碰到具体问题，问题累积起来到达了一个临界点，这个问题上升到一定的高度，我们把这个问题深究到一定的深度的时候，我们一定会碰到这样的问题，我们有没有教育情怀？我跟一个关心三亚学院发展的干部说，我有时候就缺乏教育情怀，我只是看到我们三亚学院自己很不容易，看到三亚学院老老少少这些员工为了这个学校、留在这个学校、为了这个学校耕耘付出艰难辛苦不容易，我觉得要呵护这种热情、呵护这种不容易、呵护这种辛勤的努力，所以我有时候就跟上级领导提这个建议、提那个批评，你们为什么对三亚学院关心不够，你们为什么把很多资源和指标给了其他学校，尤其是你只看公办，尤其是你有的时候闭着眼睛明明是这个学校比那个学校好你却把机会给了那个学校。我说我是个俗人，我也经常这样想，这样想真的不是为了自己有多大面子。多年前沈为平院长提醒我要注意六十多岁的人和我这个五十多岁的人想问题是不一样的，不一样就是我会想教育情怀的问题。当我走了那么多的国家，看到了那么多别的学校办得比我们好，我以前也纠结，听到美国国歌里面唱的"上苍赐予美利坚广阔的土地和丰饶的资产"，我就心生妒忌，看人家学校办得挺好的我就有纠结，看到政府把资源给了别的学校我也不高兴。但是如果我们真的有教育情怀的话，我们得想一个问题，给谁不是给呢？不给我们学校给了别的学校，发展起来不都是对三亚有好处、对海南有好处，推而广之，教育发展好了，都是对人类有好处。

自身学习和成长要求安排紧不紧？我现在是有资格说这个话的，我水平不高，但是我的学习和工作的安排是比较紧的。经常有干部跟我说他很忙。我们如何看待支撑我们的事业、支撑我们的职业所必要的学习问题？沈为平校长批评一个同志，问他申报了一个国家的课题有没有做，他说还没有做。沈校长就说了，你现在在高知园还有个一百平方米的房子，当年我是在我家的缝纫机上完成我的论文的。我有时候很"后悔"我们建了高知园。我看到我们的同志在高知园安居乐业由衷高兴，我看到高知园第一个孩子出生了还让我帮他起名字，我说冒大不韪的事情别让我做，这当然体现了一种感情。看到现在差不多超过一百个孩子我也很高兴。但是我说安居乐业再乐下去，我们有的同事可能"死之将至而不自知"。我们同事中有人觉得我已经可以了，但是社会对这个岗位的要求是什么，同行这个状态到了哪里，你的这个岗位在别的学校应该达到什么要求，你知道吗？你有没有紧迫感？你有没有危机感？干事业的动力足不足？进取拓展的欲望强不强？解决问题的工作能力够不够？对自己各方面要求严不严？决策和工作安排中有没有师生群众意识？这一点我特别要提出来。群众路线教育时提出来，我们顺势而为做了好多事。但是我不知道你们每个人有没有这么想，我们三亚学院工作是自上而下做的，做了很多年；决策是自上而下决策的，决策了很多年；艰苦奋斗是自上而下的，做了好多年，解决问题是自上而下的，也是做了很多年。但是这自上而下背后隐藏了很多的隐患。领导同志会自以为是，我有时候就刹不住车，因为观念里有一系列的自上而下，就形成了一种思维惯性和行为惯性、反应方式的惯性，所以我希望同志们要经常给我提个醒。好多落马的干部都是能人啊，能解决一定问题的，有一定功绩的，养成了很多自上而下、自我决策、自以为是的惯性，最后收不住尾了。

对同事下属尊重不尊重？反映和解决群众问题及时不及时、到位不到位？工作做不好能不能承担和担责？检讨工作得失、涉及人与事名利荣辱过程中阳光不阳光、正派不正派？工作中人情重还是原则重？依法行权意识、工作规划意识、程序意识缺不缺？调动下级和群众参与决策、发挥独立工作积极性的制度执行够不够、办法到位不到位？这些问题虽然只存在在少数干部身上，但就像窗户一样，只要有一个微小的裂口，窗户纸的裂口就会被风越吹越大。这些现象虽少，但也能引起破窗效应，严重影响学校的党风、政风、校风、教风、学风和工作作风。我们必须高度重视，始终紧绷作风建设这根弦，打好作风建设的攻坚战和持久战，推动作风建设新要求落地生根，营造风清气正的良好政治生态，以促进健康的大学生态形成。

幸运的时代

（2015 年 6 月 8 日在优秀毕业生表彰大会暨毕业生学士学位
授予仪式上的讲话）

我代表学校衷心祝贺各位优秀毕业生。

我所以为的幸运时代，不只是中国经济还在高速增长，不只是高等教育大发展下各位有机会进入大学殿堂，不只是中国高铁、中国网络和中国开放让这代人身体和心灵可以方便地到处流动，不是我们国力已然强盛再无外来威胁，也不是我们已然丰衣足食不惧任何天灾人祸，更不是娱乐业突飞猛进让有的人可以娱乐至死。

我所以为的幸运时代是许多人认为的不幸：

这个时代因为社会财富增加、并不很公平以至于让人愤愤不平；

这个时代因为总体财富增加、有更多人有闲关注生活质量和生活自由以至于让人在一时不能满足时加重不可承受之重的感觉；

这个时代因为社会分化产生代际遗传以至于有人可能输在起跑线上、可能日后更累；

这个时代因为放大的个性化以至于有人忘乎所以地发生了藐视法律、规则、公德的咆哮嚣张而污染了环境；

有位同学说，参加了校内外社团和实践，认识了许多人和事，惊讶人间百态和丑陋。我初听心疼，再思欣喜。这不是一代人的不幸，这是一代人的幸运，这是一个幸运的时代。

心理学有发展人格学说，有的人人格不幸地一辈子停留定格在某个时段，再也不成长，九斤老太只记得曾经九斤的辉煌；

我去台湾，社区安静，百姓乐业，但是他们说曾经发展但已经十多年工资普遍不增长了；

我去纽约、伦敦、巴黎，了不起的建筑，但它们诉说的是数百年前的建设故事。北京的女孩和全国多数城市的年轻人一样，出门学习或工作几年，回来可能要"借问酒家何处有"了，但巴黎的女孩还走在母亲、祖母、曾祖母一直走的石块路上。

这里我无意评价哪一个城市更有朝气或生活更有味道，我想说的是，你们很幸运，生活在一个经济高速增长的时代，城市快速变脸的时代，社会不断变迁的时代。你们生活在这样的时代：产品要标准化了，作业越来越不要求标准答案了；规则越来越多了，但熟悉并遵守规则的人越来越轻松自如了；当然，骄傲的人多了、不满的人多了，戾气多了、动辄冲撞也多了，与此同时，自立的人、自信的人、自强的人、自由自在的人和生活更普遍了。

中国仍然在一个现代化的进程中，人类历史上现代化最早发生在西欧，惊恐于社会的一派乱象和城市社会人性爆发的乖张，那里诞生了批判现实主义的文学艺术，诞生了哲学的理性主义，相应地诞生了心理学、社会学等等一系列回应乱象的社会学科，诞生了无数思想家、企业家、社会活动家，以及一代代人的激情与不安岁月。于是有历史学家断言，一个崭新的西欧就此脱胎于支离破碎、混乱不堪的社会，由此而生气勃勃，迎来欧洲的新世纪。

中国"文化大革命"结束以后，一边是伤痕文学，一边是潘晓的人生为什么，一边是社会迷惘的弥漫，一边是实践检验真理的全民大讨论。此后，伴随乡村自留地的鸡犬声响，伴随满街的叫卖，到处人声鼎沸，中国社会在改革开放中从物质到精神的全面贫困中走出，一路走到今天世界拥抱中国时代。

今天的中国还有无数的愤懑和不如意，但今天的确是日出东方的世纪，是中国的世纪，而我们躬逢其盛而生活、读书，马上要意气风发地走向社会。同学诸君会想什么？做什么？怎么做？如何收获？我相信，我坚定不移地相信经过四年学业生涯的历练后你们的选择。

今天这个时代，我们不是因为更一致了才有机会，也不是因为更简单了才找到价值，多元化、复杂性、开放式、时空穿越、思想自由、资源整合、协同发展，才有创新可能，才能实现创业和中国梦。

祝各位毕业生人生旅途从三亚的大海边出发，劈风斩浪，前途无量！

校庆为谁而庆？

（2015 年 6 月 9 日在学校建校十周年庆典大会上的讲话）

在吉利集团和三亚学院筹建团队只有合作框架协议的时候，海南省委省政府、三亚市委市政府坚定选择了尊重协议，选择了热忱支持办学。

在我和我们团队只有公办大学和公有民办大学资历和经验的时候，李书福董事长和董事会坚持选择了对我们办好民办大学的信任。

在三亚学院筹建初期学校上无片瓦、没有公章、没有办公室的时候，老师们，你们坚韧选择了共赴时艰、一起创业。

在三亚学院办学初期的办学环境、教学条件尚不完备的时候，同学们，你们从天南地北来到天涯海角热情选择了与学校共成长。

而且，你们一旦支持，一旦信任，一旦坚韧，一旦热情地选择，就是十年。

当 2005 年年初三亚学院筹建班子只有寥寥十来位时，在海口琼苑宾馆客房构成的办公室里，我们说，一项堪称伟大的事业就此拉开了帷幕。

当 2008 年学校初次达到万人大学的规模时，在新生开学典礼上，我们说，独立学院只是我们办学试水的地方，我们在大海边办学，就会有更远大的志向。

当 2012 年我们从独立学院转身成为独立设置的民办学院时，我们说，就此开启三亚学院的卓越进程。

前天，刘省长代表省委省政府明确表示支持三亚学院筹建三亚大学。我没有余话可说了。

所以,校庆当然为一直关怀、支持学校办学的党和政府;

校庆当然为热爱教育、投资办学、信任办学团队的李书福董事长;

校庆当然为学校发展披荆斩棘、披星戴月、不懈奋斗的教师干部;

校庆当然为与学校合作的企业、事业、政府部门以及专家学者等诚信友好、协同发展的合作伙伴;

校庆为大家而庆,都是,又不完全是。

我想说的是:

校庆也许专为两万名毕业于这所当时尚简陋、现在也不足以处处傲人的阳光大学的校友们而庆。十年如一年,十年如一日,你们当年热情奋勇地南下,让我们欣慰,也让我们心酸,更一直是鞭策,你们的选择,成就了我们的坚持。作为校长,我一直想有个机会说,谢谢,谢谢,谢谢你们。

校庆为两万名尚在校的莘莘学子而庆:

十年如一年,十年如一日,让我们揪心的,是你们学到本领、增长才干、健康成长、能更好走上社会吗?可悦纳这所大学吗?

让我们宽心的,是你们点点滴滴的学业精进和人格进步,让这所大学的老师们觉得所有的智慧辛劳、心血没有白流!

让我们开心的,也是你们!国家、社会、家长所有对这所大学的委托、嘱托,教师们在学校的聪明才华和事业升华,因为你们每天耐心的学习和每年了不起的进步而不断兑现,学校虽不敢如释重负,但有时候不免偷着乐时,也是醉了。

当校庆的礼花点亮落笔群峰,十年卓越,还要在欢乐的海洋再次启航,私心期许借你一双慧眼,再点亮三亚学院和我们大家共同美丽的前程!

亲爱的校友和同学,希望我能代表你们,向尊敬的领导、来宾、各界朋友真诚表示,三亚学院人矢志不移热忱办学、忠诚教育,再给我们十年,看一个卓越的三亚大学造福海南,声动南海,饮誉南国。

原则、责任和眼光

(2015 年 9 月 7 日在新教师岗前培训会上的讲话)

各位新加盟三亚学院的老师们，大家好！刚才王元元教授跟大家开了个玩笑，三亚学院有年轻的老师、年轻的干部，但是本人已经不年轻了呀，我再怎么去把自己的年龄"抹去"，在大学已从事了 32 年的教育工作，年轻不到哪里去了。按照学校 10 年来的惯例，作为校长，在每年新教师的入职培训上，我都要和大家做个交流。讲了十年，今年讲些什么呢？按照我和王教授这代人的兴趣，或许想讲讲中国这几十年艰辛的发展历程及对我们这些从事教育的普通人的影响、对中国高等教育的影响；或许也想说说昨天晚上让我激动不已的中国女排时隔十二年重夺世界冠军。但想想，大家可能未必感兴趣。因为大家是"80 后"，甚至"90 后"，生活在经济高速发展、物质富裕的时代，没有我和王教授那样切身的贫富对比感受；大家喜欢运动，但爱好的不一定是排球，没有我和王教授一代人对于当年女排十连冠"家国情怀"的深刻集体记忆。所以，我们今天不谈那些话题，我之所以先把不适合的诸多话题给大家一一刨除，是因为你们很快要作为教师站在讲台上，按照自己所学习的专业和任教的学科去进行知识的传授，各位会希望学生能有兴趣地听讲，在你的知识传授中扩展视野、增长能力、养成价值观。我想说的是，当我要跟你们交流的时候，我要挑来挑去地去想你们愿意接受的东西。

这两天，我在读一本书，叫《神的历史》。作者比较了三大宗教，得出了一个结论，那就是：在人们创造一种观念、创造一个神的存在的时候，起初可能并非全信，但最终是相信了。作者认为，随着人们的生活范围变化，过去的经验和知识不足以再去满足人们的需求，这时，人们会去创造一种新的生活，创造一种新的知识，创造自己喜闻乐见的方式，哪怕开始时将信将疑。借此，我想说的是，未来大家站在讲台上上第一节课，从而可能终生任教的时候，记得要想着一件事：你所知道的知识世界对你来说很重要，但是对你去教育别人可能不重要；你所知道的那些人生经典、价值观对你来说很重要，但是你这些成熟的教育范例对别人不可能更重要。对于教育者来说，传授既往的知识只是最初级的手段，重要的是让别人能够真正地理解你，接受你，和你一起读下去，有一点反思，有一点感动，有一些兴趣，然后他自己走进去。

所以，今天就不去谈中国改革开放怎么一路走来、中国高等教育怎么一路走来，就说一说如何入高等教育这一行、入职三亚学院这个岗位。

各位多数不是我们海南人。在海南出生的有多少人？两位、三位、四位、五位，让我们相互认识一下这五位海南出生的。我也是海南人，身份证上面是这么写的。我想说的是，我们大多数人不是在这成长的，从社会学意义上讲，我们的社会关系、社会支持不在这里，我们有自己的家乡，我们有自己生长的家庭、社区，我们有自己读书时的同学和伙伴，我们的社会关系网络在另外一个地方。我们到这里来求职、谋发展，要重新建立一个自己的社会关系和社会支持的网络。那么，我们可能就会想，我到这里来能适应吗？我到这里来能实现自己的发展吗？我能在这里安家吗？我能在这里有房有车吗？我能找到自己幸福生活的那个平台吗？再继续想一下，这个地方能接纳我吗？再具体想一下，我的领导，我所在的学院或部门的办公室政治和文化是什么样子？我的领导是不是苛刻的人？要不要带点礼物给他？我跟他说话是小心翼翼还是随性一点好呢？我怎样去得到领导的赏识？我能够更快地升职、更快地发展、更快地进步、更快地达到我理想的生活状态，一步一步更顺利吗？这些问题我想大家或多或少都会想。我刚刚得到两个案例。我自己觉得我自己的孩子在我的教育下已经不错了，可他刚刚在美国工作以后，他跟我说得最多的不是在美求学时常谈的关于世界、关于中国、关于中美之间比较的认识以及文化差异、专业知识等，他谈的就是刚才所说的问题：在美国能适应吗？老板是什么样子？自己通过多短的时间能够脱颖而出？我还有另外一个亲戚，刚刚大学毕业后在一个地方工作，给我打电话说想要离职。我就劝他不要离职，我说如今跟三十年前不一样，当年你只要有勇气，就可以下海、敢去闯荡，但是现在你一直跳来跳去，说明你不被别人赏识，你定性不够，现在你只是平凡的人。我千方百计地去劝他，可是他不听，说那儿工资少，说这怎么发展，说自己离开不了家，在家乡宜居，吃得好，看病时有熟人照应，买房子时爸妈还能支持，讲了很多的关系。

我们那一代人，进大学校门时大家都说是天之骄子、国之栋梁，毕业时由国家分配，不用去挑三拣四看哪个更好，对于所从事的工作，会有一个理想，有一个价值观，有一套方案。今天你们大多数人生活的社会结构已经和我们那个时代不一样了，进校门是为了更好地走向社会，出校门要抓紧就业，找一个好工作，让别人能够接纳你们。社会的结构已然就是这样，我们每一个人身上承担的东西不一样。我们那个时候想的是国家改革开放以后的建设，我们有一份担当，我们有用武之地。而现在的这个时代不是那样，大家面临的问题又不一样了。但是有几条共性，还是可以和大家分享的。

第一，不管在什么地方，走到哪里，为人做事都有个基本的原则，就是凡事要靠自己做好，凡事做的要比别人更好。那么，你收获的就会比别人更多，无论是你的知识、能力、职位发展，肯定比别人多，话语权比别人大。我前不久与一个快退休的教育界的老同志交谈，他说他这一生上有老下有小，压力非常之大，很快就要退休了，觉得也没有什么后悔，假如当年工作不那么拼的话，在单位里面就没有话语权，领导可以随便把自己支到哪里去。他说得非常朴实。我今天没跟大家讲我们理想的社会组织结构，我只是讲人之常情。不只是要靠自己做，还要做得比别人更好。

第二，不管走到哪里，去做什么行业，在任何时代做事情都要有理想，要勇敢地担起身上的责任。求学时期学得好坏完全是个人的事情，最多是家庭、任课教师的事情，你不打架，不作弊，不挂科，逃课翘课不太厉害，老师一般不会找到你；但是一旦走上工作岗位，做公司职员也好，当大学教师也好，哪怕是最普通的岗位也好，身上就突然有了一个社会担子，不再是你一个人说了算，因为你已经处在一个社会或组织价值当中，这个社会或组织对你有要求，这个要求不管是很严的还是很宽的，都是你需要承担起来的。比如你做教师，你就要强烈意识到，该上课的时候迟到，该讲的内容没有讲，该布置作业的时候没有布置，等等，会有什么样的后果。下一次按课序讲下一个课程的时候，有的同学说老师我们没学过，老师说，我这个课时在某个课程之后，那个老师没讲吗？同学说没讲。没讲的老师掉链子了，环节上有缺了，引起不良后果了。

从大学校园的学生身份转到大学校园的教师身份，一下子就有了一份明确的社会责任。接下来的责任就更多。要实现自己家庭理想的时候，多数人买房子不是为你一个人住吧？谈恋爱、结婚、生子，对家庭的责任应该有吧？今天想和别人去撮一顿，不行，今天约好了爱人，今天答应了孩子。我是讲的我们的最小的社会责任，还会有很多更大的社会责任。这些问题你怎么解决，我也不知道，我没办法开药方。我今天讲完两件事情以后，就想着老师们怎么解决？让给我开个方子提个建议来救个场？每个人的态度不一样，每个人的思想不一样，没法建议。我只问在座的老师，需要自己做好、做得比别人更好，有责任担当了，这是件麻烦事吗？这是一件难事吗？这是一件让我们感到恐怖，想要逃避的事情吗？且不说能不能逃避，只说我们想到它是一个开心还是不开心的事。

我不懂年轻人喜欢的电玩世界，我只知道他们说的拼啊杀啊，总是要积分，总是要赢。赢是什么意思呢？赢是在竞争当中胜出，来显示自己存在的价值，投入到某个拿刀的拿枪的那个角色里，说明你行，说明你比别人更能干。人生在社会，到一定的时候，社会告诉你学习期结束了，你的成人期到来了，担当社会角色责任是必要的。我想得多的是，如何把这些必要的事情变成一件开心的事情，所以我想到了电玩。我还有一个最近的案例，我和我老爸有一次面对面发生言语冲突，然后出现思想交锋，他年岁已大，差不多已经达到了抗战老兵的年龄，我就希望他别做什么事，可他不行，他就是要干活，因为他觉得在这个家庭当中不干活就没有那份责任，没那份责任，他的存在价值就开始降低。我让他不干是孝顺他，他要干是为了表示自己的存在价值。倒过来看，当你没有责任的时候，也是这个社会这个组织不需要你承担的时候，你对别人来说，有你和无你已差不多，那么，你过去学习的经历和现在存在的价值，就开始降低了。这个时候，我们与生俱来的成长、奋斗及做一个有用的人、有价值的人的所有努力突然被架空。这么看，身上有一份责任其实是一件好事，承担责任是我们过去多少年学习和奋斗得以展示的时候，是我们人类从幼小发展到这个时代越来越能够展示自己的时候。有一个哲学故事说，有一种生物，年轻的时候四条腿，长大以后是两条腿，年纪大了是三条腿，说的就是人类。人年幼的时候不会走，爬着，还处在迷茫阶段，不自足还要靠信神拜佛、依靠他人来认知；靠两条腿站起来，拥有独立的人格，是人生存的意义；等到人的生命走向衰老的时候，不得不靠拐杖变成三条腿的时候，人的生命价值该走向哪里？又变得迷茫起来。因此，有责任，在我看来是一份很欣喜的事情。今天我们从事教师这个行业，开始觉得可以靠自己的劳动挣工资养活自己、养活家庭的时候，开始感觉到讲台下的学生对自己期待的时候，我们会突然感到，我们有责任了；突然感到，社会需要我们了；突然感到，我们有价值了。责任不是社会对我们的强制，责任是我们自己的需求，我们应该当作一个好事情去亲近它，去悦纳它，去享受它。

要讲好的大学，全世界比比皆是；要讲好的国家，经济社会发展状况棒的全世界比比皆是。但是对我来说，对我这样的人来说，我不会简单地比较别的国家、别的大学的优秀，然后提不起神来。在我看，西方国家花了差不多五百年的时间才取得了自己的工业化成就，我们作为一个中国人不要自卑，中国现代化进步已经很不错了。看看我们的大学，比起发达国家的大学，我们要差好多，无论是师资队伍，还是学校历史的积累，包括资源、文化以及机制，我们都和别人有较大的距离。但是如果想想，牛津这样的大学有800年，美国所有的好大学大都有200年以上，想想我们国家最好的清华北大也就百十年的时间，这么比，我们中国的学校也是挺好的。我们只是在某些阶段不幸、不行。现在，既然全世界把绣球抛到了东方，抛到了中国，中国接受了，那么我们这一代年轻人又恰逢其时，有了身上这份责任和担子，我们也理应能建设出中国的好大学。

三亚学院是一个不怎么样的学校，毕竟她才有10年的历史；她的学生来源，一部分是二本，一部分是三本，比起同类民办院校，甚至一些新办的公办本科学校，办的是要更好一些，但比起我们国内许多优秀大学，我们不够好。国内优秀大学，比方说上海交通大学、复旦大学，好多年前就已经只招国外名牌大学的博士，而且博士去了以后好多年才能升副教授，可能十年八年得不到一个副教授岗位，因为上面的老人没退，下面的就没有位置。而我们学校不是所有岗位只招博士，一些岗位还在招研究生，我们学校的这些硬性指标就比不上人家。但是想一下，别的大学办多长时间？我们才办多长时间？我们只有10年的积累，我们只有10年的办学过程。比较成长速度、成长性，我们三亚学院就很了不起了。

各人的眼界不一样，各人看问题的方法不一样，这要看个人的眼光。前面我先讲了做人的基本原则，第二讲了怎么理解责任，第三就讲各人自己的眼光。眼光很重要，眼光、判断力在这个复兴的时代是非常重要的。我在大学32年，几乎每年都要和新生们、和不同层面上的年轻同志们讲，怎么样去学习，怎么样去成为一个不虚度光阴的人。我的学生们有的听了，或者是自己悟出来了，或者是他自己学到了别人更好的东西，才变得优秀。而没听进去的人，结果是不好，用社会学的话说，他会被社会抛离出快车道，他成为组织的负担；他会老是怨声载道，然后还犯错误，甚至越轨。同样接受高等教育，同样一个空间、同样一个时间接受了同一种话语，最终还是有不一样，那就是我最不愿意又不得不说的一句话：人是不可教育的，除非他内心里面有那一点。今天，如果你们内心里面没那一点，对责任这个词是排斥的，对要做好事情就要靠自己奋斗是排斥的，咱们就南辕北辙，没办法说到一起去，最终可能分道扬镳。

作为学校的一名校长，我希望，我们新老师加盟这所学校，要认真地去思考几件事。无论我们自己是谁，无论我们今天转型的中国社会现在走到哪里、未来走向哪里，无论我们在这个学校和自己的岗位是自己最理想的还是第二志愿、还是权宜之计，无论怎么想，青春是你的生命，是你的时间，要想活得有价值、活得不浪费、活得自己开心，就要做好自己的事情，做得比别人更好，有一份责任和担当，用心去判断和选择。我相信，在今天这个时代，哪里都有规则。不同的规则，进入的门槛不一样，进入的条件也就不一样。对于我们来说，我们要自问的是，我生存的价值在这里更好呢，还是在那里更好呢？我会想这些事情。当然，作为一个在大学工作了三十多年，对中国的历史文化传统有一定情结的人，一个连女排赢了一场球都让我兴奋不已、狂呼若干声的人，我当然选择留在三亚和同志们一起为所建造的美丽且卓越的大学而奋斗。至于各位怎么想，各位会走到哪里去，我只是期待你们用你们的所学，用你们的心智和眼光，用你们成长过程中那份担当、那份能耐，把未来的路走好。

最后，作为校长，作为同事，希望你们更好，希望你们更强。

大学教育有多少守恒的"人生道理"可传授？

（2015 年 9 月 14 日在庆祝教师节暨优秀教师表彰大会上的讲话）

大学有大学自己的理想，大学通过自己的战略策略、规划计划、治理管理、功能设计与运行、工作技术与质量、队伍建设与竞争，其中特别是师生员工的理想与进取，来实现大学的梦想和使命。在大学多种基本功能和拓展的功能里，育人始终是基础和核心的功能。无论是大学还是其中的教师，他们的教育理想、知识、技术、能力很大程度上决定了大学理想能否实现以及受教育者学业的成败和成果的多寡、高低。

人们一般比较习惯教育号称是传承的，传承知识、文化、价值观，进而人们一般也习惯教育的延展功能：传承与知识相应的素养、能力、技术。

我们都经历过或者都记得曾经轰轰烈烈的素质教育、能力教育、创新教育。当很多人被启发、感动和跟风时，会遇到各种判断孰是孰非的难题，会出现选择纠结，此时就有教育研究做分类、分析或集成，但多数的此类研究往往在名号、梳理、解析上做做文章，至多在原有知识系统内会继续累积。虽然从传统视角来看，这似乎在学问上了不起，但追问一下，受教育者从中又能受益几何？往往就不甚了了了。现代意义上的受教育者，仅有传统的"传、授、解"模式，是否还能解决日新月异技术进步带来的受教育过程中全方位的困惑？

"传统"与"现代"的知识分界有无数解，我们以技术改变做尺度。

在农耕文明时代，技术的进步是缓慢的，一项技术、一类技术的生命周期漫长而有效。在一类技术支持或统治的农耕时代，社会的观念、思维、价值观、知识所支持的社会行为、行动范式是长期有效的，百年不变，千年有用。

现代科学诞生、工业化以来，技术日新月异，受技术进步影响的知识系统、行为方式、价值观念随之发生不停歇的巨大改变，以至于有哲学、社会科学的理论把"不确定性"作为后工业时代以来的社会特征。

如果农耕时代社会的优选观念是传承、修养与稳定，那么，工业时代的优选观念则是创业、进步与革命，而后工业、信息时代的优选观念则必须让位于创意、创新和不确定性。

工业革命以来，传统组织都历经风险，家庭、村庄、宗教机构、政府治理等等，凡不能与时俱进做出反应的，都面临生死存亡的危机；而企业，这个工业时代新诞生的组织形式因为与生俱来的敏感和能适应技术变化而迅速作出必要的组织变迁，显示出强大的生命力。

教育机构，曾经是以求知为诉求、以知识权威为中心、以传授传播知识为组织优势的社会设置，从在农耕时代的知识系统中几乎无可置疑，到成为工业时代克服技术挑战实现技术进步的智力支持力量，再到信息时代努力适应瞬息万变的信息技术学习与应对新危机，自身的压力已经很大。现代教育走到今天，已经基本离开农耕范式，进入工业化范式，而发达国家的教育，已经在旧有传统成就基石上蜕变，重构了适应信息技术时代的教育新范式。

果真如此，中国教育是否意识到自身面临的危机？如果明白危机在何处，又如何敢说"传承"是核心价值？"传授"是核心技术？"传播"是核心竞争力？

果真如此，我们对受教育者教育什么？传授我们已知的世界？津津乐道我们已形成的知识体系和建立在我们的人生阅历基础上的价值观与经验？中国教育长期以来并没有太多地偏离这个轨道，很多的教育决策、教育机构设置和教育者虽然口中应和着创新，但却一直以此"浓香旧酒"自居自娱。

如果我们仅限于传授、传播我们所知、所喜的关于世界的知识和价值，那么，生活在瞬息万变时代的年轻受教育者如何以我们的所知解释他们成长的时代和成长经历所遇的新困惑、解决他们所面临的新困难?

如果关于技术不停进步、技术不停挑战旧有知识体系并创造新知、技术改变着社会观念和人们行为方式的认知并无什么不妥，那么，毫无疑问的是，技术也在挑战"人生道理"，恒定的"人生道理"存在于基本的人类良知之中，并同时存在于这样的良知能否解释和解决人类新面临的困境。

教育与时俱进已经不够，教育的核心竞争力不止于求知能力，还要有能够更新传统知识体系和传统求知方法的教育新技术，以及由此产生的前瞻意识与前瞻能力，教育更应该"与技俱进"。

技术进步与时代进步之间，有相对较长的链条，其间要经过观念进步、思维方式进步、价值观进步、行为方式进步等过程。因此，在这个意义上，虽然人类历史有基本恒定的人生道理，教育需要提供这类知识让学生了解，但是，教育绝不能止步于此。今天，教育的重大危机也许是，没有什么恒定的人生道理能够轻易解释一代年轻人的困惑和解决一代年轻人的困难。

今天从事高等教育的人们，如果依然怀抱教育理想和教育情怀，可能首先需要自省自警：没有什么恒定的人生道理可以简单地传承、传授、传播而能够便捷有效地帮助年轻人确立恰当的人生立场和专业技术。

如果还有什么恒定的人生道理与教育相关，就必须是：教育紧跟技术进步，教育与技术同进步，人生道理与技术进步同步。

今天的大学，观念与技术进步同步且组织变迁能力跟得上技术进步，才有更多机会；今天的大学教育工作者，观念、知识、方法、能力跟得上技术进步的才算是好教师。

当然了，在其中，好教师的基础性要求依然是，有没有大学理想、有没有大学主人公精神、有没有大学教育情怀、有没有大学教师的职业素养和职业能力。在此意义上，我们有信心，今天受表彰的同志们给了我们明确的信号。感谢你们的努力付出，感谢你们的进步贡献。

大学教育的所知和难解

（2015 年 9 月 23 日在 2015 级新生开学典礼上的讲话）

诸位同学进大学之门是来求知的，但求知的途径很多，不唯大学一门；如果说是来取得学位获得人生进阶基础的，须知获得文凭学位需要一定条件；如果说体验大学生活的，我们需要温馨提示大学的通行规则。

大学有一定所知，大学教育有一定之规。

虽然信息技术挑战教育传统内容和方式，但大学一般还是会执拗地认为：资讯不能替代知识，阅读也不代表智慧，社交能力不等于沟通能力，活动行动与实践还存在距离。

大学乐于坚持：更权威的知识来自于学习知识体系和专业分析工具；更有效的知识学习来自于个人兴趣；更有用的知识学习来自于解决问题；更值得重视的学习来自于跟进技术突破；更卓越的学习来自于创新、颠覆性的观念和方法。

虽然大学教育有所知、有所坚持，但却并非全知万能，也有诸多难为、难解的：

其一，虽然，大学基本认同专注于知识比分散注意力更有利于学习，但是，以"丰富选择性"为追求的现代大学教育，如何确认对每个具体的人而言，沉迷书海、实验室，或跟踪技术、时尚，或热衷交友、恋爱、兴趣爱好、热点时事、社会活动等等，哪些是干扰，哪些又是促进，不同的学者、校长各有主张，形成了不同的教风、校风，都各有道理，对统一的大学教育这似乎不是难题，但对一生只有一次大学机会的大学生个体而言却很难有标准答案，这对大学生是永远存在的挑战。所以，大学教育必须得开明开放，也要守住课程底线。

其二，按许多过来人、成功者的经验，有不少大学时期的得失警言值得关注，比如专注读书好，知识比社会活动重要；实践比死读书有用；大学不可不谈恋爱；需要交一帮朋友；特立独行才有意义；顺应社会更有价值；校园生活体验、思想漫游才是大学真谛；创业要趁早，等等；可以认为这些经验之谈分别属于不同时代、不同学科、不同的人生成功或失落的感悟，但大学教育却很难说，每个经典警言对谁更适合，都做到显然没有时间和精力，平衡去做可能哪方面都不突出。所以，大学教育乐见其成，先守住学分底线。

其三，在经济高速增长、社会急剧转型、生活持续变迁的中国，读书求知阶段不可能回避对中国事业的理解。中国有会议、课堂、报刊、电视等主流媒体传播主张，也有网络、论坛，或茶余饭后传播的个人化的声音，今日今时，对许多公共领域的社会事务，学者和市民的看法类似，都自说自话。这是一个生气勃勃的历史阶段，也是一个恼人闹心的社会过程。建设中国梦方方面面的社会心理契约工程的方案还并不确定，远未完善，从主导、主流教化再到主体自觉还有漫长距离，太多主意、主张以至于主义也未必都靠谱。大学知识学习需要质疑，大学人才培养需要为未来计，两者之间还存在一定张力，大学也有自己的苦恼、困惑。所以，大学教育要守住法制、公德的底线，也有必要提高未来人才德育的"高线"。

守住底线的大学教育，还得有志趣、有责任坚守大学守恒的价值。大学教育守恒的价值是什么？

其一，学术训练。这是指好奇、质疑以形成想象力、判断力、反思力、求知兴趣和解惑方法。

其二，价值观教育。这是说思想漫游、历险、引导以形成是非美丑价值观、理想梦想、社会责任，经历超功利的精神洗礼。

其三，学科专业研习。即进入知识体系，掌握特定专业和特殊专业的工具。

其四，能力培养。即习得先进技术和热衷创新。

其五，情感经历。即领悟友情爱情等人类良知良善。

其六，未来导向。即追寻前沿知识和时尚潮流，探索未知。

虽然大学自己的主张一贯如此，但那些年和这些年的大学生在校时普遍更喜欢、悦纳、追寻的又是什么呢?

要承认，几乎在上述所有六个基本面上，多数大学生在每项上的偏好与大学教育的主导一直都有偏差，我们不妨逐一比较:

比较大学期待培养的想象力、判断力、逻辑思维、解惑方法，许多大学生更愿意质疑，跟随自己或同学的兴趣;

比较大学期待培养的是非美丑价值观、理想、社会责任等超功利精神洗礼，许多大学生更愿意思想漫游与历险、做梦逐梦;

比较大学期待培养学生的知识体系，许多大学生更愿意掌握具体的专业知识、技术;

比较大学倡导集中精力于理想树立、时间抓紧、多读书等，许多大学生更愿意在体验友情、经历爱情方面并行不悖，甚至花更多精力;

比较大学更期待培养学生追寻前沿知识，许多大学生虽不排斥追求新知，但更愿意追求时尚。

只是在先进技术学习和创新方面，大学和多数学生的意愿可以高度重合。

多少年来，大学与大学许多老师为"大学主张与学生偏好"不能全部高度重叠而苦恼，而研究，而行动。大学教育需要有责任、有能力将多数大学生的偏好艺术有效地迁延到尽可能促成学生的全面成长方向上来。这是大学人才培养的教育教学之梦，也是大学教育的社会责任。同学们理解，就是对大学的支持，同学们努力成长，就是对大学的帮助。

大学主张的守恒价值并非偏执、傲慢，它们源于大学对自身发展历程中成功大概率的总结，大学认为按照如此守恒价值成长的学生，成功率更高;

同时，也是大学的社会责任，大学作为社会设置，有必要适应社会制度要求，有必要回应社会期待。

但是，至少今天，大学首先需要反思教育自身的体系、旨趣与科学性是否自命不凡呢？如何弥合大学教育与不同时代成长的大学生自身的内需，严肃考量着大学、大学教授、大学校长的责任、智慧和能力；当然，随之也同时考量大学生们的眼光、定力和勇气，考量每个大学生个人的判断力以及大学生同伴群体能不能相互成长、分享经验。

为此，我主张：

大学有必要因应社会责任提供价值导向和因循教育规则提供自己选择的主打教育产品，引导学生更贴合社会的需要成长；同时，大学还有必要提供丰富多彩的教育产品，供学生做好选择性学习、个性化成长。

我们期待，中国大学转型变迁时期其理想与可能的平衡点应该在：规划大学的生态系统，让树木自由地生长。

祝愿三亚学院的 2015 级新同学在未来可期的健康的大学生态中，更有效地学习，更全面地成长，更个性化地发展。

文明复兴与文化自信

（2015 年 10 月 21 日在第十八期入党积极分子培训班
开班式上的讲话）

刚刚提前向同学们收集问题，得到了几个问题：习近平主席访英背后的事；习近平主席访英对中国的影响；为什么要开展"三严三实"党员教育；中国的社会发展现状和未来如何与国际社会更好地接轨；对中国社会发展趋势的判断；对我们入党积极分子有什么要求和建议；当代高速发展的社会环境下如何做一个合格的共产党员。看来，我们三亚学院的同学秉承了中国知识分子的优秀传统，具有深厚的家国情怀，问的问题都是大事。

同学们最近在看电视剧吗？《琅琊榜》有多少人看过呢？举个手。不足一半。听说过《琅琊榜》的举个手？基本上是全部了。《琅琊榜》是一个典型的基督山伯爵复仇的故事，整个剧情堪称跌宕起伏，超过了当年在大学时期《基督山伯爵》对我的吸引力，我是追着剧看下来的。这个剧被网友们称作古装良心剧，无论从布景、道具到演员阵容和后期制作，剧组很好地把握了历史和当代古装剧的关系，尽可能地演绎出了六朝时代的时代背景、人物风貌。这里面吸引我的是什么？不是剧情的跌宕起伏，不是帅哥美女，而是我们出现这样的商业剧，既好看又有人文价值。它在谈复仇，那个仇必须要报，因为要为冤死的人们伸张正义，但是报仇的过程没有扭曲报仇者的心性。主人公梅长苏和飞流有一场对话："会变吗？""会变的，人会变得心越来越硬。"梅长苏遭受过莫大的人性伤害，但他仍坚持人应该向善，而为了复仇不得不牺牲生命、不得不隐藏、不得不改换身份角色、不得不对仇人施设连环计，他认为这是心硬了。可见，即便是在帮"一群忠良"复仇这样一件大事上，人性也是可以不扭曲的，虽然难上加难。我们知道基督山伯爵复仇的时候，心比这硬多了。在让仇人们一个一个得到惩罚的时候，梅长苏只对那些首恶给予了严惩。有一些在观众们看来可以惩罚的，梅长苏宽恕了他们，或许是因为这些人会选择重新站队，重新审视自己的人生。可以说，这部剧具有非常强烈的现实意义，它告诉我们正义终究会伸张，正义需要有人站出来伸张，而当一个制度坏了的时候，很多人很难幸免，惩恶意味着拯救一大批人。借《琅琊榜》为引子，我想先谈的是中国文明复兴中的文化自信问题。

很长一段时间以来，至少要从"五四"时期算起，中国人就在不断反思中国的传统文化。英国人打赢了鸦片战争，把一个五千年文明古国的大门打开，其后列强蜂拥而至，这就是所谓的破窗效应。窗户坏了没有及时修补，恶作剧的人就会把所有的窗户都打破，什么样的人都会进来肆无忌惮地抢掠。同样的，一个国家的大门，英国人进来，列强都会进来，在这样一个背景下，我国被半殖民的历史开始了，从此在一百多年里走上了从外部加剧衰败的道路。历史上，特殊的地理位置、经济生活方式及中国人的勤劳和智慧，保证了在东西交往和冲突不多的传统农耕社会中，中华文化成为世界上最优秀的文化之一，而且横向比较来看，很多时候中国的各方面成就高于世界上其他文明。但是，现代化开始于西方，英国凭经济、技术乃至制度上的优势打破了中国的国门，中国从此走向衰败。到五四运动的时候，中国的知识分子是文化伤痛最深的一群人，因为中国文化优势在他们的意识中存在了几千年，中国之大和中国之强也事实上存在了很多年，突然一下子衰退了，他们就开始反思，认为差距不仅在于技术，也在文化。技不如人，是因为制度不如人，文化不如人，孔孟之道就成为新文化运动集中火力打倒的对象。从那以后，在中国知识分子的脑袋里，西方的文化是先进的，中国的文化是古老的、落后的，就成了一个定式。尤其是改革开放以后，我们向西方学习了很多科学技术，与西方各个学科门类交流，越发感到自卑。20世纪70年代末我读大学的时候，如果一个老师讲先秦思想，我们不太爱听；如果讲先秦文化，我们不太相信；如果讲意识流，讲现代文学批判理论，我们觉得那才是文学领域的真谛。接着我在大学工作，做两个系的系主任的时候，如果一个老师只讲马列主义，不够，讲西方哲学，会越来越有人喜欢；讲中国的管理模式没有人听，讲西方的管理思想会越来越叫座。等我读博士的时候，才更看清，各个学科门类的杂志编辑、评审专家们和学术竞争的制度制定者们，都是以西方理论为尺度来评判一篇文章的优劣、评判你是否有水平、是否能评上教授和评上更多奖项。

首先要承认，改革开放是一个巨大的成功，也是我们选择的必要的路径，给我们带来了很多的实惠。西方先碰到了问题，先找到了解决良策，中国需要借鉴这些成果解决现代化进程中产生的相似的问题。但就像我去年发在《中国社会科学报》上的一篇文章《中国社会科学"升级换代"需要文化自觉》所言，中国碰到的问题已经不全是西方在现代化过程中碰到的问题了，西方的很多理论已经解决不了中国的问题了，中国人需要创造自己的理论或者站在别人的肩膀上再往前走一步，中国人需要选择新的方式来解决中国的问题。从普遍意义上看，世界在全球化的过程一定会碰到本土化的问题。马云做得风生水起，但是电商不是源于中国，早就在美国开始了，但是恰恰是马云做得更好，并把经验带到了全球。李书福董事长也做得风生水起，吸收国外的技术，服务中国和国际的市场。两年前，瑞典国王率瑞典皇家科学院的科学家访问吉利，有人提出一个问题："沃尔沃是我们的经典，承载着我们的文化，被吉利收购以后，瑞典很多人在担心，如何能保证沃尔沃的品质？"书福董事长说："我是乡下小伙子娶了一个城市里的公主，沃尔沃有自己的工程师文化，这是多年工业化和工程师文化的结晶，这是我们要秉承的，但是沃尔沃的工程师们太沉醉于工程师文化，对中国文化和瑞典之外的市场不太关心，我想做的是秉承沃尔沃文化，结合中国文化，把技术和文化结合起来，推向新的市场。"这让对方非常踏实，也让在场的中国人包括我在内觉得没有丢了中国人的本分。

我们回到文化问题。当"五四"时期中国知识分子看到中国大地满目疮痍、一无是处，最终追根寻源认为是文化出了问题的时候，谁能想到今天习总书记把文化的大旗又举了起来，要形成中国人的文化自觉，要传承中国古代的优秀文化呢？晚清时候，中国国家治理出了问题，儒学变成教条，本身也腐败，以至于出现了《儒林外史》中的儒生众生相。但我认为，我们在做文化批判的同时，要深刻体悟，要想到中国的每一个家庭都至少有一个儒者，这是我对儒学认知的核心观念。按照中国文化，一个家庭的读书人就是一个儒者，中国的文化传统渗透在文字里，同时也渗透在每个家庭的内外交往中。人类学有一个说法，每个家庭都有一个出场人。在海南，外地人误解说海南男人懒惰、女性干活。其实男人也干活，和外界打交道也累人。我想说的是，文化作为人类生活方式的承载物、人类思想的承载物，已经渗透到人类的日常生活当中了，儒学便是如此。从"五四"时候开始反传统到今天习总书记举起文化的大旗，跨度之大、速度之快，会让人有天翻地覆之感，而我们就身在其中。文化可能是制度性衰败和技术落后的病根，文化也可以是制度和技术先进的动因和总体竞争力。

在这样一个文化大背景下，我们能更好地看清习近平主席访英背后的那些事。对于英国来说，和中国的关系曾经是生意和意识形态捆绑在一起的。当英国用炮舰敲开中国大门的时候，西方人认为除了欧洲以外的其他民族都是低等的，因此，和你做生意或用大炮敲开你的门都是一个道理，是在拯救你。在这一过程中，还不忘利用教会来传道。什么叫传道？拯救野蛮人，拯救异己者。这些不会写在两国历史交往的史书上，但是在西方人的著作和集体意识里，这种高高在上的意识俯仰皆是。二战时期，英国和中国结成了同盟，因为有了明显的强敌，所以生意和意识形态分离了。等到二战结束以后，美、苏为代表的东西方意识形态对垒，实际上是重新划分势力范围的时候，英国在与中国交往时又把生意和意识形态重新结合在一起了。但是现在，当东方觉醒尤其是中国的市场觉醒，中国在最短的时间内实现了最大规模人口的现代化，成为世界上第二大经济体的时候，生意就又仅仅成为生意，没有意识形态了，更没有舰炮了。英国这样一个以生意起家的传统欧洲绅士国家，有时候会高高地仰起脖子，有时候也善于特别机灵地俯下自己的头颅，它会查看和谁做生意能够发财，随时调整自己站队的地方。因此，看中英两国的关系，不要只看到今天习主席去访问受到了黄金马车、女王陪同的接待，还要看到，英国是西方国家中最早支持人民币结算的国家，是第一个加入亚投行的西方国家，在此之前，它还是第一个承认新中国的西方国家，尽管它和美国有很深的渊源。生意就是生意，到了关键时刻，其他东西可以让位。对于这样一个老牌的西方国家，生意经它是做得挺实在的，更何况是国际社会的老贵族，曾经阔过，也衰落过，它要保持自己的尊严，即使这个尊严已经不能用面子来表达。相比之下，今天的美国，体量比中国大，优势比中国多，但是它还是担心中国会取代它的最大经济体和世界老大地位。相比于英国，美国是新贵，做贵族的感觉还没有找准，还没过好瘾，马上就有人要和它并驾齐驱，它心态难平。而老贵族知道捍卫尊严的点在哪里，不难决定，还是回到生意吧。

当然，尽管有这个大国之间比较的一定优势，中国现在不可以马放南山，发展还是困难重重。尽管是世界上第二大经济体，但是就经济论经济，我们底子薄，我们毕竟才有三十多年现代化进程中的基础建设和产业布局。总量上去了，但我们人口巨大，摊销下来人均占有量很少。中国近年来建了很多好的校区，但是到美国去看，除了那些特别小的社区大学，几千所私立的、公立的大学都很漂亮，走进大学里面发现老师和学生的状态也很不一样，那是普遍经历过一两百年的积累呀。跟我们合作的迈阿密大学有两百多年的历史，我们学校只有十年的历史。但是有些问题你深究下去，信心又会找回来了。中国的大学和美国的大学一一 PK，那肯定是不如人家多数大学。但是如果做一个全面的比较，人家花了两百多年的时间，你才用了多少年的时间？今年我们三亚学院又迎来了很多的国外院校谈合作，他们没人相信我们才有十年的历史，认为我们具有百年大学的基本架构和底气。就人口说人口，我们十几亿中国人仅仅是吃饭问题就耗损了很多智慧，如果说解决世界这么多人口的吃饭问题、教育问题、机会均等问题等，那显然中国的功劳是巨大的，中国人的勤奋和智慧是很了不起的。如果人口能转化为人力资源，那综合国力就大大提升了。因此，我们一方面要看到自己底子薄，另一方面还要看到自己的成就。顺便提及，我最最关心的问题是人口问题。一个同样的空间，比如一百平方米，有一个人在里面和有十个人在里面会有什么变化？我在美国的不少乡间小镇散步时，遇到的每个人都会跟我打招呼，但是在纽约时谁也不搭理我。公共交往的素养是和空间大小成正比的，人口越少，有朋自远方来嘛，待人就亲热，人太多了就烦了。再说民主，你说一个小镇，有三万人，要研究它的产业、安全，分成若干组大家来讨论，可以说每个人都会有发言机会。中国呢？许多镇的规模达三十万人，三天的会议有多少人能参与讨论问题？再说教育问题，同样的公共财政，服务一千万人读大学和服务一亿人读大学，平摊下来谁的质量更有保证？中国要在现代化过程中解决巨量人口成为人力资源的问题的路还很长。

美国人怕新贵，怕老二赶上来，赶紧布局，它不希望有一个强大的竞争对手。中国现在不轻言战，不是不战，而是要抓住发展的战略机遇期。即便是这样，习近平主席还是要去美国，宣传中国的主张，表明中国的心迹，你心里面不信不服，我知道，但请你不要把你的恶太摆在明面上，这是外交和外交力。我们以德报怨，美国还是不舒服，所以光走美国这条门路不行，还要打欧洲牌和俄国牌。习主席去英国也是破局突围的一个手段。

对于我们中国的未来发展，我就是两句话。第一，从内部看，中国人已经阔过两千年，一个祖上阔过和一个祖上没阔过的人是不一样的，一个有着非常自信集体记忆的民族和一个有着自卑集体记忆的民族是不一样的，我们要对民族复兴有信心。比较一下中国和日本就知道了。日本在第一次面对中国这样一个有着先进文化的庞然大物时，表现为自卑，采用的方法是投降、学习；在第二次面对美国这样一个有着强大舰队和毁灭性的原子武器的现代强国时，方式是投降、学习、俯首称臣与融入。中国人有双重记忆，一是两千多年灿烂文化的记忆，一是鸦片战争以来一百多年的失落。这双重记忆一方面在唤醒中华民族的文化自觉，另一方面也在提醒中国人不进则退，要有忧患意识。第二，中国的现代化建设只走到半程，中国的大学教育普及了百分之三十多，还有很多孩子想上学，很多人想过好日子，这样经济发展就有了动力。今年第三季度，我国GDP增长6.9%，是世界上增长最强劲的国家，按照这个发展速度，几年后我们就是第一大经济体。有了这些增长，就有更多的钱用于科技创新，用于基础设施投入和各种保障，可以提高人民生活水平和国际竞争力。

对于党员来说，我们生逢其时。我母亲读书的时候，正值民国战乱，社会上充斥着各种恶行。她告诉我，曾经有七个日本鬼子就能把一个县城占领，日本兵枪都不带了，就可以挨家挨户收鸡蛋。为什么？最近网上出了一篇文章《中国为什么出了那么多汉奸》，揭示日本人投降的时候有120万的武装，而伪军就有三百多万。伪军哪里来的？大部分是国民党的杂牌军，以"曲线救国"的方式当了汉奸，还有普通老百姓为了吃口饭。国民党当然有抗战功劳，蒋介石领导的国民政府是除英国之外所有二战战区中唯一一个没有投降的政府。可是倒过来想，谁把抗战的魂和斗志找回来的？共产党重拾人民的信心，要把强盗赶出去，这是仅靠国民党做不到的。敌占区占据了中国半壁山河，而这些地方大部分是共产党在战斗。我们要历史地、全面地分析问题，当民族的魂没有了的时候，斗志丧失的时候，是共产党救民族于水火。尽管我的外祖父是士绅出身，新中国成立后成了被改造的对象，他也诚心认为新社会和旧社会是两重天。

最近我在海南省的党建工作会议上发言，说我们党的传统力量就是内部高度的组织力、外部高度的动员力以及领导干部的带头作用。这三句话是不见于党史课本的，是我学习历史的心得。如果党树立的宗旨目标不正确，干部不平等，内部组织得起来吗？而党内如果没有高度严格的纪律性，对理想这样解释、那样解释，对目标你定一个、我定一个，党能有那么大的战斗力吗？中国共产党外部高度的动员力在抗战中多有体现，抗战胜利后体现更充分。日本投降后，国共两党都看重东北三省的工业基础和肥沃土地，但是国民党出现高层分赃，干部贪图享乐，无暇顾及战后的恢复建设，共产党就去做这个事，领导人民搞土改。老百姓流行一句话"三十亩地一头牛，老婆孩子热炕头"，有了土地就可以跟着共产党干革命了。光找到了信仰和目标还不够，光搞建设照顾群众利益也不够，还要有领导干部的带头作用。干部不冲在前面，战士会拼命去战斗吗？共产党得天下是有道理的。反观我们现在，内部的组织力够不够？党员要求严不严？外部动员力够不够？领导干部带头作用够不够？工作实不实？所以习总书记整顿党风、政风，招招都切在这几个要害上。领导干部先带头，两袖清风，当官就不要想发财，要遵守"三严三实"的严格要求。要入党的同学，就要认同中国共产党的理念，为人民服务，凡事做在别人前面。如果你有高尚的政治理想和抱负，我们欢迎你入党，但是如果说想当了党员有好处，好事我就能靠前、坏事我就躲着点，这事你就别想了。因为有各级党组织，同学们的眼睛也是雪亮的，不纯的动机迟早会露出尾巴，最终得不偿失。同学们，在你们最最纯粹的生命阶段，请你们树立最最纯粹的人生理想。

回到文化上来，中国现在的发展既有大好局面又困难重重，中央有好的政策，社会对我们年轻人有更高的要求，我们怎么办？在这个时代，技术改变世界要比教育改变世界的力量还要大，而在掌握新技术和相应的思维方式上，年轻人更有优势，因此才说，世界在年轻人手上，不在老一辈手上。一个人在一生当中会遇到很多事，一个国家在发展当中也会遇到很多事，现在到了年轻人创造新技术、新财富的时候，我主张用理性而积极的思维看待我们周围到处是问题的世界，用乐观的心态面对所有的问题。问题就是挑战，挑战才能体现我们人生的价值。年轻人要学会用科学合理的办法、用技术来解决新问题。

这个世界充满了不确定性。电影《小时代》里面谁是自己的朋友、谁更可靠的问题，困扰了"80后"、"90后"、"00后"，也曾困扰过我们这一代。同学们，你们处在一个最幸运又最不幸运的时代。最幸运是世界都看到中国未来发展的大好前途，你们身在其中，改变世界要靠你们；最不幸是你们在最纯粹的年代看到了很多可以不看到的事情，真的假的、善的恶的、美的丑的，全在你们面前展开，如何擦亮眼睛辨别是你们读书做人的第一要务。如果在一连串的误判以后产生不恰当的价值观和行为方式，这一生一路走下去就惨了。有学者在反思香港年轻人的那些畸形街头抗议行动。为什么说是畸形？香港的这一代年轻人，出生的时候香港的基础建设已经完善，富裕社会已经形成，他们把现成如此当成天生如此，他们不知道李嘉诚是多么拼命才有今天的，也不知道殖民时期的香港是多么艰难，听信有政治动机和个人怨气的人的煽动，把香港发展遇到的一些问题都和大陆游客增多、大陆社会发展联系起来，遇到点事就被点起火来，说轻了是无知，说重了是无赖。现在台湾年轻人流行过"小确幸"生活，他们甘于现在的小生活、小世界，而认为国家、社会的未来和自己没关系；他们反对与大陆贸易，说和大陆做生意，赚了钱是商人的，和我没关系。一代人有一代人的难处，个人没有能耐，联合抗争也是个办法，但解决问题的方向和办法都不对头。官商勾结要反对，为富不仁、产品做假当然要反对，但富人致富就要反对就不对了，没有担起社会责任、及时拿出钱来给员工发薪酬，才要反对。今天的香港和台湾都出现了这种极左思潮。我希望我们三亚学院的年轻人，要用理性的眼光看待现代市场经济出现后某种程度的贫富分化。贫富分化是现代化进程中不可避免的一个现象，处理贫富分化问题要掌握一个度，这个度就是要有制度上的保障，保障大家的起点公平、机会公平，而不是用过去打土豪、分田地的方式。香港的年轻人把现在的生活状态当成从来是这样，以后也是这样，这是不太可能的。随着上海自贸区的建立，香港的吸引力会逐步减弱，不和大陆密切合作，香港未来会出大问题。但香港年轻人为什么会这样呢？按照那位学者的说法，原因之一是因为他们不知道"灰度"。中国成功的企业家都知道，要从一开始就形成企业清晰的战略目标是不太可能的，要有一个从混沌到清晰的过程。同样，西方形成今天的清明的法律体系、比较温文尔雅的社会公共道德关系，从过去的黑到今天的白，有两三百年的过程。中国的计划经济到社会主义市场经济之间也有一个从不太明确到逐步明确的过程，这个过程有一个较长难忍的过渡带，可以叫灰度。所以，在转型社会，人要有一定容忍度，要多看到从黑到白的未来发展趋势。香港的年轻人不愿去回顾香港被殖民的历史和李嘉诚的奋斗血泪史，不愿去思考香港未来发展的趋势，不愿正视自己处在一个新的"灰度"中间带的现实。作为年轻人，要知道社会发展是有一个灰度过程的，要在现在走向未来的过程中找到自己的历史判断、现实判断、未来判断，方向、路线、方法才不会错。

最后，我们来说说信仰。不少学者都说中国人没有信仰。说这句话的都很无知。因为信仰是指人类既往的经验积累起来后告诉人类，我们应该有一个基于此、但高于此的生活状态。于是，佛陀被创造了，耶稣被创造了，穆罕默德被创造了，他们为人类指引生活的方向。整个宗教的历史、宗教教派的历史就演绎着这样一个个经典故事。中国人多不信宗教，于是在把宗教和信仰画等号的人那里就成了没有信仰。其实，伦理和道德学说大多数情况下也能起到宗教的替代作用。中国的儒学在长期的历史繁衍过程中就成为中国人民的信仰。

那我们呢？我不知道大家的信仰，我信仰共产主义。因为就人类社会经验，没有比共产主义社会更好的社会形式。当下的社会还不是更好的社会，而是通往共产主义社会的一个路径。人类社会历史上还没有一种社会形式可以解决贫富不均的问题，马克思所描述的共产主义社会值得我们去追求。这是一个理想，是高于现实的、需要我们一代代人努力实现的理想，也是同我前面谈的中国在经历近代挫折后的文明复兴及文化自信联系在一起的，值得我们用一生去追求。

祛魅利己主义

（2016 年 5 月 30 日在财经学院 2016 届毕业生毕业典礼上的致辞）

同学们好，诸位今天就要毕业了，我代表学校对你们表示衷心的祝贺！校长不是学经济学的，对经过四年专业训练、经过老师们精心教育的你们讲话，我难免忐忑。但今天是你们的节日，我鼓起勇气说说我对于经济相关话题的认识。

你们在学校一直受着超越功利的教育，其中，集体主义是重要的价值取向。但是，你们生长的环境、你们父辈成功或成长的经验却是高度个体化的，你们的专业也立足于高度理性计算。这之间存在张力，迟早需要各位正面面对。

我们知道，人类结成社会的原初理由是抱团取暖，以团体力量抗衡自然界诸多不利的挑战。团体就意味着必须团结，团结就意味着必须遵守克己利他的团体规则。也由此，团体关切、集体向心的诉求就构成了人类社会最初的也是长期的基础规则，也成为人类社会道德的基础部分。作为传统的文明古国，中国在此深得其中真谛。

另一方面，也是我们知道的，即我们今天着力讨论的，个体的趋利避害是人的基本属性之一，诸位所学习的经济学正是名正言顺地从此起步。

人类社会进入现代以前，个体趋利避害的利己观念一直受到主流社会警告，哲学的人性探究困惑于此，历史的英雄观念忌讳于此，文学的古典叙事批判于此，宗教的信仰体系排斥于此。直到现代性启蒙之后，才发生文艺复兴作品假名、经济学宗旨发端、心理学弗洛伊德解放等等大事，当然，这一切大多已是后事。

此前，其实趋利避害的利己趋向一直都与人类社会如影随形，但是称得上利己主义的，还是与西欧开始的文艺复兴运动有关。人本与人性觉醒为被宗教笼罩已久的欧洲开启利己主张破除了道德魅惑与道德禁忌，也历史性地开通了人类社会生活的人性伸张与个体权益合法性叙述的新通道。当然，也可能正是由此堂而皇之打开了人性在现代社会有时候纵横恣肆的潘多拉盒子。

利己主张进入现代的天敌是传统道德的禁忌，而不直接是法律。相比较而言，一种新观念流行可能造成一定影响，法律只是为其后可能发生巨大成本的集体行为兜底，道德则是社会以低成本对个体内心预先开启的高效行为规制。现代社会，这个通则依然有效。在任何社会，道德禁忌是社会角色的面具或妆容。戴上面具方便在社会生活入戏，卸下妆容则为人处事轻松。处于计划经济向市场经济过渡中的一代中国人普遍对此印象深刻。

需要反复提及的是，在西欧文艺复兴之前，人类文明的轴心时代，世界各地的文明大多统合在宗教（在中国是儒学）的道德准则和相应的各种禁忌之中，人们被形形色色的非个体化方式，主要表现为种族主义、国家主义、族群主义、最低程度的也是社群主义和家庭主义的束缚。在此总体范式之内，人的个体思量和任何利己取向成为社会主流的道德禁忌，个体的利益、情感被边缘乃至压制。这也是其后兴起的文艺复兴在世界各地至今仍广受好评、广受欢迎和被重复强调的一个原因，因为从此之后，个体获得社会理应的尊重，包括法律、公共道德、社会舆论和任何权力权威理应的尊重。

我们已经知道，利己主张在人类历史上登堂入室是有历史条件的，也就是说，它是对中世纪欧洲宗教压迫的一种反抗和对社会之中个人应有基本权益的正面申述和一次胜诉。离开这个前提和背景，利己的主张很容易走向利己主义，即一切以自己为中心和目的。毋庸讳言，利己主义也有一套自证清白的说辞。

利己主义相对人类文明建构已久的道德体系相对晚近和不高尚。但是，利己主义的利己主张这一面在思想解放的冲击力却不同凡响，它为所有社会对传统道德解套与个体行动解绑争取了广泛同情和开阔的合法性空间，总体上，它在许多社会的道德价值评价虽然不高，但其在所有社会实际的推陈出新能力却并不低。比如，在西方，它从一个侧面呼应了新教伦理伴随的资本主义；在中国，它使脆弱的伪道学破产，顺应了新文化运动所需要的现代发现；当然，它也有力呼应了中国改革开放所必需的市场经济及其所需的个体化取向，释放出中国社会的现代活力和动力。

理解学理上的利己主义滥觞，人们就不便对所有利己观念简单地进行冠以道德或非道德的审判，而必须附之于社会进步与个人获权之更为广泛的价值判断之中。而这种判断是需要以历史的长时段视野为基础的。

当然，一定存在对道德破壁的利己主张，也一定存在重构道德的利他立场，或者正好相反。我今天重点需要厘清的是，利己主张对环境松绑是一回事，而利己主义的个体行动则不完全是这回事。前者如资本主义对旧制度的革命意义，后者如资本原始积累时代那些资本家的疯狂剥削。我们每一个在大学接受四年超功利教育的大学生都需要明白：从学理角度观察，历史上先后出场的利己主张对曾经桎梏人性的和以某种集体主义面貌为幌子的观念加以解禁是一回事，而个体在解禁环境中冲破旧职业伦理时有没有新职业精神，尤其是在冲破旧的家庭和人际伦理时有没有抛弃基本人伦善念则是另一回事。当然，钱理群教授所忧心的当下因时善变而没有理想坚守的精致利己主义则又与此不是同一回事。顺便说一下，在我看来，历史上，进入国家体系的儒学传统一直在精致利己。

中国三十九年前开启的改革开放，其思想解放的过程从另一个侧面也可以称之为是现代性祛魅过程，"不争论"的政策空间给个体可以利己生产以合法和合乎道德的理由，也因此使得全社会在祛除禁锢生产的计划经济方式以及相应的道德魅惑方面功效显著。诚然，这同时与学理意义上的利己主义不免产生某种程度的共振。当然了，这种同调，若不随时厘清界限，其成功的经济实践易于扩展至社会价值的祛魅并可能放大到人生经验的祛魅利己主义，就可能逾界过度了。

与此相应的一点也容易产生歧义，需要进一步小心说明。从计划经济中解放出来的市场力量，即便其公开主张不是利己，也在对利己主张表现出极大宽容。中国从头至尾没有为利己主义正名，反而一直强调精神文明建设中的集体主义精神——这一点与美国以实用主义为利己主义呐喊助威不同。但事实上，中国国家和社会的集体主义传统对基于趋利避害的利己立场，从社会科学的人本主义、从文学艺术的人性解放、从市场角度的理性、从个人发家致富光荣的制度安排，客观上给利己的冲动创造了安全的和宽阔的容身环境，并在对利己与利他的反复讨论中界定了利己与法律、与他者、与公共领域的边界。一定意义上，这种宽容和讨论是明智，幸运的是，这种明智和讨论提升了传统集体主义的体量和质量。

由此也可以说，改革开放，是进步，也是解禁。解禁后中国社会的物质文明和精神文明两个方面都是成果卓著，不能评价为所谓的"一手硬一手软"，因为硬的经济产出不可能只是与软的价值体系匹配。西方如今已经在过往一直笃信的只有西方民主政治才能发展现代经济的逻辑中难以自圆其说，我们不必陷入类似的逻辑误判。可以说，中国社会的经济价值问题已经解决，即市场经济"姓资姓社"的困惑不再是普遍困扰中国大众的问题。但是，看起来，中国的社会价值体系问题还没有完全解决，还有力量时不时在集体主义和利己主义之间做非此即彼、相互排斥的站队，这是看起来多少有些荒唐的思维。我们相信，能够促成某个个体发家致富的经济指标不一定能保证个体是否合法、合规、合德，但是，能够促进整个社会发展的经济成就则不能不说是有益和良性的社会整体价值体系在起作用。即便有人认为这个价值体系有问题，也已经无所谓。"宁要社会主义的草"的极端思想早已经被不可逆的改革开放抛弃。市场经济条件下中国社会的进步举世瞩目，无需证明，在这个环境中成长起来的中国年轻一代的全球意识和环境意识，国家认同和团队理解，慈善与志愿服务，爱与同情心，以及长大成人以后的独生子女一代对父母的关心与爱等等，这一切可以集合在集体主义旗下的观念和行为，比起改革开放之前，只多不少。与此同时，这个社会之中的个体对自身的关切和表达也史无前例地充分，个体自主、个性飞扬，早已经不只是时尚。重要的是，这一切的发生恰恰是基于现代性的祛魅，包括这其中社会对个体越来越多的自身权益合法性的宽容与认同。我相信，还会有继续破壁的观念和行为不断被释放，这是中国改革开放的希望，是中国的希望，也应该是中国人和中国梦的希望。

今天，诸位同学学习了经济学，在各自的专业毕业了，有了经济头脑，有了经济技术和能力，马上要学有所用了，预计在你们未来工作生活的若干年里，你们还会生活在形形色色的解禁和禁忌的社会竞争环境里。无论如何，一个健康的社会，破壁之举会一直持续下去，但愿破壁功能总是由观念解放承当和由观念先行，而不能由个体和国家承担其成本与风险。因为前者转换的是价值观，后者挑战的则会是法律。

今后一段时间，相信中国社会会特别重视检视一些问题，即是否存在改革开放以来中国鼓励的市场经济以及与此环境相互适应的对学理意义上利己主义的宽容，会检视这种宽容是否造成了太过巨大的网眼，在发展经济、解决经济难题的同时，也把社会运行的法律底线、公共道德规则以及作为人类文明基本成果的人际善良、人伦温情也突破了？这的确是需要不断警惕的事。

遗憾的是，这所大学现在来不及教你们什么了，这个社会暂时也不能给出什么合适的答案。但我确信的是，观念的解放与革新需要具有理想、理性和专业的知识青年具有奉献精神地不断推动，同样，社会的温情和职场的伦理需要具有历史感、胸怀和善良的青年们时时守护。今天你们就要毕业了，看起来，这些没有标准答案的议题是我们今天的隐忧。这些需要你们一生去实践、研究，用诚意、耐心和坚韧去不断地解疑、悟道。期待各位用精明以及更大的善意去创造更为美好的明天。

大学何为与大学谁办

（2016 年 9 月 26 日在教师节表彰大会上的致辞）

一、何谓知识教育

大学教育的知识、能力、素养乃至创新的讨论由来已久，而且预计会经久不息，它们谁更重要以及彼此之间的逻辑关系和紧张关系不是我今天讲话的重点。我只是想在教师节与同事们分享我回顾自己学业生涯和教师生涯的一点感受。

从更深刻角度而不是更广泛层面看，教育的可能性并不在"教化人"，更不在教授能力，而在引导知识。

也许教授能力是需要的，这是必要的谋生手段。

也许教化价值观是需要的，长大的个体需要与主流社会达成某种契合，比如守法和遵守共同规则，两者都会少点生存风险和成本，个性可以更多更快的进步。

在此两者基础上，知识教育在大学是必要的，知识是教人知道更广阔的世界，知道更复杂的人性，知道更多元的道理，知道更简便有效的方法，知道更沉重的生命，知道更美丽的生活，然后做明白人，自己选择，自己承担，自己开心。

可能的时候，回报自己辛辛苦苦做选择的重要选项是反馈社会更多的知识，而不只是其他财富，因为那只是另一个层面的回馈。

二、谁在办学

这是一个简单明了而又可能似是而非的问题。

法律规定，大学的举办者，是政府、大学和社会力量。

教育界共识，大学的主体，是大学教师和大学生。

大学的办学与大学的举办者、大学的主体究竟是什么关系？做学术研究回答是不难的，但是要把一些理想的理论模型变为可靠的实践方式是不容易的。

一方面，大学的办学责任在法律上、在党政主管部门、在董事会、在社会和媒体眼里，落实在大学的法人代表校长身上；另一方面，评价一所大学的成败优劣，绝不只是分析其管理模式，还必须看其与管理相关的师资队伍水平、教学质量、科研服务能力、校风、教风和学风状态，而这些责任又必须同时落实在大学的教师和学生双主体的肩上。

如果综合从法律层面的角度、大学内部治理的角度和国际上大学运行的一般规则、本土教育实践积累的历史经验角度考察，我们就能够轻松回答：所有的大学人员都是办学者，所有的教职员工都有办学的责任，所有的利益相关者都在承担大学办学的权责利与风险。

可惜的是，无论是因为历史文化、制度环境、现代职业道德，还是因为具体大学的特定时空条件，许多大学都没有能够达到这个应该明确的认知水平并具备要求的行动能力，我们三亚学院也未能例外，我们也不能免俗地认为办学者就是法律规定的由校长代表的法人代表或者是政府部门。许多时候我们和公办大学一样，只是在希望从政府或学校获得某些特殊权益的时候想起我们每个人也是办学者，而在大多数时候，我们会有意无意地忽略我们的办学主体身份。这对办好大学来说是有较大风险和较大距离的。

如果我们三亚学院现在和未来会越来越好，那应该是我们三亚学院在谁在办学这个基本的也是核心的问题上更加清醒、自觉和有行动力。祝愿这一天早日到来，祝福各位教师节快乐。

一个人的所能与所限

（2016 年 9 月 30 日在 2016 届新生开学典礼上的讲话）

一个人，无论年幼年长，无论学历高低，无论权大权小，无论贫穷富有，无论卑微高贵，无论身处何地何时，如果有一天他的观念里有一扇门关着，这扇门就是他认同自己在社会生活中是有限的，即他认同自己是被年龄、体能、技能、权力、财富、地位、地理、时代限定的，这意味着他已经被别人、被常识、被权威、被环境、被制度，归根结底是被他自己判定自己是有限度的，那么，结果就是，他的视野真的就有限，他的能力真的就有限，他的成就真的就有限，于是，他改变环境、条件乃至个人命运的可能就一定真的被限定。

从这个角度看，如果我们能够穿越历史的漫漫长路，穿透现实乔装的包裹，我们会幸运地发现：

所谓能干的人，其实就是能够超越种种常识、条件和环境限定，超越他者的判定而逾越有限的人。

所谓成功的人，就是那些相信并能够冲破限定的人，并且是那些能够持续、不懈地相信并不断冲破限定的人。

所谓意志坚强、本领超凡的人，就是那些在所有种种的限定面前依然相信并能战胜限定自己的思想、行动、命运的人。

因此，所谓有知识的人，也就是那些明白了什么是能干、什么是成功、什么是意志坚定和本领超凡，以及明白自己如何获得这些品质的人。

这些人统统可以称为了不起的人。他们是古人说的人中豪杰,是社会学所说的社会精英。

然而,遗憾的是他们未必就同时还是高尚的人。

如果不做一个高尚的人,所谓的成功真的有意思吗?显然,成功者都还在乎高尚不高尚。

高尚的人,不但能够逾越限定,而且能够敬畏限定。

高尚的人不但应该具备成功者的心理素质,能够超越我们普通人普遍都存在或曾经存在的害羞、懦弱、焦虑、恐惧、惰性、急躁,能够具有常人不具备的能力水平,能够超越条件限制、冲破环境限定,达成我们常人难以企及的更高成就目标,而且,能够控制自己的意志力、情绪化冲动和社会流行价值观的羁绊,在当止时则止,当退时则退,当软时则柔。在环境限定时,则勇进;在人性限定时,比如在权力欲、利益欲、贪婪欲、嫉妒心、虚荣心、自大、猜忌、仇恨、傲慢等在内心蠢蠢欲动、即将膨胀时,则勇退。

今天,我和诸位新同学所讨论的这一切所谓人生哲学,看似与我们日常生活和学业生涯遥不可及,但如果不正面面对,则我们可能愚不可及。今天,饱受诟病的中国人的许多社会交往和公共行为,把人们分成了正常的人和不正常的人。不正常存在的原因,在社会制度层面上,与中国的国家法治、政府公信、企业诚信、社会信用、个人品格建设还在路上有关,也当然与个人三观不正有关,三观影响心性,心性反映为态度和行为。

其实,我们讨论的人的所能达到的和人生所要限定的问题,是人一生面对的最基本的问题,你想与不想、知与不知、信与不信,它都在;并且,我们讨论的这类问题,在人类于世界各地的文明源头以及在其后的文明进程中,就一直在讨论,问题不新奇,答案也似乎越来越明朗,但人类还是需要一代代地在这个问题上反复盘桓、质疑、挣扎,总体上在前进,但阶段性却有停滞和倒退,其中,不乏一些文明在此问题上塌陷,而一些人在此问题前倒下。

今天,中国正处在现代化的关键时期,经济总量和增长速度世界瞩目,但文明的基本问题再次变得严峻，难以回避地放在国人面前，也理所当然地放在求学的年轻学子们的案前。困难的是，在不同特色的"时代进步背景"和"当下合理化"语境包裹下，有些问题并不明显，答案似乎也并不确定了。年轻而缺乏阅历的我们，如何应对？

人都有青年的文艺时代，干净、浪漫、好想象，更多烦恼、自卑、忧愁，并且，读书多了、问题想深了还会孤独、忧郁。但多数人在度过此阶段的短暂彷徨后，很快发生分野、分层、分类。

如果以经济收益、社会地位和社会声望评价，成功人士大多融入社会，且对社会有推动之功，而事业不成功者则大多沉寂甚至沉积于相对的底部，成为社会保障人群。由此，不同人群的价值观、情感、态度也可能迥异。

这是一个悖论。

如果不付出融入社会需求及喜好的代价，代价包括法律、公共道德、政治正确、传统归宿、主流认同、市场需求、大众媒介等体制性安排，则人可能遇事艰难，甚至一事无成，或终将被淘汰。

如果付出相应代价，社会的奖赏便是社会收益、地位和声望的三高位置。为难的是，正如上面提及，这样的人一定会遭遇人性限定前如何再次选择的难题。他们中许多人的心性容易迷失，看似自尊、自得、自主，实际上可能并不一定就有自我。只是按照社会允许和喜好而行事做人，即便在权力和财富巅峰，也只是按现代科技理性的体制性安排行事、说话、出牌和出镜。

所以，看起来，一个年轻人如果不愿跌入社会三低和走向社会反面，则必要让渡一些青年时期，尤其是文艺青年、哲学青年的自我任性，服从体系，迎合需求。前提是，如果幸运，能够及时知返。

可惜的是，财富激励更多的财富，权力偏好更大的权力，声望迷恋更高的声望。所以，世界才成为今天这个样子，更多的物质财富竞赛，更少的精神享受，或者以现代娱乐消费替代精神愉悦。尤其是现代化进程处于半程中的不少中国人，在财富、权力和声望之路上，欲罢不能、兴致正浓。一方面，这是中国式发展效率背后难以言说的秘密，另一方面，这也可能是中国式阶段性发展的效率代价，对一个民族和对一个具体的人都一样，是两难的选择。说不上迷途知止，但还是要明白当止于应止之处。

也许有新同学会诧异，我们刚进大学之门，可谓两手空空，现在校长就提示人生之途的黄灯红灯绿灯，是否为时尚早？我要说的是，同学们不是一张白纸而来，已经有许多精彩或并不一定已经十分完美的底色，在大学求学，就是要把这幅已经很不错的画稿描绘得更加美丽。同学们进大学之门，是为求成功，在青年时期人有许多可能，最可能成功的路径是在大学习得。我们毫不怀疑经过四年的大学辛勤、聪明的学习之后，你们会成功走向社会。我只是想说，在你们未来历经千辛万苦终将获得成功之前，在起步前再想一想，什么是成功，什么是人生价值，什么是人心限定，什么是人生意义，什么是自我，什么是真正有益于一个社会的进步和人类的福祉。

这是一个不容易一次性完成的作业，也许要终其一生追问，但是如果在大学学业生涯中没有认真面对过这个命题，可以确信的是，大学有大遗憾，以后很难再有好机会，若有，也是代价昂贵得不可承受。当然，在大学四年各位可以边学边想。用四年的学业时间思考这一个问题时间足够。现在，我想说，大学开学了，各位，开学吧！

第二篇

协同——在各类公共场合的讲话与发言

呦呦鹿鸣，食野之苹。

我有嘉宾，鼓瑟吹笙。

吹笙鼓簧，承筐是将。

人之好我，示我周行。

——《诗经·小雅·鹿鸣之什·鹿鸣》

中国社会科学"升级换代"需要文化自觉

（2013 年 11 月 8 日在海南省首届社会科学学术年会上的发言）

新中国成立六十多年，特别是改革开放三十多年来，中国现代化发展取得了举世瞩目的成就。作为对这一伟大成就的学术阐释和理论表达，中国社会科学多年来在学科建设、人才队伍、研究成果等方面同样取得了骄人的成绩。但比照中国持续快速发展的成就，中国现代化进路与他国现代化"普遍相关"之外的独特发展方式却未得到应有表述，中国的社会科学仍难脱"在中国的西方社会科学"之讥。例如，在整个社会科学领域，尚缺乏完整规范的学术训练、严谨善意的学术争鸣和科学有效的学术评价，缺乏有针对性的跨学科知识训练和实证方法习惯等，这些都在一定程度上制约着中国社会科学的创新和发展。

三种能力缺失制约中国社会科学发展

目前，中国社会科学发展过程中所存在的问题，很大程度上与三种能力的缺失密切相关。

一是缺失处理社会理论与社会事实相结合的能力。社会科学是随着近代以来工业革命带来人类思维范式的转换和应对社会转型所带来的经济机遇与社会失范而产生的，社会科学与西方工业革命后形成的西方社会结构、社会事实具有总体性关系，其社会科学诸多理论与其社会事实是相匹配的，换言之，其理论的普遍价值是可以还原到其地方性经验的。相反，当这些号称普遍性的知识推广到其他地方时，其他地方的本土性需要小心在意地清醒甄别

111

该理论同质性价值之外的异质性陷阱，社会科学与自然科学一个很大的差别在于，前者做不到后者经过相同条件下反复验证成功就可以宣告"定理""真理"存在，社会科学知识在推广时需要把"重新验证"作为常态，找到适合于自己社会结构、制度、文化总体性关系的一个个理论、一套套工具。在中国，最初将西方社会科学引进中国的先导者，如严复强调遵循"科学的律令"，吴文藻提出"以试用假设始，以实地证验终"，实际上，很多时候社会科学在涉入中国社会转型与变革过程中，面临着经济社会发展的不确定性问题，遵循的却是价值选择原则、革命法则，以及这种急迫选项后隐藏的更大的不确定性。这在一定程度上导致了改革开放以后中国社会科学界惯性地倾向于把引进别人的社会科学理论当作指导本土社会变革的规范，而不是在正确辨识某种理论的本土适用性条件下寻找解决自身发展中重大问题的工具。对于西来的社会理论，中国社会科学一直缺乏"甄别"适用性的精力和勇气，对于中国社会事实，中国的社会科学研究迄今仍缺乏俯身面对、诚恳务实的态度，缺失客观应对的能力，本应可能补充中国传统学术缺失的"纳西学以自广"变成了"以西学变中学"，由此也就无法落实中国社会科学本应履行的解决社会问题的"手术刀"功能。

二是缺失整合相关系统以形成自主学术生态系统的能力。西方社会科学从自身学术传统中长出，与西方社会发展有着内生的总体性关系，在国家、社会、市场的关系上，以及大学、科研机构、成果发表与转化、学术评价体系的组成中，构筑了相对完整的学术生态链，体现了实证传统与实践关切的有机互动。中国社会科学在历史起点上落后于西方社会科学是个客观事实，从深层次上看，这种落后不只是由于时间上的后发，而且是学术规范上的不足，比如在整合相关系统以建立跨学科的知识能力训练和体系化的规范学术训练，建立相互支撑又相互制衡的知识生产、应用和标准评价体系上是如此，而在建立与本土社会(中国社会) 各系统的内生性关系这个社会科学"安身立命"之本上的偏差更是如此，而后者对于中国社会科学建立相对独立性的学术生态系统，摆脱长期依附西方社会科学，实现自主创新，具有重大的现实意义。对西方学术的某种依赖性，与近代以来西学东渐，试图推动中国社会急剧变革以及由此而派生的中国社会各系统对西方经验和技术的崇拜相关，也与中国学术传统迭经外力而断裂，以致中国社会科学的主体性始终难以凸显有关。

三是缺失与中华文明的连续性传统对接的能力。严复于"世变之亟"引进西方社会科学，本意在吸纳经世的新工具来开民智、鼓民力、树民德，希求实现西学这种新工具与中华文明传统相对接。但是，与近代中国动荡之时局相伴随，西学输入的程度，决定着中学被肢解的进度，也决定着中学被纳入近代西方分科性学术体系和知识系统的深度，从而导致了中国传统学术、传统教育一定程度的断裂。改革开放后，一些学者深受西方研究范式的影响，在价值观、方法论、研究路径，尤其是评价标准上，都缺少"跳出"对西方学术路径依赖的能力与勇气。当然，在更为深刻的背景下，学者学术研究的历史纵深感不足，对全球化的资本强势推销辨析不清，学界借助西方话语范式解析中国问题的"被认同"度过高，以及对中国本土文化传统与西方文化的同质性和特异性辨识度不强等原因，都在一定程度上影响了中国社会科学与中华传统文明的接续与发展。

中国社会科学创新发展的未来路径

今天，我们对于中国成就、中国道路的未来发展具有更大的理论自信和实践自信。同样地，我们对于中国社会科学实现未来的创新发展，完成"升级换代"，理应有更大的学术自信和更强烈的理论自觉。

首先，中国社会科学的研究理路要在高度的文化自觉基础上，摆脱西方学术殖民化的影响。所谓文化自觉，简单地说，就是知道自己民族的文化是从哪里来，现状如何以及应该可能到哪里去。中国学术的历史使命必然要求中国的社会科学研究自觉建立与中国社会发育发展内生的总体关系，要为中国现代化建设服务，更多地关注中国现代化的发展现实，加强运用社会科学的方法和实证研究的手段，推进中国问题的研究和破解。客观来讲，对西方社会科学理论的必要引进和学习，是为了进一步丰富和加深中国社会科学的学术内涵和理论阐释能力；对西方和整个世界的研究，应有利于建构中国问题研究的全球视野和比较空间。明确了这样的学术主体性，我们不必也不可能把社会科学在西方的历史文化和时空基础上所产生的理论逻辑进行完整"移植"，不能以此作为描述甚至是解释中国问题的完整逻辑定位和唯一评价指数，不能因学术"被殖民"而知足自娱。在学术能力和学问价值的意义上，植根于中国本土的实践价值和文化价值的社会科学，以及由此产生的适合于中国语境的学术话语方式，才更有学术意味。

其次，中国社会科学的未来发展要在整体规划的前提下，实现有针对性的实践创新。中国社会科学界有一支勤奋聪明的学术队伍，亟须建构具有中国特色的学术质量保障体系，确保在学科配套、人才培养、知识生产和应用，尤其是学术评价等全方位全链条上形成积极的制度支持和相互关切，鼓励形成具有中国风格、中国气派、中国话语的知识体系的良好学术导向。要针对教育领域、实践领域、研究领域的不同需要和价值取向，确立社会科学应用和评价的不同尺度与相互照应，避免不恰当的评价对人才培养和实践能力提升的干扰或隔断，才能够既保持自己学术原创的自主性，又切实发挥总结中国本土经验的积极性。

再次，中国社会科学的价值指向要在形成自己独特的学术传统中，承担中华学术文明永续传承的历史重任。在学术发展中，如果理论研究日益功利，学术批评日趋恣意，讨论争鸣日渐失范，任何学术部门都将无法取得令人满意的现实成就。对于中国社会科学而言，一切需要起身而做，就是要回到以讲理、科学、理性、良知为基础的中华文明深厚土壤中。

最后，中国社会科学应该树立起主体自觉，建立起烙有自己深印的学术内涵，创造相应的理论、应用和评价体系，在此基础上，中国社会科学才有可能找到与世界其他国家的社会科学更多的相似性、同质性、普遍性，才有资格平等地交流社会科学成果，更好地通过社会科学建设增进人类的福祉。

作为一个文明型国家，作为一个深嵌于世界结构之中的现代国家，中国的现代化道路有着浓郁的本土特色，由此而产生的社会科学向度与方法，必然与中国现代化成就同样具有独特魅力的世界性价值。中国道路越走越宽，中国社会科学完全有可能在指向未来的创新发展中实现"升级换代"，展示和传播当代中国对世界的学术影响力。

南海边的德育对话

（2014 年 1 月 12 日在民办高校德育研究院签约仪式上与清华大学马克思主义学院院长、高校德育研究中心主任艾四林教授的对话）

一、路径与担当

陆丹：民办高校德育研究院落户三亚学院，是我校的一件大事。改革开放以来，经过 30 多年的发展，中国民办高校已在中国高等教育中占据了半壁江山，十八届三中全会的决议又为民办高校的未来发展拓宽了道路。但是，一些长期积累的制约民办高校发展的思想和观念上的障碍依旧存在，我们德育研究院的成立理应从一个侧面为扫除这些障碍发挥积极作用。

无论是在法律层面上还是现实层面上，民办高校都是中国特色社会主义高等教育的一个重要组成部分，但有关姓"公"姓"私"的固有逻辑仍有很大的市场，民办大学人才培养是不是能保持社会主义方向，党的领导能不能得到保证，等等，这些假设的潜台词仍在，人们似乎从不怀疑公办大学能否做到。虽然民办大学一样坚持依法治理、科学管理、民主参与与监督，一样有健全的党的机构，一样开展党群工作，一样贯彻党的方针政策，一样关切群众利益，一样定位人才培养，却仍招来怀疑，甚至被视为隐忧。于是，一些民办大学比公办大学花更大气力加强党建，而教学和德育工作反而没被放到应有的位置。三亚学院是一所民办大学，但我们抓党建从来不是做样子，以党建促校建是我们建校之初就确立并践行的办学理念之一，因为我们的办学团队对于中国特色社会主义有着深刻的认知，我们对于中国高等教育发展有着自己的担当，而对德育工作的一贯的高度重视，正是我们这种认知和担当的一个体现。三亚学院的德育工作，不唯上不唯书，重在唯实，比如，由于招生政策及办学积累等条件限制，民办高校一般都定位在培养应用型人才，这没错，但我们学校在重视应用型人才培养目标的同时，并没有因为强调了"毕业上岗"就忽视了"发展上阶梯"。一来，我们认为把应用型人才培养单纯理解为传授有限的知识和专门的技能，大学本科教育的完整性就缺失了，因此我们配置了健康人格教育，通过九个平台来加以落实；二来，我们认为把健康人格教育单纯理解为丰富职业技巧或抽象的完人教育，培养社会主义可靠接班人的中国大学任务就可能被架空。因此，思想政治课是我们健康人格教育的首要平台。我们一直致力于研究思想政治课如何进课堂、进头脑、进心灵的问题，改变部分教师不信和学生厌烦的状况，为此，我们一直在致力于完善教材和提高教师教学与德育水平，我们的主要指导思想是让学生在学习思想政治课时，以知识为进路，以史实为依据，让德育道理顺理成章地由知识认同内化为价值认同。

艾四林：早知道三亚学院是个好学校，但一直不知道是所民办高校。民办高校办这么好，让我吃惊。德育中心是清华大学恢复文科后较早建立的一个国家级基地，全国独此一家高校德育基地，教育部和清华大学一贯比较重视。这几年我们中心和马克思主义学院着重培养三种人：学术精英、商业精英、政界精英。其中培养商业精英的重点是培养有社会责任感的民营企业家。党的十八届三中全会以后，姓"公"姓"私"的问题已不应该成为国家发展中的阻力，公也罢，私也罢，都是支撑我国经济社会发展的重要基础。判断我们社会的性质的一个重要方面，是看它所贯彻的价值理念是不是真正为大多数人服务，是不是真正促进社会的公平正义、增进人民福祉、促进人的自由全面发展。这是我们做一切工作的价值上的追求。姓公也罢，姓私也罢，背离了这一点，就是背离了社会主义性质。个别公有制企业不是以促进社会公平正义、增进人民福祉为目标，而是依靠自己的垄断地位，与民争利，这就背离了社会主义的价值追求。下一步国家会进一步创造有利于私营经济、有利于民办高校发展的环境。

企业家要有社会责任感，我们高校更要有，特别是我们这样有优质资源的高校，国家不惜血本支持的高校，更应该承担起社会责任。在这个大的背景下，我们探索与其他高校合作的途径和平台，与贵校的合作就是我们正在探索的一种新的形式。习总书记去年的一系列重要讲话，对我们做好工作和对推进德育研究院的建设具有重要的指导意义。中国梦研究，直接关系到改革发展的方向性问题的社会思潮和意识形态研究，社会主义核心价值观研究，这是我们着重思考和研究的问题。未来中国社会发展的主体，随着三中全会决议的落实，将逐步从一个行政独大的局面向三足鼎立的方向发展，行政系统、社会系统和企业系统共同支撑起这个社会，任何一方独大，社会都会出现各种问题。目前，我们的行政体系过大，还是一个以行政为中心的社会，未来向社会治理的方向发展，管理的概念会慢慢退出，三元甚至多元治理体系将是中国特色社会主义的一个显著特征。在这样一个大的制度架构下，一些旧的观念会逐步淡化，我们不会花太多的精力去纠缠那些观念性的东西，而要更多地看到价值目标，因为所有的都是服务于这个价值目标的。这些问题都值得我们去研究。正是因为这样，正如我刚才说的，如何去发挥我们这个平台的作用，如何去发挥清华大学学科的整体优势和它的担当作用，需要做一些合作的新探索。

对于合作，我们抱着一个积极推进、大胆去做的态度。做好这个工作，有几个方面是绕不过的。

第一是理念和目标一定要明晰。我们做这个事情，确实是站在一个较高的高度，因为清华的传统是，做事不是简单地为自己做事，而是为这个国家做事，为这个民族做事，才不负老百姓对你的期待，不负国家给你的这么大的投入。站在这个高度来考虑，我们感觉到高校的德育工作异常艰难，我们的很多工作没有落实。最近教育部要出台关于加强高校思想政治工作的意见，社会主义核心价值观在高校落实还有很多工作要做，从国家发展大局来看，我们要考量高校在培养社会主义可靠的接班人、合格的建设者上，我们做得怎么样。所以，我们建这个研究院是一个责任，也是一个使命，我们能不能成为国家这方面的智库，我们研究的成果，能不能为国家解决这些问题提供一些政策性的咨询，从国家利益的高度，从国家意识形态建构的高度，发挥我们的作用，这是我最近重点考虑的问题。

第二是使研究院的机构设置有利于做事。首先领导是不是高度重视，要做成一件事，有位和有为两个都不可缺少，有位才有为，有为才有位。其次是体制理顺，责任明确，运行起来相对比较顺畅。

第三是把项目立好。每年有两个大的项目，朝着更高目标去设立，要有一个三到五年的规划，六到十个课题循序渐进推进；在这个基础上，还可以有些自选课题，带动青年教师的发展。要有一套严格的结项审批制度，保证高质量高水平地完成。

第四是建设好一批队伍。要建立灵活的用人机制，一部分是固定的，一部分是流动性的，以课题为依托。

第五是发挥研究院的辐射和带领作用，发挥学术影响力和社会影响力。研究院要牵头做一些事情来扩大社会影响力和学术影响力，以三亚学院为龙头把民办高校的德育研究带动起来。

陆丹：我很认同艾院长所说的今天研究马克思主义不只是在观念上绕来绕去，纠缠在一些问题上拔不出来，而应该设立一个社会的价值目标，不管你是什么身份，都来以解决中国问题为尺度。如果一个国家和社会，不能有这样开放的胸襟，十八大报告所说的道路自信、理论自信就建立不起来；以系统性的社会价值目标作为评价的总标准，我们今天面临的有关理论自信、道路自信的诸多问题都能解决。

艾院长讲到清华人的国家担当，我很感动。我们研究院的价值关涉和战略目标，一定要是从国家和民族的长远利益出发。具体的关于研究院的架构、合作方法和形式等，都可以尝试去做。

二、变法与建构

陆丹：我个人最近一直在考虑两件事，与此相关。第一个是反思中国社会科学的软骨病，唯西方社会科学的思维、方法、价值观马首是瞻，唯西方是好，这是要出问题的。第二个是思考大学德育工作怎么做。在建构整个社会价值系统方面，我们大学的德育工作者其实做了很多工作，但还习惯于做减法和加法，着急的时候就做减法，这不许那不许，平时就做加法，缺什么补什么，补药吃多了也是要出问题的。后现代主义喜欢讲，今天的社会是一个碎片化的社会，我不去评价这个碎片化的社会究竟在中国是什么状况，但至少在中国，现代社会的组成方式是多种多样的，能够建构和改变这个社会的方法也是多种多样的，除了压制和利诱，还有很多的方法，这方面西方手段很多，宗教的方法，社区互助的方法，等等，都带有强烈的主流价值取向，而我们这方面方法比较单一，源于某些不够自信，久而久之，新方法尝试成为陌生和禁忌。我们在大学做德育的加法，因为我所说的今天中国社会科学软骨病的问题，不管做多少，很快就被消解掉了。中国社会科学的主流价值，从课堂教育到文章发表，到项目评审，无一不和西方的方法论和背后的价值观相关，传统德育劳动价值在其中很快就被稀释。年轻人对捍卫什么兴趣不大，对开放什么兴趣很大，德育要纳入到一个更大的系统去考虑竞争力。对此，我个人觉得清华大学负有国家使命。我们三亚学院因为小和新反而相对容易实践，当我们强调思想政治教育的时候，学生系统、组织工作系统以及我们的社会科学研究系统，就不断地调适渗入，不至于马上就被稀释掉。但清华、北大不一样，你们是以自由开放为传统和核心的，以老办法旧套路，德育的声音再大也会小下去，所以，我们不只要用加法和减法，还要用变法。这个变，有自变和应变两方面。适应新的需求，德育内容、方法、手段都要有调适；适应对大学传统的坚守，德育应成为大学学术系统和价值观孵化的内在部分。换言之，德育应该是大学生态的一个重要链条，在生态保护里，讲究水源地、通风道、水道和物种保护，社会主义核心价值观的德育工作在大学生态中要放到水源地、通风道、水道和物种保护这样的重要位置。

如果说我过去这样谈是奢谈，那么十八届三中全会以后，我以为情况不一样了，我们能从更宏观的视野去着手解决问题了。对于社会科学研究，社科队伍，包括课程，需要重新评价，作出相应调适。不能唯西方方法论、价值观是崇。对于大学的德育工作，我们要发挥大学的研究机构既是国家的一只脚也是一个民间智库的优势，探索出更多主流价值观渗入的路径渠道、方法和手段。

艾院长关于把德育研究院建成智库的想法，我十分赞成，我要补充的是，我们这个智库要尽可能做一个民间智库。我所谓的民间智库，是指研究问题时至少有一部分要超越短期的国家政治规划，从中华文明和国家民族的长远利益去考虑问题。规划最多只管五年、十年，而战略要管十年以上，我们要考虑文化的建构、核心价值的建构，要放到实现中华民族伟大复兴的中国梦的大视野中。您提到的结合民营企业做中国梦研究，就是一个战略性思考。如吉利集团正牵头做一个民营企业社会责任报告。

我个人现在考虑更多的是民办大学的社会价值评价体系建构问题，我认为这也是一个大的战略思考。对于中国民办大学，教育部没有一个单独的评价体系，只有一个以公办大学为参照制定的全国通用的本科教学合格评估体系。显然，只有本科教学合格评估这一把尺子是不足以衡量和促进民办大学发展的，应该有一个单独的民办大学社会价值评价体系。因为民办大学的存在意义，不限于和公办大学共同的本科教育这一个价值，还有其他的社会价值。所以，我们正在酝酿建设一个中国民办大学社会价值评价体系，我已经初步拟定了十个指标。我个人觉得，德育研究院要把这个纳入研究计划。中国民办大学的社会评价体系里面要有德育的指标，这是无疑的，而且德育会放在大学生态建构的重要位置，这个做成了，一定会促进所有民办大学建构富有内涵和达到质量标准要求的大学生态，也一定会倒逼公办大学改革。

再一个，可以做中美德育的比较研究。我一直关注美国大学 20 世纪几个阶段通过人文通识课开展的西方价值观核心课程建设，这个核心课程包括文学、哲学、历史学、伦理学等，反映西方价值观产生的历史进程。而我们的核心课程设置应该是迫在眉睫。北大、复旦等名牌高校也开了人文通识课，但恕我直言，他们的教材五花八门，以开放的名义开放倒是开放，自然是越开放越好，但众多角度的学科知识立场仍需要贯穿核心价值观，而且最好是潜伏的越辩越明了的价值观。过往我们强调灌输，能力不足，导致效果不好。这方面美国经验值得我们学习的地方很多。我注意到美国的小孩，谈起美国的二十四位总统，如数家珍，个个都是英雄，而我们的孩子，从小受的教育是贬低历史上的帝王将相。我们民族如果不产生英雄，我们的民族优秀与传统优秀如何附着与识别？我意识到中国历史教育出大问题了。美国的教育对自己的民族英雄有批评，但进入教育系统是褒扬的。在这个问题上，我们建构不够。大学生态系统建构，要加法做一点，减法少做，多做变法，所谓变法，就是因势利导。

借德育研究院设立的东风，我们三亚学院，除了继续做好健康人格教育外，还要重点做民办大学的社会价值评价体系和学校德育体系。这和艾院长讲的国家利益是一致的，我们做事毕竟要有一个功德目标，这个功德目标就是不只是为了几个人或一个学校。

艾四林：陆校长有这样的志向，三亚学院有这样的志向，非常好。从整体来讲，我们国家的哲学社会科学还处在一个学习借鉴模仿西方的发展阶段，这是个历史的阶段，绕不过去的阶段。

陆丹：近100年前的新文化运动就做这个事，结果我们发现现在有些地方还不如新文化运动时，那时还有人在谈中体西用，而现在一边倒，整个社会科学评价体系西化倾向严重。未来的社会科学评价体系中，不能只做减法，要变法，嵌入德育想要的东西，否则的话，高校千辛万苦作出的德育成绩很快就被稀释掉了。

三、创新创造与文明自信

艾四林：我们的任务十分艰巨，我们面临两个方面怎么衔接的问题，一个是怎么与我们悠久的历史文化衔接，一个是怎么与我们学习借鉴的西方文化衔接。我们以前对待传统，总在两个极端徘徊，要么只谈继承，要么只谈创新，而对于西方文化，只谈学习，而忘了创造和超越。对于传统，因为只谈继承，导致我们在孔子之后，很难找到代表性的人物。

陆丹：那时候生命科学不发达，生命科学的核心概念是基因，基因的要点是通过不断杂交取得竞争优势。把基因传承下来还不够，还要不断更新。至于优秀基因的具体表现形式如何，并不太重要。

艾四林：五四以后，很长一段时间，我们过于否定了中国传统的东西，而今天建国学院，又开始强调继承。我认为，对待传统的东西，还是要从重塑我们现代文明出发，既要继承更要创新。继承传统文化，归根结底是为了搞清中国现代文明的来路和基础，是为了激发创新，重塑中国当代文明的形象。我们现在做反映当代中国人的形象的专题片，拿出来的还是京剧和功夫，这是当代中国人的形象吗？这只是以古代中国人的形象来代替当代中国人的形象而已。

陆丹：这是向日本学的，虽然骨子里已经西化，但还保留着日本民族的那几个传统的小道具。这是中国一些搞文化的人折腾的事。把精髓给丢失了，把基因给遗失了。

艾四林：我们对传统只强调继承，不强调创新；而对待西方文化，自五四以来，只强调学习，不强调创造。我们这些年大量做的工作是学习，学习是一个不可缺少的阶段，毕竟现代哲学社会科学体系发源于、成熟于西方，我们还在科举考试时，西方的现代大学已经形成很长时间了，我们还文史哲不分家，西方的整个现代学科体系早就形成了。教育和科学的落后，导致我们军事落后、政治落后、文化落后，最后失去了文化自信、文明自信。一个民族最可怕的是失去了文明的自信。军事上有了核武器和其他尖端武器，就有自信了；经济上 GDP 排到第二，也就有自信了；而文明自信的建立就难得多，一旦毁了以后再建就非常之难。我们的哲学社会科学长久以来缺少自信，只是拼命向西方学习。美其名曰借鉴、比较，其实，不单是迷失了自我，还是丧失了自我。

陆丹：我经常说，如果你迷失了自己，丧失了自己，还能得到自己想要的东西，那也就罢了，问题是你迷失和丧失自己以后并不可能得到自己想要的东西。如果中国社会全盘西化，能得到想要的现代化吗？主张西化的人，能得到自己声称代言的群体想要的东西吗？事实告诉大家，这两个都得不到。欧化世界的过程是个市场化的过程，是资源再分配和价值再分配的过程。欧美在整个国际经济贸易体系中占据主导地位，东亚有日本做代理，中东有以色列和沙特做代理，各地区都已有了代理，后来者只会是附属。所以，中国要发展，必须走自己的道路，否则连跟班都做不得，这一条非常清楚。简单主张西化的人，一味说自己祖宗不好的人看不到这一点，算不到这个账。

艾四林：没错。在模仿中是不可能确证自我和建立自信的，只有一种东西能建立自信，那就是创造，人是在创造过程中证明自己，建构出自己的。学习的都是别人的，模仿的都是别人的，要证明自己的存在，只能通过创造。中国对待西方，学习是个阶段，但一直停留在这个阶段，我们的文化自信、文明自信就建立不起来。

陆丹：如果我们一直这样下去，美国人很高兴，欧洲世界很高兴，它建立各种标准，卖这个标准，你跟在它后面走，最终它大赚你的钱，你会赔本，国家没有竞争力，人民幸福也难保障，不只是钱，还有国际体系中的国家民族和其中人民的位置、各种资源和尊严，这是显而易见的。

艾四林：所以我们在重塑当代中国人的形象和文明的时候，既要有面对传统文化的创新意识，又要有面对西方文化的创造意识，创新加上创造，我们才能把理论自信、文化自信、文明自信建立起来。我有一个观点，就是中国道路恰恰不是走向西方，而是一定要为人类创造一种新的文明形态。现代文明等于什么？在当前的话语体系中，在很多人心目中，现代化就等于西化，就等于资本主义化，这似乎是现代世界的某种共识。为什么？因为我们还没有创造出一种新的现代文明，还没有一个在社会主义道路上实现现代化的国家，于是西方垄断了话语权，在人们心目中造成一种印象，要做一个文明国家，就得资本主义化，要想成为一个现代化国家，就只能走资本主义道路，这是目前唯一提供的东西，一个标准的东西，它是成功的。所以福山谈历史的终结，认为人类发展到资本主义阶段，就是最高阶段，就是文明的终结。那么，中国人现在干的事情是什么呢？我们试图在社会主义道路上实现现代化，如果这条道路走通了，我们就能打破西方对现代化的话语和知识垄断。怎么实现？正如您说的，转变我们的意识形态，转变我们的道路，转变成一个资本主义国家，我们不过就是一个西方跟班的而已，不是对人类文明的一个创造，人类文明还是历史的终结，还是再次证明了福山的结论。如果我们真的在中国特色社会主义道路上完全实现了现代化，等于我们创造了一个奇迹，现代化的模式不再是唯一的，我们就打破了西方对现代化的垄断，也打破了西方对现代文明的垄断，就证明了，现代文明并非就是资本主义文明，还有社会主义文明，现代文明不等于就是西方文明，还有亚洲文明，中国文明，不仅有西方的发展模式，还有成功的中国发展模式。我想这将开辟现代化的新道路、新图景，也开辟一个人类文明的新形态，为后发国家走向现代化，提供了一个可供选择的模式和道路。所以，我们现在担当的责任，不仅仅是我们中国自己道路的探索，恐怕也是世界的道路的新的探索。站在这个高度来看，我们现在做的事情，它在倒逼哲学社会科学发展。当国家的发展是这样一个态势，这样一种文明，我们没有理由，也完全没有必要用西方的话语来解释我们当代中国的文明，用西方的概念、范畴来讲述中国的故事、中国的道路、中国的奇迹，我们应该有自己的自信，应该有新的话语。

四、文明立场与话语建构

艾四林：非常遗憾的是，我们的哲学社会科学现在大大落后于中国的现实。我们的国家领导人反复讲软实力的问题，但软实力也还是西方创造的概念。往好处说，好东西不怕多，什么我们都可以吸收；往坏处说，我们实在没有可用的智慧，这给我们的哲学社会科学和思想道德建设提出一个很大的任务。我始终有这个使命感。这个阶段性的特征，不是人为造成的，因为历史地发展从来就是这样一个特征，经济发展、社会发展，是先行的，意识形态、文化建设，总是要相对滞后。

陆丹：中国的战略研究是一个弱项，比起欧美日本要差。不过，最近日本人在反思，中国从毛泽东开始就布局非洲，现在看来是政治上的深谋远虑。但我们的哲学社会科学，的确缺乏深谋远虑。

艾四林：所以现在中央提出建设新型智库，我们的德育研究院要有这样的志向，要发挥智库的作用。中国太缺乏智库。我们现在的所谓智库，只跟国家政府政策相联系，是注解性的，看着领导人的脸色来进行论证，不能真正发挥出智库的作用或只能发挥一半的作用。我们作为高校，理所当然要发挥知识密集的优势，发挥好各个层面的接地气的作用。

现在中国高校的哲学社会科学，大家都不太满意，关键一点是我们现在的很多教授、知识分子不接地气，对基层不了解，看的书都是西方的书、古代的书，真正该读的书没读，也就是社会这本书他没读，所以就成了两张皮，我们现在实际上是走自己的路而说别人的话。因此，我提出说要破除三个教条，既要破除西方话语的教条，又要破除老祖宗的教条，还要破除对马克思主义经典作家的教条。当代中国文明，包括哲学社会科学，迫切需要创新和创造，而不是简单地继承和模仿。创新和创造是我们的哲学社会科学大踏步赶上时代的一个法宝。我相信我们大多数知识分子，他们在使用公民社会、普世价值等这些西方话语时，不是想改变中国社会的性质，不是想颠覆中国共产党的领导，对知识分子要有这个自信。

陆丹：这一点很重要。

艾四林：但为什么会出现这种情况？这是中国哲学社会科学阶段性特征的反映，我们知识分子看到中国社会的苗头，看到社会要多元治理，不仅要发挥政府的作用，还要发挥社会和企业的作用，但怎么解决这个问题，他不创造概念，不创造话语，把西方的话语直接拿来用，这正是我们哲学社会科学的弊端所在。我们知识分子不去创造概念，不去创造话语体系，那怎么在世界上占领我们哲学社会科学话语的高地啊！话语高地是通过话语体系来引领的。

陆丹：这个事情还是出在我国改革开放的过渡时期，因为我们的产业标准是西方的，技术标准是西方的，研究方法是西方的，自然科学也是西方的，没有自己的标准，所以拿西方的成为理所当然的光彩事业，连市民社会也是这样。我曾经说，中国的市民社会怎么能创造出来呢？这在西欧是自然而然发生的，有很多的市镇，是没有政府的脚在那儿，它是自由的商业群体存在的地方，它有话语权，它有协商。而中国政府发育完善，尤其在商业发达时期，每个治理的地方，都已经有了政府的强大机构，与社会直接对话（当然有地方力量代理）成为解决问题的惯常模式；现在又有了法治和市场，要重新再去还原一个市民社会，怎么穿越呢？为什么没有新办法、新思维？

艾四林：它是没有概念，拿来就用。中国现在依法治国，强调宪法权威，而西方有个宪政概念，所以拿来就用，不去想着怎么创造概念去解释和解决这个现象，不去想西方的宪政概念背后有别的东西。

陆丹：在国外走动久了，会承认中国社会治理的落后性；在国内待久了，会感到有些话语权丧失，会对某些教条有些烦。我大概有这样一个想法，我们应该承认有一个现代化的基本范式，现代化是从西欧发起的，中国也搞现代化，现代化要素要具备，但要有实现现代化道路的自主性，在现代化与地方性文化交流中要保持自己的差异性，最后才可能形成现代文明的新景观。我觉得这样定义研究中国社会科学的价值尺度，比较合适。

我今天挺高兴，艾院长谈起话来如数家珍，大思路，心中有丘壑，不愧是"马工程"的专家。我们更有信心搞好合作，站在国家利益上，站在文明立场上，也是为大多数人，做好我们的工作。我们今天签个约。五年是计划，十年是规划，十五年是战略发展。我们一茬茬接着推进。

艾四林：好，没问题。

建设诚信政府，必须依法行政

（2014 年 2 月 12 日接受《法制时报》专访）

国际旅游岛建设对海南社会信用体系建设提出了更高的标准、更高的要求。如何加强社会信用体系建设，打造良好信用环境？省人大代表、三亚学院校长陆丹教授接受了本报记者的专访。

"社会信用体系是系统工程，包括政府、市场、社会、个人各方面都要作正面贡献。其中，首要的是政府的公信力要不断增强，要坚持依法行政"，陆丹认为，建设诚信政府，要求政府必须增强诚信理念，必须言行一致，必须兑现承诺，必须不说假话，不做表面文章，但归根到底，是必须依法行政。

海南省政府今年的工作报告认真提出建立诚信体系，自加压力。同样可喜的是，海南省人大常委会工作报告提出今年若干地方立法目标，事项涉及国际旅游岛建设的许多重大问题，有人称之为立法先行，陆丹认为这是"立法替代"。在政府行政作为方面，行政依据以更多依靠立法替代依靠更多政策，这是国际成功经验，理应是改革的方向。过往解决这类地方难题的经验和惯性是政府制定政策，以政策作为工作依据来解决问题，而现在更多通过立法。政府依法行政，市场依法交易，公民依法维权，这种格局一旦形成，假以时日，假以实践，将极大推动我国法制建设，极大推动地方社会诚信体系建设，也许，还会创造海南经验。

市场诚信的缺失，已经严重影响到群众的衣食住行和人际交往，并不断挑战整个社会的道德底线。日前，中央文明办、公安部、最高法院等部门签署了《"构建诚信、惩戒失信"合作备忘录》，对"老赖"等失信者采取惩戒措施，禁止其乘坐飞机、列车软卧，限制其在金融机构贷款或办理信用卡，许多地方包括海南民政部门正在部署网上公示不诚信者名录。陆丹认为这是加强社会诚信体系建设的必要技术举措，无论对政府，对市场、社会和媒体监督都是诚信社会体系建立不可或缺的环节，对失信行为出重拳、下猛药必将使失信者的失信成本加大。

陆丹建议，要充分利用现代信息技术把分散在工商、税务、海关、交通、药监、环保、公安、法院、银行等有关方面的个人信用数据资料整合起来，推进个人信用数据库建设，建立一套"一处失信，处处难行"的联合惩戒机制。信用的市场行为绝不仅仅依赖道德自律，更有赖于法律约束，在法律行之有效的前提下，在法制文化普遍通行的条件下，道德力量才能放大到能够人人自律的程度。

社会是建立诚信体系必不可少的环节。陆丹认为，在学理上，社会相对于政府、市场存在。在过往经济建设中，存在两个阶段性偏向，一是偏向忽略或警惕社会组织，二是各方面都偏向重视资金资本、人力资本，忽略社会资本、欺诈、不诚信、没信用以及公共道德失范等，都是社会基层治理薄弱和社会资本缺失付出的代价。考虑到社会组织既有互助互惠也有内部制约，所以，建立更丰富的社会组织有利于建立社会诚信体系，方便获得更大的社会资本。陆丹认为，社会可以是政府很好的合作者。支持发展社会组织、支持基层治理中政府的基层组织管理和社会组织的自治在海南需要齐头并进。考虑到教育是社会的基本设置，要发挥教育功能在社会诚信体系建设中的作用，要坚持在学校和社会开展经常性的诚信教育。同时，要能够努力持续营造良好的诚信环境，还有必要加大舆论监督的力度，要通过新闻媒体讨论失信、欺诈行为，教育受众逐步形成市场经济条件下必要的是非观、美丑观，树立诚实守信典型和揭露欺诈行为并举，在全社会营造"守信光荣、失信可耻"的公共道德氛围。

教育为先的社会责任

（2014 年 9 月 17 日在民办高校德育研究院揭牌仪式上的讲话）

由于与清华大学的合作，我的个人身份多了一份光环；由于与清华大学的合作，三亚学院多了一个很好的平台。继"985""211"之后，教育部推出"2011"计划，包括了众多关于高等院校的校校合作、校企合作、国际合作的教育发展新项目，获取这些项目的高校将获得更多的教育资源，能够率先起步。清华大学就是第一批获得"2011"项目的大学，项目名称为"教育部人文社会科学百所重点研究基地清华大学高校德育研究中心"。三亚学院与清华大学德育中心合作建立民办高校德育研究院，就等于进入了"2011"项目平台。

三亚学院坐落在落笔峰下，原本"山不在高，有仙则灵"，这仙不是校长，校长是一个信徒，今天艾四林院长、吴潜涛教授以及在座的各位专家、嘉宾来三亚学院参加这个揭牌仪式，都是在显示我们在"敬神请仙"。担任德育研究院院长，是应清华大学的领导、专家要求，虽勉为其难地出任，但是心里面是高兴的。因为，第一，本人对中国传统道德和儒家文化有兴趣；第二，身为党委书记，责无旁贷地要做好思想政治工作和年轻人的德育教育工作；第三，我们国家正进入一个新时代，法治是它的根本，而道德教育是一个重要的基础和路径。

有人说，进入现代社会，教化已经失去了存在的必要，但其实，在欧美等现代化发达国家，在学校和社会中以各种方式推行的国民素养教育和公民素养教育，都是教化的新的形式。人类在不同时期、不同文化背景下，都存在一个德育教化或思想教化的问题。中国古代两千多年，一直遵从孔子奠定的儒家思想传统对个人进行有关社会合作的行为准则方面的思想和价值教化。而中国共产党取得革命战争的胜利和政权建设的成功，做好思想政治工作是一个重要法宝。现在，中国实行改革开放，把发展经济放到了优先的位置，优秀传统文化的传承出现了一些问题甚至有中断之虞，而思想政治工作的传统也遭到不同程度的弱化，社会上出现道德滑坡，造成不少社会问题。当然，在社会主义市场经济条件下，也产生了一些新的伦理价值，解决现实问题和推进思想教化，不能简单"复古"，而要形成新的工作能力和方法。在一些高校，包括民办高校，德育方面的专家学者正就政治教育、道德教育等问题不断加强研究，清华大学已经在这方面做出了十多年的努力，艾四林院长、吴潜涛教授就是这方面的顶尖学者，代表着我们国家德育研究的最高水平，中央都要向他们征求关于德育建设方面的意见。他们在学界里培养了很多新人，在德育学科建设方面，做了很多工作，他们的权威性是毋庸置疑的。可以说，三亚学院能与清华大学德育研究中心合作，是非常幸运的。要对清华大学马克思主义学院的两位专家表示衷心感谢。

合作的目的之一，是为了更好地承担起我们作为大学所必须承担的教育为先的社会责任。目的之二，是在别人还对民办高校有许多误解的情况下，我们借此高扬起思想政治教育、德育教育的旗帜。目的之三，海南是一个经济相对落后的地区，是现代化文化中相对的滞后发育的地区，借助清华大学的代表着国家先进水平的研究成果，来实现三亚学院的德育教育和研究的跨越发展，产生优秀成果，是个事半功倍的好事。当然，合作要取得成果，重中之重是人才的培养。三亚学院是一个年轻的学校，三亚学院有很多年轻的老师，他们有意愿成为思想教育、德育教育的奉献者、从业者，但是要有一个经验积累和知识积累的过程，在这个过程中，我们需要名师指点，需要高手帮助，需要更好的合作平台。所以，成立并建设好这个研究院，我们责无旁贷。

三亚学院的相关部门把这项工作做好做实。我们要抓住契机，参与方方面面的工作，尤其是课题研究的工作，要抓住研究课题的机会，抓住参加学术会议的机会，抓住专家在这里研究的机会，能够快快成长。

感谢所有到场嘉宾和专家，让我们共同期待民办高校德育研究院的美好未来。

法治社会的建立和形成是民办大学的春天

（2014 年 10 月 23 日接受《中国教育报》采访的书面提纲）

法治社会、法治中国是中国现代化建设和中国梦实现的大势所趋，是民心所向，是国家治理方式的根本基础，是执政党的理性与智慧；也理所当然的是解决中国社会经济转型过程中各类交织的诱发问题和可能爆发的矛盾冲突最为可靠和有效的方式；也必然给中国高等教育发展和改革找到一个解决问题的方向和协调多方力量解决突出矛盾的平衡器。

我个人认为，法治是一个常态社会的基础，是常态社会的经济发展、百姓就业、民生与保障、社会公序良俗等几个基本指标的基石，在这个基石上，各类矛盾的解决应依据法律，根据事实，考虑传统和文化中不可回避的力量，最终，通过法律允许的程序协商、协调解决，通过讲理解决，通过依法裁定解决。

当然，其中有些阶段性突出的矛盾也应在这个框架下找到展开和解决的方案，对于处在社会上层的力量如公权力的膨胀，应予以法律的约束，对于处在社会底层的人群如低收入者、丧失劳动能力的人，应给予一定的生活保障和工作机会，对于已经成为社会越轨者如罪犯，应给予人的基本权利的保障。

而在此基础上，关于民主和自由的诉求才能得到合理、有序、公平、公正的实现。除此之外，都可能引发法律失轨、社会失序和民众受累。

因此，作为一名高等教育工作者，我从内心里为四中全会依法治国的主题欢呼，这是我们国家的理想和学术的基础，也是中国梦实现的基础和希望。

民办大学的田野是市场且市场在资源配置中起决定性作用，民办大学的春天是法治社会的建立和形成。依法办学是所有大学的本分，是办学的达摩克利斯之剑；当然，也是民办大学的达摩克利斯之剑，但同时还是尚方宝剑，因为，至今不少支持民办大学办学的法律法规没有完全落地。要落实依法办学的方方面面，关键是提高人才培养的质量、切实保障师生员工的各种权益。

需要补充的是，在过去不够健全的法制环境中诞生和成长的大学，也同样不能只拿法制照妖镜照别人，自己也要在新条件下照镜子洗脸。

因为被信任，所以更拼命

（2014 年 12 月 19 日在本科教学工作合格评估专家反馈会上的发言）

刚才聆听了各位专家的意见和专家组组长丛玉豪校长的总结，我内心非常感动。

最近几天，各位专家深入到三亚学院进行考察和评估。我和我们三亚学院的干部、教师交流，大家普遍反映专家组成员个个办学经验丰富，学术素养和管理素养很高，工作敬业，找问题精准，指导很专业。我们认为，专家组发现的问题是实实在在的，交流和反馈中提出的办法是科学和可行的，很有一套。各位专家态度平易近人，批评很中肯，也留了情面，意在给我们鼓励，我们对此印象深刻。专家组的工作充分体现了教育部评估工作的"三基本""四促进"指导方针，真正在为国家把关、为高校服务。这次接受评估是我们三亚学院办学历史上一次难得的长见识、学经验、找办法、抓整改、促提高的机会。

近十年来，我们在艰苦的地方办学，思想感情经历了三个过程：一开始我们满腔热忱、殚精竭虑创办大学，既有个人的教育理想，也有为社会服务的大志；后来学校教职工从四面八方汇聚而来，我们越发如履薄冰，生怕耽误了各位同仁的教育热情和事业前程；再后来，我们兢兢业业、小心翼翼工作，生怕愧对学生用脚投票选择了三亚学院和海南省三亚市两级政府、教育厅、董事会、海南人民对三亚学院的信任支持。我们有做出成就的欲望，也有得失荣辱的感情，但因为被信任，所以更拼命，身在教育，时常不能不有几分忘我。

丛玉豪组长代表专家组做出的总结,肯定的话说到我们的心里,批评的话我们心服口服,这些都将鼓舞着我们的信心和斗志,鞭策着我们奋力不懈前进。评估后我们就会立即讨论、认真消化,形成共识,形成决策,形成行动,落实以评促改。

专家组对省、市政府、教育厅的支持的感谢,代表了我们的心意。我们将抓住机会,乘势而上,把应用型人才培养的办学转型和学校全面内涵建设做到实处,为海南、为三亚的经济社会发展多作贡献。

附 专家组组长丛玉豪校长的总结结论:

总体印象,学校因海南大特区建设的大背景,因举办方吉利集团发展中遇到的人才急需,搭乘独立学院设置的末班车,艰苦创业,成就一番"让学生更好地走向社会"的人才教育事业,十年本科教育磨砺,路子选得对,走得正,地方政府大力支持,举办方高度信任,教师干部爱岗敬业,从基础建构式规模扩张,到质量建构式内涵建设,再到应用型人才培养模式转型持续发展,学校已成长为全国民办高校中位次较高的院校之一,整体水平甚至超过了有些新建公办本科院校。三亚学院自本科合格迎评工作开展以来,上级领导重视,全校全院参与,评建组织健全,迎评促建成果显著,形成了以评促建的良好氛围。

给一分阳光便会十分灿烂

（2015 年 1 月 20 日在刘赐贵省长座谈会上的发言）

在三亚经济工作会议上，张琦书记要求重视即将落地的"一带一路"倡议支撑点和门户机场的机遇，我和三亚学院办学团队对此做了一些研究，有了一些体会：

一、门户机场是国际旅游岛最好的政策机遇，门户机场开启，可以带来与旅游业紧密联系的新产业，与地方经济发展有强关联，国际上有因此产生的临空经济，如爱尔兰香农机场模式、新加坡模式、迪拜模式、北京顺义机场模式。

二、门户机场建设需要提前研究，提前布局产业，提前布局政策，重点是弄清如何调动并形成机场、企业、城市（地方政府）的动力机制。

三、考虑到三亚作为国际旅游岛排头兵的"先发贡献率奖励"和"先发的能量耗损补偿激励"，建议省政府给予三亚更多的"一带一路"政策倾斜，给三亚门户机场更大胆的政策支持；考虑到三亚的历史浅、盘子小，建市以来不断前进，在改革方面比省会城市"腹赘轻"，建议支持三亚学习新加坡经验，建设"港城一体化"。

四、在此引用吴岩峻市长的一句话，他说三亚要思考为什么对中央给地方的一些利好政策用不足、用不到位、用得不尽如人意。作为一个人类学、社会学学者，我给出的初步答案是，三亚作为经济后发地区，远离大陆文化，隔绝的是地理、交通和信息，弱化的是观念和行动力，具体表现在两点，相比东部沿海经济区域缺少商品经济意识，相比内地多数省会中心区域缺少工业化过程。缺了这两项，个体、基层组织、地方治理的进取动力不足，见识不够，方法不灵。很高兴看到今年的省政府报告中重点突出了市场经济体制改革，在此冒昧提出一个建议。长期以来，海南容易出现激活市场就乱、规范市场就死的徘徊不前状况，为了解决这个问题，需要在激活市场和规范市场之间加入一个中间环节，即培育市场机制，具体做法是在政府和全社会树立起落实十八届三中全会提出的市场在资源配置中起决定性作用的意识，把市场机制作为引导、组织、评价海南新一轮发展重要的区域发展的核心机制。

五、作为三亚学院的校长，期望三亚学院能够成为省市共建的单位，通过数年发展，升格为三亚大学。作为民办高等教育工作者，我们最不缺少的就是教育情怀和实干精神，给一分阳光，便会收获十分灿烂。

城市社区物理空间与其价值向度

（2015 年 4 月 29 日在社会治理能力与社会工作发展研讨会上的讲话）

首先，我代表三亚学院、三亚社科联对与会代表光临美丽三亚和三亚学院表示热忱的欢迎。衷心期望各位专家发表高见，祝愿会议取得丰硕成果。

我本人虽然学习社会学，但对社会工作当前状况与研究进展所知甚少，所以会议安排我致辞，我很忐忑。

上午三亚还有一个"一带一路"的论坛，我被逼去发言，还有媒体访谈，着急了，我就对邀请方说：我们大家都看到的，往往和自己没有关系，而大家看不到的，恰恰与自己有很大的相关性，也是自己发展的好机会。今天，人类处在全球过度消费的资讯时代，我们国人还常处在追逐强大国家力量的惯性空间。人们总是一次次忘记，捕捉风与影的，大多随风而去了。但人们还是路径依赖，习惯于捕风捉影，过去是开发区、产业园、高校合并、信息化、各省区域国家战略（比如海南国际旅游岛战略），现在是"互联网＋""一带一路"。我们这些在经济与文化"双重单一的供给制度"和短缺经济条件下成长的人，本能地让眼睛向上只盯着皇粮，而我们明明知道，远处许多古老而有生命力的大学与学科，是在地方与产业伴生中成长壮大的，皇粮只是奶源之一。

也许，社会工作研究也不只是一个奶源？但它是不是社会理论中不少人厌烦的国家奶源的另一面，即那个想象中站在国家对面的社会取向？

回到我的正题：什么是中国适宜的社区建设目标、路径与方式。

我个人妄想跳出学界似乎已经约定俗成的社区建设的"自治"方向与路径。社区理论的学术动力好像偏爱"小社区表征大社会",是意图通过社区自治路径指导和代言中国社会治理路径,需要声明一下的是,这个路径期待不存在任何的政治立场问题和伦理道德难题。只是我认为,这个路径期待的实践和实现的诸多条件不足,比如空间条件不足。

该路径强调的是社区自治,即与西方的工业化、城市化进程相伴的守望相助的社区、自治的社区理想设计与制度安排,并以此通达其预期的社会进步逻辑路径——由市民社会达至公民社会的政治逻辑进路,以及此后一系列具有强大逻辑力量的有关社会治理取向的公共领域议题及范本。

为什么试图要逃离这个路径?在我看来,中西方在社会理论赖以支撑的若干要点上有许多的不同,不仅存在纵向的历史传统上不对应的尴尬,存在中国近代以来现代化进程中各种方案优胜劣汰的实践对比,也存在中国在现实结构中经济成就和社会成就的理性选择关切,存在国际上各后发展民族国家现代化成就现实 PK 的横向比较,还存在那些超越本土条件复制西方路径而使社会付出巨大代价的悲哀记录,更值得我们强调的是,在上述种种警示之外,中西社会物理空间不对应可能更是导致中西社会空间不对称的重要原因。

同样是工业化,同样是城市化,同样是高速经济增长,中西方在原生社会空间、入城路径与在城重组社会空间的方式上有许多不同,西方的"多点多元和长程"市场发育(包括技术领先与殖民路径),与中国国家承接国际产业转移、劳动力短时期大规模涌入结构单一的制造业差别也很大。可以认为中西各自进入城市化进程后组成的城市空间不同,各自留置身后的乡村结构也大不一样。

当然,同样是城市化,中西人口规模不一样,其经济发展方式、产业发展路径、城乡居住方式以及相应的社会组织方式差异也就因此会很大。这里不再赘述。

中国城市化进程中的奇观之一,仅就中国城市化中居住方式的高层建筑化这一点而言，就改变了许多外来样板的原本说服力。

比如这给中国许多城市的社区建设提出两个现实难题，其一，家庭物理空间分割在城乡两个不同的地方，哪个社区更需要精神支持和更可能守望相助？哪个社区更需要和更可能自治？其二，关于城市高层建筑的立体居住方式与乡村和小城镇的平行居住方式对人们家园感的影响，以及对城市社区建设价值向度与技术路径的影响，似乎尚无清晰可靠的分析，而不同的居住方式直接影响人的安全距离、舒适距离、独立需要和自由感，这恰恰是形成自治社区相互信任的物理条件和守望相助的心理条件。

我过去常常忽略美国主流的平行居住方式，对这种居住方式在接续传统乡村社区守望相助历史资源性的想象能力，助力工业化带来的现代条件下小型社会的自组织能力，催生城市大社会的政治制度新资源，以及接力后来发育的福利社会公共政策条件下政府支持的社区服务，并进而反哺推进社会进一步自治的进路认识不足，不单我，不少人对此都一直漫不经心。

下一步，也许，正如许多学者越来越认同的，既不是照搬西方社区自治经验，也不是满足上海网格化管理等在地成功模式，而应该顺应中国本土历史与现实条件，有些地方接续政府的一部分社会基层管理功能，另一些地方则要加快顺应全球化大趋势下不断增长的民主意识内需，不同区域的社会发育都需要更多经济和文化交往的小微平台，各地的地方政府都应提供更多让人满足各种公共领域交往活动的平台和服务，以及各种便利私人生活的服务。

说到这里，我又忐忑，中国社会那么大，人口那么多，无论谁有幸成为主流意志，跟风的就又注定不幸地随风而逝。在此，作为实实在在的社会工作的门外汉，我姑妄言之，各位姑妄听之。

三亚学院的创业创新之道

（2015 年 6 月 1 日接受《海南日报》采访的书面提纲）

一、创业为谁

1.创业目标：为学校组织发展，为培养学生。

2.创业价值观、路径、战略：为了学生更好地走向社会的"使命"；让党和国家放心、让人民满意、让师生喜欢，实现让学校富有竞争力、影响力的"愿景"。

规模为基础，质量为保障，形成有效决策运行机制，即三类决策机制，专家治校、教授治学、服务教学的管理定位，更多民主监督、更广泛参与的管理目标，绩效导向的管理策略；不断吸纳优秀师生，学生为本，教师主导，应用型人才培养，科学研究支持教学进步，坚定立足地方、紧密服务地方和行业的办学路径；国际化、协同发展的"战略"。

均衡实现育人家园、学术社区、文化高地、竞合平台、成长通衢的大学生态，成为民办大学标杆、创业成长型卓越大学的办学"目标"。

二、如何创业

1.一次创业是以不一样的方法来实现同质性目标的创业，是竞争的"红海"胜出。

2.二次创业分两个阶段：

第一阶段，同质性目标相似方法（内涵建设目标和手段）；

第二阶段，同质性目标与异质性目标并举。

同质性：应用型人才培养；

异质性：创业型人才培养。

三、分段式管理

1.出世计划。同质性目标不一样方法。

红海：一个评价体系，不同的评价权重，学生和家长、地方政府和董事会为主，教育行业为辅。

2.正常办学。同质性目标相似方法。

红海：与其他民办大学同一个评价体系，但自觉采取不同的评价权，即以在校生和校友、教师、教育行业为主，地方政府、董事会为辅。

3.卓越进程。同质性和异质性目标，各自相应方法。

一边红海（国标质量），一边蓝海（国际同类院校创新、创业方向）。不同的评价体系，不同的评价权重。

在红海，教育行业的评价体系惯性仍在；在蓝海，前者权威的唯一性受到质疑。

大学蓝海的评价体系尚未建立，蓝海的评价权已经转移至市场、社会、用人单位、董事会，进而是学生，其后是中央政府、教育部门、教师。

4.就业导向。

引导"就业取向"理念的价值导向；形成学校工作机制和对学生的评价机制导向；未来是相应地采取课程导向。

四、分享式管理

1.可以看到不同的时代，学校不同的发展阶段，评价体系和评价权重在时间延长线上是变化的，需要分段管理；在同一时空则是分离的，应对之策是需要分享式管理，而不是对抗式管理。

2. 分享式管理（中国式管理），是关系（人际适应与相应价值观），层级（组织与人的资源、利益、权力组合），能力（具体组织和个体顺应关系、整合调度资源、形成竞争力）的结合体。

3. 协同方式是对评价权重、评价体系分离的有效选择。

五、学校竞争力

1. 学校不同阶段人才培养的竞争力

出世计划：吸引学生形成在校生规模（学校排名）；

正常办学：就业率（五十强）；

卓越进程：就业＋创业。

2. 创业导向与学生竞争力

1）理念导向一致（校训，更新，创新创业创价值）。

2）学校组织价值观导向和发展经历支持（创新创业创价值的学校经验、学院经验、教师成长经验）。

3）为创业者铺设平台、机制，创造价值

平台：评价标准（学生评价）调整；课程学分，孵化基地，投入，各协同体建立。

机制：激励上创业课、创业创意产品企业。

价值：多方受益（教师，学生，协同体合作方，创业的主体和创业受益主体是学生）。

哲学社会科学的繁荣需要本土力量和成果

(2015 年 6 月 10 日为《三亚市哲学社会科学成果奖
获奖论文集》所作序言)

在实现中华民族伟大复兴的历史进程中，哲学社会科学具有不可替代的作用，有必要在全社会进一步提高对哲学社会科学重要性的认识。《中共中央关于进一步繁荣发展哲学社会科学的意见》指出："哲学社会科学的发展还有许多不适应。哲学社会科学重要的战略地位还没有受到普遍重视，哲学社会科学基础理论研究特别是反映当代马克思主义最新成果的理论研究和教材及学科建设亟待加强，哲学社会科学管理体制需要进一步改革，创新环境需要进一步改善，成果转化机制需要进一步健全，经费投入需要进一步加大，理论队伍建设特别是中青年理论人才培养相对滞后。因此，一定要从党和国家事业发展的全局高度，增强责任感和使命感，把繁荣发展哲学社会科学作为一项重大而紧迫的战略任务，切实抓紧抓好，努力推动我国哲学社会科学事业有一个新的更大发展。"从三亚的现实来说，无论是建设升级版的"国际旅游岛"，还是作为"21 世纪海上丝绸之路"的战略支撑点，都需要哲学社会科学的繁荣，都需要有本土队伍和本土专家，都需要本地智囊和成果的大量涌现。

由于突出的地理位置和天然的气候环境，三亚在整个国家的发展中、在中华民族的伟大复兴中，将意外地承担着重要的历史使命和责任，三亚本土哲学社会科学工作者自然应当承担起自己的历史使命和责任。从微观层面上来说，关注三亚各方面、各层次、各个具体问题的研究，可以为企业、社区、行业的发展建言献策；从中观层面来说，关注三亚在建设"升级版"国际旅游岛和"21世纪海上丝绸之路"中的重大关切、关注三亚历史文化对于未来发展的无穷意义、关注三亚社会经济的全面发展，可以为地方政府和三亚区域发展贡献智慧；从宏观层面来说，关注南海问题的研究、关注中华民族伟大复兴的"海洋思维"、关注哲学社会科学的地方性基础问题，可以为科学的进步、国家的发展、民族的复兴、百姓的福祉、科学的进步作出应有贡献。

由是观之，三亚哲学社会科学工作者任重而道远，三亚社科联任重道远。三亚需要集中、联合、整合各方面力量，形成合力来完成三亚哲学社会科学工作者应肩负的历史使命，三亚市社会科学界联合会应当在其中充当黏合剂、组织者、供应商和服务站。

近些年来，三亚市社科联有了牌子，有了队伍，有了基础平台，也在哲学社会科学研究的多个领域取得了一些有影响力的成果，《三亚市哲学社会科学成果奖获奖论文集》汇集了获得三亚市近三年社会科学成果奖的论文，集中地反映了近几年三亚市哲学社会科学界的优秀成果，研究范围涉及三亚历史文化、社会发展、经济建设、体制改革、国际关系、教育教学改革、马克思主义研究等诸多方面。

《论文集》的出版，是对于这些论文成果的再次认可，也是对于成果的再一次推广，是三亚市对于哲学社会科学的认识的反映，也是对于哲学社会科学研究的激励、推动，对于三亚市哲学社会科学的繁荣将起到一定的作用。这是一个结束，是前几年哲学社会科学界劳动与劳动成果的一个归集；但更是一个起点，是社会科学研究的新的起点。在"互联网+"时代，三亚社科联要跟得上节拍，发挥本土有限资源的独特优势，把社会科学研究从线下推到线上，取得更多更有影响力的成果。期望三亚的哲学社会科学研究取得更大的成绩，期待新的《论文集》《丛书》《大系》的出版！

校建促就业的经验与成果

（2015 年 7 月 30 日做客新华会客厅的谈话）

7 月 30 日，三亚学院作为全国高校就业工作 50 强参加了教育部 2015 年度全国毕业生就业典型经验高校座谈会，党委书记、校长陆丹代表学校上台领奖。当日，党委书记、校长陆丹，校领导洪艺敏还受邀做客新华会客厅接受专访，分享三亚学院坚守办学使命、创新教育教学改革，深入推动毕业生就业工作开展的典型经验。

推动学生更好地走向社会

三亚学院校长陆丹：作为校长，我代表学校全体的教职员工，感谢社会各界，尤其是海南省政府、三亚市政府、海南人民的信任。三亚学院是由来自全国各地三十个省份、世界十余个国家的教职工，在十年之内汇集到"天涯海角"的三亚办起这所民办大学的，形成了目前在校本科生达 2 万人规模，占地 3000 亩的校园。

十年来，海南省委省政府和三亚人民给我们很多的期待和鼓励。海南作为经济特区，人民心胸开阔，对高等教育寄予热切期盼，对从事高等教育的我们倍加鼓励、宽容。正因为有了宽容的成长环境，让各地的读书人和办教育者感受到格外尊重，大家体会到贴心、暖心的亲切感，这激励我们不分昼夜地努力学习国际国内高校的办学经验，调动起大家更多的智慧来办这所高校。

吉利集团董事长李书福曾说，"学生走进校园的目的是为了更好地走向社会、贡献社会"。三亚学院以此作为办学使命。我们要兑现自己的承诺，要实现办学的目标。从学校的理念、资源的整合和课程的建设等各个方面来推动我们学生更好地走向社会，其中一个重要的目标就是就业导向。今天得到学校入选就业典型的消息之后，我们感到，多年的付出总算有了一个阶段性的成果。

设置前瞻性专业　带动就业率提高

陆丹：三亚学院的 60 个专业以及专业方向中有一些专业是为配合地方经济发展而设置的。海南是旅游大省，还是国际旅游岛。随着旅游产业新业态的诞生，我们一般会做市场研判，前瞻性地设置专业。比如我们学校在海南最早设置了俄语专业，设置了海南的第一个高尔夫管理专业，也在全国最早设立邮轮游艇、亲水运动、体育竞赛等专业。对于经过办学专家团队预测可能会兴起的专业，我们会提前两年布局，引进人才，送老师去进修，提前制订人才培养计划。

这样，学校从一开始跟市场的衔接就比较紧密，跟产业结合的就比较紧密。我们和入住海南的著名旅游企业都有很好的合作关系。三亚的"三湾"所有的著名旅游企业和我们都有良好合作。

学校每年招收本科生 5 千名，在校生规模为 2 万名。每年 5 千名毕业生中 40% 留在海南，60% 会到全国各地就业。生源 85% 来自海南岛外，15%是海南岛内。海南省委省政府说，三亚学院的办学突破了在 10 年前存在的海南人才培养瓶颈问题。之前本岛考生都希望看看外面的世界，看看北方的雪，85% 的考生都希望到岛外去，学成了也不急于回去。

三亚学院目前毕业的学生，约 40% 留在海南，缓解了过去人才紧缺的现象。

学校同时还有一些专业不是直接跟当地旅游产业相关的，有艺术、语言、法学、经济学、管理学等，这些专业各地院校都在办，但因为我们较早有了市场意识，有了瞄准人才出口的意识，所以也会把这类专业的培养方案做得与别人不尽相同，紧紧围绕着学生的就业竞争力下功夫，这也促进了这类专业就业率的提高。

我们的就业竞争力有一些特点，比如艺术设计专业，海南是一个得天独厚的美丽地方，特别有益于艺术家的想象空间，在这里吸纳更多海外和国内的艺术老师来指导学生，给他们更多的想象空间和创作空间，许多年轻老师发挥了积极作用。法学专业，海南在这方面人才特别稀缺，法学是长线专业，但由于我们和当地的法制机构有较紧密的联系，也形成订单式培养的思维与办法，尽可能地进行差异化培养。海南现在经济社会基础细胞越来越活跃起来了，财经管理类的人才需求开始比较旺盛，学校就尝试把这些专业人才培养与新兴的产业更对口地结合起来进行培养，在校企合作方面下功夫，形成一定的就业竞争力。

让教育梦想无障碍实现

陆丹：三亚学院师资队伍的建设有一个特殊性。从一定意义来讲，"天涯海角"，意味着地区经济欠发达和城市化水平相对不高，而教师们习惯于享受着便捷的交通、丰富的文化资源和充分的信息交流。从这个角度而言，吸引师资对学校挑战不小。如何把老师吸引过来，有三方面做法：第一，待遇有一定的竞争力；第二，校园生态与人文环境宜学宜教宜居，我们的校园堪称中国最美丽的校园之一，欢迎广大网友去看看；第三，搭建好一个个梦想平台。我们很多的老教师和年轻人对高等教育都有自己一定的想法，他们希望在教育上面有所作为，希望找到一个宽松的环境实现他们的梦想，我们有一句口号："希望每个人的教育梦想在这里都能够无障碍实现"，这是我们的一个理想。

以上这三个方面，会成为我们和其他的一些民办学校相比把弱势变为优势的契机。我们下决心建立一支自己的队伍，十年来都是自有的师资队伍在支撑办学，对公办大学来说这是正常现象，但对于民办大学而言，自有师资是非常重要的竞争要素。因为学校的思想、观念、目标、做法是必须要依靠老师们达成共识并支持才能实现，兼职过度意味着精力分散，不太可能有精力遵循因材施教的规律，不太可能全力以赴投入教育梦想。十年来，是三亚学院专职自有师资把学校办学的理念、目标、通过好的制度落到实处，把学生培养得有一定的竞争力。

我们学校的老师有自己的住宅区，三亚长期以来的房价都是两万多，三亚学院老师的房价只是 7600 元，在聘用期间还有 3000 元钱逐年补助，实际上他们花的钱每平米是 4600 元，而且是中国最大型的房地产公司的高标准建筑用房，成家益于立业，这是学校对人力资源的基本认知，相比其他院校，这多了一层吸引力。

三亚市委市政府特别鼓励我们的办学，给学校一个政策，三亚学院的老师退休之后能够享受本省公办大学老师的退休待遇。

顺着这个话题说，独立学院的优势是利用母体大学办学，母体大学的经验和平台，成熟的师资很好地满足了独立学院开办初期的需求，起步比较顺畅，没有太多的障碍。民办大学，像我们学校，一起步有自己独立的师资队伍，能够完整持续专注地实现学校的梦想，使得民办的机制可以充分地发挥出来，当然，这样的院校初创期艰难，其优势却随办学积累不断释放。

在教师队伍上最开始的两年，一些专业我们曾经招过本科生，最近若干年都是研究生，但是近两年 95% 以上的专业和岗位都是需要博士。

一些新兴专业，以前其他大学没有这个专业，我们从相近的专业从硕士起点招进来，再送出去培养成博士，每年会培养博士，我们和多所国内高校结成合作关系，推荐培养，通过各种平台，年轻老师和新兴专业的老师出去进修，在提高自己学历的同时，增长实践阅历和解决问题的能力。

"三级实习"与企业无缝对接

陆丹："三级实习"是指学校把传统的专业认知学习和到企业见习，变成一开始就按就业需求的素养和技能在校内仿真模拟实训实验中进行。以旅游行业的酒店专业为例，第一级是在校内要完成学生在实训室的实训，我们有各种各样的模拟实训空间，比如餐厅、客房、会议、酒水等，建一个微型星级酒店，模拟一个酒店的系统，在这些空间里把课堂教育的理论与实践打通；第二级是学校有自己的酒店，学生到这个酒店里面进行实际的操作训练；第三级就是直接到合作伙伴的五星级酒店去。

五星级酒店每天都在运行，接待很多客人，酒店不会因为你是实习生而降低管理和服务标准，学校前面两级已经完成了员工的基础素养培训，进到实际岗位之后就是无缝对接。

由于如此，我们有条件与所有入驻海南的国际大酒店集团都建立了合作关系，他们跟学校建立了定制班，其中不少人才班培养目标是毕业后五年之内进入到五星酒店的中层管理岗位。在学校的四年培养中，企业的诉求和思考早早进入了我们的培养体系，重要的是，五星级酒店的管理具有很强的同质性，符合一个国际酒店的标准，同样在同级酒店具有竞争力，这样就形成酒店定制班的学生一旦毕业之后 80% 会进入到中层岗位。

应用型人才培养，要求学生在学校学习期间有一个明确的学习目标、形成清晰的相关知识和能力，就像我们上述的这类教育方式。但是作为一个读书人，我个人还是希望并作出相应努力，给三亚学院学生四年的"做梦"时间。大学生在校如果不"做梦"，不做大学校园思想的漫游者，其后续的人生发展会有很多问题。所以我们有一个健康人格的教育目标与体系。

培养具有健康人格的应用型人才

三亚学院副校长洪艺敏：三亚学院一个特别突出的特点，就是除了培养学生适应社会的能力，还提出培养具有健康人格的应用型人才，这是跟国际接轨的。在适应社会的同时，我们的学生能够更好地全面发展，这是一个人在社会立足的重要方面。

美国在通识教育方面做得非常好，了解整个知识体系的框架，最后找到他的定位。我们也指导学生，如何找到一个森林，再找到一棵树。一个具备健康人格的人应该具备健康的价值观、世界观和人生观，不仅是通过知识来构建对世界的认识，还有他对自己的认识、对他人的认识、对社会的认识，这样一种全面发展，是一个人可持续的特别重要的一个因素。三亚学院在已经走过的十年里有着很好的定位，接下来我们还会继续照这个目标去构建并优化我们的课程体系，实际上这也是三亚学院要走向卓越的一个非常重要的目标。

在高校成长的过程中，我们关注就业，接下来我们要关注就好业。衡量一所大学的知名度和排名，在全国乃至全世界的排名的标准，就是他的毕业生在社会所做的贡献。个人的发展不仅是专业技能，更重要的是他如何去跟别人协作，这些是决定一个人能够往前走的一个非常重要的因素。

互联网时代倒逼学校改革

陆丹： 许多同行认为，互联网时代，全世界的高校都面临两种挑战：第一是图书馆如何吸引学生读书；第二是如何在课堂上把学生的心思吸引到课程过程中来，这不仅是中国大学的挑战，也是全世界大学都面临的挑战。

社会在倒逼学校改革。以我的体会，互联网时代，学校是被逼而被迫积极作为。在正常情况下，大学在培养年轻人，大学习惯于把人类过往积累的知识形成体系、通过一定规则传递给下一代人。但互联网时代可能是年轻人倒逼大学老师要怎么教，倒逼大学怎么办。

相对而言，教育行业习惯于稳定的方式，但技术，有时是稳健的，有时是革命性的。技术革命一旦发生，往往是颠覆性的。从事教育事业的人，更多相信和更多遇到的是教育和技术稳定性增长这一面，很少也很难看到技术革命性的另一面。曾经，马的使用技术不断冲击以牛为动力的农耕文明，船的技术造就了一种海洋文明，现在互联网技术可能会颠覆已经绵延了几十年、几百年的机构与形态。因此，大学对待互联网，必须认识到，教育必须要与时俱进。要让学生在互联网时代保持自己的就业竞争力，学校和老师首先要有充分的认识、机制和物质准备。我们和同行共同建立慕课，就是大规模在线课程，希望在这方面有所突破，不仅是传输技术问题，更要改变授课的方式和内容，要适应学生的学习思维方式。

如果我们有这样的思维和准备，有这样的平台和机制推动，我们的学生会借着这个新技术顺利进步。在这个角度上，教学相长是明确而贴切的，新办大学组织变迁能力较强就有更多机会。

借助国际化人才培养经验　提高整体人才培养实力

洪艺敏：三亚学院下一步的发展，一方面我们要更好地适应国家经济发展的需要，去发展我们的学科专业，去打造好我们的品牌，这非常重要。同时，也要借助国际化的人才培养的经验来提高我们整体人才培养的实力。因为三亚学院的机制非常灵活，因此在办学过程当中会有自己的优势来借鉴国外很成熟的培养经验。在应用型人才培养方面，"互联网＋"会带动整个产业结构的变化，高校需要紧跟这个变化，做专业结构的调整和改造，实际上民办高校更有优势，因为它的机制更加的灵活。同时，应对行业的需要，我们如何根据行业的岗位群的技能要求，包括岗位的知识能力素质来构建我们的课程体系，这个也是下一步我们要做的。我们在应用型人才培养的课程体系，包括我们的培养模式和老师的教学方法上，会有一个革命性的、根本性的转变。

党建推动校建的认识与实践

（2015 年 9 月 15 日在海南省高校党建工作会议上的发言）

作为共产主义的信仰者及党史学习的爱好者，对于党组织的历史作用，我以组织学观察，认为分别是内部组织力、外部动员力、领导干部率先示范作用，这三点，三亚学院做到了。限于今天的会议安排，我仅限于会议要求做发言。

三亚学院 10 年来的建设与发展受益于国家大力发展民办教育的方针政策，得益于海南省委省政府始终把教育摆在优先发展的战略地位和省委教育工委的有力领导。学校党政班子从建校伊始就坚定不移地认定：在中国，民办院校要生存发展，就必须提高办学水平和育人质量，就必须坚持社会主义办学方向，就必须坚持党的领导，就必须加强民办高校党的建设。"公办民办都是党办"，"都是为实现中国梦培养人才"，都要按照中央的精神和省委的部署，认真开展好党建工作。10 年来，学校积极探索切合民办高校办学特点和实际的党建工作新模式，在加强基层党组织建设、充分发挥民办高校党组织的政治核心作用方面，取得了一些经验。

一、完善机制体制，为基层党组织发挥作用提供保障

由于投资主体不同、领导体制不同，民办高校党组织作用的发挥方式不完全等同于公办高校。公办高校实行的是"党委领导下的校长负责制"，党

委发挥领导核心作用；而民办高校实行的是"董事会领导下的校（院）长负责制"，党委发挥的是政治核心作用。实践中，如何正确处理和解决民办高校治理结构与党组织发挥政治核心作用的关系问题，是民办高校必须严肃对待和认真解决的重要问题。为使学校、学院两级党组织充分发挥政治核心作用，保证大学的社会主义办学方向，使中央与上级党委精神能够无障碍地及时得到贯彻落实，我校建立、健全了两个机制：一是学校的决策机制。凡是学校的重大投资、重大决策、重大决定、重要人事安排和集体福利政策等，都由校务委员和党委委员联席会议，即"两委会"共同研究决定。学校董事会决策的合法性必须以学校章程所表述的核心内容为前提，决策不能与之相左，在此基础上，学校层面的分类决策机制，党务、行政、学术分类履职担责，得以高效率运行，学校事业得以高速发展；二是二级学院的党政联席会议制度。学校党委一方面明确了二级学院党总支、直属党支部须履行党要管党、党管思想、党管稳定、党管廉政、党管士气、党聚人心的职能；另一方面，明确了二级学院党政联席会议制度为本单位最高议事制度，在此规则下，学院党、政两位负责人各司其职、分工合作，共同为学院发展负责。校、院两级的这种决策、议事制度安排，使学校党委的政治核心作用，党总支、支部的战斗堡垒作用有了实质内涵和制度保障，使党政责权清晰、方向一致、管理明确、程序透明，并促进了教职工代表大会等校务决策与民主监督机制发挥健康作用。三亚学院的十年建设，三个阶段跨越发展，考量着学校组织的变迁能力，是健康的制度和治理结构，而不是"人治"，根本上推动着学校沿着正确的方向一路前进。

二、夯实基层基础，确保党建工作有效开展

学校党委重视抓基层、打基础工作，坚持把工作重点放在二级学院党总支、党支部的组织建设上，根据学校发展及时调整党总支、党支部设置，配强支部书记，配齐支部委员。目前，学校党委下设 15 个党总支、2 个直属

党支部；党总支下设 19 个教工党支部、13 个学生党支部，学生党支部设置党小组，实现了党组织的全覆盖，确保了基层党组织各项活动的有效开展。

三、创建党建载体，促进党组织、党员作用的发挥

学校为基层党组织建设提供空间、时间、资金保障，学校党委把学院党建各项工作与坚持社会主义育人方向、师德标准与干部依法行权、学校风清气正作为基本要求。

学校党委为激发组织的内在活力，加强党员的教育管理，发挥党员的先锋模范作用，创建了党建工作的两个"主要载体"。一是创优载体。学校党委于 2012 年在全体党员中开展了"三不三要"教育活动，"三不"即"政治立场不动摇、教学科研不落后、名誉利益不多占"，"三不"是党员要坚守的底线；"三要"即"教学态度能力要领先、师德师责要率先、困难任务要靠前"，"三不"是底线，"三要"是创先竞优的要求。"三不三要"教育活动，促进了各党支部不断提高党组织解决自身问题的能力，也为学校追求"风清气正"的健康大学生态起到率先垂范、有效组织和动员的作用。二是考核载体。三亚学院实行各类各级目标管理，在此基础上，学校党委同时建立了对干部、党总支、直属党支部的工作考核和对党员"三不三要"的党性考核的相应制度和指标。如对干部的年度考核，以群众、同行、分管领导和校领导为考核主体，采取自评、群众评价、同行评价、分管领导评价和校领导评价五种评价渠道。值得一提的是，这些公办院校必然会采取的做法在三亚学院并没有影响干部的积极性和学校高速发展。再如，对党员党性的学年度考核，经考核为优秀的党员和党务工作者，予以宣传、表彰和奖励；对不守底线的党员和党务工作者，由校、院两级党组织安排专人结对定期帮扶。党员要有觉悟、有纪律、有规矩、有底线成为三亚学院基层党组织建设，发挥党员作用的基本尺度。

在学校党委的领导下，经过全校党员的不懈努力，三亚学院的党建工作

取得了一定的成绩。2012 年 11 月 8 日党的十八大开幕之日，《中国教育报》刊发了《三亚学院以"党建促校建"，为国际旅游岛建设培养应用型人才》的通讯报道；2014 年 12 月，教育部本科教学工作合格评估反馈会上，评估专家组对学校党委提出的"以党建促校建谋发展""以党风促校风涵养学风"和"办让党放心让人民满意的好大学"的工作理念思路和党建、思想政治教育工作成果给予了积极评价。

我们清醒地认识到我们的工作距离中央和省委"全面从严治党"的要求还有很大的差距，学校"民办"体制外的角色，还不时受到政策不能都一样落地的眷顾和社会成见的困扰，这继续考量着我们学校党委抓党建的立场、意志；考量着党员的党性原则和大局观念。三亚学院在今后的建设和发展中，将继续加强和改进基层党组织建设。

为生态文明建设提供智力支持

（2015 年 10 月 17 日在海南省第二届社会科学年会
三亚分会开幕式上的讲话）

今天非常有幸以三亚学院校长和三亚市社科联主席的双重身份欢迎海南省各地学者的到来。我们海南在过去一个较长的时期里，是被边缘化的，只是到最近几年，突然变成了一个中心，其中一个合理的理由，就是生态文明作为人类文明的一个新的高级形式，正在未来昭示着我们，而海南作为一个自然生态环境没有遭受到大规模破坏、生态基础比较好的地区，正逢其时。面对这样一个新的契机，曾错过工业化发展机遇的海南确实值得庆幸，但如何把这一契机转化为海南人民实实在在的幸福却也是一件烦心的难事。这次海南社科年会提出生态文明与资源要素保障之间的关系这个命题，恰恰呼应了这种庆幸和烦心的张力。工业化带来普遍的财富增长，同时也带来了对生态的破坏。而生态文明一定是在工业文明取得巨大成就，有了财富增长的基础、技术的支持、法治的保障等工业文明所创造的系统支持，同时，人类的自律精神到达一个更高层次的基础上，才会实现。那么，在未来社会向我们招手的时候，缺乏工业文明基础的海南如何向它过渡呢？我们不能指望在原生态的基础上稍加修饰就可能进入到所谓的生态文明。今天的这个命题，我想是启发我们社科人自己的一个思考，同时也是给更年轻的学生们一个机会。

海南是个陆地小省，也许我们可以通过外来输入的方式，弥补我们缺乏工业文明发展的短板，而要实现自主的、有选择的输入，发展教育，造就一代明智的年轻人，也许是条必由之路。教育在改变着人生的时候，也在改变着教育本身，尤其是当新技术来临的时候。今年12月，我们三亚学院要和世界上一个著名的智库，总部设在纽约的全球企业研究中心（以下简称CGE）进行合作。CGE的一个重要理念就是未来的教育掌握在年轻人手上。我们要问未来的教育在哪里，首先要问"00后"的人在想什么，他们需求什么。因此，当我们今天谈到生态文明的时候，我们不但会想到生态是一个系统，生态内部是相互竞争而又相互依存的，还会想到，生态系统有生命力，有源源不断的旺盛的种子。我们海南发展的旺盛生命力，来自于年轻一代的旺盛种子的发芽。这次年会，给了海南年轻学者更多机会，也给了三亚学院年轻学子学习的机会。我想对在座的三亚学院的学生们说，不要错过这个大好时光，静听各位学者们的真知灼见，未来是你们的，但现在你们需要充满活力地不断学习。

三亚学院是海南民办高等教育的重要窗口，借这个机会，我也想向与会的大学同行们报告一下三亚学院近期的工作。

三亚学院去年和清华大学马克思主义学院合作，创办了德育研究院，为海南马克思主义哲学研究和德育研究建立了一个新的平台；今年，和南京财经大学合作，为我校的财经管理类学院的专业发展拓展了空间；和国家发改委国际合作中心合作设立了一个健康产业学院，还要成立一个健康研究院。接下来，三亚学院会成立一些智库，如国家治理研究院、地方治理智库等，不同层次、不同面向的智库将会让年轻的三亚学院担负起家国建设的重任，担负起地方院校服务地方经济社会发展的责任。生态文明是一个生机勃勃的系统，生态文明需要有经济基础，需要有法制环境，需要有智力支持，三亚学院将努力为海南乃至全国的生态文明建设贡献自己的一份力量。我们也诚挚地邀请各位专家学者加入到我们的平台，分享我们的信息和知识，支持我们不断进步。

国家治理的文化基因

（2015 年 12 月 2 日在首届国家治理国际学术研讨会暨国家治理
研究院成立大会上的讲话）

各位尊敬的老师，各位尊敬的同学，今天是三亚学院一个喜庆的日子，同时今天也是在国家治理方面一个值得纪念的日子。中国进行改革开放这么多年，积累了很多的成就，也累积了不少的问题，作为学者，我们有责任为中国的国家治理现代化贡献智慧。因为文彰先生的一个动议，因为海明教授的特殊的热情，因为大家在一个朋友圈里边，所以我们今天在此集会，成立三亚学院国家治理研究院，我们将秉持中国读书人传承已久的家国情怀，进行严谨的学术研究，期待于国于民有所贡献。

在昨天晚上开的筹备会上，我们已经确定了这个研究院的行政架构和学术组织架构，未来期待在研究院院长何包钢教授和学术委员会主任周文彰教授的带领下，研究院的工作能做得扎扎实实、卓有成效。

我本人也参加了研究院的具体工作。我本不在这个研究圈子里面，读书的时候老师没有布置这个作业，我也没有自学，所以，国家治理学说对我来讲是个空白。但是身在中国，我们每个中国公民都应该有这样的责任和义务去思考这个问题。我个人认为，公平问题已经成为当下中国普遍的、突出的社会问题，有的事务与之有强关系，有的与之有弱关系，有的甚至与之没有什么关系，但许多人也乐于归因于此。对于解决"不平等"问题的方法、路径，在座各位教授相信都有各自成熟的想法，见仁见智，而其中，法治和民主应是不可或缺的互为表里的两个轮子。对于法治问题，大家做了不少卓有成效的研究，虽然问题也还不少；对于民主问题，看起来大家有更多话要说。对于民主，按学界的话说这"是个好东西"，但是要把好东西变好，并一直好下去，是有不少难题的。我本人一直在此门外向里张望。我有一个案例想跟大家分享一下。有一伙朋友想在一起做一个游戏，那么关于游戏规则的制定就比较艰难，民主的方法肯定是一个，能出一个好东西，但是可能成本比较大，可能存在着怎么玩下去、怎么玩得好、怎么有效率、怎么监督的问题。如果说有一种方法，使我们能照顾彼此的关切，这个彼此可以是上下，可以是左右、周边，只要存在相互关系，无论是处于哪一种方位的都是彼此；这种能照顾彼此关切的方法，我们可以把它称为"东方式的协商"，可以算是一种协商式的民主。换一种方法呢？如果我们其中有人一定坚信并坚持有一个不言而喻的、普遍通用的规则放在那儿，然后直接要价，坦坦荡荡地来争论，这也是一种民主方式，我们可以把它称为"西方式的讨论"。硬把这两种似乎不同质的民主方式同时地装到一起，看起来是很简单的，但是真的要在哈贝马斯所说的"沟通交往"的平台或吉登斯所说的有效率的平台上来解决这些问题，可能我们确实面临着"文化基底"这个不可忽视的要素。照顾彼此关切的协商式民主，可能是我们中国的照顾方式和委婉文化，而直接要价的方式、坦坦荡荡的文化，那可能是西式习俗之下的政商习惯。把这两种方式、文化放一起考量，有人觉得可以拉平了，都是人类，都为一个共同的目标。看起来很简单，但其实并不然。我昨天和一位教授在餐叙的时候说到这个问题，他研究少数民族，少数民族有少数民族的文化，那里边正面临现代化方向朝向或者陷入现代化框架的问题，会存在很多的竞争。其中有一种主导意见说，为了现代化的效率和共同目标，我们是不是可以把少数民族的文化做得简洁一点？不行，李伟先生坚持。他说："和生物学家们一起讨论，会启示我们重视文化的多样性有多重要。生物学家提出要保护生物多样性，因为如果缺少了这种多样性，人类即会面临生存危局，而且危局不可逆。"我个人相信联合国之所以鼓励生物多样性、文化多样性以使人类共同生存下去的理由，后现代也持有此强烈主张。在民主这么大的话题面前，我想到了文化问题。文化是不可或缺的、必要站队的因素，如果要想把民主游戏玩下去并玩得好，玩得彼此都乐意，那么文化因素就是中国走向现代性各种面相时不得不考量周全的要素。

我的专业是社会学，我会考虑到一个问题解决所需的时间过程积淀和空间适配，会考虑到社会学经典所说的利益、位置及权力之间的相互交换关系，这种关系不是静态的而是动态的，存在各个位置在关系中的位势，不只是位置有位势变化，连带的相互关系也有位势变化。让我想象一下中国未来民主如何利于各方，尤其是可持续地照顾大众关切的民主是个什么样子，我无法在这里做出一句话的解读。在座的各位学者在我看来都是才华横溢的专家，相信大家能讨论出良好策略。

祝福我们各位在三亚的日子里过得愉快。祝愿各位专家们卓有成就的研究于国于民有好的贡献。

高校办学应树立起"学术并重"的教育观念

（2015 年 12 月 4 日在新华教育论坛"大国教育之声"
活动中接受采访时的发言）

创新引领教育，教育创建未来。教育，乃民生之本，强国之基，承载着中国的现在和未来。12 月 4 日，以"创——建未来"为主题的 2015 新华教育论坛"大国教育之声"活动在京隆重举行。来自全国教育界的知名专家、学者、媒体人及各大教育机构的领军人物齐聚一堂，共同商讨中国教育的创新发展之路。活动中，三亚学院校长陆丹就三亚学院的建设、发展作了详细的介绍。

主持人：您认为，民办高校如何提高自己的办学质量？

陆丹：办学质量是学校立足的根本，三亚学院从办学一开始就把办学质量作为学校不断发展的第一要义，在办学环境、办学条件、办学路径、师资队伍等方面下功夫，不断深化和推进内涵建设和特色发展，促进办学质量的持续提升。一方面，要坚持以学生为中心，从大学生健康成长和全面发展的需求出发，优选办学路径，合理规划专业布局，规范办学；另一方面，要与时俱进，了解社会需求，积极搭建各类协同合作平台，主动地适应经济文化需求，培养有特色、有能力的专业人才。

主持人：您认为，民办高校与独立学院相比，具有哪些优势？

陆丹：民办高校的办学机制不同于独立学院，具有较强的自主性和灵活性。在专业结构、教师队伍、教学资源和人才培养模式等方面不存在像独立学院依附母体学校的现象，可以根据学校定位和社会需求自主规划。主要表现在三个方面：第一，民办院校在专业设置上真正做到了以市场需求为导向，今年我校成立了时尚健康产业学院，是国内首个融合时尚与健康产业为一体的新兴学院；第二，民办院校特别重视就业，民办院校要想在社会树立良好的口碑，必须从出口解决，今年，我校被教育部评为 2015 年度全国毕业生就业典型经验高校；第三，民办院校以服务为宗旨，注重学生适应社会的多种素质培养。我校提倡以学生为中心，关爱学生，在教学、管理、后勤服务等各个方面，及时与学生沟通，合理引导；致力于提供更好的教育资源和课程营养，在学生素质培养方面多做工作，并适时、及时地调整工作质量。

主持人：民办高校如何与当地经济实现良性互动？

陆丹：以我校为例，学校立足于抓好办学"三基本"（办学条件基本达到国家标准、教学管理基本规范、教学质量基本得到保证）的同时，大力加强与企业的协同创新，共同培养具有敬业精神和精益求精工作态度的应用型、职业化人才，这是学校未来坚定不移的方向。

目前，各学院已与多家企业搭建合作实训基地，深度参与当地经济发展。在以往各专业有协同体、合作基地的基础上，今年 1 月，三亚学院被命名为第一批全国海洋文化产业示范基地，致力于与中科院深海所合作开展对区域海洋科学、海洋环境、海洋通信等领域的技术研究，成果显著；11 月，法学院与三亚市法学会合力筹建的第五个法律诊所（法律援助中心）正式挂牌，我校师生积极投入到当地法律援助工作，累计接待访民、协调案件、受理咨询近两千次，取得了显著的社会效果。同时，旅业管理学院同海南槟榔谷、三亚千古情景区开展了"订单式人才培养项目""SYT 校园旅游项目"等一系列战略合作项目，管理学院同三亚黑马会开设的"创新创业班"已招募第一批学员，一系列校企合作项目正在井然有序地进行中，不断为海南省、三亚市的经济发展输送人才，为服务海南绿色崛起的大局作出应有的贡献。

主持人：在实现创新型人才培养的道路上，咱们学校做了哪些探索和实践？

陆丹：在"互联网+"的时代背景下，人才培养、科学研究、服务社会、文化传承与创新是高等教育的四大职能，其中，创新是中国高等教育永恒的命题。为学生提供优质渠道，为企业提供了解窗口，为教育注入国际元素，这是三亚学院在教育国际化方面的办学思路；同时，创新产学研模式，创新教育领域改革模式，创新企业与高校协同发展模式，也是我校做好教育国际化的方法。

学校在进一步规范办学，提升教学质量的同时，也进行了创新型人才培养的积极探索。比如，与美国常春藤名校迈阿密大学合作开展了网络课程研究开发、高年级学生合作毕业设计、本硕连读项目，与海南省渔业厅共建海洋研究所，与吉利集团合作培养具有国际视野的"GM1000计划"研究生，与中国移动共建4G实验室，与喜达屋集团共建"喜达屋海南区管理培训班"；还有"三亚学院–浙江吉利控股集团有限公司工程实践教育中心"获批国家级大学生校外实践教育基地，测控技术与仪器（汽车变速自动化）专业获批为海南省高等学校省级"专业综合改革试点"项目。一系列新项目的落地，为我校人才培养注入了创新活力。

主持人：为促进毕业生就业、着力提高人才培养质量，请您详细介绍下学校促进学生就业的新政策，日常开设哪些就业课程，以帮助学生毕业后容易找到工作？

陆丹：学校坚持"让学生更好地走向社会"的办学使命，根据当前就业形势，不断创新就业工作思路和课程体系。合理规划课程模块比例、课时、学分，搭建了理论教学、实践教学、通识教育、创新创业等七大培养平台，优化应用型人才培养方案。在大学一年级和四年级开设《就业指导与职业生涯规划》课程，并把《创业教育》作为必修课纳入人才培养方案。同时，在校内外设有就业工作办事处、就业信息查询室、招聘大厅、合作洽谈室等配套设施，拟将学生事务重心拓展为学生中心，增设学业与就业咨询的常设机构，配备就业专项经费，确保毕业生就业指导和服务工作良好运行。

为在制度上提供保障，学校制定了《三亚学院就业工作考核指标体系》

《三亚学院关于毕业生就业跟踪调查制度的暂行规定》《三亚学院"双困"毕业生就业帮扶制度》等相关政策。每年，学校联合省、市人力资源和社会保障局，举办"就业服务周""就业咨询服务月""就业指导服务月"等活动，完善"指导、咨询、帮扶、宣传"四位一体的创业就业服务体系，并整合各方资源，建立学生"招生—培养—就业—校友"的一体化就业联动机制和考核机制。今年，我校被教育部评为2015年度全国毕业生就业典型经验高校，我校在毕业生就业工作方面取得的成绩得到肯定。今后，我们将一如既往地优化和创新毕业生就业工作。

主持人：您觉得高等教育应该怎样发展才能打破同质化发展的现状？

陆丹：高等教育的同质化是高等教育大众化进程中的必然结果，在标准化专业建设上，也是自然结果，但过度同质化必然导致部分教育资源被闲置或浪费，培养的人才脱离社会实际需要，拥挤在某些门类或跟不上市场需求，重理论而轻实践、所学不为所用就成为逻辑结果。高校在人才培养中，第一，要转变观念，改变唯学历的衡量标准，改变一把尺子量所有专业的僵化模式，突出适应市场需求的能力培养，树立起专业学习与技术掌握兼备的"学术并重"的教育观念。只有培养出社会所需、社会认可的人才才是成功的；第二，要充分调动地方政府发展高等教育的积极性，因地制宜建设地方高校，使高等教育更好地适应区域经济建设和社会发展的需要；第三，坚持特色求生存求发展，明确自身定位，在保持已有学科优势的同时，跟进高新技术学科的发展，并根据区域产业结构调整的方向和地方经济发展的需求，采取不同的学科发展对策，以此办出特色、办出水平；第四，提高教学质量，这是高等教育的根基。质量既需要标准化，也需要适应性，两者不易把握，需要在专业建设、课程建设形式的标准化上下功夫，在专业、课程体系建设内容的适应性上下功夫，还要做好两方面平衡。只有教学质量提高了，才有发展的基础，才能得到社会认可，从而提升学校的美誉度。

目前，三亚学院已实现从规模发展到品质提升的"华丽转身"，在产学研合作教育模式上不断开拓创新深度、打造多元的合作平台，有力地整合了教育全球化发展中相关行业前沿、教学科研的多种资源。前不久，IBM、美国安德玛、吉利等世界 500 强企业的 40 余位 CEO 齐聚我校，通过主题演讲和回答同学们所关心的相关问题，与学生展开交流对话。让一流企业和学生互相了解，明确职业规划和市场需求，让高校成为连接企业和学生的中端枢纽，清晰地了解到创业创新型人才培养中的着力点和创新点，助力学校办学品质的整体提高。

主持人：学校在学科设置、就业实践等方面有哪些特色？

陆丹：今年，是三亚学院办学的第十个年头，作为三亚市第一所本科院校，三亚学院的发展拥有得天独厚的优势。依托国际旅游岛建设的地缘优势，学校以"让学生更好地走向社会"为使命，重点发展海南国际旅游岛建设急需的应用型学科专业，突出培育旅游、商科、海洋、车辆工程等特色学科，形成多科并举、结构合理、优势互补的学科专业体系，为海南发展输送了多批优秀人才。

目前，学校进一步发挥民办大学办学的机制优势，正进行着两个层面的内涵建设，一是在人才培养、师资队伍、学科与专业、课程与实践、科学与研究、社会服务的内涵建设方面突出产学研合作路径探索、双师型队伍培育、应用性人才培养的质量；二是在办学理念、科学规划、制度机制、大学精神、大学文化建设中探索民办院校在应用型人才培养中的观念引领、文化支撑和制度机制保障。

主持人："大众创业、万众创新"，创业已经在新一代大学生中形成了一股热潮。对于这种现状您是怎么看待的？您觉得高校在学生的创业方面应该给予哪些帮助和扶植呢？

陆丹：国内高校创新创业教育的实施始于 20 世纪末，尽管起步较晚，但发展迅猛。创新创业教育是 21 世纪世界高等教育发展的重要趋势，也是我国创新型国际建设的迫切需求。当前国家就业形势不断变化，高校毕业生就业工作面临着严峻挑战，大学生才思敏捷，善于学习与应变，敢想敢为，是推动大众创业、万众创新的主力军。

学校强化办学初始的"创新、创业、创价值"三创精神，大力培养大学生的创新意识。2013年，我校的"基于物联网控制的智能家居系统"和"海南城市公共服务信息在智能手机终端上的交互式传播方式研究"获批成为2013年国家级大学生创新创业训练计划项目。同时，学校持续完善《三亚学院扶持大学生自主创业实施意见》，并与三亚市政府共同出资5000万元，在北校区建设建筑面积近2万平方米的大学生创业孵化基地，为校内大学生自主创业创造更好的环境和条件；与创业校友合作，联合开展以创客联盟为载体的"创业可以学"系列创业教育宣传指导活动；设立三创奖学金，为学生提供资金支持；各二级学院建立多个创新创业实习实训基地，如理工学院的智能机器人创新实验室、传媒与文化产业学院的媒体创意创业中心、国际酒店管理学院的酒店管理特色实验教学示范中心等，通过"团体创业实践"和"创业项目导师制"相结合的方式，为学生创业项目进行模拟预估和实践指导。积极营造创业氛围的同时，加强专业教育，已取得良好的育人效果和社会效益。

主持人：三亚学院在这次活动中荣获"中国社会影响力民办高校""中国社会影响力就业典型高校"奖项，对于学校未来的发展您有哪些规划？

陆丹：三亚学院经过"出世创业"和"二次创业"两个阶段的建设和发展，已经完成了办好一所大学的基础建构，成功孕育应用型民办本科院校。在"十三五"规划出台之际，学校坚持内涵发展、特色发展、卓越发展，着力建成一所高水平地方性大学。

未来，学校将以服务国家"一带一路"倡议、海南国际旅游岛战略和三亚市国际热带滨海旅游城市建设需要为新目标和新增长点，以海洋思维为新视野和新取向，以提高应用型人才培养质量为主线，以激励进步和创新发展为驱动力，以协同体建设为新资源、新抓手，以学习借鉴领先思想和经验为路径，以跟进互联网与人工智能技术发展为后发先至突破口，以塑造办学特色和品牌为目标，全面提升学校办学品质、核心竞争力和服务社会能力，实现卓越发展。

全球型企业的文化课题

（2015 年 12 月 8 日在全球型企业 CGE 研究年会开幕式上的讲话）

首先，我代表三亚学院两万名师生欢迎各位在此聚会。各位率领你们的卓越公司在即将过去的一年又获成就，衷心祝愿各位在大学弥漫书香的空气中安静轻松地分享企业成功经验，视经营若学术，见微知著，举重若轻。

我们的大学仅有十年校史，大学所在的三亚市被中国人称之为天涯海角，意思是她过去曾经是古老中华文明的神经末梢，她也仅有二十多年的城市历史，中国在改革开放以前十分贫穷，成长为世界第二大经济体的过程也仅有三十多年，对这三者，作为学者的我经历了，见证了。三年前，我曾经荣幸受邀在美国迈阿密的牛津市议会作短暂讲演，我说要解释一个不到八年办学历史的中国大学如何能够形成两万本科在校生规模，就需要先了解中国改革开放是如何进行的。

在我看来，曾经在中国学界普遍认同的现代化理论、社会转型理论、人口红利理论等，都有一些道理，但都不能完整解释这一系列中国现象。

也许，在这里，我们需要借助马克斯·韦伯关于新教与资本主义的想象力，来想象一下儒家文化与社会主义市场经济的关系。恰恰是被许多人忽略不计的文化因素，构成一个组织、区域乃至民族、国家，发展或不发展以及如何发展或不发展的底色。在这一点上，我要特别向各位分享我们学校的董事长李书福先生在这方面的洞见。在吉利并购沃尔沃之前，他预见到全球性企业内外可能存在的文化差异、相似和共同性，便早早着手于携手同仁共同创建更新的全球型企业文化中心，以促进企业发展、市场繁荣、社会融合。

当然，说到这里，我理所当然地要感谢 CGE 的发起会议选择在三亚学院召开，让我有机会聆听各位的经营智慧，学习成功经验。祝愿各位在三亚期间工作顺利，心情愉快，这个季节的三亚有中国最好的气候，这个年份的三亚有中国最好的空气，期望这是 CGE 和各位推行中国战略的好的开始。

十八届五中全会精神解读与海南三亚机遇认知

（2015 年 12 月 16 日在三亚市海棠湾区政府干部学习会上的讲话）

国家发展，政策先行，这大概也是中国发展的一条经验。每次党的中央全会召开，多会总结前一阶段国家发展的成败得失，汇聚众智出台全会的纲领性文件，然后经过法律程序上升为国家意志，成为指导下一阶段国家发展的根本性政策。实践中成熟的政策，会通过立法、修法，变成普适性的法律，实践证明不成熟或失效的政策，则不再贯彻落实。这其实也是世界各地国家治理比较普遍的做法，区别在于，我们国家会通过制定各个五年规划来集中出台政策。十八届五中全会审议通过了《中共中央关于制定国民经济和社会发展第十三个五年规划的建议》，这将成为指导我们国家下一阶段发展的重要文件。所以，基层的同志要好好学习这个文件。文件比较长，怎么学习，怎么联系我们三亚的发展实际来学习，我尝试为大家做一个解读。

一、学习认知

1.学习是干部职业本分和本能

学习，对于每个人都是很重要的。作为学者，要想生活得好，工作得好，就要跟踪前沿的知识和理论，这是学术界普适的先进经验。作为企业家，要想生意兴旺，事业长久，就要始终跟踪前沿的技术和市场的动向，这是与我打交道的企业家们常提到的中国视角。作为国家公务员，要想施政有为，造福一方，就要跟踪最新的政策和经验，这是典型的中国试点方式。而普通的大众，无论生活在中国还是外国，都会跟踪最新的咨讯和行情，受媒体导向的影响。在座的都是国家公务员，对于五中全会的最新政策，当然要第一时间深入学习。

五中全会的纲领性文件是囊括中国未来若干年前沿的国家治理理论及聚焦全球最新技术和相应产业而制定的推动国家治理进步和产业进步的政策（导向和配套）和措施（工程和项目）的集大成文件，也就是说，它把学者的关注点，企业家的关注点，以及公务员的关注点结合到一起去。学了五中全会文件，大概就知道中国的多数学者们会往哪些方面去研究、做学问，企业家们的兴奋点在哪里，往哪个产业走，官员们也知道方向了。五中全会的精神也会指导未来若干年的主流媒体的走向，而不只是被媒体所左右。因此，我想，公务员在五中全会文件的学习上还是要花点精力，不要被媒体报道的各种资讯和行情牵着鼻子走。

我们跟踪五中全会的前沿理论、前沿技术产业、前沿政策和措施，跟踪了以后成功的概率有多大？我们不说别的，就说改革开放以后，一届一届的党的大会，一个一个的五年计划，我们跟踪这些与不跟踪这些，后果会有什么差别？首先要承认的是，你跟踪了也会有偏差，也会有浪费，也会有失算。但是如果不跟踪，你肯定是会失去方向，抓不住政策机会，而政策机会是中国发展的大机会。因此，跟踪本身就意味着一个成功的大概率事件，我们要做大概率的事件，不要去盯某些个案，如某人没学习中央文件，他也成功了，要记住，那是小概率事件，偶然性的因素太多了，不一定人人有那个运气。这是我跟大家交流的第一点。

2. 十八大以来的重要成就

十八届五中全会总结了十八大以来的重要成就，有很多，归结起来，就是成功应对了国际、国内的各种挑战，包括经济挑战，同时在经济、技术、国防、国际影响力等四个方面提高了国家实力。经济方面的实力，我们现在已经是世界第二大经济体。技术方面的实力，我们高科技的产品，包括我们大家耳熟能详的高铁技术、航天技术等，都有了突飞猛进的发展。至于国防实力，大家都知道我们三亚是存有国防重器的地方。而国际影响力，前不久结束的世界气候大会上，中国的声音得到国际社会的尊重，这表明中国的国际影响力在上升。

二、五中全会的三方面前沿

1.理论前沿

五中全会大概提出三个方面的前沿，我们刚才说过了要跟踪，学者跟踪理论前沿，企业家跟踪技术和市场前沿，我们做干部的要跟踪政策前沿。理论前沿我大概数了一下，差不多有十三个点，概括起来，就是"新小康"和"两个一百年"。"新小康"目标，如经济中高速发展，生产总值和收入翻一番，这是大家耳熟能详的；再如产业中高端水平，消费贡献，城镇化率等等。大家身处基层，要记得"脱贫、城镇化、农业现代化、生态环境、国民素质"这几个目标，它们和我们每个人每天的工作，几乎都相关，日常工作中和别人讨论问题，甚至跟我们村民、企业家在讨论我们工作的时候，都要用到这些，大家以后可能要在这方面多盘算盘算。"两个一百年"则划定了现代中国努力奋斗而达至社会文明和制度成熟的路线图和时间表，国家治理体系和治理能力现代化首先就是为实现这个目标而服务。

这里涉及很多理论问题，包括三个规律即人类社会的发展规律、社会主义的发展规律、党的执政规律，习总书记的执政理念，以及国际国内两个大局。审时度势的方法就是把握"两个大局"——国际、国内两个大局。你对国内问题解释不通的时候，要想一想，中国还有一个国际大局；而在国际问题上看到有一些举措有不同解释，在问为什么时要想到国内还有一个大局。国际、国内两个大局是习总书记这一届中央领导班子经常讲的，是习总书记思考问题的一个出发点。中央提出这些理论前沿，是说我们依然存在战略机遇期，"四个全面"战略布局中，发展还依然是要务，发展的体制、机制与发展方式仍是我们重要的着力点，身处复杂的国际国内环境，我们要保持战略定力。我们现在身处南海，过一阵子可能还会有美国的军舰要过来捣乱，这里面就涉及战略定力、发展要务这些关键词。把这些关键词理解了，就可以理解我们的外交部为什么这么说，国防部为什么那么说。

五中全会还提出了五个新的发展理念：创新、协调、绿色、开放、共享。过去我们讲科学发展，现在讲的是发展理念的五个方面。发展是不是三亚、海棠湾的第一要务？当然是。发展要不要抓一些项目？当然需要，因为我们现在还是处在投资拉动阶段。但怎么发展呀？不能是老样子了，要创新，要协调，不能是城乡区别太大、产业之间差距太大；要绿色，不能破坏生态；要开放，不能坐在自己家里；要共享，不只是我们项目之内，还要全区人民乃至三亚人民都享受到发展成果。这些概念我们可能是日常工作都需要用上的。

2. 技术与产业前沿

技术和产业的前沿，五中全会差不多讲到十六个点，其中有我们已经都熟悉了的"双创"——大众创业、万众创新，"互联网 +"，"大数据"，沿海沿江国家经济战略等，还有大科学工程，过去我们谈航天大科技工程，现在要加上海洋大科技工程，大飞机大科技工程等，再就是农业现代化，工业强基和战略性产业培育、服务业行动。以上是创新发展之发展动力部分。

然后提到了"四化"同步，即新型的工业化、信息化、城镇化、农业现代化同步发展。这个概念非常重要。我们知道，五百年前从西欧发展起来的现代化，各类现代化发展在时间上是不同步的，是一种阶梯式发展，工业化发展到一定阶段，城市化发展到一定水平，然后会有信息化，然后会有工业反哺的农业的现代化。但是，五中全会提出来，未来中国的"十三五"期间，要实现"四化"同步发展，这给我们提出了很大的挑战。这属于协调发展部分。

再就是培育制造业基地与经济区，建立贸易服务体系，制订负面清单，建设"一带一路",推进东西双向开放,包括港澳和台湾的发展。这些技术和产业的前沿,大家记一下,不一定要烂熟于心,因为后面我还会说到。

我们身处在中国,这些前沿和大局当然跟我们有关系,可是,我们身处在海南、三亚、海棠湾,这些跟我们的关系到底有多大?一方面是国家的战略布局跟我们千千万万老百姓都有关系;另一方面,我们身处在某一个特定的区位,跟我们关系的强弱究竟是什么样子,我们要做一个思考。

3. 政策和经验前沿

关于政策和经验的前沿,第一,是要创新体制架构,使劳动力、资本、土地、技术、管理等资源要素按市场配置,同时发挥好政府功能;第二,是要释放新需求和新供给,优化市场环境和投融资环境,改进财税政策,鼓励竞争,推进政府职能转变,培育新的发展动力;第三,是要形成区域发展的新格局,促进要素自由有效流动、主体功能约束有效、基本公共服务均等化、资源环境可承载和城乡一体化,要在国家的软硬实力、两个文明、军民融合上着力;第四,是要开展资源节约、环境保护,推进大气、水、岸线以及自然生态一系列组成要素的恢复,推进山河的修复工程,开展大规模的绿化,这是绿色发展的部分;第五,是要在经济上融入全球,加入到全球治理之中,提供全球性公共产品,形成全球的利益共同体,在全球的竞争中形成我们的话语权,这是开放发展部分;第六,是要实现共享发展,包括人民主体地位、公共保障、区域发展、精准扶贫、教育公平、就业水平、收入翻番、社保医疗等共享发展部分,以及党建、廉政、维稳、人才、执政能力、社会治理等保障措施的完善问题。

这些都是未来中国要落地的相关的政策,有的已经成为某些地方的经验。五中全会在理论方面、技术和产业方面、政策和经验方面,加起来差不多提出了五十条。当然不同的解读,分类也会不同。对五中全会的解读方式很多,大家通过各种渠道,或通过网络,能获取很多。我的分类,住在基层的同志,无论是学者、公务员、还是企业家,都需要关注的点,就是新的提法、新的政策、新的技术、新的动向,差不多就是这五十个点。

三、成功发展模式与海南关系

我国成为世界第二大经济体后做了一件事，筹建亚投行，很快就吸引了全球的目光，不管是富人俱乐部，还是穷人俱乐部、发展俱乐部，都愿意和中国在一起玩儿。连我们自己的学者都纳闷欧洲怎么会对亚投行有这么大的积极性，本来以为就是穷兄弟和发展中的兄弟们一起玩儿的。中国的更大战略是"一带一路"，现在还有很多理论上要完善的地方，比如，"一路"要经过的海域已经有别的国家早在布局、张网以待，"一带"的陆上通道要经过几十个国家，其中的中亚、中东地区，还处在政治社会面临变局和动荡的阶段，确实有许多的挑战。但是，一旦进入了大格局，双向开放，对中国的国际国内两个大局，确实有好处。海南如何在"一带一路"的大局中找到自己的发展模式？我们需要"温故而知新"，我们有必要总结一下我国过去在发展上的成功模式。有五种成功模式，我一一谈谈。

其一是沿海模式。沿海模式与我们海南的关系，是一个弱关系，不是一个强关系。沿海模式就是改革开放初期我国给予广东、福建、浙江等沿海省份的特惠政策，它们利用市场先发的优势，形成人才、资金、技术等要素的聚结，飞速发展，成为经典案例，别人都去学习，就像朝圣一样。不客气地说，这个模式与海南是一个弱关系。尽管1988年建省，我们也做了大特区，但是事实上，我们海南并没有搭上沿海模式这班车。广东、福建、浙江靠当年国家给的沿海试点政策形成了产业聚结效应、人才聚结效应、财富聚结效应，很可惜这在海南并没有留下足迹。

其二是东西部模式。东部的政策、产业、经验、资金的西移，基本上已经有一半获得成功，因为市场上这方面推动得很厉害。当然受到行政区划影响，政策之间的合作还是有待观望的事情。这个与海南没什么关系。

其三是城市群模式。像京津冀、长三角、珠三角，形成了若干个城市群体，城市间有核心功能与分享功能、核心产业与配套产业。有的城市在做这方面大的产业、核心产业，成为国家的一个重要基地，其他的周围的城市、微型城市已成为他的配套，也共同富裕，但是这个好像跟我们海南也没有什么关系。

其四是补充模式。比如说区域协作模式，有东北的、西部的、京津冀的，还有中南的、南方五省的，等等。这个跟我们有点关系，但是是一个弱关系。我们经常可以看到在政府层面上一个区域内的省份之间开展交流，像项目、农产品、教育等上面有些交流，但多是松散的行政协作方式，缺少明确目标、机制和必要的市场整合措施，没有深入到社会的深层土壤中，包括产业合作、基层治理合作等，都没有深入到这个程度。

其五是走出去模式。我们国家多年前就提出要走出去，中国软实力要上升，文化要走出去。国家汉办搞了一个形式，叫孔子学院，现在全世界有四百多家孔子学院，上千家孔子学堂，在世界上有影响力。企业和产品也要走出去，参与国际竞争。企业和产品走不出去，我们的产业就走不出去。比方说吉利收购了沃尔沃，万达又收购了什么俱乐部等等。还有产能走出去，高铁走出去等等。这是未来的一个方向，但是好像跟海南也没有太大关系。

结论就是，海南的过去发展，从中国的普通成功经验当中并没有得到政策的特惠优势，没有资金、产业、人才经验积累的优势，包括走出去的资本优势。走出去是要有东西的，我们现在好像没有。我们只有瓜果、蔬菜等农产品走出去，但是也没有行销国外，也就是销到大陆、港澳。这是一个挑战。

我们这里有一个讨论点，大家不妨平时在工作当中思考一下，就是，海南不在中国现代化进程的主流模式之中，海南是个例外，它的得失何在？这个问题值得长时间的思考。

四、海南基础与海南环境带来的机遇和挑战

海南的基础与环境，给海南发展带来机遇，也带来挑战。

1. 错过了工业化粗放发展经验期

我们错过了中国改革开放初期的工业化粗放发展阶段的经验期。那是个经验期，在全世界都是难以复制的。现在我们说产能转移，向东南亚转移，向越南、柬埔寨转移，没那么简单。大家都说多年前是因为国际产业分工把那些污染的、劳动密集型的、土地低成本的、劳动力低成本的一些产业都转移到珠三角、长三角了，所以我们中国就发展起来了。但是认真地想想，这些低租金、低地租、低人力资源的劳动密集型的产业不是可以在世界各地随意地落户的，这里面还要有两个硬条件。一个是历史积累的人民的素养，中国人的勤劳和刻苦，这不是世界上所有的后发地区的国家都有的。我有一个朋友在越南和柬埔寨开厂，他就向我抱怨：本来以为那些地方土地便宜，劳动力单价便宜，就把产业从江苏转移过去，结果去了以后遇到了麻烦，工人们没有时间观念，动作又慢，有规章放在那儿也不执行，动不动还会闹事。第二个是需要国家的政局稳定和政策支持。而有些国家并不是那么简单地就能够承接中国转移出去的这些产业。我们海南也是错过了这个粗放经济期。我1992年曾经到海南来过，我记得当时给我最深刻的印象是，在海口考察这个地方的工业，最后发现所有的袜子和背心都是广东生产的，我们不生产这些。早期中国沿海地区致富的那些经验，跟我们海南关系不大，结果就是我们的财富积累、城市经营、地方治理的经验积累不足。大家要注意，那个机遇错过了，现在留下了一些隐患。

2. 抓住了房地产大发的狂欢期

我没说大发展，我说的是"大发"，因为确实还带着财富。我在市人大财工委担责，知道我们的财税收益经常是跟房地产、土地财政紧密相关的。房地产大发，政府财政就暴涨，就能搞一些补贴工程、形象工程，就会比其他地区看上去发展好，风光。但是，房地产大发带来了依赖单一产业的城市经营和城市治理的短板。这一点，我们海棠湾的同志们可能感同身受，体验比我深刻。我们正处在投资拉动期，要靠项目拉动经济，但我们未来的发展，只靠房地产拉动是不够的，是有缺陷的，我们应深刻地思考这些问题，因为这关系到我们这一代人以及我们的子孙后代在这里是不是能得到适合的发展。现在是我们三亚、我们海棠湾的发展窗口期，你不抓住房地产是不行的，但是只抓住这个够不够？我去了台湾以后，对这方面印象深刻，我们下一步再谈。

3. 面临经济发展方式转型的机遇期

国家现在进入经济发展方式转型期，我们三亚、我们海棠湾有几个发展机遇，是什么呢？其一是国家倡导、国际上也倡导的环境友好型发展。在环境上，我们海南三亚，我们海棠湾，比较起来有优势。我们到大陆内地一看，很多地方生态破坏得很厉害，河流污染，雾霾严重，要治理。前两年，我和李柏青副市长曾经接待过一批德国客人，客人介绍经验说，德国人为了自己早期工业发展留下来的化工工业的污染，要多花超过当年建起的若干倍的钱，在地下重金属污染的区域，先往地下打桩，要打几十米深，然后不断地抽样化验，一块一块地清理，大概三到五年时间才能把污染清除掉。从这方面看，我们没有抓住早期粗放发展期，我们污染也比较少，过去看没有赶上工业化大发展是我们的弊端，现在看我们还有优势，我们底子还不错。

其二是第三产业发展。我们既然跳过了第二产业发展期，看起来算是因祸得福，现在就要大力发展第三产业。第三产业是一个很广阔的概念，包括金融业、电子服务业、旅游业等等。旅游业跟我们相关。我们有着旅游资源的优势，我们有这个便利，这是别人没有的。现在，大量的北方人群居在我们三亚，海棠湾也承接了不少。雾霾或许二十年、三十年治好了，甚至再快点十五年治好了、减轻了，可是那个寒冷的天气，谁也治理不好。我们这方面有区位优势。

其三是大众创业、万众创新。大众创业、万众创新的门槛不高，尤其是国家在扶持小微企业。我们海棠湾虽然是一个区了，但是过去我们也没有工业，我们靠酒店业、旅游业，还有未来可能发展的教育业，现在一些高科技产业也希望落户。这样一些发展，我们怎么样去承接它？我们海棠湾有这么多的地方，有这么多的人口，是不是都去做酒店旅游服务业呢？加入了高科技，我们有没有一些别的产业可承载、保障我们长期的发展呢？这个问题是值得我们去思考的。现在是大众创业、万众创新阶段，我倒是希望各位能够在这方面多多着力，我们不去学习中央的宏观政策导向那是要犯大错误的，走弯路的。当然，中央的导向是管住全局，解决重点难题的，它不可能管到所有的边边角角，边边角角的事情要靠我们创新，靠我们自己来谋划，这是我希望和同志们来提的。

我为什么要跟大家说这个问题？我来三亚十一年了，办了一个大学，现在三亚的大学可以成立自己的国家治理研究院，一举旗子，来上五六十位基本上是全国乃至东南亚地区国家治理研究方面的一流人才；搞一个世界五百强 CEO 的论坛，可以来四五十家。全中国到目前为止，没有哪一个大学在这两个点上面能跟我们相比。我们办大学的过程当中，就像一个村庄一样，我们不学习中央的政策，我们会走偏向，但我只拿中央的政策、只拿教育部的文件、只拿别人的成功经验来复制到我们三亚学院来，我们肯定早就死翘翘了。因为别人的经验很多附加了各种前设的条件，你不具备。因此，我在这里也是跟大家推心置腹地讲，中央的政策一定要理解，方向不能偏，但是自己的边边角角的基层的问题，还得自己来细心谋划。

其四是"互联网+"。这是我们的一个好机遇。我最近去了几个城市，有一些属于不太会经营的、商业头脑比较欠缺的内地城市，他们有一些地方土特产品，觉得好，带又带不走，拿起来又想吃又想要，怎么办？现在人头脑清楚了，把自己当地的几十年、上百年的老字号的产品规模化地生产出来，推到外面去，别人不接受，进别人的超市也是一个小宗的，没大宗的产品，而现在靠"互联网+"，上网，一登陆淘宝店，一点击鼠标，一般一天之内就可以到达。"互联网+"在内地商家已经做得很火，但是我不知道我们海棠湾现在各种产品、各种产业是不是跟这个有紧密联系了，这一拨不能落后。

但是我要说的是"互联网+"有好处，也有坏处。"互联网+"的好处是让我们产品可以更便捷地卖出去，但"互联网+"的最大弊病是，人才更不容易进来。既然可以有大规模的网络课程，一个哈佛的教授为什么非要到北京或者三亚的学院去讲课呢？这是我跟他们讨论的问题。前一段我们学校开会，有哈佛的教授在场，他说我们可以建立网络课程，可以建立视频会议。我们确实也开了视频会议，开办了网络课程。因为飞行的成本很大，从美国飞到中国的任何一个地区，差不多要十三四个小时，再从北京、上海或者广州转机到香港，再转机到三亚又是两三个小时，而且还要倒时差。所以大家可能说，我们进入互联网来讨论这些学术问题吧，来进行人才培养吧。但这样的话，人才面对面地交流，落地解决问题的概率，多数时候就会下降。所以我们对"互联网+"的认识，要细化、深化。

其五是"一带一路"与国际化。这是我们海南的机遇、三亚的机遇。我不知道我们海棠湾这方面有没有传统的资源，我有一个国家级的课题，也有一个海南省的课题，两个课题都在做，其中就提到我们未来的南海战略要加强民间交往。民间交往包括商业交往、教育交往、文化交往，这方面，我听说咱们的羊栏与外界交往得比较多，因为当地人本身是回族，是从东南亚方向来的，他们在那里有亲戚有人脉，他们和那方面的文化交往、商业交往比较密切。我们海棠湾在这方面是不是有优势，我也不清楚，如果有，该抓住。

其六是我们的走出去阶段。走出去，走到哪里去？让我们走到欧洲并不现实，我们走到东南亚是最有可能性的。

未来的"十三五"期间，中国有很多的新的发展理论前沿、技术产业前沿和政策的前沿导向，五中全会文件讲到有五十个点，我最后一个个地分析梳理下来，发现到了我们海南就剩下这六个，就是关于环境、关于第三产业、关于"双创"、关于"互联网+"、关于"一带一路"、关于"走出去"，其他方面跟我们关系不密切。我们要借用的国家政策大势的抓手不多，这是我们面临的一个必须要思考的严肃问题。五中全会是全党的大事，我们党员干部当然要衷心拥护，但落实到我这个区域来发展，我能抓住什么？能够推动地方产业发展，能够造福老百姓，把人民当家作主这个概念落实到具体造福当地老百姓的实处，我们的抓手真的不多，这是给我们提出的一个严肃的命题，大家要认真对待。

我们在这一轮的环境友好发展当中有政策导向和区位优势，也有生态政策窗口期优势，但是我们尚不清楚政策、资金、人才、经验、机制的优势有没有，在哪里。我觉得我们各位干部需要思考这些问题。我为什么提生态政策的优势时加了个窗口期优势呢？因为国家的生态政策不会"十三五"这样、"十四五"也这样、"十五五"还这样一直下去。看到"十三五"期间的目标是整个全国都要搞生态修复，大规模的绿化，我们能够成为有效的基底。我们有一个很好的环境，可这种条件是有窗口的，有窗口期的，这个窗口不是一直开着的，这个政策不会一直留给我们，我们要有只争朝夕的精神。

总结一下我们的挑战和机遇，大概是这么几句话：我们底子不厚，就是工业化早期改革开放这么多年，我们的财力和经验不足，所以底子不厚；我们的空间大，城市的容量还有余，城市化率还不高；我们的基础不错，比起内地很多地方，我们的生态环境没有被破坏；我们的道路还很漫长。所谓道路漫长，以我的学术观点来看，我们国家在整个现代化过程当中，假如以欧洲和北美地区为现代化基本完成的标杆，那我们国家的现代化还处在半程，一半多一点的状态。再一点是形成三亚未来核心产业的恰当规模和水平还需要时间。一个地方的发展，一定要有自己的核心产业。我们有没有核心产业？找到没有？它的核心规模和水平、质量怎么样？第三是形成与城市化进程相应的人才集聚效应还漫长。我们现在可以说实现了初步集聚。以我们海棠湾和亚龙湾为例，我们有很多的高端的酒店群。我曾经在人代会期间跟前任的蒋省长说过，我们海南省哪方面都没有全国突出的人才，但是可以出去说一说的是，我们有全国一流的酒店业人才，因为很少有一个地区像三亚这样集中那么多的全世界一流的品牌酒店，全世界一流的品牌酒店的设计、经营、管理人才都在这里。因此，我们全海南可以拿去与各兄弟省份龙宫比宝的，就是我们的酒店业人才集聚。一个城市的发展，包括旅游业的发展，只有酒店业行不行，够不够？不够。我们还要不断培育迎接新机遇的条件。新机遇就是我们前面所说的环境的发展、生态的发展。条件的空间在哪里？我们的观念跟得上吗？我们有没有形成新的机制？我们的经营和治理的能力如何？这些都是正在思考、正在形成过程当中，所以说道路漫长。

这里我要提出一个问题，大家可以思考。海南的环境机遇和基础以及经验都有不足，但是如果把这些好的机遇和我们好的基础，以及我们这方面的积累和经验整合到一起，能不能变成了一个发展的条件呢？现在有一个机会，那就是我们三亚市委市政府提出来并正在搞的"双城双修"，这里面是有文章可做的。大家可以思考。三亚的机会，也就是我们海棠湾的机会。

五、三亚的机会

三亚的中国时代特征有四点：

1. 基础薄弱

三亚基础薄弱，我们前面一再提到了，我们工业化基础匮乏，我们基本上没有经历工业化。中国的工业化在所谓的洋务运动期间有一些早期的发祥，真正开始规模化的工业化是在新中国成立以后，从第一个五年计划起，我们对第一、二、三产业的现代化都有了布局。学习苏联老大哥的经验，借鉴他的技术，我们建立了自己的工业化基础，同时还布局了自己的保障民生的轻工业，这个是很不错的，但是没有竞争力，只是吃饭的家伙。真正形成工业化，能够带来财富，具备国际竞争力，是在改革开放以后这三十几年。但是我们海南是个"例外"，是个边缘，我们之前没有与工业化接轨。我到三亚这么多年，我一再地跟同志们这么讲，同志们在工作中碰到很多困难后也会有这方面的体悟。我打个比方。我们邻近的省份广西属于西部大省，但其中有几个城市例外，它们跟我们的纬度差不了多少，当年国家在那里搞了三线企业，工业能力还是比较强的。我们不看他们的工厂，看看有工业化环境的医院，一看就是经过工业化的城市，它里面所有的地方，各种门牌标识，向导标识非常清楚，无论整个的平面布局，还是哪一个楼、哪一个科室，从你所在的位置，走向哪里，去找谁，什么时间挂号，什么时间去打针，从哪个路径出去，一切清清楚楚，这完完全全是工业化流水线上的概念。所以你去了以后，就能非常轻松地解决自己的问题。而我到了三亚以后就发现，我们以前的医院，你要去问路，好多问题没法问，靠自己摸索，靠自己反复走多少路才能知道。直到有了海棠湾的301医院以后，有了军事化条件下的机构，我们去医院才不会被搞糊涂，来之不易呀！有工业化的经验与没有工业化的经验差距在哪里？在有没有时间观念、有没有纪律观念、有没有标准化、有没有清晰的流程和规则、有没有相应的财富积累的渠道方式、有没有经营的意识和相应的工作方式，等等。我在三亚这么多年，我跟同志们推心置腹说得最多的事，就是我们好也好在没有工业化，没有污染；麻烦也麻烦在没有工业化，我们的时间观念、纪律观念、标准化、职业化缺乏。我们的财富积累以及城市经营的经验不足，偶尔去别人那里去学一下，是不容易学来的。第三产业是在工业化发展以后才滋生的，我们是跳过了工业化，从农业直接到了第三产业，有点像我们三亚的几个区，从镇和村一下子跳到了区，变成了城市的一部分。我们在座的各位压力很大，要把一批农民兄弟变成城市的市民，在别的国家要花至少一百年时间，我们可能就花了几个月的时间就完成了跨越式的学习和转型。真的，把大家放在世界任何一个地方去，都是优秀的官员。但是，要实现真正的城市化，还是有很大距离的。

我讲这些是要说什么呢？我们未来是不是要把工作做好，学一学其他工业化地区的经验，把培养时间观念、规范观念、标准化、职业化观念等抓一抓？我们把这些一抓到底，养成习惯，就会发现花几年时间把这个做好了，就一劳永逸了。当然大家不要问我说，过几年以后我不在这个位置上，福让别人享了怎么办。这个就没法往下讨论了，因为当官的应该有一个为人民服务的志愿，要做一方官员，为一方百姓造福。

我们城市化的基础配套设施，包括人才配套，是发展的软肋。现在的"双修双城"进行城市功能的修补，其中最重要的是基础设施的修补，当然还有产业的修补。而我们还有一个薄弱的地方，就是观念不领先，动作慢半拍，人家已经开始挣钱了，我们才想起来搞这件事情；人家已经开始感觉不对了，开始撤了，我们才开始迎难而上。最近我在三亚碰到一个企业家，他跟我说，螺旋式上升，我们中国是有前途的，但是波浪式前进，我不能踩错点，什么时间投资，投在哪里，这个要分析。中国改革开放的一个重要成就大家要记得，就是诞生了一批企业家。企业家精神是什么？是春江水暖鸭先知。市场会有什么动向，他们早就敏锐地感知到了。所以，我们干部在做好项目的配套、政策的落实的时候，不妨在与接触的企业家进行工作交流或聊天的时候，跟他们聊一聊对旅游产业的认识，对区域发展的认识。他们的认识值得我们去思考，我们一方面有在公务员领域的经验，另一方面听一听企业家的判断，对我们很有好处。

2. 问题不少

这些年我在三亚办大学，自然接触了不少来自经济发展基础比较好的省份的学者和官员，交流中我常能感受到我们海南与发达区域的城市化进程水平的反差，发达区域基础好，缺陷少。我们现在在海南搞旅游业，大家真不容易，来的都是横挑鼻子竖挑眼，到处是不足，到处说我们的毛病。我们以什么心态去看这个问题呢？换个角度就不难了。如果你也到珠三角、长三角去看，我们有的那些就长在表面上的小毛病，人家已经没有了。因为它们发展得早，底子好，早就把这些问题解决了。所以，当发达省份的游客带着钱、带着休闲的心情来到我们这里度假旅游的时候，发现我们的配套基础设施、相关的管理和服务都没有跟上，他们马上就有想法。所以现在不要去做三亚的客服反馈调查，要做出来的话，一大堆的问题都是基础方面的毛病。我想，这也是我们"双修"的一个内容，就是城市经营功能、管理功能的修补。希望引起重视，这是大文章和慢功夫，不能立竿见影，但能造福一方。

再一个就是与发达区域现代化进程的反差，走在前面的进步得更快。这有一个财富的叠加效应，也有一个先进的叠加效应。它本来走在你前面，又赶上国家新一轮的开发。例如太湖地区曾经有一个问题，就是周边两个省份浙江、江苏都在用太湖养殖、排污，等到水臭了，等到国家说要搞美丽中国，它们钱多就开始治理，一治理就是高大上的举措，请国际一流的设计师，请一流的环保专家，而且它们自己本身也有建设能力，做起来相对就容易。我们换一个地方，比方说云南滇池的治理，花了几百亿还是上千亿我也不清楚，报纸上有过报道，我不记得这个数字，但目前水还是臭的。一个发达地区犯了错误，因为它底子好、经验多，错误改正起来也快。而一个欠发达的地区，要是犯一个错误，因为底子薄、经验少，改正起来就慢。这是我们要认识到的一个严峻的现实。

我们三亚人自己看自己，也会看到自身优越的自然环境和城市软硬件条件的反差。我们的生态很好，但是城市的软件和硬件条件都不足，这是我们城市功能要"双修"的另一个重要理由。海南搞旅游业这么多年，我们也扩大了眼界，我相信我们海棠湾的很多干部，自己到内地学习，和在接待全国、全世界来的各类游客中，扩大了眼界，我们自己就感受到我们在做事时经验好像还不够，内心也有反差。同时，当我们强烈地要改变这个现实时，我们自己的信心又不足，因为我们经常被一些低层次的问题所困扰，我们经常会有一些宏图大略，想把我这个村、这个区建设得更好，可是我们又经常碰到的是一些最基础的问题，如吃饭问题、卫生问题、治安问题、违章建筑问题、产业发展问题等等，可问题具体在哪儿，还说不清，说不全。我们的想法很多，但是有效的办法和显现的成果却不多，这也形成了一个反差。这方面问题不少。

3. 着力点不少

怎么看待我们的困难和我们的问题呢？我觉得需要在六个方面着力。

第一，国家对三亚有期待。五中全会有三个方面五十个新的前沿，只有六个跟我们有直接关系；再分析海南的环境、机遇与中国的发展模式，我们也不占优势；我们自己看起来在三亚也有很多的不足。如何去看待这个局面？我经常说，面对今天的问题，如何看比如何干更重要。看准了再干，避免犯错误。今天全中国没有第二个地级市像三亚这样受到国家的期待。大家能举出第二个吗？中央领导、国家政策层面对一个地级市有期待，要它同时做成城乡一体化的样板城市、综合改革的样板城市、"双城双修"的样板城市、海绵城市的经验城市，除了三亚，你找不出第二个。在这新一轮的发展当中，没有第二个地级市能够受到国家层面如此的期待，这是我们幸福的第一理由。我前面分析的这么多不利因素，多跟市场这个看不见的手有关系。但是如果我们加上国家宏观调控的手，精准调控的手，有力调控的手，就发现我们的优势出现了。"一带一路"的战略支撑点在三亚，海上的服务基地在三亚，国家新的门户机场在三亚，航母基地、潜艇基地在三亚。对于这个基地，大家的认识可能也不足。一个基地会产生一个产业链条，在美国就养活一个差不多三十万人口的城市。我们不要说养活三亚市这个七十八万人口的城市，把海棠湾的人养活足够了。可能大家没有深刻注意到这个链条，大家可以在网上搜一搜，看美国的一个航母基地、一个潜艇基地能带来的产业链条是什么，产生多少工种，有多少衍生产业链和供应商，有多少工作岗位。还有大三亚。刚刚在三亚开完有关大三亚旅游圈的会，临近几个市县的现实利益都在这，对此，国家有期待、省里有期待。

第二，投资还有冲劲。据我所知，还有很多人希望把各种项目落户在三亚，比方说海棠湾有很多项目，找到你们说希望这个项目进来，那个项目进来。经常有人说你们门槛高，这个我知道。在其他地方，要找到投资商还不是件容易的事。我曾经给一个企业做投资顾问，他们在宁夏石嘴山市某县级市有一个产业，同时还希望办大学，让我去看一看。结果我们去了以后，自治区的副主席亲自接待，招商局的人以及石嘴山市的市委领导、该县的县委领导一起陪同我们驱车几个小时去考察。宁夏被称为"塞上江南"，但也就在黄河拐弯处不错，一离开几公里下去，就是沙漠地区，怎么投资？那个县是个非常破旧的县，县里面有四个建筑很漂亮，县委一个楼、县政府一个楼、人大一个楼、政协一个楼，四个楼端端庄庄地围着一个广场。这个县城，比我们的海棠湾镇好不到哪里去，但它已经发展几十年了，我们才发展几年。那个县委领导真让我感动。他就站在公路边上，用十几块 PVC 板做的广告，就跟我们演讲，说我们是中国从连云港到阿姆斯特丹空中航线的交汇点，是欧亚铁路的交汇点，是什么什么的，说了好几个，希望我们在那儿投资。我当时真是觉得这是一个好干部，差点就叫他焦裕禄。我就想问，你又没机场，空中航线跟你有什么关系呀？那个欧亚铁路离你这个地方有 80 公里，跟你这个地方又有什么关系呀？他们用几十台的挖掘机挖了一个塘，说要引黄河之水进来。我办大学搞了十年的建筑，也挖了个小湖，我就想问，你这沙地上的水存得住吗？咱们三亚有上千年的水稻田，淤泥在下面，水进来是养得住的。他们那里好多的沙子土，好多的风化土，水进去一下子就没了。就这样的区域，要招商引资，难上加难。所以，我们海棠湾的干部要有种幸福感和自信心，人家都找上门来送上门来，是我们环境好、气候好、区位好，现在基础也好，我们有优势。国家的期待跟绿色生态有关，投资有冲劲，跟热带滨海城镇的世界样板有关。很多人到三亚来都希望拿一个世界级的样板跟三亚做比较，跟海棠湾做比较，然后再创造一个新的世界级样板。包括企业家们、包括我们的政府都有这样的雄心壮志，都有这样的可能性。

第三，市场还有空白。我们旅游业发展才起步，旅游业发展是一个长的链条，现在酒店业做得不错，酒店业的衍生呢？在一次座谈会上，我跟市委领导曾经说过，我们三亚做旅游，可以借鉴美国。我们曾经跟奥兰多的佛罗里达大学有合作交流，了解它的五星级床位三年前就达四万个，还有五千家优秀的标准星级餐厅。欧洲人不可能大量去，中南美洲人喜欢在加勒比海沿岸玩，而北美才有不到五亿人口，奥兰多就吸引了北美 1 亿人的市场，能够把自己这个城市的六七十万人口养得肥肥的。奥兰多城市非常的漂亮，产业链非常的丰富。而我们今天做产业才经过一个初步阶段，我建议大家以后要考察，就到奥兰多看一看，我们都是做的旅游，看人家是怎么做的。还有新兴的产业要落地。我们假如还有土地的话，不要着急用完。新兴的产业是什么，千万不要附和别人的意见。"互联网 +"跟我们有关系，但没有那么大的关系。"互联网 +"是把产品卖出去，让我们的边远天涯，不再边远、不再天涯；但是"互联网 +"如果没有人才，就没有具体效益。我们三亚搞了好几个 IT 产业的高新园区，至今一个一个的都希望和我们三亚学院合作，为什么呢？产业园区有项目，没人才，在北上广的那个总部基地的人才不愿意到三亚来。我在三亚学院十一年，吸引了一千几百个教职工，30% 以上的有高级职称，还有许多博士，但那是一年一年、那是一个人一个人地说服，一个人一个人地定制，一个人一个人地建平台，才能把人才留下来。我们搞一个产业园，搞一个项目，没有人才哪里有产出啊？所以，我们做新兴产业，一定是要有人才留下来的产业才能给我们当地带来长久的财富效应。不要看一时，这个地卖得痛快，这个项目看起来吸引人眼球。

第四，城市还有空间。就是"双修双城"。

第五，政策还在窗口期。就是国家的生态支持。

第六，干群还有干劲。我了解的三亚人都有自己对未来的美好生活的憧憬。过去大家说我们海南人有一种仙气，就是自由自在，也不管你想什么，我就这样，自在最好。中国文人的最高境界，自在最好。我相信我在三亚的很多朋友，大家都是自在最好，不那么焦虑，不那么冲动，但是我们对美好生活是有向往的，大家是有干劲的。

4.机会还在

那么具体怎么办？我说机会还在，重点说几条。

一个是生态和环境有想象力，新产业有想象力。新产业是什么？是旅游产业、文化产业、艺术产业、教育产业、体育产业、金融产业、互联网产业。互联网产业不得不做，全国人民都有；金融产业不得不做，因为政府已经有布局。关于金融产业，我在美国迈阿密市做了个考察。迈阿密在海边，它做金融产业不是因为他在海边就能做金融城市，而是因为中南美洲和北美之间特定的政治、经济关系，导致中南美洲的政局动荡，财富和人才转移到了迈阿密。最靠近中南美洲，数百家的中南美洲的银行建在这里，美国人要为它们配套服务，又做了上百家的银行，这才形成一个金融产业圈。试问我们三亚，东南亚哪一个国家可能把总部基地或者银行放到我们三亚呢？所以大家有这个美好的愿望是好的，但是要落实到行动中要看各种条件。但是，旅游及其衍生的文化产品、艺术产品、教育产品、体育产品等，这是一个非常大的链条。

两个星期前，刘赐贵省长在省政府召开有关"十三五"的座谈会，他听十几位企业家汇报，大学就选了我一个，说你们大学是有民营投资的，你们有经营观念，你们讲一讲。我就给刘省长提出三条意见，其中两条半，他点头记下来，说会写进去。我说要有"旅游+"和"+旅游"，今天在海南做什么产业都得"+旅游"，刘省长接着我的话说对呀！我们为什么不在海马上面"+旅游"？为什么不在椰树集团里面"+旅游"？要以工业化的产品展示。我们还要"旅游+"，我们的高铁上面为什么没有旅游车厢，我们的高速公路为什么没有旅游产品和旅游的平台？刘省长接着就说，是的，在高速公路不要一百公里哗的就过去了，一百公里一个多小时，有的地方不堵的话就给他开两个小时，一个平台一个平台地看过去，拍拍照，留留念，留下来就是一天或两天。刘省长说的不是一个文学家的想象，日本人就是这么做的，欧洲人就是这么做的。投资很少，效益很快。

再一个是旅游度假与移民的想象力，政府积极作为和市民期待的想象力。我把想象力说一下。我今年为了一个课题走了三个地方，一是去了台湾的南部，一是去了江苏的中部，一是去了四川成都和重庆之间的两个城市，我把他们和三亚做比较。他们和三亚比较什么呢？他们基础比我们好，我去的这几个城市人口与三亚差不多，城市建成至少也有上百年历史，都没有大的工业产业，我把它们的特点总结为"有基础"——他们城市基本上不要"双修"，"有味道"——他们的生活居家非常的有意思，"有乡愁"——去了以后历史文化感特别浓重，特别是能让你待下来不想走。但是，它们都没有想象力。一个干部，一个企业家到那里去，想做点事，但城市空间没有了，产业布局已经形成，没有办法再叠加其他的产业，"十三五"期间说的五十个亮点或者十三个新兴的基础产业，在那儿落户不了。他们基础比我们好，但是想象力的空间没有了。而我们三亚恰恰是反过来，基础差一些，但是城市的空间还有，想象力还在。政府官员要在这里"为官一任，造福一方"，还有机会；企业家要在这里投资，产生效益，推动地方经济发展，也还有机会；我们当地老百姓抓住这个机会，来跟城市一同发展，也有机会。这是我想说的。

要做个结论的话，三亚与中国发达区域的差异就是中国与欧美的差异，现代化的进程差距与全球化中的机遇都在中国。我们的基础不能叠加，但是我们有想象力，我们有空间，我们有机会。而别的国家，你说巴黎再建什么？纽约再建什么？伦敦再建什么？建不了了。就是那个样子了，新的一轮再往上加，很难了。而我们与之相比，空间还大，机遇还在。

六、个人态度

对于以上问题，从大家采取什么态度可以看到很多东西。

三亚的问题不少，经济问题、治理问题，你怎么看？从怎么看可以去看一个干部的素养。有想象力的时代和地方，就有有作为的机会。大家七嘴八舌说我们的前途，说我们的政策，你说什么？从说什么可以去看一个干部的关怀。

大众心神不宁在哪些方面呢？有人在想八项规定会带来什么冲击，官员执政能力怎么样，你在想什么？从想什么可以去看一个干部的理想信念。

领导不一定都对，我们每个人都是别人的领导，同时也是别人的下属。我们自己说的每一句话不可能都对，不可能每一个念头都对，当我们的领导在决策和实践过程中说得不对的时候，你怎么办？从怎么办可以看一个干部的担当。

最后，城市的机会还在，在"双修双城"中你怎么干？从怎么干可以看一个干部的能力。

七、五个建议

最后我有五个建议给大家。

第一，要全面地理解、贯彻和布局五中全会的五十个前沿点，一个不能少。

第二，要做到全面开花，力量一定不足，但不能不作为，要在某些方面有所推进。

第三，要守住底线，包括法治底线、廉政底线、工作目标底线和工程底线，不要大意失荆州。现在大家都在抓项目，年底收官了不能马虎，一个项目完不成，就拖了大家的后腿。廉政或者法治上不能出问题，在当代中国是要一票否决的，不能出错。

第四，信念、信心决定办法和困难比谁多。大家常说的办法应该是有信心、有信念，一定是办法比困难还多。在这个问题上面，我想大家要有一个统一的思想认识。

第五，迎难而上，抓重点，形成亮点，才有担当。面对困难，抓住重点，体现你的选择能力，形成亮点，看出你的提炼能力，能力提升，才敢说有担当。

感谢各位聆听，下次再聚再聊。海棠湾是个美丽的海湾，是个造梦的地方，我们会时常有机会在一起畅谈梦想。

卓越路上不 low 不 out

（2015 年 12 月 27 日通过三亚学院官微致 2015 年最后一个周末晚安）

大家好，通过三亚学院官微跟你说话，我是陆丹。

我很忐忑，这是 2015 年的最后一个周末，三亚学院十年了，我们大家又要长一岁，我们的国家正处在重要的历史时刻，我常常有这样的历史感。

其实我们每个人都很拼，都不容易，我自己觉得做得还不够，还不好，还不尽兴。但我和大家一样，和你一样，相信学校和你我，在明天的卓越路上，不会 low，也不会 out。

我们心犹在，梦还在。

祝你晚安！

筹办三亚大学　服务地方发展

（2016 年 2 月 26 日接受《三亚日报》专访）

2015 年 6 月，省委副书记、省长刘赐贵和省委常委、市委书记张琦分别会见了三亚学院董事长、吉利集团董事长李书福，表示支持三亚学院筹办三亚大学，提升教育层次和水平，为三亚高等教育增光添彩，为国际旅游岛建设提供人才支撑。2 月 26 日上午，三亚日报社记者就筹办三亚大学情况对市人大代表陆丹进行了专访。

重点建设商科、旅游等学科专业

今年的《政府工作报告》提出"积极推进教育发展计划"，积极共建省市三亚学院，使三亚的高等教育发展水平再上一个新台阶。

"筹办三亚大学能够提升地方院校的办学品质，更好地服务于地方经济发展和本地人才培养。"陆丹代表认为省市领导的高瞻远瞩，为三亚学院指明了发展方向。

陆丹说，三亚学院建校十年有余，在中国七百多所民办大学中算是比较年轻的，但是它在地方政府和社会各界的关心和支持下，连续五年在民办大学中位列前茅。三亚学院的发展提高与三亚城市的进步、海南国际旅游岛的发展紧密联系，筹办三亚大学，要立足于地方，为地方经济社会发展服务。未来学校学科要与地方经济社会协同发展，紧贴海南十二个产业的发展，服务三亚的龙头带动作用，重点加强旅游业、金融业、城市管理、文化产业等学科专业建设，在队伍建设方面着力引进高端人才，突出重点培养本地人才。

建议政府加强地方高校建设

建设一所大学需要持续用心办学，需要更多资金投入，也需要时间过程。作为校长，陆丹对筹办三亚大学有自己的定位和目标；作为人大代表，陆丹建议地方政府应该发挥更大作用，放长眼光，应该看到地方院校在地方经济社会发展中、在为本土人才培养工程中起到的重要作用，加强地方高校建设。

"期待政府和高校都有更大的雄心、更大的抱负、更大的胸怀来投资大学、办好大学，尤其是民办大学。"陆丹说，国家即便在穷困的时候也要下定决心在少数民族地区投资教育，培养本土人才，这是持久的根本的民生政策。海南是少数民族聚集的民族大省，这十几年来已经不断加强教育，教育投入多少都不为过，投资教育实际上投资的是当地老百姓的发展，着力培养本土人才，这是高校的责任和功德，也是政府的责任和功德。

三亚学院筹办三亚大学备受社会各界关注，陆丹向记者透露，省市很快将进行签约，推进三亚大学的建设。陆丹说现在最关心的就是怎么去引进更多优秀人才，培养更多的本土人才，同时加大投入力度去建设好三亚大学。

丝路商学院的愿景

（2016 年 3 月 25 日在三亚丝路商学院揭牌仪式上的讲话）

今天，对于三亚学院来说，是一个重要的日子，我们与国家发改委国际合作中心合作开办的全球首家丝路商学院正式揭牌了。大家知道，国家发改委素有"小国务院"之称，随着国家政府职能的转变，随着国家"一带一路"重要倡议的推出，国家发改委国际合作中心的使命在变化，它的功能在丰富，它的外沿在扩展，它的内涵在深化，由此，我们三亚学院的办学使命和大学梦想与它产生了交集，才有了三亚丝路商学院的诞生。

在座的发改委国际合作中心曹主任，是我们这次合作的主要谋划者，陈喆副主任是操盘人，我要隆重地向三亚学院的师生介绍他们。在我们旧有的印象里，发改委的官员们应该是坐在首都威严的办公室里审批项目的，但去年在三亚、在北京与曹主任、陈副主任多次会面、相商，却使我改变了对发改委官员的呆板印象。曹主任原来是一名经济学家，是一名学者，却没有想着舒坦地待在书斋或办公室，在他的带领下，国际合作中心服务于国家战略，奔走于世界各地和祖国各方，向市场找需求，面向市场开发项目，我们三亚学院也由此进入曹主任的视野。对于三亚学院这样一所新办的、但有抱负的大学来说，能够较早地有这样一个与国家发改委合作服务于国家重大战略的机会，是一件幸运的事，我们三亚学院的老师们能够有机会与曹主任这样的学者型领导共同做一件有意义的工作，也是一件幸福的事情。

大家都知道，全球有很多著名的商学院，它们服务于商务活动，不断提炼和提升行业成功经验，已经形成了一定的规范和特殊的课程体系，但商学院与国家战略捆绑到一起，却还是不多的。我们学校早有创办商学院的想法，一直在寻找一个合适的契机。国家推出"一带一路"倡议，让我们敏感地感受到其中巨大的商机。习总书记提出希望"一带一路"沿线国家搭上中国发展的便车，合作共赢谋发展。要合作就要有平台，除了政府的平台、企业的平台，大学的平台也十分的重要。三亚学院与发改委国际合作中心创办的丝路商学院就是一个服务于"一带一路"倡议的大学平台，它未来的目标就是要在"一带一路"的每个沿线国家都建立起丝路商学院，形成全球丝路商学院联盟，为"一带一路"倡议和各国合作共赢的商业活动提供智力支持和人才支持。

丝路商学院有无限的发展机会，也有较大的能不能办好的不确定性。我们有一个共同的愿景，就是通过丝路商学院的平台，更好地服务于三亚和海南，更好地服务于中国沿南海区域和南海周边国家，同时，也让三亚学院丝路商学院成为未来全球丝路商业院的好伙伴，为我们的"一带一路"国家战略增光添彩。

一起记录三亚城市的成长

（2016 年 4 月 14 日在与三亚广播电视台签约揭牌仪式上的讲话）

我们刚刚参与了省市共建三亚学院的签约仪式，共建目标的第一项就是建立三亚大学，海南省"十三五"规划已经写入，我们都要为此而努力奋斗。一个大学首先要有自己的远大而可行的奋斗目标，教学科研、文化传承及服务社会，对每个大学都是通用的，但具体到某个大学，就要把定好奋斗目标与办学定位联系起来。三亚学院一直很感恩三亚这片热土，没有三亚人民的接纳，没有海南人民的厚爱，就没有三亚学院，所以，我们一直怀着感恩的心情见证这座城市的成长。

我们现在特别关注的是海南"十三五"规划中的三个产业，文化体育、会展和酒店，省教育厅也非常重视，三个产业在高校系统里是由三亚学院来领衔做规划与合作协调的。海南省的文化产业规划是我领着三亚学院一个团队在做，在做调研过程中，我有一个特别强烈的体会，在今年两会期间，与陈台长做了交流。什么体会呢？就是感觉今天这个三亚已经不是我们生活的那个三亚。我们一般人都会把三亚当作是一个新城市，一个旅游城市，但是那次陈台长的一句话触动了我。他说三亚现在聚集了很多国际国内的大媒体，因为大家都认为三亚是一个新中心。这句话让我联想到，在"一带一路"和国际旅游岛国家战略中，三亚会逐步占据一个很重要的位置，三亚未来要打造国际门户机场，拥有四条跑道的全岛机场，一亿人的起降次，好像就是要与新加坡和迪拜去争国际客运乃至三大洲之间的枢纽，这会带给我们很多现在坐在这儿想象不到的资源。如果想不到，那我们就去迪拜看一看，就去新加坡看一看，作为国际枢纽机场，会带来怎样巨大的客流，它对城市国际化水平、城市管理能力、城市魅力又会增加什么样的机会。对此，我们三亚学院至少能够保持自己那一份面对发展机遇的敏感和紧张度，能够与时俱进，而媒体也有自己独特的观察视角和前瞻性，我们于是希望由此联系合作。

三亚这个地级市不同于一般的地级市，三亚广电播出的很多新闻是一般的地级市没法播报出来的。三亚不时会爆出很重磅的、吸引国内眼球乃至国际眼球的重大事件，这就考量着我们媒体人的反应。我们一方面要做党的喉舌，传播好党和政府的声音与社会正能量，但另一方面，这个城市的未来定位以及它已经展露的这些机会端倪，也需要我们通过报道去激发每一个与三亚相关的人的更多的想象力。

我们三亚学院致力于科学研究和人才培养服务，通过这次合作，我们想落实几个想法。

第一，作为实践基地，我们的传媒专业老师带着学生来，就是抓住三亚广电的机会，学习很多书本里学不到的东西。

第二，做新闻有戒律，无论是它的游戏规则还是技术规范，都会教育我们这些坐而论道的老师和坐而学习的学生好好地守规矩。

第三，可以肯定的是，一所大学不能只培训工匠，老师们还是研究者，学生们还是未来的希望，通过这一次合作，通过大学生工作站这个平台，让我们的老师更方便地实证研究新闻现象背后的问题和规律，让我们的学生自己去找到更鲜活的知识去学习。今天三亚学院到场的法社学院、人文学院、传媒学院是参与大学生工作站的主要力量，这次没有到场的其他学院也可以参与其中。工作站要深入到本土的生活，做一些深入的跟踪调查。对于三亚学院的不少老师和学生来说，三亚的新闻太多了，但是这个城市的味道，还没来得及品尝。三亚这座城市和其他城市不一样的有一点，就是老爸茶的味道，本土学者和外地学者可能还没有把研究这个文化问题提上日程。我读过几个三亚老领导的诗，也听过他们说该如何品味老爸茶，有时候我在想，可能这座城市的味道就在自我欣赏的诗和相互饮谈的老爸茶茶道里面。巨量的快速的移民，也加入了新的味道，我们感受到了一波波移民给这座城市带来的改变。

第四，三亚学院现在有条件、有机会走出去，曾经倡议我们的学生在寒暑假回家时拍一些照片，回来就一下子汇集了三十多个省份的风土人情。我们有这么多来自全国各地的学生，想走出去，成本低，反应快。我们新成立了丝路商学院，我们自我担当的任务就是开发曾经的海上丝绸之路，搭上文化教育的产品，这可以变成我们三亚向外界延伸的触须。没有这些触须，我们城市的魅力就很难被知道。我们要把老爸茶喝到岛外去，喝到海外去，代表着中国新时期增长的希望，也代表着中国文化生态文明建设中新的增长点。

相信我们三亚不是一个简单的地级市，大家各自努力使三亚呈现出充满浪漫活力的都市风貌。

有朋自非洲来

（2016年5月11日在非洲国家驻华使节代表访问团欢迎仪式上的讲话）

Your Excellency Ambassadors,

Honorable diplomats,

Respected guests,

Ladies and gentlemen,

Good morning.

It is a great honor for both myself and Sanya University to welcome all of you.

As we all know, there are in all more than two thousand eight hundred universities in China and one out of ten thousand university students is a Chinese. Sanya University has a short history, but it is one of the top private universities in China.

Thirty years before China's and opening up Reform, China was a country experiencing poverty. It is due to the sound political system, internal unity, people's hardworking and quality labors that China is emerging as the second largest economy in the world. China has never been a colonizing nation and became rich out of colonization. China is only striving for offering what is needed and producing they wanted. China has been named as "world factory", and I believe China will also become a future innovation center and an office for the world.

The development of Sanya University will in some sense interpret "China Speed". The university has nine disciplines and the university offers sixty programs in its 15 Schools, including School of Law and Social Development, School of Finance, School of Management, School of Tourism Management, School of Hospitality Management, School of Fashion and Health Industry, School of Humanities, School of Foreign Languages, School of Arts and Design, School of Medias Communication, School of Music, School of P.E. Education and School of Science and Technology.

The University takes active actions to serve "One Belt One Road" initative. We are working with International Cooperation Center, the National Development and Reform Commission in setting up "Silk Road Business School". We have successfully established "Silk Road Business School" in France, Denmark and Pakistan, working with ESSEC Business School, Niles Brook Copenhagen Business School and Muhammad Sindh Islamic University.

The aim of "Silk Road Business School" is to provide services for the industrial capacity cooperation. I look forward to having discussions with your Excellency Ambassadors and Diplomats on this topic.

Thank you all for your coming and wish you a pleasant stay in Sanya.

大学办进社区

（2016 年 5 月 18 日在中廖村社区学院挂牌仪式上的讲话）

各位中廖村的老乡、三亚学院的同事：

大家好。

三亚作为全中国、全世界瞩目的地方，今天出了一件新鲜事，央视在报道这里的一个村，就是我们中廖村。中廖人民多少年来坚持自己的乡土意识，坚持自己的生态意识，坚持自己可持续发展的方式，终于得到了社会的认可。市委市政府给予了平台和政策，吉阳区委给予了合理的指导，今天，中廖村已经走出了深闺，出现在世人面前。三亚学院在这个背景下，响应市委、市政府和区委、区政府的号召，把大学走进社区作为自身办学的一个重要实践，走进中廖村，常驻中廖村，为父老乡亲服务，也为我们心中的大学梦努力。

三亚学院有 15 个学院，今天来了 6 个学院的院领导，涉及法学和社会学学院、艺术学院、音乐学院、人文学院、传媒学院等多个学院。各个学院都带来了自己在中廖发展中推动中廖的生态进一步优化、村民生活进一步提高的规划。从调查入手，我们很快就可以把民宿民居、乡村设计的产品做得更加精致，很快就可以建立各种适合村民发展需要的培训系统，后面我们还要在跟踪调研基础上进一步完善规划、落实项目，争取在今年 8 月份通过海南省对中廖村美丽乡村建设的验收。

中廖美丽乡村应该成为我们社区学院的第一站。大家一起努力。

共同创造酒店业的附加值

（2016 年 6 月 14 日在美高梅班开班仪式上的讲话）

尊敬的徐总经理

尊敬的美高梅各位领导和员工

亲爱的三亚学院的同学们：

大家好。

非常荣幸收到美高梅徐总经理的亲笔题写的邀请函。美高梅和三亚学院战略班的开办对我们双方是共赢的。我们要承认，美高梅是一个具有全球影响力的国际品牌酒店，三亚学院只在中国民办高校当中有一定影响力，这两个品牌不在一个水平线上，今天的合作对三亚学院来说，是给国际酒店管理学院一个机会，使我们能深度学习观察美高梅经营国际酒店的思想、能力、资源、办法以及在这个管理区域能够达及的质量高度。对我们的同学来说，从校内的仿真实训室进到国际酒店的真实运行场景，而且是在一个战略管理班级中实习，挑战无疑是很大的。在这里实习，有可能会与课堂上所学所练似曾相识，但课堂上老师会宽容你的错误，而到了酒店就是商战战场，见了客人那就是真要求，完全不能同日而语。考试做错了，下次再考好，那是个人损失，而在酒店，一件事情没做好，影响到酒店形象，那就不只是个人的损失了。所以，同学们要有足够的职业责任感，你们是代表了学校，代表了酒店的利益，来和客人打交道。同学们进入情境要有个导入的过程，希望我今天的讲话是导入的开始。

　　第二点我想说，尽管这个合作叫共赢，如果只在有需要的时候才合作，合作就很难长久。友谊之树需要在没有背靠背、肩并肩的那种需求的时候就开始浇灌，这样的合作才是永久的。从这个意义上来说，经过美高梅酒店和国际酒店管理学院的两个高层的多方面的多年的努力，终于萌化出今天的这个种子，我相信合作会更加长久。我特别强调的是，三亚学院一直是有危机感的。尽管国际酒店管理学院的学生现在很受各大酒店的欢迎，但是我们一定要知道，一个区域的客源的增长，到一定阶段会到达饱和曲线，即便我们三亚要新建机场，会带来数以千万计的客源的增长，但是到一定的时候会有一定的饱和。现在酒店管理学院先占据三亚市场，我们有好的心态好好向酒店学习，能在同行当中站在前列。随着国际旅游岛的竞争力越来越强，对旅客的吸引力越来越强，大陆的各个酒店管理专业的学生也会不断进入三亚，内地很多院校愿意在海南设点，很多院校的学生愿意到海南就业。所以，国际酒店管理学院和学生，也更要有危机意识了。

　　我们的学生号称为阳光学子，今天穿的衣服又漂亮，在这里一定会受欢迎。但是受欢迎，知道为什么吗？除了青春洋溢，还有什么？第一，肯干。年轻人比起我们中老年人多了肯干精神，我们也想肯干，但体力精力比不过年轻人。第二，开放。我们也想开放，但是思想开放了，行动不一定跟得上。这是你们的两个强项。第三，在这两个基础上，会有很多的思想。前面是OPEN，后面就是IDEA，有了好的想法，还能够不怕摔倒，就有更多成功几率。摔倒了就大哭一场，几天吃不好饭，但和同学们聊聊，唱两首歌，甚至打一场游戏，又开始忘了烦恼，再次整装上阵。而老年人得几年才能爬起来，还有多少老年人跌倒了就再也做不了事情。我说这些的意思是，同学们要记住，你们天然的优势是，年轻可以肯干，年轻可以开放，年轻可以有各种各样的思想，年轻可以耐摔打。对于一个成熟的酒店，对于一个国际化的酒店，一方面是标准国际化、规范化，有品质，很难动摇，但另一方面，有时候徐总不一定能看到的细节，你们能看到，这是你们存在的重要价值。徐总把你们培养成一个成熟的员工，但是你们除了做好本职工作之外，还要肯干、开放、有想法，给这个酒店额外的回报。

说到额外的回报，既然我们大学和酒店合作，就希望增加一点附加值。很多年前，我去过拉斯维加斯，拉斯维加斯所有的酒店都是一派热闹的景观。回来以后，我找了几个博士，让他们做一个课题，连续三年或者五年观察亚龙湾的酒店何时能热闹起来，以此反观中国的经济和社会生活如何开始安静下来。中国现在经济热，人们的心情浮躁，愿意到海南亚龙湾来就是想发呆、静下来。但是，如果整个酒店群开始热闹起来，中国酒店业的热闹就可能反映出中国的经济社会发展到了另外一种状态，这是我特别希望做完整的课题。现在我看到，美高梅率先在安静的亚龙湾酒店群里热闹起来，带来了欢乐元素，给度假的人们带来了年轻的元素，这是风气之先。我是局外的不太内行的人，我希望我们年轻的同学们发挥学习精神和研究精神，把美高梅酒店在海南酒店群这种品质、前瞻以及营销，进一步做附加值的研究加以推广。

第三篇

治理——在学校各类工作会议上的讲话

南有樛木，甘瓠累之。

君子有酒，嘉宾式燕绥之。

翩翩者鵻，烝然来思。

君子有酒，嘉宾式燕又思。

——《诗经·小雅·南有嘉鱼之什·南有嘉鱼》

I　办学第九年

（2013 年 9 月——2014 年 9 月）

"二次创业"核心是分权放权

（2013 年 9 月 30 日在校务委员会扩大会议上的讲话）

本学期学校将把实践教育活动的核心要求与学校事业发展的现实问题结合起来，围绕学校"十年卓越进程"长期发展的中心议题，开展学校"二次创业"。"二次创业"作为学校发展的新战略，有着一系列举措，但核心是分权到中层，激发基层活力。

一、围绕学校十年卓越进程长期发展的
中心议题，做好"二次创业"

1.继续推动制度建设。完善、严肃校院两级决策制度，尊重现有制度，延续现有有效制度，在日常事务中坚持制度优先，在紧急事务中坚守制度底线，不因事急损伤制度权威。

结合党的群众路线教育实践活动清理各方面制度，通过相应程序，清理不适宜制度。

2.适应制度与权责调整，推动信息化建设。形成简洁易读、易操作、周全的方便上下左右工作信息传输，方便下对上投诉及时到达，能够提高行政与教学管理效率，能够公示办公信息，能够清楚追溯办公痕迹的网上办公系统。

3.简政放权，励下分权，细分权责。在新一轮从校到院放权分权中，

明确上下左右行权的范围界限。明确干部权责监督评估，保证高效运行和阳光公务。各分管领导、各职能部门和各学院要适时做好相应调整。由分管领导和职能部门主动与各学院会商，进一步理顺权责关系，细分权责，明确达成标准和底线要求，梳理规范各项办事流程，优化各部门间的工作衔接，确定各方职责边界，明确各岗位人员与单位之间的工作职责与步骤。

新一轮理顺关系应在本学期总结并形成明文制度，促进各方依法依规有效行权。做到全局工作有部署，高效运行出成绩。据此，本学期学校将逐步建立分层级、定专项的评估机制和纠错机制，明确各项评估指标和要求，明确各层级评估和纠错职责。

各职能部门和学院要进一步明确权责利一致的基本原则，积极进取，放手工作，争优创先。同时在涉及人、财、物、事等重要领域的权力行使时要加强自律监督、自我纠错和评估。学校将试行干部全程考核机制，针对学校中层，建立过程工作考核（会议）、履责考核（谈话）、纠错考核（谈话）、问责考核（会议）四种考核形式。

4.释放活力、提升能力、激活动力，推动各项措施取得实效。在分权放权、权责分明、权界清晰、程序透明、流程科学、公平公正、行权有效的基础上，各学院要尽量把下放的各项权力用好、用够、用足，学校保证其在规范自主下开展工作，促进释放干事创业的主动性、积极性和创造性，达到放权出效益，管理出绩效。

5.推动学术在学校事务中发挥更大作用。本学期学校出台《三亚学院学术委员会章程》，推动重大学术事务由校学术委员会决策；出台《三亚学院二级学院学术委员会工作规程》，在有条件的学院试行建立学院学术委员会。

学校将进一步优化人力资源评估的"尊重文化"和"赛马机制"，科学合理设置岗位职数、岗位定位，明确各类岗位职责、岗位评价和人才发展通道。完善以"人才引进、培养、使用、评价"四环节为支持的人才队伍建设路径；拒绝平庸、反对懒惰，鼓励人才竞优争先，激活基层活力和组织动力。

6.发挥专家人才在学校事务中的专业技术作用，推动学校各项工作的科学化、规范化，鼓励各类专业技术人才为科学决策提供建议、意见。

二、开展好党的群众路线教育实践活动，以党建促校建，提升人力资源管理水平，推进"二次创业"

1.落实《中共三亚学院委员会深入开展党的群众路线教育实践活动实施方案》。按照教育实践活动总要求，扎实推进教育实践活动"三个环节九个步骤"，特别是要结合"二次创业"把"干部上下分权决策，群众普遍参与建设"贯穿于教育实践活动之中，把学校党委提出的"一个目标、两个促进、三个问题、四个关心、五个原则"和对全体党员干部提出的"两个界限""八个态度"纳入组织生活、政治学习、党课团课和校园文化建设中，以思想教育助推"二次创业"。

2.加强基层党的建设。认真贯彻落实第二十一次全国高校党建工作会议精神，发挥学校各级党组织政治核心作用，提高党员发展质量；校党委要为学院党组织更好地行使下放权力做好指导、服务工作。

3.借力群众路线教育，提振士气，培养良好风气，做好人才规划、引进和服务工作。借力组织人事部门整合职能，推进学校人力资源队伍一体化建设，不断提高为基层、为教职工服务的质量和水平。积极引进高级人才，抓好骨干队伍建设，抓实教师培训进修，优化师资结构，提高师资队伍建设水平。

4.借力群众路线教育，调动基层工会组织参与群众路线教育的积极性，倾听一线教职工的心声，着力帮助解决教职工的实际困难，建设好教职工快乐工作、愉快生活的工作机制与生活环境。

5.借力群众路线教育，优化管理文化和干部作为，加强纪检监督，落实廉政风险防控工作实施方案。在全面理清各类职权基础上，编制分层部门岗位"职权目录"，绘制"权力运行流程图"和"行权防控风险表"，推动纪检工作为学校事业健康发展保驾护航。

三、紧抓学科建设龙头，严肃迎评工作，
严格教学质量评价，推动内涵建设

1.启动第二阶段迎评促建工作。在第一阶段自我检查教学基础工作和教学基本文档建设的基础上，继续开展教学管理的"内敛"式建设，通过围绕本科教学工作合格评估指标逐项完善各方面工作，并借此时机加强内涵建设，凝练办学特色，提升办学水平。

2.推进学科建设，抓好质量工程建设，加强实验室建设。进一步推动以学科建设引领教学、科研、队伍、国际合作等方面的内涵建设。

在已立项建设的校级重点学科中，精选优势学科进行重点建设。加强各级各类质量工程项目的推进和评价工作，继续扶持特色项目和巩固重点项目，催生优秀教学成果，淘汰不作为、无成效的项目，形成省内优势、国内特色。

全面规划全校实验室建设，加强校级重点实验室建设，加大投入力度。

3.修订各类规划，推动教学信息化管理。清理完善各类各项教学管理规章制度；修订十年发展规划和学科建设、专业建设、师资队伍建设、校园建设等各类规划。

本学期建设好教务管理信息系统和学生管理信息系统，提高教学管理效率。

4.拓展研究生教育，完善研究生管理制度，为硕士学位点申报打下坚实基础。继续做好GM1000研究生的招生、培养、管理工作，拓宽项目内容，新增财务管理专业招生。用好教育部批准的我校和吉利共建的大学生实践平台，做好GM1000项目研究生、本科两个层次创新项目的工作。

四、以科研促进教学，培养学术力量、释放教师学术潜能，提升学校研究层次和社会服务能力，办好校刊，推进图书馆建设

1.对目前各项科研制度进行梳理、明确、细化和补充，更积极地开展科研服务和组织工作。坚持以学术研究推进学科建设、专业建设，开展系列学术活动，营造浓厚的校园学术氛围，根据科研管理支持科研院所研究、支持各学院开展学术常规工作和迎评工作，做好科研资料信息的收集、整理工作，完成迎评工作中科研处应承担的各项工作任务。推动各类合作项目和完成已有合作项目，提高上级项目成功率，协助做好聘请著名专家担任校内优秀青年教师指导教师的工作。

2.完善校刊编辑部内部的各项规章制度，推动校刊为学校学术服务。对《天涯华文》《三亚学院学报》《天涯学刊》三种刊物，划分明确的组稿与编校责任，严格制度，规定具体出版时间，提高办刊质量，服务教师，让读者满意，提高刊物的竞争力。

3.结合书山馆开馆工作做好各项读者服务准备工作，提升图书馆工作质量。书山馆的建立为学校图书馆服务学校事业、服务师生提供了机遇，也带来了很大挑战。学校加大对图书馆图书资料购置力度，提高采购的质量，建设好文献资源采访数据库，规范和提高采访工作水平。学校加强新馆布局设计、装修、家具与设备配置，相关部门提出图书馆运行与服务质量新要求，图书馆自身要瞄准国际化，提升专业水平。

五、围绕育人使命，加强学生思想教育，完善学业咨询，提炼校园各类学生节庆，培养品牌专业社团，打造大学"阳光社区"，促进校园文化建设

1.根据学校理念、文化和历史积淀，提炼建设宜于学生学业健康愉快成

长的各类各级文化项目，形成的各类节庆纪念要结合校园景观建设和校园学术、专业建设，促进校园文化育人。

2. 加强学生组织建设。一切围绕有利于学生成长，一切围绕提供学生成长的机会。扶持、支持、组织好学生社团，打造精品社团，建立学生自己平等交流、相互尊重、相互竞争的平台，规范社团管理工作中的各项规章制度，促进其自主运行。在学生工作中做到尊重学生人格，避免学生组织中的科层化倾向，积极塑造大学生的健康人格。

发挥人格健康中心和康馨心理咨询中心的作用，校院两级要提出工作要求，纳入学生培养规划、计划、评估环节。

加强对学生会的指导，按培养健康人格、独立人格的价值观，完善学生干部管理有关制度。

启动全校学生现代礼仪培养计划。

3. 完善学业咨询和学务协调工作，加强信息咨询网络平台建设。及时、专业地解决学生学业困难，累积学生咨询案例，形成培训范本；构建新型的师生、校生关系；促进各学院、各部门在学生教育培养帮助工作方面形成互补、互进的格局。

4. 以服务学生就业为统领，加强招生就业工作的建设。跟踪、总结学校建设成果，开展多元化特色招生宣传。以提高就业质量和就业服务满意度为指标，以完善网络信息平台为保障，促进提升毕业生就业指导水平，提高学生就业质量。做好就业困难毕业生帮扶工作。

5. 建设好师生校内社区。做好师生社区、宿舍及公共设施的专项维护维修。加强社区队伍和管理的自身建设，建立社区与各学院的合作培养机制，完善社区综合工作联动联防网。规划以社区为平台的各项教育活动，并做好总结、评估和持续维护。建设好学习型、阳光型社区。严肃依规处置学生宿舍违规使用电器、养宠物等不当行为，维护社区安全、文明。

六、推进学校教育国际化进程

1. 大力推动多元国际合作与交流。按照学校的宏观布局，推进建立中外合作办学机构的项目，建设好已经搭建的合作平台，推动师生互派的项目落实、项目人数增加和项目质量提高，加强留学生生源地的开发，扩大留学生政府奖学金项目和留学生规模。

2. 加强对外籍专家、教师和留学生的支持与管理。对现有的"外籍专家/教师手册"和"留学生手册"做进一步修订，供所有外籍人员进行学习，以保证他们工作、学习和生活方便合规、有序愉快。通过校园网平台做好外事传播工作，提升学校的影响力与美誉度。

七、发挥好学校宣传阵地的功能，营造良好的学风、教风、研风、校风，建立师生员工喜闻乐见的舆论传播方式

1. 理性认清发展形势，加强校内外宣传，加强对部分二级学院的工作指导、规范管理，形成结构合理的宣传梯队。紧跟学校发展思路做好文化传播工作。跟踪科研教学动态，注重塑造学术典型，营造良好的教学科研之风。指导、督促、评价各二级学院的宣传工作，构建有效沟通模式，保障学校宣传部与二级学院信息通畅，共同培养大学正能量、单位好成果、师生新典型，打造宣传品牌。

2. 加强宣传专业队伍建设与管理，提高工作效率，及时反映校情，明晰工作各方职责、流程、目标，提高宣传整体工作效率。在保证质量的前提下，多策划根据学校现状、适应事业发展目标的新闻选题，促进宣传工作多出正气、出士气。

八、提升服务保障工作质量与水平，树立全局意识和危机意识，确保后勤服务功能实现

1. 科学规划，提升校园各项基建工程质量。重点抓好学校校园规划调整、校舍提级改造和工程管理，下决心，严要求，打造精品工程。严防因工程质量或延期影响学校的正常工作和秩序。坚持厉行节约，确保各项工程安全、按时和保质完成。

坚守后勤保障服务教学一线的工作定位，把让师生满意作为评价后勤保障工作的核心价值和终极目标，做到高效执行。

强化对食堂及商铺的有效管理和服务质量的监控、评价。

2. 稳定有序地推进后勤改革。以后勤服务管理制度建设和绩效制度改革为切入点，用科学化、人性化的制度提高后勤服务人员的责任意识和工作积极性，并着力提升后勤的管理效益与绩效意识，保证学校的有效运行，提高师生对服务的满意度。

3. 加强校园安全管理和校园周边综合治理。加强校园安全防范，落实人防、物防、技防的投入和管理。

提高学校资产管理的制度建设和执行监控水平。杜绝资产流失与人为损坏，追究所有相关责任人的责任。建立突发安全事件预警机制和应急预案。

全面实行安保工作的纠错制、问责制、追究制。

强化校园网络与信息安全管理。

建立校园文明督查员制度。加强校园周边综合治理。

维护校内安全环境，保证师生员工的生命财产安全，加强校园内自行车、电动车及摩托车停放秩序整顿，加强校园消防安全检查。

做人、做事与人生思考

（2013 年 10 月 25 日在第二阶段迎评促建工作会议上的讲话）

迎接 2014 年本科教学合格评估既是现阶段的重点工作，又是我校加强内涵建设，迈向有特色高水平民办大学的必由之路。以高校教学质量标准评估体系严格要求自身，有助于我校进一步明确工作目标，提升工作质量，促进"二次创业"事业目标的早日实现。

王副校长对下一段迎评各项任务做了布置，并做了细致解读，我都赞同。迎评工作任务多，头绪多，大家作为干部，既要成为各项事务的解决专家，又要能超越，不只陷在具体事务里，从哲学的高度去看在不在行、会不会做和做事的心态。

在多元社会里，每个人都面临着多元选择，选择人生怎么过，事情怎么做，困难怎么应对。不同的人生价值观会造成人们不同的人生态度，不同的态度又造成了人们不同的事业心和从业方式的选择，最终结果自然是不一样的人生境界。困难不在人生过程之外，而在之内。应该把人生如何过、事情如何做、多样化选择如何选与人生观、人生路径、人生策略联系到一起。这一切，在我看来，都是人怎么看、怎么办、怎么过、怎么选、怎么待的问题。同样一件事情，不管是一件难事还是一件好事，不同人生观、价值观的人去看，差距会很大，有人看到机遇，有人看到麻烦。基于此，我要去解读学校工作计划。有人讲下放权力好办事，有人觉得是更多责任。对此我不多言，我不评价不代表我眼里看不到，耳朵听不到，心里不会去想。

　　本科合格评估是学校内涵建设的需要，同时也是"二次创业"必需的一个部分，并不是突如其来的外在麻烦，评估动员大会上已经说明。迎评期间，我们发现这个要补，那个要补，这说明我们过去底子薄。这个不清楚，那个不明白，作为院长或书记，便是糊涂；景象乱，管理不到位，就是水平低！"二次创业"创的是什么？就是调动大家的积极性，办出高质量大学。迎评自然是二次创业的一部分。也许对北大来说，评估是麻烦，用教育部的标准去套北大不一定合适，可对于三亚学院，评估是必须的。北大若让专家查到再差的问题，它也还是北大，而三亚学院若达不到统一标准，就说明一大堆问题，能不能再办下去就都成了问题。

　　评估标准看起来麻烦，但实际在一个质量标准范围。我们追求质量，没有标准不行。任何一种质量评估体系都是相对正确和可行的，制定质量标准的基本定位则是绝对科学的。教育部教学质量评估体系和我校教学内涵建设目标具有高度一致性和很多的重合部分。当我们深刻认识了质量评估体系的实质，进而充分利用这一标准检验实际工作的时候，我们就能在具体实践中举一反三，思考总结，积累经验，日后再次面对同类工作时，我们就会有成熟的工作思路、办法尺度与胜任工作的底气和自信。

　　凡事仅自圆其说没有太多人信服。在世界工业化进程中，欧洲有欧标，美洲有美标，一个国家的大学教学当然要有国内标准。我看到有些干部听王副校长讲话时，眉头紧锁，不时摇头，是嫌麻烦，还是苦恼，还是觉得标准不好？对于我而言，这便是一堂课。因为我在这方面不是专家，而作为校长，我又不能有盲点，所以我珍惜这次讲解机会。在座的有的是老院长，也许有些经验，但不完全，毕竟不是专职教务，而年纪轻轻担任院长的同志，更要珍视这个学习机会。同志们，作为合格院长，不要和身边的海大或琼院比，而要看哪个高校已达到的优秀和质量标准，我们还有哪些距离。质量标准的好处是凡事靠质量标准说话，走到世界哪里都一样，容易判断、选择，也容易做好和容易解决纠纷。你学会一种评估的国标，便可以倒推出若干国标。教育部评估指标有些对北大不适合，可能有些对三亚学院也不适合，它可能观测不到一所学校的某些内在品质、潜力和卓尔不群之处，但它和工业领域质量认证体系的精神是一致的，整体是科学的。经历此过程，每个人都可以举一反三。世界上没有一件工作是白做的。

学校以评促建，旨在进一步提升发展质量。内涵建设需要一个长期积累的过程，这需要每一位师生员工从日常工作和学习的小事做起，日积月累，形成具有三亚学院气质、品质的浓厚教风、学风和科研之风。每一位积极做事，爱岗敬业的教师都应该学会思考，懂得做事的"远虑近忧"之道：远虑的关键是获得对前途的信心，同时保持危机意识，在此基础上，进行战略谋划和工作总体部署；近忧的关键是持有工作的细心，在此指导下，建立计划、落实计划，细心做好每一件小事。纵观全局，可以辩证地理解为"大事在小事之中，小事在大事之上"，做到事事都有利于向着国标实现的方向不断发展。但如何把每个人的"小事""积极做事""远虑近忧"做好，做得都有利于学校向高层次发展，就首先得有一个质量标准，和按标准保证质量的意识和办法。

和大家谈"玄"，是希望可以和大家有同样的价值观和角度，能谈到一起。普通人经常会将一些事情归结为校方的事情、国家的事情、外面的事情、别人的事情，但作为干部，不能将学校的事情看作是自己的事情，我们彼此就难以合作，干部必须和学校在一条船上，坐一张凳子。同时，本岗位的事情就是自己的事情，自己的事情就是主人翁该考虑的事情，遇到困难，上级没有觉察，我能看到，我要说话，我来提出。对学校这是同舟共济，对每个干部是自己的长远发展。

一个干部要得到一个评价，要用数字说话，自己看法只能占20%，其余80%在自己以外的评价（比如三亚学院设置评价干部的权责是上级看法占40%，下级看法占30%，旁观看法占10%）。职场的评价与日常个人对自己的人生评价是不同的，更需要介意外在评价。群众路线是讲干部如何联系群众，代表广大群众的利益说话、做事、思考，不是看着评价来做事，不是别人如何说你就如何做，群众评价是底线。上级看法是在任命之前的一个看法，看制度要求、群众眼光、岗位需要、同行比较和个人愿望。任命之后又是一个看法。在三亚学院阳光文化下，谁想干事、谁能干成又能守住底线就是好干部。看到困难、敢挑重担、能干好便是任命、升迁干部的原因。各位要经常思考如何堂堂正正做干部、用心做好干部，思考如何全力将工作做好，将学校办好，同心协力克服眼前困难。这些职场宝典，大家要反复思量。

学校在追求高质量办学的发展过程中恰逢迎评促建，这其中机遇与挑战同在。过往，三亚学院每一位教职员工都在自己的岗位上兢兢业业、辛勤付出，正是这种存在于我们大家之中的"主人翁"精神，使得我们有理由相信学校的卓越事业必将稳步向前迈进，而同时，每一位优秀的教职员工也将随着学校事业的发展实现个人价值，并收获应有的劳动回报。这是我们来这里工作的完整理由，也是我们面对评估工作的正确定位。

"接人气""接人心"的民主生活会

（2013 年 11 月 6 日在财经学院班子专题民主生活会上的讲话）

首先感谢学院党政班子之外的其他成员能够列席旁听我们班子民主生活会。班子的事，大家过来一起听，既是监督，又是大家一起受教育。

今天的会围绕"四风"，程度不同地谈出了自己的真实感受，如果把程序化语言、政治化语言去掉用家常话说就更好了。

大家都说基层的民主生活会"接地气"，其实应该是"接人气"。大家都是人，都是教师，都是高校中的教师，大家平起平坐，没有高低；大家的所思所想、所作所为，虽呈现个性，其实也都具有同质性的评价标准。中国人信奉口碑，其实是因为在过去的中华传统中，儒家思想界定了大略一致性的文化体系和道德规范，老百姓足不出户也知道有这样一个体系规范，你一言我一语去肯定某人或某物，就总是有谱。此谱，就是儒家道德；此谱，就是同质性标准的口碑。今天的民主生活会大家依照党员干部的标准议事论人，也是一种谱，一种口碑，重要的，是说真话。我建议以后就开这样的民主生活会，多说一些家常话，多说与学术相关的话，尽量不要用官话、套话、不走心的话。

接着大家的发言，谈谈我的一些体会。

陶书记说在管人心、聚人气方面还有一些不足，指的是有一些同志离职了。这是我在学校创业阶段经常思考的。有很多原因可能造成这种情况。

其一，虽然理论上公办民办都是国家办的，都是一样的，但是，这里面

221

微妙的差异决定了很多择取的权重。过去十年，咱们国家出现很大的话语转向。关心和谐社会，关心贫富分化，这无疑自有道理；采用的方法路径也很实在、简单，就把国企做大，把央企做强。由于一个社会的社会资源相对来说是一个均衡状态，尤其是国家资源的总量是没有大变化的。过去几年，央企国企扩张，加上政府对市场的管治力量、调控力量加强，民企、民办是在不断收缩，对此老百姓是心知肚明的，由此想跳进政府机关和国企也是人之常情。不过，我坚持认为这种状况是不可持续的。2008年春节，我和书福董事长有一次长谈，推演出三五年之后这样的形势会改变。道理不复杂，GDP不可能无限上涨，公共支出在不断扩大，政府的非理性支出会变成一个黑洞。钱从哪里来啊？这样的结果是不可持续的，最终还是要回到小平同志的设想上去，全面改革开放，开放市场红利。所以，2008年讨论之后，我们党政班子讨论决定一定要低调，不要理直气壮地宣传我们三亚学院是民办，不要宣传我们三亚学院的体制优势，我们只谈要抓内涵建设，抓质量建设，怎么抓和抓好的不谈。低调，不宣传，耐心度过价值观和话语边缘化的阶段，静默等待必然到来的新改革时代，这是我们当年的策略。现在，我们兴高采烈地盼到了习李新政，一个又一个新政策出台，如我们所愿，民营企业、民办院校的春天，就从这个十年开始。新的开始，真正的开始。当然这个过程还是会比较艰难的，尤其是在海南这个地方，经济越不发达的地方，对传统的依赖性就越强，越是"左"的越保险，经济欠发达的地方对保险需求越高。

其二，在民办院校，带一支队伍很难。我是学社会学的，知道这是一个必然会碰到的过程。因为有的人不从事业出发，甚至不从工作出发，单从短期甚至资源交换出发，他知道你的这个体制，知道你目前的门槛比国办大学的门槛要低，冒出"客大欺店"的想法，不想依法办事，不想讲信用，想任性。

其三，学校自身快速的规模发展导致学校各项工作的衔接、制度的完整性、工作的细致性、人文关怀的亲切性都不够，也会导致许多非标准化问题出现，由几个小问题变成一个大问题，工作问题变成感情问题，最后走人。

其四，民办院校在发展过程中资源不占优，制度不占优，话语体系不占优，价值高度不占优，自己内部的发展也存在困境。民办院校急需人才，求贤若渴。有人说我是人才，来了想要"捞票子"。但是我们学校对于"捞票子"是有规定的，你做出多大的贡献，对学校人才培养、科学研究、社会服务、行政管理的贡献大，学校自然会给你待遇报酬。但有人只想短平快，只想只说不干，所以"走掉"是自然结果。

即便是人民大学，也有跳槽到浙大、北大去的。这种情况，在中国叫"挖墙角"，在西方叫作"人才流动"。在美国高校，教授可以在某所高校任职一辈子，有的可以待三五年，有的甚至只任职一学期。虽然也有长聘、短聘，但是好处在于：第一，他们有契约精神和职业规范。进大学的人轻易不会违约，违约后果很严重。美国整个社会都具有契约精神。第二，门槛很高，能够进入大学教书的人都已经具有了一定的学术科研水准和教学能力。所以他们来了，对学校有帮助，走了，对学校无伤大雅。当然大面积学者流失会使学校塌一个角，但是天不会塌下来。这与中国的国情不同，社会发展阶段与发展水平不同，西方是"人才流动"，我们是"人才流失"。在这个过程中，学院的书记能做什么呢？从宏观方面看，要看成是发展过程中的常态；从具体方面，党委希望你能够"管人心，聚人气"。衡量你做得好不好，老师走不走不是标准，衡量工作做得到位与否的标准在于，老师走的时候是否感觉到有些理亏甚至愧疚。比如他工作当中的问题你帮忙解决了，个人生活矛盾、情感问题你帮忙梳理了，但是他确实有重要的理由需要离开，并且感觉有愧于财经学院的培养、帮助，那么，你的工作做到位了。相反，他走的时候一肚子牢骚埋怨，别人听得到你听不到，那当然是工作没做到位。我在基层做过多年，有的单位就只有五十几位同事，可以说每位同志有什么脾气、什么困难、什么擅长，水平有多高，潜力有多大，我了如指掌。那都是靠日积月累的谈心、沟通出来的。从这方面来讲，你自我批评做得不够，我感觉的确是有所欠缺的。

陶书记说到自己的工作能力问题，我认为描述得很对，说明你还是很真诚地面对自己。一个老同志还敢这么讲，说明陶书记的确是个正派人。任何人经历过很多后都会"老革命遇到新问题"，更何况还存在地域差异、学科差异呢！怎么做人，我认为在一个"诚"字，以诚待人，学术有学术的诉求、规范、规矩、脾气，党务工作、行政工作也有自己的规则、道理、情理、规范，两个系统不一样，规范必然不完全重叠，需要把交叉的部分说清楚，不交叉的部分分清楚。我与美国合作方谈判，大家都觉得不可能成功。但是，我认为既然大家愿意商谈，就应该本着想办成事的目标来，同时为对方考虑好底线，帮对方守住底线。所以，一个小时就基本把重要条款谈妥。期间我与美方校长讨论，我问他身为校长有多大权力，他说从系主任做起，感觉权力越大，官越大，要他做事的人越多，以诚待人，不要总想着防备人，然后换位思考，帮助对方考虑困难，这项工作就真正做好了。当然，要是某一个人愿望太多怎么办呢？那就靠每个人守住自己的底线，照顾彼此。作为书记，在助人解难时，对于做人的底线、学校规矩的底线、一个团队利益的底线要均衡掌握好。

陶书记反思自己有做官享乐思想，其实，从人生观、价值观、世界观上去挖掘，是可以挖得到的，每个人都需要挖。中国的官僚主义与历史发展阶段有很大的关联。改革开放，从始至终政府扮演了重要的角色。政府对中国市场经济发展是有很大推动力量的，有时候是有很大功劳的，尤其是地方一些部门，官员是有着很大贡献的。功劳大了就会自居，自居久了就会自傲，自傲久了就会高高在上，官僚主义的问题就来了。今天我们看到在世界华人文化圈里基本都是这个倾向。新加坡把最优秀的人才选拔到政府当官员，官员保持着比照各个行业最高的薪酬标准。中国现在官员工资收入还是较低的，他们看到自己的功劳和收益不对称，难免会生出其他想法。目前表现出来的官员腐败问题，一定程度上与此有关。西方发达国家也有官僚主义，但是其表现不一样。中国表现为腐败，英美在整治过往阶段的普遍腐败后，现在表现为科层制的低效、臃肿、惰性。美国解决官僚主义的办法一是要求你的职业权威和公共道德保持一致，不能公私不分地贪污；二是把职业角色与私人领域分开。一个社会发展到一定程度后，有的领域是可以恰当融合的，有的领域是有必要适当分开的，比如职场上的公与私。而我们在这个阶段，许多领域是混沌状态，许多都搅在一起。我们始终习惯于用旧的思维方式去判断是非，即仅习惯于用价值观看问题，一件事就看是否不道德、不应该，只有旧道德标准，没有现代新标准、法律标准、市场经济标准，没有多视角共同去评价一件事和一个人，而我们的现实，恰恰是用传统道德、法律、市场经济规则这三条线共同组织我们的社会运行。所以，陶书记所自批的"享乐主义"与官员的不同，你的享乐主义是在学校还困难、还有问题的时期端坐不动，没有花更多的时间精力去研究、调查、解决问题。试想，如果书记不想问题，谁想呢？那只能是上一级组织想或群众想，就被动了。每一级都有各自的事情，想不到的结果就只能使工作更加困难。在这个意义上你批评自己不牵强。

高院长说自己底气不足，怕伤害他人，怕犯错误，这个问题其他同志都注意到了，应该从两个方面去考虑一下。上级组织和群众在评价一个班子的主要领导人的时候，多数时候是有一致看法的，就是看主要领导是否在推动进步，主持公平，解决问题。这三个评价视角，也是现代政府承担的角色职责所在。上级希望你在这三个要点上整体、适度、系统地推进，从过程到结果都能够把握住。当然，你还需要考虑上级和群众不一样的地方。群众是由若干个人组成的，每个人关注的侧重点和视角不同。所以，怕，是干不出干部的，干，才能干出干部，干，才能解决问题、得到进步。组织对你提出更高的要求，考虑到你刚刚起步，现在自己能够意识到这些问题，已经方向对头了。

胡老师提到自己的修养不够，能力不够。修养和能力是没有极限的，对谁都一样。你有一个问题可能自己没有意识到：对自己要求不算太高。今天上午我们在面试一个前外交官到校任职的时候很为难。他发表了几百篇文章，不过在我看来多是工作总结、经验总结，而不是学术研究，但他的确是有很多的资源、见解和经验。在美国，有很多医生、法官、律师等，以前从事这些行业，后来想进入大学任教，都先需要再进行一次完整的学术训练。胡老师当年从商界进入大学任教，对自己这方面没有提出更高的要求，没去读博士，也没有去完成一个完整的学术训练，所以以今天的学术水平在从事教学工作，自然会问题不断。怎么办？向身边的高手请教，主动自觉地完成相关专业完整的学术训练。

关于这次民主生活会，还想说几个各学院共同存在的问题。大家都不想开长会，例会时间出现"有人聚会，无心聚会"，人在心不在，就好像上课到课率与用心率是不同的问题。我想这与信息有关。第一，信息要对称。大学里组织政治学习是中央要求基层党委做的，必须做，但怎么做、怎么做好却是基层党委可以自主实施的，举个例子，如果三中全会开完之后开始读报纸，老师们会很反感，但如果提前下功夫，了解三中全会的主题精神，把现实生活中大家集中关注的问题收集起来，之前关注哪些点，这次会议回应了哪些点，有兴趣的自然会下去自己搜集研究，不用在这里死板读报纸。第二，信息要对接。上级文件学校要传达，有些是老师喜欢的，有些是老师不喜欢的，有些又是必须要传达的，所以必须要提前备好课，就好像老师上课要提前备课，了解学生已经掌握什么、需要掌握什么一样，传达时把会议精要、把大家特别渴望知道的部分告诉大家，缩短会议时间。第三，信息要沟通。会议前大家做基础沟通，有什么问题、困惑通过开会的形式举一反三；如果不能举一反三的就是特别问题，不要拿到会上说，不要做"一人感冒，大家吃药"的事。第四，信息要聚合。信息在交汇过程中会产生"化学反应"，会产生新的信息出来。就像今天的会议一样，不是说完就完了，要相互回应，鼓励产生新的火花出来。在会上或者会下提出意见，到了领导班子这里得到了反应，老师们对于会议就有了需求了。这类事情我在上海读书的时候与复旦大学的一位教授讨论过，感觉这应该跟对应的需求有关，跟产生新的需要有关，跟感觉自己在生活中分享了观点、贡献了智慧并且彰显自身的重要性有关。如果能懂得这些道理，能这么做的话，那我们的会议就能够取得实效。建议从以上四点思考改进会风。

关于管理工作，我特别要和高院长说一下，要甘于服务。不管古今中外，都有从事公共事务、民众称为从政的职业分类。第一，从政要有志向，从政的人要有内在冲动，不能勉强，要甘于做这件事。第二，现代从政，要甘于服务，当官做不了老爷。第三，从政是从事管理，要善于管理，就要把别人的需要弄清楚，这个不难，难的是还要有科学理论和方法，把实证调查的方法、分类的方法、分层的方法、分解的方法、分段的方法学会，现在，还需要利用大数据分析方法。过去用数据说话，现在用大数据说话。第四，从政要勇于承担。承担是履行干部职责或者官员职责的一个道德要求，一个干部不敢承担责任是无德。

财经学院目前到了一个很好的发展时期。虽然现在还算不上兵强马壮，但是我们依然能够看到很好的前景。书记为人正派，又有很丰富的党务工作经验；主持工作的副院长年轻，想干事，头脑清楚，作风绵里藏针，也比较低调；院长助理在三亚学院时间久，当干部时间长，想干事，对学校有感情；还有一些教授、博士，一批老师、干部，对学校有认识、有感情。学院新班子要踏踏实实为事业发展和教职工福利做几件事情，不急于让大家"一呼百应"，先把大学的基本点该做的做好，如人怎么做，学问怎么做，教学怎么做，先把这几点归到公理上来，归到同质性的要求上来，然后再谈"个性发展"。中国人、中国社会一直是有统一标准的，即是有共同道德标准的。大家都是老师，尤其愿意讲公理，好讲理。中国过去几千年的传统是一个讲理的社会，孔子帮我们作了基本规定。具体好不好，不要只以现代标准来衡量它，而要回到公理。中国过去一阶段是"不讲理"的社会，官不讲理，商不讲理，民不讲理，学者们有时候也不讲理。有的人讲权，有的人讲利，有的人讲暴力。咱们大学，如果说有公理，就是为了办好大学，各尽职责，就是书记讲政治、讲大局，院长讲工作、讲服务，老师讲教书育人、科研学术，把做人的道理说清楚，有道理可言，那就正气抬头，学问之门打开，专谋学问的得到尊重，勤力教学的得到尊重，热心求知的得到尊重，如果有这个尊重风气的话，公理在了，其他问题都是小事。

感谢财经学院班子认真开民主生活会，感谢大家来参与这个民主生活会。希望财经学院以此为基点，回到办学原点，回到大学公理，回到各自职业操守，齐心办好学院。

迎接本科教学合格评估是发展的机遇

（2013 年 11 月 27 日在迎评促建工作动员大会上的讲话）

在我说今天的主题前，先谈谈十八届三中全会。十八届三中全会召开了，有几位看过公告？不谋全局者不能谋一域，不谋万世者不能谋一时。十八届三中全会是学校未来十年之万世、全国全世界内外大局之全局。我建议大家认真学习，可阅读相关专家的导读。

2004 年我曾写过一本书《转换的背后》，忧虑国家当时在小平同志开创的社会主义市场经济道路上有新的转换。2008 年在海口与李书福董事长交谈了这转换中的进一步忧虑，我们大胆预估 3 到 5 年后会有转换。当就此和一些学者谈论时，主张改革的人意犹未尽，认为还有许多还模糊、不明确、不具体的事物，就让子弹飞一会儿嘛。现在大家观察，从剑出鞘、子弹出膛那一刻，关心我们所从事的事业有没有前途，也关心你能不能胜任所在的职位。十八届三中全会没有就民办教育提到什么招数，但就像当年 2004 年转换开始也没有说不支持民办教育，一旦大势所趋，就所向披靡。但"让市场在资源配置中起决定性作用"，政府会控制干预，由此也界定了政府与民办教育可能的关系；政府与市场、社会的关系界定恰当，就会使其与民办教育的关系界定恰当，这个逻辑结果大致可以期待。

我们民办教育的未来事业是有前途的，我们要一步步扎实走好脚下的路。本学期工作承续上学期工作，而这两学期工作计划是承续了十年卓越进程规划的要求。本学期工作总共八项 28 条，涉及各学院的直接工作有三项，分别是人才引进和队伍培养建设、学科建设（含专业建设、科学研究和师资队伍建设）、迎接评估；分担学校各部门的工作或者是将间接参与的工作共有六项，分别是继续优化分权分责、参与学校对干部的全程考核、基层党建和基层工会建设、学生组织建设和学风建设、国际合作、对内对外的宣传。作为学校干部，大家应该明白十年卓越进程落实到今年的任务和本学期的任务，涉及各学院的是三项加六项，需要各学院独立或协同完成。我曾向各位推荐过学校校务会议的模板，但看起来并未引起所有人重视。科学管理是学校管理的一部分，在过去创业时期，我们更多是靠精神态度、靠价值导向，现在学校进入落实十年卓越进程的阶段，在系统地推进当下工作时，除了坚持价值导向，更需要采用新的科学的方法。

本学期工作安排中，有以下重点工作。

第一，积极开展党的群众路线教育实践活动。民主生活会是我校党建的一个重要形式，在教育实践活动中得到更充分的运用，取得了良好的效果。我参加了学校和两个学院的民主生活会，会上大家真诚、真实地批评与自我批评，做出了不少反思，对办学很有益。本学期要继续深入开展教育实践活动，开展十八届三中全会精神学习活动，要把民主生活会作为一个重要的学习与提高的形式，促进干群沟通，促进干部成长，促进学校进步。

第二，班子建设。学校进入发展新时期，学校做了中层班子调整，部分年轻的同志开始主持学校各项工作，对于这些同志，有 3 年考核期，他们是否有对全局、对学校发展、对自己和师生的总体把握和推进，我们都要观察。每个干部都有自己的职责，老同志"在位"否，新同志动作恰当否，学校将通过全方位考核来对其工作进行评价。举个例子，"达维"台风来时，学校运行情况很糟，但领导都亲临一线抗击台风。如今"海燕"台风来了，各位同志在场否、在位否？

第三，干部考核。新同志心态如何？心态决定事态，心态不当，方向动作也就偏了。学校鼓励多劳多得，干部必须通过正道获利，不能以权谋私，这样有损自己形象、人格和组织权威。希望干部全面履行自己的职责。

第四，重中之重是迎评促建。"海燕"事件让我感慨颇多，原本值得骄傲的干部队伍露出一些"农民""散兵游勇"的原形。看来干部的培养、考核、监督、奖惩与成长是一件较为长远的事情。台风来了，水电没了，自然灾害前有干部麻木、推诿和退缩，在我看就是"猥琐"。也有干部勇于作为，是个做干部的样子，这也是我们党开展群众路线教育实践活动的意义所在。心里没有群众，心里也就没有事业，迟早要露出马脚。我们处在台风多发地区，不能仅依靠政府，还需要独立自救。因此，经学校和董事会决定，学校将再增建自己的电站和发电机组、蓄水池。同时，市政府承诺未来给学校双轨供水，先加强荔枝沟供水的水压。未来十年卓越进程学校要实现更加优秀的目标，学科建设、师资队伍建设等是重头戏，但基础建设工作还得加强。

迎接评估是促进学校全面建设的一个重要契机。受教育部委托的专家组将对学校教育理念、思想、定位、制度、文化、师资队伍、教学方案、专业与课程设置、教学运行、学生学习效果等事关教育教学质量的若干事项进行衡量评估，评价学校在七类一级指标、二十项二级指标上是否合格，这些具体指标最终可倒推到对学校办学思路和教学质量、教学生态和学术生态的总体评价上。如果说对"海燕"来临时的反思，是对我们身处热带台风区城市和校园脆弱基础的反思，那么，迎接评估则是对学校8年快速发展后教学生态、教学基础的反思。这场全校反思，需要认真对待。

重点推动教学迎评的同时，还要继续推进学校科学研究工作。在教育实践活动中，我反思想到，人类历史有惊人的相似之处，在物质匮乏、精神食粮短缺、灾难频发的时期，人类需要有强大的组织，但组织发展壮大到一定阶段，人类就不再需要强大的组织和领袖来管理和约束，组织中的个体需要更大的自由度。组织的基层需要更多地被关注和照顾，在现代，就是要平等地参与组织事务。教育实践活动给我的启发是，有功于学校的干部需要重新端正心态；"海燕"台风给我带来的启发是，学校干部队伍中每个人需要自身的履责良心；本科教学合格评估指标启发我，慕课平台和美式的课程评价有价值。慕课是技术改变教育，美式课程评价是通过学生评价改变教育（课程价值由学生决定)。对这两种新的方式需要进行学术研究,将在学校 2014 年评估后出台方案逐步推动。

学校迎接 2014 年本科教学合格评估并不是负担,而是为学校下一步发展和未来改革打好基础、做足准备。迎评和促建是学校内在发展的需要,是我们在座每位干部分内的职能和职责。从干部自身进步和学校检视办学体系是否牢固、健康角度看,都是学校更好办学的机遇。

十八届三中全会明确提出市场在配置资源中起决定性作用,这是中国社会和中国教育三十五年来难得一遇的好时机。在这时,我们要迎来教育部本科教学合格评估,我们要把迎评当作学校发展的一次重要机遇。今天,我们进行迎评动员,会后各学院就要行动起来。迎评的几个时间点请大家记好:下学期初,各学院完成学院自评,5 月完成专家评估,9 月完成第二轮专家预评估。希望在座各位对迎评工作有知、有能,迎评是教育质量检验,迎评是学校体系检测,迎评无小事,迎评干部要在位,要勇于面对。

卓越目标近一步，卓越进程需加力

（2014 年 1 月 4 日在一届二次教代会上所作的报告）

各位代表：

今天，我们在这里召开我校第一届第二次教师代表会议。受学校"两委会"的委托，我向大会作工作报告，请予以审议。

一、两年来的工作回顾

在过去的两年里，我校认真领会十八届三中全会精神，认真开展党的群众路线教育实践活动，实施学校"二次创业"战略，学校各项工作持续推进。我从"卓越进程进一步""务实迎接教学评估""巩固教育实践活动成果"三个重点方面向大家报告：

（一）成功转设，进入创建中国一流民办大学的新阶段

2012 年是学校承前启后继往开来的一年。3 月 29 日，教育部致函省政府，同意"海南大学三亚学院"转设为"三亚学院"。学校的成功转设实现了过往八年以优选办学思路、创新办学体制、建构制度文化、凝聚人心、锤炼队伍、形成规模、夯实基础为主的外延高效发展的目标，开启了学校未来以育人为本、教学为中心、科研为基础、提高品质为主的内涵稳健发展新阶段。在此基础上，学校以办党放心、办人民满意的大学为方向，以民办机制

为驱动，以探索现代大学制度为抓手，以提升办学质量为要务，以服务师生、服务社会和取得学校竞争力为目标，形成了经得起过去阶段性实践检验的基本图景、基本理念、基本价值、基本文化、基本制度和基础成就，创建了应对民办大学诸多急难重大问题的管用、有效的办学机制，建立了一套依据自主主导的创业型大学特色的"大学轴性设计"运行机制，并在此基础上丰富了学校"党、政、学"三委员会决策机制，建立了若干二级委员会工作与协调机制，试行"行政四长"负责制，健全了党政各职能机构执行、监督、纠错与问责机制，推动建立了纪委教育监察和查处机制、群众参与和监督机制，试行了二级学院"有权办学"和"依规行权"机制，健全了人才队伍两条线发展通道和评价机制，完善了教学质量保障与提升机制、教学与课程评价改革机制、学生学业评价机制，以及在此基础上推行的树立学术地位、建构学术生态、建设良好学风的若干举措。学校的治理结构、师生积极性、各类各级管理效能、教学质量、学风状况、办学条件都有了进一步完善与提高。学校向着既定卓越目标又近了一步。但上述机制还有待具体落实到工作之中并有待实践检验其成效。

在目前通行的第三方评估机构的公开评估中，如中国校友会网编制完成的 2013 年、2014 年《中国大学评价研究报告》，腾讯和网易都于 2012 年、2013、2014 年举办了教育年度评选，学校均获得跻身民办大学前列的好评。

（二）二次创业，健全决策机制和干部制度

2013 年新年伊始，走过八年创业历程的学校领导班子开始谋划推进"二次创业"发展新战略。"二次创业"是学校在理性研判形势、主动谋求发展的基础上，围绕学校十年卓越进程和未来长期发展的中心议题，做出的观念转变、战略调适与制度配套，是推进管理科学化、决策民主化，释放基层动力、挖掘内部潜力的必要举措，着力解决的是学校进一步发展的中层、基层和全体师生活力、动力和学校办学实力问题。具体措施重点体现在学校校级领导班子分工（线）决策，简政放权，集中精力抓大事；建好中层班子，放

权于中层和基层，形成校级、中层分级分权两级决策行权机制；并逐步放权给基层，在每一层更多更广泛地听取普通师生意见，形成民主参与和民主监督的工作局面。2013年春季学期，学校和机关各部门在调查论证的基础上统筹安排，已首批下放26项人、财、物、事权到二级学院，已初步激发了各二级学院以创业精神开展工作的积极性，有60%以上的学院发展势头明显。其他学院工作状态和工作成效有待考察。

二次创业中，学校着力持续推动制度建设。完善、严肃校院两级决策制度，保证依法治校，推动民主参与和民主监督，推进科学管理，保持制度的延续性与创新性均衡；管理制度体现进一步细分权责，各项办事流程有利于上下左右顺畅履责、有利于师生顺利办事；各类各级干部行权制度规范，各部门间确定各方职责边界和工作衔接；明确各岗位人与单位之间的工作职责与关系，明确质量标准和底线要求；完善干部权责监督、纠错、问责、评估，保证行政高效运行、阳光公开，保证服务好教学与服务好师生。此项工作已经开头，正在进行中，将列入2014年工作计划。

（三）抓住契机，以教育实践活动推动学校进步

从2013年7月开始的我校党的群众路线教育实践活动，在省委第十一督导组的指导下，学校以"活动"作为推进学校"二次创业""卓越发展"的契机，使教育实践活动与学校教学工作"两手抓、两不误、两促进"，学校教育实践活动受到了省委第十一督导组的充分肯定。

1.提高共识，凝心聚力，以教育实践活动成果推进学校"二次创业"

学校领导班子认识到，新形势下，在必要的社会改革和不可逆转的多元文化价值面前，中国社会一方面收获了改革的活力，另一方面也因为多元化而容易失去方向、分散力量。要重聚人心，必须进行思想交流与思想教育，"从群众中来，到群众中去"是党的工作传统决定的，更是新形势的要求。党的群众路线教育实践活动的根本目的在于增强凝聚力，推进社会经济发展，实现"中国梦"。

具体到我校,就是要通过群众路线教育实践活动凝聚人心,使学校的各项事业发展准确契合党的群众路线教育实践活动的目标,推进学校新发展。为此,学校提出了"一个目标、两个促进、三个问题、四个关心、五个原则和要求"。"一个目标":群众路线教育和学校事业发展目标同向,保证党的群众路线教育实践活动在三亚学院广为人知,顺乎民意,以活动引发大学梦、海南梦、中国梦的组织正能量。"两个促进":教育实践活动与"二次创业"共促进、同进步,具体做法是,既要保证教育实践活动的进度和力度,又抓好学校制定的卓越进程各项重点任务的推进和落实。"三个问题":群众路线要解决的是干部个人作风、群众与党同心、群众诉求与学校组织发展这三个问题。"四个关心":群众路线要全面关心群众,做到四个关心:关心思想、关心进步、关心意见、关心困难。"五个原则":守住底线、主导公平、保障权利、照顾困难、群众满意。在工作过程中五个要求:干部不侥幸,党委不放松,行政不退后,工作抓紧但不扰民,群众路线活动不过线。这个专项工作定位既是对党的优良作风和密切党群干群关系在具体环境下的重申,也是形成大学伟大与真诚教育事业必要的共识。

2. 兴反思与自我批评之风,弘扬阳光文化

建校八年多来能动真格的校领导班子民主生活会制度,为我校顺其自然召开好专题民主生活会奠定了良好基础。10月29日上午,校党委召开了专题民主生活会,学校专门扩大参会听会范围,各学院党、政负责人,机关各部门负责人列席听会。学校领导从政治大局、思想深度和感情真处反思和检查自己,带头解剖自己"推进事业不遗余力,关心群众照顾不力""事业做大了,对下级傲慢了、对基层怠慢了"等问题,讲的是内心真话和党性要求。随后,各总支也借助专题民主生活会认真反思、相互批评,多数中层班子认真诚实面对问题,广纳群众意见、解决工作问题,凝聚发展共识。个别学院专项工作的严肃性、真诚度和工作能力尚欠缺,需要进一步改进。

3. 以改进作风推动改进工作,服务学校发展,服务师生

按要求,校领导班子召开了22次调研座谈会、深入到28个学院、教学

部和基层部门征求意见，全校通过征文、调研、设置意见箱、建立校领导联系点等多种方式，征集"我心中的大学"和"如何进行制度建设、依法治校、依规行权，形成价值共享、责任同担的良好环境，推动学院事业全面健康发展"意见和建议，征集对学校领导班子和领导成员的意见和建议，共征求到意见和建议 708 条，涉及制度建设、师资队伍建设、教学工作、学生工作、科研工作、后勤保障、安全稳定、党务工作、就业等各个方面，"活动办"对收集的涉及各部门的意见和建议反馈给对口分管领导和相关部门，责成其研究解决并答复。涉及领导班子及班子成员问题 92 条，其中涉及行政管理和"四风"问题，已经进行了整改，如制定更有效的措施招聘人才，出台更具体的办法留住人才；如健全教师和职员晋升通道；如营造"走出去、请进来"的学术文化氛围和机制，增加二级学院学科建设和科研经费中教师外出参加学术会议和进修的比重；如增加安保等校园管理投入。其中涉及"四风"问题专项整改方面，已经进行整改的：如精简会议，节俭办会；优化学校治理结构，提高工作效率，提高服务师生质量，健全民主参与和民主监督机制；发挥好教代会、工会、"我有话说"等组织与平台的作用，如在学校现行的校务委员会、校党委会、校学术委员会各负其责的决策机制基础上，建立校务、人事、总务、秘书四长负责制提高管理与执行效率，建立若干二级和三级委员会制度，加强科学决策和民主决策以及工作协同能力。2014 年将通过建立完善学校管理制度体系、全面修编制度和运行年终工作总结，来评估这方面的落实情况。

学校党委研究制定了具体的整改方案，共 12 个方面 36 项，已在学校办公网上公布，其中 4 条（13. 进一步确保后勤保障。学校再出资引进一条市政供电线路和加大力度保障学校供水能力。17. 调整 2014 年学校工程计划。34. 紧抓学科质量工程建设，创新创优实验室建设。35. 制度修订规划，推动信息化建设，打造精致服务）于 2014 年完成，1 条（33. 深化教学改革，下大气力进行课程评估改革）长期整改，其余 31 条本学期均完成整改，部分尚在整改中。请教代会代表和广大师生监督。

教育实践活动既是一次严肃的党内生活，也是推动学校健康持续发展的一个好契机。教育实践活动有期限，但树立群众观点没有休止符。学校将借此契机制度化地服务学校事业进步与服务师生职业、学业生涯进步同向同步发展。

（四）稳扎稳打，十年卓越进程实施显成效

"十年卓越进程"已实施两年半，围绕着十大工程，取得了预定的成效，为实现 2015 年第一阶段各项任务指标打下了良好的基础。

1. 人才培养工程

（1）规模目标：在校学生达到 20692 人，以后稳定在 2 万人左右。

（2）人才培养模式目标：经过对 2011、2012、2013 级各专业培养方案的修订完善和采取一系列改革措施，应用型人才培养的规格、标准、专业知识、专业技能进一步规范和具体；人才培养的理论教学、实验实习实践教学、健康人格培育、人文通识教育等培养平台得到进一步明晰和加强；课程体系得到进一步优化；与企业合作的"订单式"教学模式、因材施教的分级教学模式、拓宽学生专业空间的辅修制教学模式以及国际合作模式等，在不断探索中初步建立。

（3）专业建设目标：专业数量已达 39 个（不含专业方向），2015 年稳定在 40 个左右（不含专业方向），2020 年发展到 50 个左右（不含专业方向）。专业建设水平有了较大提高，已立项建设校级特色专业 9 个，省级特色专业 3 个。

（4）课程建设目标：已建设校级重点课程 30 门，省级精品课程 5 门。网络及 Mooc 教学正在积极准备。

（5）教学成果目标：已建设校级教学成果奖 6 项，省级教学成果奖 3 项。

（6）实验室和实习场所建设目标：新建与提升实验室 34 个，共达到 78 个，其中 4 个实验室为三亚市重点实验室，得到了政府支持；增加实习基地 46 个，共达到 125 个，基本满足专业需要。

（7）学生掌握专业知识，专业理论和专业技能目标：近三年平均毕业率达到97.1％，学位授予率达到91.34％；近三年学生获得校内各类奖项9784个，校外获奖1214项，其中全国性奖项526项，占43.3%，全省性奖项469项，占38.6%。近三年学生考研率达5.74％。近三年毕业生平均就业率达98%。

（8）学风建设有所深入。继续探索教学管理与学生管理一体化机制和分年级学风建设办法。在提升学生第二课堂各类实践活动方面，提出了"文化育人、价值引导、服务成长成才、培育健康人格、专业社团、专项实践和志愿服务与学业和学分挂钩"的工作思路。各学院开展各类第二课堂学习活动、主题教育活动、社团活动、精品活动、"三下乡""四进四同"、志愿服务等活动，着力培养青年学生的科研能力、沟通能力、创造能力、创新精神和团队精神。近两年来，共举办各类活动206次，参与学生50518人次，使广大学生在这个平台上得到更多锻炼和成长机会。

2.学科建设工程

（1）已制定《三亚学院重点学科建设规划（2012—2020)》，逐步建设一批特色学科和优势学科。通过学科建设，带动队伍建设、科研建设、专业建设等。

（2）已立项建设校级重点学科10个，他们是通信与信息系统、车辆工程、国际贸易学、社会学、旅游管理、企业管理、设计艺术学、中国少数民族语言文学、风景园林规划与设计、英俄日语言文学。正分期分批进行建设，其中，通信与信息系统已成为省级重点扶持学科。

（3）初步建设学科基地18个，其中三亚学院琼学研究中心、生态文明研究中心列为新的重点建设研究机构，其中协同创新项目6项，将列入重点关注与推进机构，它们是与海南省社科联共建的海南岛屿文化生态与社会发展研究基地，与上海交大、中国科学院、海南省海洋渔业厅共建的海洋通信协同研究中心；与浙江吉利控股集团汽车研究所共建的汽车自动变速器协同创新中心；由旅业、国旅、外语三个学院联合，与国际旅游学会和三亚市企业共建的旅游管理人才培养协同创新中心；与 Volvo 汽车造型设计研发院合作共建的汽车造型设计协同创新中心；与国家林业局、北京林业大学、三亚市政府合作共建的生态文明协同创新中心。

3.队伍建设工程

（1）学校高度重视教师队伍和管理（职员）队伍的建设，采取多种措施，加大建设力度。目前，两支队伍的状况有了较好改善。队伍数量趋向满足教学科研和管理需要，队伍结构趋向合理，队伍职业化水平逐步提高。

（2）近两年半来，引进高职称、高学历等高层次人才共74人。其中，高级职称16人，副高级职称25人，博士33人；已有国家级教学名师4人(其中3人兼职)，省级教学名师4人；获得省级各类优秀人才称号11人；获得各类省级奖项119人；获得校级各类奖项239人；评审中级职称126人，获评副教授以上16人；建设校级教学团队9个，省级教学团队4个，他们是：社会学概论教学团队，大学英语教学团队，经济学教学团队和测控技术与仪器教学团队（汽车自动变速器方向）。

（3）不断完善队伍建设的政策和制度。

其一，建立教师系列和职员系列职业发展通道与评审办法。两支队伍人员的发展晋升都根据公平、公开原则，学校为两支队伍架设各自发展通道，教师和职员依据公平公开机会，自主积累晋升发展的条件，两支队伍都以各自的工作职责、工作绩效为基础，参与竞优与评审。

根据教学、管理队伍的发展规划，学校明确两支队伍培养、建设、成长的目标，激发两支队伍的积极性。教师系列以专业技术资格评审和专业技术职务聘任相结合，参与评审晋升技术职级分为四等十二级，适时将试行全面评聘分离制度；职员系列以职级晋升条件为依据，职员在服务水平和管理能力不断提升的基础上竞优升级，职员职级分四等十级。具体竞优与评审办法是，教师通过学校每年教学和科研绩效考评结果的累加分实行等内晋级，并以每年累积成绩，累计参与省级专业技术资格晋升评审的条件；职员依照学校职员制职级评审办法参与年度评估与累积升等升级条件，通过评审升等晋级。学校对教师和职员两个系列分别进行考核，教师实行"教学评价＋科研评价"的办法，职员实行"部门评价＋同级横向评价＋公文考试"的办法，中层干部实行"上级评估＋同行评价＋群众意见"的办法。相应的评价及时体现在各自年度薪酬变化和各自晋级条件变化上。教师和职员晋级评审工作每年都进行。

学校统筹两支队伍升等晋级的相应标准和薪酬标准的办法，两支队伍各等级标准相互独立、薪酬办法相互参照，优先优待教师。两支队伍薪酬都体现"分类、分级、分别"的办法。其中，"分类、分级"为稳定薪酬；"分别"为弹性薪酬，这部分体现"以岗定薪，岗变薪变""能力为主""绩效优先""级变薪变"的在岗薪酬定位原则，体现"多劳多得""绩优多得"原则，向优秀人才、关键岗位和绩效能人倾斜，鼓励和支持教职工立足本职，敬业爱岗，为学校事业竞优争先，争创业绩，多作贡献。

其二，青年教师全年培训试验取得实效。学校于2011年将过去为期一月的青年教师培训拓展为一学年，通过遴选责任教师指导新教师、岗前集中的资格培训、理念文化培训、规章培训、技能培训和10个月的岗位实习、优秀教师课堂观摩等实践教学培训等环节，促使新教师在责任教师"一对一"的帮扶中更好地成长，收到良好效果。

其三，以"百名博士攻读计划"为龙头全面实施中青年骨干进修提升资助计划。校院两级按原则有计划有条件的每年选拔若干名中青年骨干重点资助培养（包括读博读硕、国内外访问），近三年共有56名教师读博读硕，其中4人赴国外进修或读博。部分骨干的教学、科研和管理水平得到有效提高。

其四，深化管理人员职业化提升。开展"应知应会"学习培训。为提升职员的职业精神和岗位素质，学校在职员中启动了"应知应会"的学习计划，编制印发了《三亚学院机关干部应知应会应为不应为》手册，培训了职员公文写作，把自学培训与考核相结合，提升了各岗位人员规范工作、有质量工作的意识，部分职员的工作能力和工作水平得到提高。

（4）关心职工工作与生活。工会积极工作，通过节日慰问、新春团拜、生日祝福等多种形式，给全校教职工逐年递增置办福利67.5万元；每年给基层工会划拨活动经费 60 万元；先后支持成立了 12 个教工俱乐部（乒乓球、网球、羽毛球、瑜伽、武术、跆拳道、太极、篮球、足球、舞蹈、合唱、远足等）；向 40 多位教职工发放特困补助 5 万多元，在遇到职工生病、家庭重大变故等困难时，各级工会都积极伸出援助之手；每年组织全体教职工进行体检；每两年为职工定做工作装；学校按规落实教师购置高知园住房，提高教师居住质量，近两年新增 100 多位教师住进高知园校区，近期又将有几十名教职工入住高知园。

4.提升办学层次工程

（1）积极准备专业学位硕士点申报。

拟优先申报工程硕士两个专业领域：车辆工程、电子与通信工程（海洋通信）。经过多次的修改和论证，《专业学位研究生试点工作申请表》《论证报告》等相关申报材料初步完成，并在师资、实验室建设、科学研究、经费投入等方面继续完善条件。

（2）与多所大学合作举办研究生班，积累学校进行研究生教育的经历和经验。

与中山大学合作开办研究生课程班，共计 16 人；与黑龙江大学合作办学，2012 年开始招生 8 名在职专业硕士学生，2013 级参加报考人数 23 人；人文学院与南开大学合作开办研究生班，共 13 人；为吉利集团培养管理类研究生，吉利 GM1000 管理类研究生班共招生五批学员，72 名。19 名学员已经毕业，现在吉利集团 18 个分公司工作。在合作办学过程中，建立了学校研究生教育的制度，积累了研究生教学运行、课程评价，师资评价、学生评价的办法与经验。

5.科研创新工程

学校高度重视科研工作，把"科研为基础"作为办学的战略思维，把"科研是教师本分"作为教师评价的基础，采取了一系列措施加强科研工作，制定了科研规范、学术规范、科研考核、科研奖励等 18 项制度。目前，重视科研、崇尚学术已成为全校教师的基本认知，已逐渐形成一定的学术氛围，近 3 年，各项科研成果在数量上增长较大，是前 5 年的 5 倍，具体成果是：

（1）发表论文：共计 1496 篇，其中核心 122 篇。

（2）科研集（各类论文集）15 本，750 篇论文即将完成出版。

（3）出版或编写著作：共计 84 部。其中，出版专著 18 部，编写教材 54 部，编写教辅 12 部。

（4）主持或承担项目：共计 264 项。其中，国家级 3 项（其中立项 1 项，结项 2 项），省部级 38 项，地厅级 23 项，县局级 61 项，校级 85 项，横向 11 项，校级教改 43 项，总计科研经费近 1000 万。

（5）举办、参与和参加国际、全国、省级各类学术会议共 253 次，组织学术活动 60 余次，安排各类学术讲座 80 余场。

（6）成功申办公开刊物《天涯华文》，《三亚学院学报》获全国民办高校学报研究会"优秀学报一等奖"。

（7）获得各类科研奖项 51 项。

6. 国际化工程

学校把国际合作办学作为办学的一项重要发展战略。一方面，积极探索与国际一流大学开展各种形式的合作项目，另一方面，逐步扩大互派留学生规模。

（1）近三年的主要国际合作项目共 8 项：与美国中佛罗里达大学签署"合作举办三亚中佛罗里达大学"备忘录；与英国华威大学签署"合作实施汽车工程管理专业本科及硕士研究生项目等"的备忘录；与俄罗斯沃罗涅日国立大学签署"教育、科研合作"等全面合作的备忘录以及"交换学生项目"协议，并由合作院校派出的专家在我校从事教学、科研工作；与莫斯科国立大学、乌克兰塔利夫国立大学达成"保送我校毕业生攻读研究生"的合作意向，将从 2014 年毕业生当中推荐优秀者保送赴上述两个学校读研；与泰国龙财基金会、博仁大学达成全面合作意向，目前正在实施交换学生项目；与泰国布拉帕大学达成全面合作意向，合作举办了学术研讨会，并合作出版论文集；与中华两岸教育文化交流学会、台湾亚洲大学等台湾教育机构和高校签署了合作协议书，将开展互访、短期研修等项目；与美国迈阿密大学、印尼哈山努丁大学等达成科研合作、互派学生等初步合作意向。

（2）近三年互派留学生：留学生 26 人，派出学生 43 人，交流、交换学生数量约 120 人。

7. 科技创新园工程和创业教育工程

学校已启动科技创新园工程。第一期工程为北区商业街，可容纳创业企业近 30 家，可为学生提供场地、技术、资金等方面支持。未来拟启动新的校园创业空间建设。

学校已启动创业教育体系的构建，开始进行探索：一是创新创业文化氛围营造，逐步增强师生创新创业意识；二是在理工、传媒、艺术等学院建立"创新实验平台"；三是开设"创业指导"课程，2013 届毕业生有 42 名学生参加了 SYB 创业培训课程；四是鼓励师生积极参与创新创业各类大赛和项目，理工学院的《基于物联网控制的智能家居系统》和艺术学院的《海南城市公共服务信息在智能手机终端上的交互式传播方式研究》获得国家级大学生创新创业训练项目，全国大学生"挑战杯"、电子设计大赛近三年获奖 64 人；五是与企业合作，建立创业实践基地，我校与吉利合作的"本科教学工程"大学生校外实践教育基地"三亚学院—浙江吉利控股集团有限公司工程实践教育中心"被评为国家级大学生校外实践教育基地。目前，学校已有近百名毕业生创业取得初步成功，带动就业岗位达 1000 多人，其中 28 家企业在岛内创业成功，园林专业学生王志强建立了赣州最大的蔬菜基地。

8. 校园建设工程

学校成立校园规划委员会，草拟了校园规范调整与设计方案，科学优化校园布局、绿地景观、交往空间、道路交通，优化各校区功能组团设计，逐渐加强校园基础条件建设，不断完善校园公共服务体系。

（1）学校书山馆完工在即，2014 年投入使用；南区书定楼、8 号研究生公寓楼建设完毕，2014 年投入使用；书明楼、书行楼、书德楼、社科楼、书新一号楼、计算中心、实验中心、学术中心等教学和科研用房完成楼梯外观和部分内部使用功能的改造；书山馆、书德楼广场建成，硬化、绿化形成新的师生户外活动中心；以上各项建设投资超过 1 亿元。教工食堂、教工之家的服务质量明显提高。

（2）网络系统和平台建设。经过近三年改扩建，现已建成了万兆主干，千兆到楼的校园通信网络体系。整个校园网络拥有 18000 多个信息点位，架设 400 多个无线 AP，使用了超过 410 台接入层交换机、核心交换机和路由设备；基础应用服务器和其他各类应用服务器达 55 台，实现了校园内教室、办公室、学生宿舍全联通，为教学、科研提供了网络支持。学校利用校园网络，在教学、科研和管理上陆续建立了不同的公共应用系统和专业应用系统，包括办公自动化、网络辅助教学、教学管理、信息发布、数字化校园文化建设等主要功能。应用系统包括 OA 行政办公系统、教务管理系统、学工管理系统、财务管理系统、人事管理系统、图书管理系统、档案管理系统、基建管理系统、校园一卡通系统、数字校园监控系统等，这些已经初步满足教学与管理等工作的需要。但还需加大投入与改进力度。

（3）网站建设。目前已建成主站 1 个、二级网站 31 个，网络课程等网上教学资源逐步增加，已基本满足基础教学需要和学校信息交流需要。

9.办学特色工程

办学特色是要经过较长时间的精心培育和相当程度上的历史积淀才能形成的。经过九年的发展，学校的办学理念创新特色、机制文化创新特色和人才培养模式创新特色三个特色已得到初步提炼与"凸显"，目前，学校已开始进行初步总结。这项工作被列入了 2014 年工作要点。

（五）全力以赴，务实迎接教学评估

关于本科教学合格评估工作的情况报告如下：

1.我们的态度

一是坚持"以评促建、以评促改、以评促管、评建结合、重在建设"的方针。

二是把迎评工作作为促进学校提高教学质量和办学水平的机遇，作为学校"二次创业"的一个有机组成部分，促进各学院在科学规划、学科设置、严格管理基础上释放办学活力，促进学校不断发展。

三是对迎评工作，既要高度重视，认真对待，又要保持健康平和的心态，坚持正常的教学秩序和工作秩序。

四是努力达到目标：办学条件基本达到国家标准，教学管理基本规范，人才培养质量基本有保证。在夯实办学条件的基础上，争取未来办学质量和办学水平的再提高。

2.迎评工作的进展情况

（1）学校成立了迎评工作领导小组和评建办公室，各学院亦成立领导小组。学校进行了两次动员，各学院召开专门会议，进行组织和动员，并进行了具体安排。

（2）学校对迎评工作有计划的安排了三个阶段：第一阶段（2012.9—2013.8）为教学基本文档和教学基本建设阶段，分为七大类42项；第二阶段（2013.9—2014.4）为全面完善提升并突出重点建设阶段，根据评估指标体系要求，学校给各学院下达206条评估分解任务目录，给各部门下达266条评估分解任务目录，同时，对人才培养方案和模式，课程规划与建设、教学改革成果、学风建设、管理水平、质量监控、实验室、实习基地建设与实验实践教学、教师课堂教学水平、试卷、毕业论文等十个方面进行重点建设和完善，学校组织了校内专家组和校外专家组进行重点指导；第三阶段(2014.5—2014.11）继续全面完善和提升，重点解决不足之处和一些细节问题。

（3）迎评工作整体状态基本良好，进展较为顺利，多数学院总体组织得当，思路逐步清晰，任务分工明确，责任到人。目前，已较好地完成了第一阶段的各项任务，正在进行第二阶段的任务。

二、2014年总体工作思路

2014年是我校迎接本科教学合格评估的关键之年，也是我校为实现十年卓越进程内涵建设各项目标而有必要夯实基础，总结经验，不断创新内部管理体制，努力构建大学崇尚学术、依法治校、科学管理、积极实践民主参与和民主监督、促进学校健康持续发展的重要一年。新的一年里，我们要深刻领会并贯彻落实党的十八届三中全会精神，紧紧围绕"卓越进程近一步，务实迎接教学评估，巩固教育实践活动成果"年度目标，合理布局，科学计划，依规行权，凝心聚力，履职尽责，主动作为，克服困难，创先争优，为学校加快建设出水平出特色的民办一流大学作出更多贡献。重点做好以下几个方面的工作。

（一）改革创新，扎实推进学校治理结构的调整和科学管理效能的提升

以创新内部管理体制和治理结构为抓手，推进学校建立崇尚学术、依法治校、科学管理、民主参与和民主监督的现代民办大学。把贯彻党的十八届三中全会精神与学校十年卓越进程实现、"二次创业"积极性激发、学校学术生态建构、教学质量提高、师生满意、人民满意的目标相结合，通过制度建设，使学校的治理结构分工更科学、分权更民主、分层更清楚、分类更合理、分管更有效、服务更满意。

学校拟通过三个路径达成以上目标：一是继续坚持党内民主集中制、校务委员会讨论决策制以及学术委员会票决制管理制度，落实新制定的工作纠错机制、新修订的干部问责制度，进一步增强学校决策的科学性与民主参与和民主监督机制；二是落实二级委员会制度，加强纵向联系和横向协调，增加倾听基层声音、激发群众参与、建构民主参与民主监督的多元渠道；三是全面修编学校各方面制度，使制度文本既简洁易读、可操作，又相互照应、更周全，新修编和新出台的规章制度，要求各层级各方面在决策、执行和评价过程中，以及对干部的考核，都要求以"回应师生员工的重要关切""关照师生员工的困难""解决师生员工的问题"为重要依据，都要求明确以学校创造良好学术生态为导向，保证学术与教学中心位置的价值观与工作定位的实现。

创新内部管理体制，需要继续保持学校行之有效的制度、巩固已有成果。学校的领导和管理职责主要由党委会、校务委员会和学术委员会三个委员会分别承担。要继续加强党委会以保证党的政治领导职责，党组织政治核心地位、党的路线方针政策和国家法规政策在学校得到贯彻落实，承担学校凝心聚力、学生德育与健康人格培养责任；要继续加强校务委员会对于学校行政和教学运行的责任；要继续加强学术委员会对学校重大学术事务决策与评议的责任。落实校务委员会之下"四长制"的管理体制，落实各行政职能部门工作目标和实现工作功能条块分工与整合，以更有效保证基层诉求和师生员工诉求及时实现，保证高质量的教学服务；落实三个校级委员会之下各二级委员会上下联系左右协调和民主参与民主监督的功能；结合学校发展需要和巩固本次教育实践活动成果，进一步推动学校学术生态建设，坚定树立学术在学校的地位。

在调研论证的基础上，适时试行二级学院的"教学机构"向"办学机构"功能角色的转换。

通过内部管理体制创新，在本学年着力推动学校治理结构、师生积极性、各类各级管理效能、教学质量、学风状况、办学条件等方面进一步改善和提升。

对以上列入计划的工作在学年末逐项进行检查评估。

对放权后运行良好的学院及时总结经验，对发展劲头势头不足的学院重点考察考核，必要时作出评估与调整。

（二）加强基层党建工作，全面提高我校党建科学化水平

2014年党建工作的总体思路是：贯彻落实十八届三中全会精神，利用教育实践活动的实践成果和制度成果，围绕学校分工分权放权和迎评促建工作，督促、检查、总结基层党组织发挥政治核心作用，履行好党组织管党、管思想、管稳定、管学生和聚人心的职能，加强基层党建工作，推动德育与学生健康人格培养，提高学校党建与德育科学化水平。应主要做好三项

工作：

1.继续推进党的群众路线教育实践活动的长效化、常态化，将其纳入我校组织生活、政治学习、党课团课和校园文化、社团文化、健康人格培养等德育建设内容，丰富我校的理念、文化和核心价值。

2.以迎评促建为契机，加强干部能力建设和作风建设。重能力、重业绩、重认同，建立并实施系统配套、科学规范、有效管用、简便易行的干部选拔、考核评估、纠错问责、奖罚分明的制度体系。纪检监察部门要充分发挥本职功能。

3.加强基层党的建设。高质量开展党的组织生活和教职工的政治学习。增强党员意识，发挥党员作用。在保证质量前提下严格按指标按程序做好党员发展工作。本学年末将对党总支工作进行全面考核，对在群众路线教育活动中成绩不突出的总支加强考核。

（三）以评促建，规范教学运行，提升教学质量，推动内涵建设

巩固第一二阶段建设成果，全面整理提高质量，做好预评估和正式评估的各项准备工作。

首先，巩固第一二阶段评建成果，结合评价指标做好材料整理工作。各教学单位要总结第一二阶段迎评促建工作中取得的成效、找差距吸取经验教训、发现并改进不足。学校按照《普通高等学校本科教学工作合格评估指标体系》，已制定了《三亚学院机关各部门本科教学合格评估准备工作任务分解表》和《三亚学院二级学院本科教学合格评估准备工作综合材料参考目录》。下一阶段的迎评工作主要以分解表和参考目录为依据，各单位各自主动对各项材料进行分类收集、整理、补充、完善，为预评估和正式评估奠定基础。在此过程中遇到难题，教务处应组织充分沟通。2014年3月初将对各项评建材料进行全面检查，5月和9月开展两次校内预评估。

其次，针对合格评估重点指标，各单位下大力气做好专题项目检查整改工作。在做好教学基础工作和常规教学基本文档建设工作的同时，下一

阶段将针对以下合格评估的重点指标进行专题检查、整改，包括六项评建重要工作：一是师资队伍；二是课堂教学评价；三是近三年考试试卷；四是近三年毕业论文；五是实验室建设和实验实践教学、实习、实训；六是人才培养方案。

再次，继续做好学科质量工程建设。加强学科建设以及与之配套的学科梯队建设，推动内涵建设，引领教学、科研、队伍、国际合作工作进步。根据《三亚学院重点学科建设规划》的相关要求，在已立项建设的校级重点学科中，精选优势学科进行重点建设，对权力下放后各教学单位使用"学科梯队建设的引进权、配置权和培养权"的情况进行监控，提供指导。加强各级各类质量工程项目的过程推进、跟踪和评价工作。建立网上公示与动态评价平台，重点跟踪、评估3个省级9个校级特色专业建设、5门省级30门校级重点课程建设、4个重点实验室的建设（海洋研究所、4G移动通信创新实验中心、无纸数字动画实验室和播音与主持艺术实验室）、10个重点学科建设。

大力扶持特色项目、巩固重点项目、坚决淘汰无效项目，建立建设与评价制度，动态培育优秀教学成果。

加大实验室建设力度。科学规划实验室布局，合理设置实验室功能，加强校级重点实验室建设，总体推动全校实验室建设，建设好实验室管理与教学运行实验员队伍。分期、分批建立校内外实验实践教学基地。

积极组织申报省级教学名师、省级教学团队、省级重点学科、省级特色专业、省级精品课程、省级教学成果奖。

建立网上公示与评价平台，重点跟踪、评价重点实验室建设。

（四）落实教学管理与学生管理一体化建设，提高管理效能，提高育人质量

1.规范各类教学管理规章制度，科学管理与真诚服务。

在检视、总结教学与学生管理一体化工作的基础上，务实推进教学管理

与学生管理一体化。一是从学校、学院两个层级加大对一体化制度建设的支持；二是围绕一体化目标修订、制定教学与学生管理相关配套制度与措施；三是发挥教学与学工协调委员会作用，教务二处、校团委、招生就业处、社区管委会、各学院形成沟通合作，共同营造良好的校园学术与校园文化氛围，有效推动学风建设。

2．具体试点试行"专业社团、专项实践、志愿服务与学业与学分挂钩"方式，为学生提供更多成长机会与平台，形成多渠道培养通道。

（五）加强行政管理和服务效能，更好服务师生

1.建设好校园网络平台。今年网络建设的重点是建立人事、学生基础数据平台，打破信息孤岛，实现基础数据各方共享、方便师生、提高管理效能的目标。在教学区办公区建设 WIFI，实现更方便更快捷上网。建立及时有效的校园工作传播平台和师生诉求内部表达与解决平台。

2.建设好校、院（部处）网络与宣传平台。实行各单位行政负责制，实现网上办公、网上公示、网上评价、网上诉求、网上宣传。提高工作效能，以网络办公评估工作思路、能力、绩效。

3.合理设置岗位职数，不断增加人才数量，优化人才结构，提供培养通道，提高人才素质，提高师资队伍建设水平。

（六）加强校园管理，提升服务教学服务师生的质量

校园管理部要按照学校工作总体要求，转变观念，整体布局，紧跟学校发展步伐，严格按照各部门岗位职责开展管理、服务与保障工作。保证校园安全稳定，保障后勤供给，保障校园卫生。

优化校园各项服务功能。重点建设校园水电独立保障工程、校园网络优化工程，优化校园环境、优化道路运行、新建教职工宿舍，新建工艺陶艺产品实验室，扩建实验中心，新建新址幼儿园，修建北区大学生活动中心，改造教学楼连廊与厕所，改造东区书海馆、交流中心、扩建各区停车场。

三、对"十年卓越进程规划"修改意见的说明

三亚学院"十年卓越进程规划"自 2011 年 5 月 31 日颁布以来已两年半。在实施过程中，一方面，得到了教职工和相关专家的一些建设性的建议和意见；另一方面，根据学校的发展实际，需要对学校的历史、现实和将来的目标进行更加科学的调适。经研究，决定对规划的一些方面进行修改。根据《校党委关于要修改规划需经教代会审定（三亚院党发〔2011〕24 号）》的要求，现就修改意见提请教代会二次会议审定。

（一）对校园文化的修改。学校五种文化中的执行文化，在学校发展初期发挥了难以替代的作用。尽管行政系统还必须要求执行力，但随着学校的进一步发展，更应在全校突出学术地位和学术生态，因此，拟提出"崇尚学术文化"，不再提"执行文化"。修改后的学校五种文化的表述为：阳光公务文化、讨论协商文化、学习进取文化、崇尚学术文化、创新创业文化。

（二）对总目标的修改。"十年卓越进程规划"总目标中的两个提法为了更加准确，需进一步在含义表达上修改：一是将"高水平特色大学"修改为"中国一流民办特色大学"；二是将"三个之冠"修改为"三个特色"，即"办学理念创新特色""体制文化创新特色""实用性人才培养特色"。

（三）对某些具体指标的修改。为了在规划中更加鲜明地突出"稳定规模，注重内涵建设"的办学思路，有必要对一些具体指标作适当调整，比如，学生规模改为稳定在 2 万人左右，专业数量在 2015 年前稳定在 40 个左右，2020 年前稳定在 50 个左右（不含专业方向）等。

四、关于第一届二次教代会提案征集及处理情况的报告

本届教代会共征集到有效提案 61 份。提案组于 2013 年 12 月 26 日和 12 月 28 日召开了提案审核工作会议，仔细审阅和分析了代表们的提案。经过分类，涉及校园管理（含环境卫生、交通与安全、维修维护、资产及其他

服务保障等）的有 24 份，这些提案与学校近期公布的设立校园规划委员会、校园管理督察委员会等工作委员会以及成立校园管理部负责校园专项规划、环境与秩序治理等的工作要求不谋而合；涉及重点学科建设、实验室规划建设等教学管理提案 21 份、优化科研管理等提案 4 份，这与学校"二次创业"关于鼓励和发挥学院在教学及科研上的积极性的思路与目标是基本一致的，另外，还有涉及人事管理的提案 6 份，学生管理的提案 2 份，其他提案 4 份。上述涉及具体管理与服务工作的、尚不符合立案条件的将依照规定作为一般建议、意见，转由相关职能部门列入年度工作计划并在一个月内提出整改措施并书面回复建议人。此项工作将由校工会监督在年内落实。

最终经评议，对相关重复或类似提案合并后，共立案 3 件（其中人事及教学类 1 件、科研及校园管理各 1 件），提案组将按规定立案登记、协调落实并及时反馈信息。

各位代表，教代会期间，学校已将整体工作思路、工作定位及落实情况、工作计划与实现状况向代表们报告，会议要收集与反映教职工对于学校建设和发展的建议和意见。教代会是学校民主参与、民主监督的重要路径。期望在全体代表的重视与积极参与下，围绕我校十年卓越进程、"二次创业"、本科教学评估等学校中心与重点工作，多提意见，多提高质量建议，群策群力，共同推进我校的卓越发展。

各位代表，今年是全面贯彻党的十八大精神的开局之年，十八届三中全会明确提出市场在配置资源中的决定性作用，这是中国社会、中国教育三十五年难得一遇的好时机！相信全体代表和全体教职工，将会勿忘昨天的创业艰辛，不愧今天的付出担当，不畏面前的千难万阻，不负明天的伟大梦想，继续弘扬创业精神，凝心聚力，为实现我们共同的卓越进程规定的目标而不懈奋斗！

大学的内涵建设与文化建设

（2014 年 1 月 16 日在全体教职工大会上的讲话）

又到期末亦值岁头，过了寒假，我们就正式迈入三亚学院的第十个年头。十年树木，百年树人。十年的三亚学院，各方面已初臻规模，育人的事业还任重而道远。例行的期末总结大会，各类总结、评价由各位分管校领导来宣布，作为校长，我就"务点虚"，和大家交流些关于大学的想法。

一、内涵建设与大学评估

大学教育内容是个很宽泛的概念，包括大学的基本功能如教学、科研、社会服务、文化培育和传播等。提高大学教育的质量，也就是我们常说的大学的内涵建设，其中大学教学是重中之重。为保证大学教学质量，各类系统内外的评估是不可或缺的手段。教育部本科教学合格评估是我国对以大学教学为核心的教学质量（包括办学条件、队伍、科学研究）的权威评估，是对教学质量建设基础的检阅。大学迎接评估，犹如学生迎接考试，是办学题中应有之义，通过考试整理思路、充实知识、总结经验、弥补缺失。如果考试是学生完成现代学业的必要环节，那么，评估也是一所大学受政府或者社会检验大学办学质量的必要环节。学业考试合格获得文凭拿到学位，对学生的信心和修为是一个阶段标志性的促进；同理，大学评估合格获得通过，对办学的信心和信誉，是一种鼓励和激励。接受政府或者行业协会或者第三方的质量评估，是大学建设的要求；大学教师和职员作为大学一员参与接受标准评估是各自职责所在；大学的各级管理者按评估标准组织教学和科研是入行和入职条件；各级干部为教学服务，在懂评估、通过评估方面，做和会做，天经地义；不会而学做，天经地义；不足而以评促改、促进，天经地义；而干部在位不知标准是耻辱，在位不会而抱怨则是自寻羞辱；校、院级领导或者教务处不知不会，是耻辱，如果遇见有人求教而不教，则是失职，因此，校内各专业，行政各层，可以暂时不知，但不可不学，可以学有快慢，但不应抱怨，在位不会又不勤，则下岗出局，天经地义。

二、群众路线与大学进步

对办一所中国大学来说，可能有事业亦有群众，也可能事业重群众轻，但不应产生有事业没群众，因为事业发展了，群众的合理愿望和利益就蕴含其中。倘若没有中央及时开展群众路线教育实践活动，不但政府与社会，学校内部的干群之间的关系也可能会疏远以至影响到教育事业健康发展。因此，我们学校诚恳反思，开展群众路线教育实践活动使我们不仅继续一心一意谋划和推进事业，而且必须要同时同步关心群众利益，要制度性安排群众参与建设和监督。现在，学校的治理结构得到进一步明确，党委会、校务会、学术委员会、教代会（工会为其常设机构）各司其职；各二级委员会专家参与，群众监督，更有助于集思广益。由此看来，群众路线与大学制度的完善和大学生态的健康也有着内在的关系。学校正与美国迈阿密大学开展合作，希望从如何在小镇办大学、如何完善本科教育、如何优化治理、如何评价大学等方面学习和借鉴美国经验。在美国大学，要成为一名终身教授，不仅要看他在全球或行业内的参与度及影响力，还要看他在社区或学校的专业、学术、教育学生等活动上的贡献。国际化过程中，如何评价大学，不能是静态标准，更需要看大学是怎么进步的，治理结构、管理规章等各项制度是在什么环境和条件下完善的。关于制度建设，其实没有最好，只有更好，好的标准要在符合现代大学的一般范式和规律前提下且有个性化发展，而不能只追求时尚或服从压力。大学办得好不好，最终要看是否有利于大学发展和竞争力提升，是否有利于师生进步和满意。实现这两个标准的方法很多，标志性事件也不少，但根本在于大学有没有学术，崇尚不崇尚学术，有没有学术能量，有没有形成良好的学术生态。

在学校教代会的总结报告中，大家可以看到学校对科研的投入及近年学校科研的发展情况。学校建校初期，精力集中于校园基础建设，教学是重中之重；三年前，学校对科研提出了目标、要求，并逐步搭建科研发展的条件和平台，推动学校科研的发展。我们在思考，如何才能形成有利于学术生态的"崇尚学术"呢？遵循学术和学习规律，尊重学术和学习规范，尊重学术和学习成果，尊重学者、学人、学生的角色和人格，并形成了两方面标志性成果：一方面，"遵循""尊重"的制度系统出台并得到有效执行，"遵循""尊重"的行为较为普遍，而"不遵循""不尊重"的事件较为偶然和孤立；另一方面，学者、学人、学生的"自尊"行为较为普遍，而"不自尊"、不自爱的行为较为少见和孤立。如此看来，可能还需要一个较为漫长的过程。当一个社会的法治权威还不充足时，诚信的社会资本不可能很充沛，契约精神和公平交易会被拖累和侵害，尊重和自尊的社会公德也很难获得普遍社会价值和社会规范的支持。中央提出建立社会信用体系，这个排序是意味深长的，首先要建立法制权威和政府公信力，其次是市场经济的商务诚信，最后是社会诚信，这样的顺序才是合适的，相应的措施、办法才是有效的。这个过程中需要技术的支持，需要市场的监督，需要社会发育（社会力量和组织实施）和法治建设水平。这是我们今天中国社会的基本现实图景。但我们不必灰心丧气、懈怠不为。大学如果做不到是首善之区，但至少要励志成为坚守公德和弘扬高尚文化的高地，至少在此自觉地亲力亲为、先行先试。如果我们连这个信念、自信都丢了，那么我们真不该办这个学、入这个行。如果我们民办大学都没有这个信心，那么就真正辜负了政府对办好民办大学的期望。民办大学肩负的体制机制改革使命，是在为国家提高办学效率和效益做改革实验，更重要的是以小风险、小成本的体制机制改革来推动中国整个大学的理念进步、机制进步、文化进步及与整体社会改革相适应相呼应的社会进步。当然，它就应该包括我们上述的中国如今还缺乏和需要加强的法治、契约、诚信、尊重和自尊的现代规范和社会公德的改进。由此观之，如果从推动事业与关心人这个起点出发来全面理解大学学术和大学进步，我们对群众路线的认识和收获就不仅仅是干部工作作风这一个要点，更重要的是借力推进大学的全面进步。

顺便提及，今天的政府部门、公办大学的一些资深人士忘了当初中国高校是计划经济最后一个堡垒的主体的尴尬，忘了因公办高校四处突围、四处碰壁、投入不足、压力山大才以民办方式试水的牺牲念头，忘了公办高校不愿改革的难堪，等到政府有巨资注入、公办大学"膀大腰圆"后，再只以"投入""教学质量"横向比较、评价民办大学的水平，忘了历史，不但不科学，更有失公允。以中国民办大学不比公办大学优秀、没有国外私立大学优秀发言的，没有常识，不讲道理。但我们自己，不要太介意。做好自己就是了。

三、民办高校与大学文化

我加入中国民办高等教育协会高层班子，一个动力就是要推动对民办教育的评价。只有现行的与公办大学一样的本科教学评估一定是不够的。用仅有的一个尺度衡量中国民办大学，只能降低中国民办大学的存在意义，只能矮化民办大学的作用。

就如三十五年前全国刚开始改革时，如果只用国企标准或如过去五年更多用央企标准衡量民营企业，中国就不必进行企业改革，不必发展民营企业，也不必建立社会主义市场经济，不必花巨大成本进行改革。这个道理似乎不难证明。我们学校事实上已经够了不起了，用十年时间完成公办大学三十年、五十年建成的规模，用十年时间建成了中国民办大学中的好大学二十年才完成的成就。但是，如果只有一个评估标准，我们与公办大学比如海大和海师有很多差距，仅用静态的、单一的标准去衡量存在异样的体制、机遇、资源、环境的不同组织，支持这个标准的知识算不上科学，依据的事实也反映不了办学规律。这样的说法犹如西方三十五年来一直在唱衰中国，从我二十岁"抬望眼、壮怀激烈"一直唱到我对中国成就、中国道路"四十不惑、五十知天命"还在唱，我笑了。只用西方的逻辑、西方的方法来评价中国的发展是不够的，中国知识分子一直仰视的西方社会科学也"贫血"。同理，用评价中国公办大学的方法评价中国民办大学，这样的评价也不对，政府和社会可能会因为不科学、不公允的评价而渐渐失去耐心，一些加入唱衰民办的"大合唱"的学者和媒体的偏见会迷惑大众的眼球。因此，我们应该用心或出力创造新的评价标准，一个学校、一个人是不够的，需要组织的力量，所以我参加了中国民办高等教育协会并发表了相关意见。

有人说，大众真的会这么容易被迷惑吗？会的，今天进入媒介场域、被媒介鼓捣入魅的已遍及各个领域和层次，包括学生也包括公务员，包括企业家也包括所谓教育家，许多号称独立思考的学者也难以置身事外。提倡多元文化至今，今天的中国不缺特异观念，但缺独立思想。刚才提到，西方一次次的唱衰中国，中国经济社会依然前进。但还是有许多中国人对前途将信将疑。

唱衰和信衰的理由在哪里？因为人们有限的知识和相对贫瘠的社会实践。有限的知识是指，人们普遍知道现代化的基本范式和要素，却未必都知道现代社会要素安放方式可以不同、通往现代化范式的路径可以不一样；贫瘠是指，唱衰的人们很少自觉地参与广泛的社会实践并更少持续地把实践和理论反复做出对应的反思和修正。

中国民办大学的办学实践者在艰难历程中都和我们一样的倔强，但办得好的几所大学许多却陷入家族式或合伙人制，许多大学中老板文化时隐时现，真正的办学者屈居次位而不得要领。一批不错的独立学院是母体大学的依附学院，只有早收编、晚收编的差别。如果一所大学没有独立的办学地位，何来独立办学的理想、思想、理念、动力、能力？又何来持续办好学校的质量建设和文化养成的愿景？二者都是慢功夫，自身不保，何来可持续？更何来实现高质量办学所必要的学术生态建设需要的长期地、坚韧地用理性培育的热情和自觉？

我们学校可以称之为不幸，因为学校创办最初是搭上了民办教育政策支持和大众化教育升学率（所谓人口红利）的末班车，又处于高等教育资源的"神经末梢"区位；但也可以说很幸运，因为我读懂了"消费社会"，敢来当时什么都没有的三亚办学；还因为地方政府自身资源缺乏而少苛求、多支持；更因为书福董事长在办学上坚持"专业的人做专业的事"；当然，因为师生们喜欢大海边和阳光文化下的学校，这样让我们一批志同道合者走到一起。这些幸运让我们在缺失资源、缺少支持的时空能够独立自主地按自己设计的图景建设了大学，让我们在不利的政策环境压迫和舆论不利的心理压迫下依然能理性科学规划、埋头苦干建设了大学基础。我们以办学空间不利换办学外部环境宽松和办学内部环境干净这个办学最有利的条件，以高效的扩大办学规模和提升内涵建设的时间换政策和舆论的逆袭时机。一步不错，一步不差，步步惊心，步步踏实，十八届三中全会，让我们等到了市场的力量和民办的机遇，多年的诚心实意赢得了三亚地方政府支持我们学校高级人才退休的"公办待遇"，长期坚守的理念文化铺垫了崇尚学术、建立大学学术生态水到渠成的价值基础。当然，群众路线教育焕发了大家建校出力的热情。期待愿景共同，努力共担，价值共享。我们大学的文化是我们在民办机制中所有美好教育愿景的结晶。

各位，我之所以在学校发展的不同阶段，总是不厌其烦地和大家讨论如何理性辨识资源、客观评价得失、科学合理谋划发展和始终如一注重文化建设，并不是为了还我和我们大家所倾力、倾情、倾心从事的这份教育事业一个公道，也不只是希望"传道授业"的教师拥有自己成长和做好教育的信心，更在于希望我和大家一样，勇敢面对人生必经的一个个困难，有效地解决难题，快乐地工作和生活下去。愁眉不展和笑逐颜开，都一样要生活。哲学家永远有忧思，但他们大多数不装深沉，也不总挂着苦瓜脸。我相信一句话，没有什么生活能压垮人，只有人自己把自己压垮，放弃自己。这是三亚学院多年来憧憬的、培育的阳光文化下的事业激情、工作真情、教育情怀，是我们大学的文化，相信，她是良好大学生态的一个基因。

寒假到了，春节来了，真心祝福大家新的一年快乐工作、幸福生活。

大学干部的价值定位和精神追求

（2014 年 3 月 3 日在新学期全体中层干部培训会上的讲话）

今天对我来说也是受教育、受启发的过程，自己一个人在台上发言常常会思路比较单一。在台下倾听各位发言，看似状态轻松，但心理紧张。大家有很多好的思路、方法，令人目不暇接。每个同志的发言都不同程度地回应了学校发展目标、制度、文化和总体发展要求，同时也抓住了本学院的要点，将本学院的当下状态、特点、问题和未来发展都说得很清楚，将学校布局和学院实际相结合，理性思考，做到了脚踏实地。不同发言者因个人关注点、长处各不一样，各学院因发展阶段和学科、专业特点不尽相同，工作思路也各有偏重。因为每个学科特点不同、每个学院发展阶段不同，甚至拥有资源也不一样，所以大家不必用同一的方法，只要能够朝着办好优秀大学、优秀学院和优秀专业的总体目标，解决当下问题，这就是好路径、方法和战略。

我自己听各位发言时，感慨颇多。学校发展已多年，有理由不用校领导殚精竭虑地谈理想、目标和制度，谈干部队伍如何适应了。现在，随着发展新阶段的到来，干部们历经磨砺，不断成长成熟，牢记使命催奋进、不用扬鞭自奋蹄，各位的教育理想、谋略策略、工作能力和奋进状态不逊色于任何一所好大学的员工。同志们的正向思维传递着正能量，冷静话语中渗透着务实的工作作风，符合三亚学院多年培育的大学文化；同志们的正向思维解决着真问题，其工作思路立足于学院实际，解决当下困难，实事求是；同志们积极的正向思维还囊括了发散性思维、逆向思维方法，能够辩证地思考工作。这种正向思维是三亚学院队伍建设、文化建设积累的宝贵财富。

同志们都重点提到了科研问题。学校现已有不少研究所，科研处正在做调整方案。科研处是科研管理与服务部门，不是科研产出部门，科研工作最终还是要落实到各学院。对于科研工作，学校的基本思路是将项目落实到具体学院和专业，搭建平台，使得研究院所实体化，使项目落实到基层。校企合作，学校要集中发挥学校人才、知识、创意、学生的密集性优势，要多与企业开展项目合作。外向拓展和内部内涵发展，不能因内涵发展忽略外部拓展，反过来，不能为拓展发展空间、拓展影响力而忘记学校是以教学为中心的，不能忘本。应把握二者的度，不能顾此失彼。与此相应，学校对各单位的评价考核会充分考量不同学院和不同研究院所因定位、基础、功能不同带来的绩效不同，考核也主要从各自的工作状态和解决问题的实战能力方面考核各单位的办学成效。

听同志们发言时，我也在思考：发展中的三亚学院，在不断实现目标之时，干部们持有怎样的价值定位和精神追求才能让事业和人生更有意义？对于学校的干部来说，什么样的理想是合适的，什么样的定位是合适的，什么样的目标是合适的，什么样的方法是合适的，什么样的精神状态和行为方式是合适的？和大家一起分享下我的思考。

什么样的理想是合适的？对大学而言，涉及一个很大的问题，中央政府经常会说要把握国际国内两个大局，今天我们在中国谈什么样的大学是理想大学，就如同中国梦如何做，有自己民族的执着、国家的执着、百姓的执着，甚至有政党的执着，但一定不能无视国际生存环境对一个国家的激励和制约。今天，国际上的好大学不少在西方，我常说中国大学与西方大学处于不同发展阶段，我们要向西方好大学学习先进经验，但即便全学会了，中国大学与西方大学不能也不可能同一，理想上有变化，形式上有差异，路径上不一致更多，如同费孝通先生所说的"美美与共"，和而不同。

什么样的办学定位是合适的？不同大学所处的阶段性差异一定存在，这意味着同一时段资源的差异、文化的差异等，合适的办学定位一定要看到这种差异的存在。

什么样的办学目标是合适的？如何确定合适目标需要认识到"理论便是实践"。目标实现，实践完成，理论便形成。三亚学院十年卓越进程的基本目标实现，三亚学院与其他优秀大学的距离就缩短，问题就解决了不少；当然，就产生了经验，就有理想认识。

什么样的办学方法是合适的？理顺目标、定位、制度、文化和资源的逻辑关系。学习方法如同学习路径，充满风险，不是每对关系都能理清，许多的可能嫁接不成功。所以，难能可贵的是，刚才发言的各位是嫁接成功的案例。

什么样的精神状态和行为方式对办学者是合适的？理想化的状态是：总比自己现状更好，总比自己能够做得更多，总比别人评价自己的更优越、更有意义。对于每个人来说，这种理想化状态不是环境定制，而是私人定制，即内在追求，只有自己清楚。

今天，我们为什么还需要探讨干部的价值定位和精神追求呢？

今天的三亚学院，包括未来实现十年卓越进程或者更远目标的阶段，都会在困扰之中，冷静看到、找到自身定位，更能活得清楚。在现代化的平台，欧美比中国发达和先进，国企比民企更有资源和积累，中年人比青年人更年富力强。人生阅历就是经验财富和资历财富，当然还有内在的心灵历程。三亚学院与不少大学比，相当于青年和中年对比，谁更富有是毋庸置疑的。作为民办高校，本来就缺乏资源，但三亚学院出的问题却都可归纳到时间、资源和积累，而不是体制、制度、文化和人，弥补不足，调和这之间的差异肯定是需要时间成本的。但我们曾经有一天有一点失去信心吗？

中国在一点点进步，由于现代化起步较晚，中国有很多地方还滞后，但是起步较晚是时间要素，与发达国家较量，现在时与势的优势在中国。现在，经过现代化进程，西方讲究程序化和标准化，不能随性，需要时间过程，必须按脚本行事，这本是好事，有规矩成方圆，不乱套，但当这些形成惯性时，也可能影响到效率，失去机会。比较起来，中国更有可能改变不合理的现状，更可能抓住新机遇。与此理相似，我们学校属于民办大学，比起公办，更有意愿、有可能、有条件改变不合理的现状，包括条件不足的现状。

今天各学院谈的工作思路和安排，都有相当水准，没有受到外界特别的影响，而是借用好的方法解决自己的问题。没有照搬，没有妄自菲薄，没有罔顾自大，而是聪明、务实地解决自己的问题。学校近期将公布本学期的重点工作安排，请各学院按照既定方向、授权原则、迎评当务之急和近期重点来安排各自的工作。

凝心聚力培育大学生态

（2015 年 3 月 18 日在全体中层干部会议上的讲话）

本学期全校工作的总体要求是：深刻领会并贯彻落实党的十八届三中全会精神，紧紧围绕"卓越进程近一步，务实迎接教学评估，巩固教育实践活动成果"的年度目标，紧抓迎接教育部评估契机，科学计划、合理布局、依法依规行权、主动作为、凝心聚力，将"二次创业"聚集于培育学术生态为核心的大学生态，在全校培育热忱教育、崇尚学术、尊重人才、以人为本的观念和氛围，不断提升办学治校水平，推动学校进步。

一、抓好学期重点工作，提升办学综合实力

（一）做好迎评各项准备工作。以本科教学合格评估为主线，全面协调，总体统筹，解决好"内外、上下、左右、进退"等各方面关系。维护教学中心地位，完成教学信息管理系统建设。以评促建、以评促改、以评促管、评建结合、重在建设，推动学校内涵建设。

（二）学科建设上水平。加强学科建设以及与之配套的学科梯队建设，引领教学、科研、队伍、国际合作工作进步。重点跟踪和评估 3 个省级和 9 个校级特色专业建设，5 门省级和 30 门校级重点课程建设，10 个重点学科建设。扶持特色项目、巩固重点项目、淘汰无效项目，动态培育优秀教学成果。加大实验室建设力度，分期、分批建立校内外实验实践教学基地，加强

4 个重点实验室的建设。积极组织申报省级教学名师、省级教学团队、省级重点学科、省级特色专业、省级精品课程、省级教学成果奖。积极组织专业硕士点申报。

（三）科学研究成果化。围绕高水平民办大学建设目标，整合利用校内外科研资源，项目对接到院（所、中心）和骨干项目人，加强科研骨干队伍建设，推动研究机构出成果。力争实现全年发表科研论文达到预设目标。提高科研项目申报成功率，争取立项总数超过 65 项，国家级、省部级立项数量超过 25 项，地厅级项目超过 30 项，横向合作项目 10 项。加强校内外学术交流合作，组织校内学术交流活动 200 场。用好校聘专家智力资源，提升学报工作水平，严格制度，提高办刊质量和竞争力。

（四）加强人才队伍建设。综合考虑学校发展的需要，调整、设置、确定岗位职数，全方位提升人才队伍建设水平。尊重人才，以人为本，实现个人成长过程与组织成长过程的相互照应，个体生存价值和组织未来愿景的相互照应。按需要和可行性合理增加各学院、专业的师资数量，按计划和预期落实师资培训进修工作，创造条件推进教师职称提升。进一步梳理和完善相关的人事管理制度，落实教师和职员考核，更好地发挥薪酬福利、各类津贴奖励的激励功能和导向作用，完成人事信息管理系统建设。

（五）提高人才培养质量，完善学籍管理。从学校、学院两个层级加大对一体化制度建设的支持，围绕一体化目标修订、制定教学与学生管理相关配套制度与措施，进一步发挥教学与学工协调委员会的作用，相关部门加强沟通合作，共同营造良好的校园学术与校园文化氛围。完善学籍管理制度，本学期从 2013 级学生开始全面实施学年学分制和留降级制度，有效推动学风建设。试点试行"专业社团、专项实践、志愿服务与学业与学分挂钩"方式，为学生提供更多成长机会与平台，形成多渠道培养通道。

（六）推进国际合作交流。国际合作项目对接各学院（所、中心），进一步丰富国际合作内涵，拓宽合作渠道，提升合作层次。推进、落实多元国际交流项目及中外合作办学项目，通过联合举办高水平国际论坛或国际会议，为师生提供国际交流平台。继续扩大外籍专家和教师的引进规模,提高引智水平;进一步开发留学生生源地,增加留学生规模。进一步完善、健全外事工作的各项规章制度、工作流程,加强对外网页建设。

二、推进学校内部管理体制和治理结构创新,加快基础能力建设,提高管理水平和服务效能

(七)推进学校治理结构创新。推进依法治校、科学决策、民主参与和民主监督的现代大学制度建设。落实校党委会、校务委员会、校学术委员会分工负责的治理结构,落实行政"四长制"管理,确保各职能部门工作目标与工作功能条块分工整合,落实各分属二级工作与协调委员会功能,使其能够有效服务二级学院、有效服务师生。推动民主参与和监督等功能及制度建设,推进学校学术生态建设。

(八)提高学校管理水平。继续优化学校管理制度体系,支持权力下放后各职能部门和二级学院职责功能行使,支持二级学院围绕学校卓越进程目标,根据自身学科和专业特点条件以及同市场、行业间的合作等综合实际情况调整发展策略,鼓励多渠道多形式推进学院内涵发展。加强学校各项重点工作的督察督办,重点推动行政工作纠错、问责机制,提高行政水平与效能。加强校园综合治理和服务效能。保证校园安全稳定,保障校园卫生美化,保障后勤满意供给。

(九)完善校园网络平台建设。本学期网络建设的重点是建立教务、人事、学生、科研基础数据平台,打破信息孤岛,实现基础数据各方共享,方便师生,建立及时有效的校园工作传播平台和师生诉求内部表达与解决平台。实现教学、办公区 WIFI 覆盖。检查各院(部、处)网站,各单位行政首长负责制落实情况。实现网上办公、网上公示、网上评价、网上诉求、网上宣传。

（十）加快基础设施建设。落实校园规划方案，进行书山馆内部装修、建设音乐厅、教职工宿舍、学生宿舍（三亚理工校区）、工艺陶艺产品实验室、汽车实验室、新址幼儿园、北区大学生活动中心、北区学生宿舍、学生交互场地硬化，中外名人铜像，建设校园水电独立保障工程、校园网络优化工程、校园美化环境工程、道路优化运行工程、教学楼连廊与厕所装修工程、东区书海馆改造工程、交流中心改扩建工程、各区停车场扩建工程。要保证工程安全，严防因工程质量拖延，影响学校正常工作和秩序。加大图书资料购置。按时完成各项教学、生活设备供给和维护。

（十一）优化学生日常管理。把学生管理与服务工作纳入学生培养教育体系，在学生工作中做到尊重学生人格、尊重成长过程中的学生，积极塑造大学生健康人格。切实发挥好学生奖、惩、助、贷工作的导向与激励作用，发挥好学生干部自律与模范作用。落实心理健康教育。推进全校学生现代礼仪培养计划。发挥学业咨询和学务协调工作作用。开展创新创业教育活动。力争"挑战杯"等课外科技创新活动取得好成绩。推动志愿者服务，推动学生社团发育发展，打造精品社团。建设学习型的阳光社区。

（十二）多渠道争取政策支持。鼓励各学院（所、中心）加强政策研究，借力十八届三中全会对民办教育释放的利好政策，增强提案建议质量和水平，发展公共关系，构建有利于学校发展的公共环境，争取政府、社会资源。

（十三）加大工会工作力度。进一步完善学校教代会制度，发挥校工会的桥梁纽带作用。认真倾听一线教职工的心声，着力帮助解决实际困难，有计划性地做好教职工健康检查与宣传引导工作，积极创建师生快乐工作、愉快学习和生活的工作机制与学习、生活环境。有重点地做好不同职工困难问题的解决工作，广泛开展群众性文体活动，丰富教职工业余生活。

（十四）发挥学校宣传阵地功能。回应教师、学生、家长、社会、政府等不同对象的关切与诉求，创新宣传报道形式，营造良好的学风、教风、研风、校风。要跟踪报道学校的教学动态，注重塑造学术学习典型，共同培养大学正能量、单位好成果、师生新典范，打造专业、学院、学校好品牌，促进宣传工作多出正气、多出士气。

三、加强基层党建工作，全面提升我校党建科学化水平

（十五）巩固教育实践活动成果。把教育实践活动的实践成果、制度成果纳入我校组织生活、政治学习、党课团课和校园文化建设常规工作之中，切实加强干部作风建设，发现作风问题及时提醒、处理，切实加强纪检监察功能的发挥。加强社会主义核心价值观教育，不断丰富、培育和践行我校的教育理念、大学文化和核心价值。

（十六）加强干部能力建设和作风建设。落实以工作履职、纠错、问责为主要形式的干部全程考核机制。看干部重在"看工作、看能力、看绩效"，并以此为导向，建立配套的干部选拔、考核评估、纠错问责奖罚的制度体系。

（十七）加强党务制度和基层党组织建设。完善党务制度。健全基层党组织，着力提高党员组织生活的质量和党员发展质量。保持党员的先进性，发挥好党员作用。党团工作须立足于服从和服务教学中心工作。坚持党建带团建，强化学风建设，提升青年团员的综合素质。

大学与产业的紧密结合

（2014 年 3 月 19 日在国际酒店管理学院更名仪式上的讲话）

就创新的一般规律而言，大学创新虽有人才优势，但并不一定有动力优势。梳理现代大学发展历史能发现，诸如英国华威大学、香港科技大学、新加坡南洋理工大学等发展迅速的世界知名大学，无一例外都极具创新精神，深究其创新机制发现，其基本特征就是实现了大学与产业、市场的紧密结合。

大学与产业发展相比，更擅长总结历史经验。国际旅游学院更名为国际酒店管理学院，不是简单的名称转变，它是学校办学团队深入分析变化的市场需求、总结学科发展的特点和大学历史经验后的科学调整；蕴含着学校领导班子对国际酒店行业发展的信心和期待，更蕴含着对全体国际酒店管理学院师生的信任和支持。

三亚学院作为民办大学的后起之秀，要在全国脱颖而出，必须脚踏实地发展旅游学科，打造强势专业。大学学科、专业发展的条件，一方面取决于是否契合时代发展和行业需要，是否形成大学人才和市场资本、社会需求结合的良性互动机制；另一方面取决于大学能为地方发展提供的人才和智力服务。国际酒店管理专业的发展既契合了现代服务业的兴盛，又满足了海南和三亚地方优势产业发展的需求，极具发展潜力。

在座的国际酒店管理学院的同学们，大家在学习这样一个与行业紧密对接的专业时，要多向专业教师请教，多向业界前辈取经，多掌握知识，多理性思考。去粗存精、去伪存真的学习过程需要同学们持之以恒的坚定信念；基层实习、岗位锻炼、积累经验的过程需要同学们摆正心态、勤奋上进、抓住机会，不断积累成为国际酒店行业管理人才所需的素养和能力。只有靠自己的努力，职业道路才能越走越坚实，越走越有前途。

在位不谋事的"惰性老虎"

（2014 年 4 月 8 日在党政联席会议上的讲话）

面对新形势下的中国，中央采取了一系列措施和行动。其中，最为明显的是：第一，中央提出"中国梦"，围绕中国难得的发展机遇，凝聚人心，坚持通过中国特色社会主义道路来实现中国的现代化；第二，开展党的群众路线教育实践活动；第三，"'老虎''苍蝇'一起打"，重点抓反腐和廉政建设。

从务虚角度讲，党的群众路线教育实践活动是党的一次亮灯，既要坚持中国特色社会主义制度和走中国道路来实现现代化，同时要依靠党内过去10 年的运转方法。无论是价值观的切实落地，还是制度的有效执行，党员干部的工作作风是否落实到工作岗位、是否按标准工作，都是要抓的"牛鼻子"，本届中央领导都有基层工作经验，对此心中清楚。因此，把教育实践活动和整治腐败结合在一起，要通过教育实践活动，使党员干部自省自立。

按照教育主管部门统一部署，学校开展党的群众路线教育实践活动已有数月。活动中，我们收集了群众反馈意见，并由活动领导办公室加以分类梳理，发给各分管领导或相关部门。新学期开始，各分管领导从自身工作出发，少开会，多到学院调查、指导和交流工作，已有好的开端。

客观上讲，三亚学院干部没有多大权力，把这点权力用在自身利益上，自然是不恰当的，把这点权力不当回事，导致工作无法开展，那就是权力没有运用好。各位同志工作很忙，事情很多，但问题若堆积如山，群众迫切关注的问题不去解决，那么，我们就要问你对党的群众路线教育实践活动到底是什么态度，对党中央的部署理解到什么程度，对自身在校所处位置有没有压力。如果发现问题，不知道如何解决，没有解决，那就得问自己能力如何，能不能担任此项工作。

我们现在开展工作和五年前开展工作是不同的，因为群众期待不同。在干部会议时，我总会讲得很多，因为只有讲明白、讲清楚，才能"挥泪斩马谡"。问题堆积如山，原因在哪？五年前，学校面临的困难很多，但创业队伍奔的是事业，想的是如何创办学校，所以困难都只是暂时的。现在，学校经过十年发展，问题仍然还在，而干部视而不见，群众因此失望，那么，如何推进学校发展？

学校发展有阶段性。第一阶段是精神和理念的建构。这一阶段学校规模较小，只能模糊目标，用精神和理念引导大家发展，那时批评干部，并没有落到具体的制度措施上。第二阶段是制度建设。随着学校组织结构和队伍的完善，学校开始实施目标责任制，一些干部却不知所措。实施目标管理责任制，是以制度建设来促进学校发展，是要求干部按照自身岗位职责，完成各自的工作任务，干部要时时对照学校的工作要求和群众提出的问题，梳理、反省自身工作。作为干部，要能意识到，随着学校发展，我们要改变自己，从过去依靠精神工作过渡到按照职责完成自身岗位要求，司其责，负其责，尽其责。

目前，学校梳理的问题，与我前面提到务虚的视角和回顾的脉络相关。一是有些干部不知学校形势，更不懂天下大事。二是学校授权于各级干部，实行目标责任制，但有些干部仍不明确自身职责，不清楚不能只对上级负责，同时要对自己的岗位负责，更要对群众、对下负责。现在是学校发展的关口，也是中国社会建设和民主建设的关口。

各分管校领导要带头履行目标责任制，对所收集的群众意见要主动回复，做到对群众、对下负责。同志们要抖擞精神，学习中央打"打老虎"的精神，对付官僚主义、形式主义，对付在位不谋事的"惰性老虎"。

改进教学质量要成为我们不懈的追求

（2014 年 4 月 30 日在全体教师大会上的讲话）

我发现绝大部分老师非常认真地听和看。过去的将近 40 天时间里，学校邀请的四位专家在校进行调查工作，从刚才刘教授的报告中可以看出，专家们听了 400 多位老师的课，审阅了数千份论文，工作非常辛苦。几位专家不但敬业，而且专业。刘教授的报告，我不敢说字字珠玑，但起码所讲的 10 条，条条是道理。10 条关于课堂教学的分享，每一条都找出了我们存在的问题，重要的是发现了产生问题的原因在哪，更重要的是指出解决问题的方法和路径是什么。作为教师，我们经常会说"提出问题便是真本领"，但能提出问题的人太多，解决问题的人太少。几位专家在短短 40 天内，了解或者洞悉了我们的课堂教学。教育界认为课堂本身是一个黑匣子，很难打开，只有老师能打开，叹息课堂质量好坏只有老师和学生知道，就像俗语说的"鞋子不舒服只有脚趾知道"。但几位专家经过调查，可以说在短时间内洞悉了学校目前课堂教学的方方面面。

我想说的是，三亚学院的十年走过了不寻常道路，从学校领导的角度看，如何在不适合办教育的三亚办成大学是第一个挑战，如何使大学专业学科适合地方经济社会的发展是第二个挑战，设置的专业如何吸引老师和学生是第三个挑战，第四个挑战是如何将大学的教学、科研和社会服务等功能在不同发展阶段展开并力争达成平衡的实现，换句话说，就是如何让学校老师安心工作，并有质量地工作，如何让学生愉快学习，获得真正的本领走向社会，这是我们面临的长期挑战，从我们开始办学一直持续至今。在过去的发展中，我们回应了这四个挑战，并回应得不错，以至于我们在中国民办大学中有了自己显著的特色和成就。但是在如何打开课堂黑匣子上，说实话，我们自以为凭着多年高校经验心中有数，自以为懂行、懂教学，觉得学校的教学管理和组织还是不错的，其实差距还很远，根本谈不到教无止境。

关起门来说，我们问题不少。大量低级错误，大量在教学质量合格和不合格的中间线上徘徊的错误还存在。昨天我特地询问专家：以你们看来，三亚学院这样以老同志和青年教师为主力军加上部分中年教师的队伍，有多少不合格？20%或10%？再问下去，就比较勉强。我们评出教师不合格率不到3%，良好55%，剩下的便是优秀，这是大致比例，这是我们关起门来自以为是的感觉。专家们不带偏见，他们看过自己的学校，看过其他好多学校，看过公办也看过民办，因此，当他们提出问题时，我们应该用什么样的心态去面对？教师这个行业，是阳光的事业，是崇高的职业，教师站好讲台非常荣耀，并为中国添彩，但是站不好，就是自取其辱。这个讲台不好站，职业不好从事，岗位不好混，必须真诚、严肃面对。我又问了专家第二个问题：在你们看来，三亚学院教学、课堂和用人当中出现的诸多问题，有多少是由于年轻或经验问题，又有多少是因为个人天赋、性格不适合这个岗位？他们认为90%是因为经验问题。当然，我心里踏实很多。我特别感谢我们的老师，尤其是年轻的教师们，怀着一腔热情来从事教师行业、来到三亚学院。但我们要接着追问，十八岁的媳妇总会熬成婆的，青年总会变老的，多数人会随着年纪而积累起经验，但问题在于我们的学生不能因为老师年轻、经验不足而享受不了有保障的教学。他们本科学习只有一次机会，机会浪费不起，时间和生命耗费不起。岂能让他们等我们教学成熟？教学的质量这个话题看起来沉重些，但学校不怕困难，在专家指引下，我们看到了希望。

出现这些问题，主观原因是我们老师年纪轻、经验不足或个人投入不足。但今天只说客观原因。首先，教学设备与教学环境管理不足。我们的课堂教学保障，包括设备、课桌椅、卫生环境等，达到基本要求没？有的教室达到了要求，有的没有达到要求。希望校园管理部在劳动节期间做好统计和方案，上班后上会讨论，来解决这个问题。第二，制度设计缺陷。如学校创办初期，将大部分精力放在战略发展、结构性建设、制度建设、文化建设等这些生死攸关的问题上，而对于更为长远的课堂教学质量，精力投入不够。第三，教学管理不足。教学指导的线条较粗、毛糙，要求多，号召多，具体有效的指导不多。刘教授所说的 10 条，问题、原因和方法都有，涉及 80% 的专业。第四，评价制度不足。过于重视教学督导、评估是否公正、合理和客观，重在打分，没有把分值与日常指导、反馈结合起来。第五，学校传输系统重视人与人、文与文之间的传输，没有将信息化技术运用到位。如果我们解决了上述所说的学校制度、管理上的不足，我相信好的理念、思想、技术和教学经验会很快得到传播。

针对专家指出的问题，我们会采取一些措施加以解决。第一，我们会改革教师培训制度，将以往的一年培训调整为长期培训，分时分类分人群地进行。要把培训、指导、管理和评估四个环节打通，谁对这四个环节有发言权，谁对此负责任，就如建筑设计师设计修建的房屋，要对此签字，若出现房屋倒塌情况，设计师将对此负相关责任。学校以后培训、指导、管理和评价环节都要对其教师负责任，他们是优秀，你就优秀，他们不合格，你的考核也受影响。只有真诚为教师的培训做好服务和管理，做出有利培训，有利客观公正的评价，我们教师才会进步，学生才会受益。第二，学校将加强教师间的交流，实行公开课制度，充分利用多种技术手段，只有学术群不够，要更有开放性，为更多老师分享经验。第三，在课堂教学评价、论文指导上推行负面清单制度。会先设置干部管理、职员岗位职责的负面清单，然后推出课堂教学、论文指导的负面清单，教师要守住底线，学术涵养、知识面扩伸等可以在一个较长时间里慢慢积累。第四，加强学科建设和科学研究，让教师的学术能力和实践经验足以支持和反哺课题教学水平。这一系列制度的调整，相信能解决大部分教师存在的低级的、不该犯的错误，会快速提升教师的经验和水平。

教育是真诚的事业，教育者必须有热忱，喜欢从事的职业，自尊自爱知心，教育者必须要尽好义务，不辱职业。学校愿意和每个教师一起努力，为学生提供有质量保证的课堂教学。

最后，感谢四位专家的支持和帮助，感谢为教学管理付出心血的干部，感谢所有教师为学校所做的付出。祝大家劳动节快乐！

勠力同心　迎评促建
全面推进学校内涵建设

（2014 年 6 月 28 日在一届三次教职工代表大会上的讲话）

各位代表：

受学校校务委员会委托，我向大会作工作报告，请予以审议。

一、本学期学校主要工作回顾

2014 年是学校深化内涵建设、务实迎接评估、巩固党的群众路线教育实践活动成果的重要一年。学校坚持以党的十八届三中全会精神为指导，紧抓迎评契机，努力凝心聚力、科学规划、合理布局、扎实工作，各项事业均取得了新的发展和进步。

（一）学校治理结构进一步优化，权力下放后的管理效能有所提高。一是学校持续推进依法治校、科学决策、民主参与和民主监督的现代大学制度建设，落实校党委会、校务会、校学术委员会分工负责的治理结构，试行行政"四长制"分类负责管理，推进二级工作与协调委员会的工作，推动学校学术生态建设。二是继续优化学校管理制度体系，支持权力下放后各职能部门和二级学院职责功能行使，支持二级学院围绕学校总体目标，根据自身学科和专业特点，以及同市场、行业间的合作等综合情况调整自身发展策略，鼓励多渠道、多形式推进学院内涵发展。三是加强学校各项重点工作的督查督办，重点推动行政工作纠错、问责机制，提高行政水平与服务效能。

（二）坚持教学中心地位，人才培养质量进一步提高。一是教学质量工程稳步推进，其中2个新办本科专业通过了省教育厅评估。二是教学成果显著，其中，获省级大学生创新创业训练计划立项4项；获省级青年教师讲课大赛三等奖、优秀奖各1名；获"挑战杯"等高水平学生科技创新比赛各类奖项60余项。三是教学评估工作进一步加强，评估中心在本学期共听课835节次，有效促进了教师课堂教学质量的提高。四是建章立制，优化教学管理与学生管理一体化的机制与模式，推动学风建设。五是学生受社会欢迎，今年继续保持高就业率，截至6月18日，学校毕业生就业签约率已经达到98.07%。这些具体的成绩累积，说明学校的人才培养质量在上述方面有了新的提高。

（三）学科建设有起色，各项指标稳步推进。一是教务处重点跟踪和评估了3个省级和9个校级特色专业建设，5门省级和30门校级重点课程建设，10个重点学科和4个重点实验室建设。二是有关学科建设项目稳步推进，全校质量工程建设项目新立项17项，完成中期检查21项，结题验收15项；教改项目立项20项，完成结题验收14项。三是出版《三亚学院教学改革与研究论文集》5册，收录本校教改论文256篇，出版大学管理报告1册；出台《2013年三亚学院社会需求与培养质量年度报告》1份。四是完成海南省515人才工程、省优秀中青年骨干教师遴选等工作，目前已有1名教师入选海南省优秀中青年骨干教师。

（四）科研工作开始收获、成绩较大。一是科研立项工作取得新突破。今年上半年，学校有4个项目同时获得国家社科基金立项，1项获省重大招标项目立项，10项获省社科基金项目立项，6项获市社科基金项目立项，横向项目立项11项，新增项目经费超过110万元。二是科研成果数量和质量均显著提高，本学年不含教改论文共发表学术论文690篇，其中核心期刊论文54篇，其中在《中国社会科学》《社会学研究》《环境科学》等权威期刊上发表文章3篇，都是近十数年来海南首次发表在上述权威期刊上的学术成果，出版著作 18 部。这些科研成果标志着我校学术研究在人文社科和自然科学领域经过近年的规划培养，已实现了突破。学校已经对获得高级别科研项目、发表高水平科研成果（在本省属首次）的教师予以 100% 的项目经费配套和每篇论文 8 万元的奖励，以此鼓励更多教师向高水平科研成果冲刺。这方面尚有新建的学院需要进一步加强工作。三是科研平台建设层次明显提高，今年我校与清华大学高校德育研究中心共建"民办高校德育研究院"，与海南省民族宗教委员会共建"海南民族宗教事务发展研究中心"，同时，自建"琼学研究中心"等 4 个研究机构。各研究机构工作成效尚不够均衡。四是校刊影响力持续提高，《天涯华文》办刊品质明显提升，《三亚学院学报》荣获第四届全国民办高校学报一等奖。这些成绩的取得是学校 5 年来科研持续投入和准确定位的结果，更是有关教职工辛勤耕耘、聪明智慧的结晶。

（五）师资队伍建设得到加强。围绕迎评中心工作，结合学校发展需要，一是以具有可操作性和可持续性的战略，引进、开发、培养师资和人才队伍，致力于建设德能兼备、结构优化，具有创新精神和综合竞争力的师资团队。通过各二级学院积极努力甄选，人事部门规范严格考核，今年共引进各类人才 200 余人，其中具有副高以上职称者 58 人，占引进教师总体人数的 22%。二是强化师资开发培养。今年学校增加培养批次，对 3 月新入职教师进行入职指南教育与培训；学校继续实施"百名博士攻读计划"，择优推荐 3 名教师考取博士；学校推荐优秀干部、职员外出培训，已经推荐 5 名优秀青年干部到国家教育行政学院等单位培训。学校鼓励各学院利用专项经费合理选拔和安排骨干参加校外进修、培训。三是规范完善了岗位目标、教职工考核体系，列出各类职业行为负面清单。四是调动有效资源争取政府扶持政策，消除教师的后顾之忧。学校极力争取了市政府给予我校高层次人才退休补贴的政策支持，市政府已经正式发文，明确规定今后我校副高以上职称的教师退休后将享受与公办高校同类同级别教师同等待遇（即学校和个人交纳社保享有公办退休待遇，不足部分由政府补足）。此项政策惠及本市其他民办高校，即为全国罕见先例。为关照青年教师和职员在独立生活初期的实际需要，学校对助教和初级职员各岗位人员的基础工资做了一定幅度调整，这部分人群薪资平均涨幅达 15%。

（六）国际合作开创新局面。一是来访交流数量和范围持续扩大，今年先后与美国、俄罗斯、新加坡等国家以及我国台湾地区的多所大学开展合作，逐渐形成资源优化、项目多样的良好国际化合作局面。今年 6 月初，学校与美国著名公立常春藤高校迈阿密大学成功缔结姊妹校，系列合作项目将逐一启动。二是外籍教师的数量和质量提高。目前学校共有 23 位外籍专家和教师，其中具有博士学位者 9 人，从事语言和专业两方面的教学。三是国际学生的类别和留学生生源地数量均有所增加。外国语学院、国际酒店学院、管理学院等二级学院积极作为，因地制宜地开展国际交流与项目合作，呈现良好发展态势。

（七）校园建设全面推进，办学条件进一步改善。一是新图书馆建设加快推进，一期内部装修基本完成，二期将在年底前完成。图书采购量持续增加，图书管理系统即将升级，以更加方便师生借阅浏览。二是校园网络平台建设将升级改造，暑期将完成基础平台搭建和各应用系统的集成，实现基础数据的共享，较长阶段困扰学校行政传输效能和师生互动效率办公网难题有望有较大改进。三是校园建设公共服务体系正在修缮，基础条件不断加强。目前学校正在建设的项目有校园水电独立保障工程、校园网络优化工程、校园环境优化工程三项，即将开工建设的有实验中心扩建、北区大学生活动中心扩建、新址幼儿园建设、陶艺实验室建设、书德楼和书行楼改造、西区人工湖建设、交流中心扩建等八个项目。以上工程投资总额过亿，大部分将在今年 11 月之前完工，学校加强了校园综合治理，后勤职工也做了不少努力，但无论是保障校园安全，还是校园卫生、维修维护等后勤工作，离学校对部门的要求和师生期待都尚有较大距离。

二、关于一届二次教代会提案处理情况的报告

我校一届二次教代会共收到代表提案 61 件，经过归纳整理，把相关重

复或类似的提案合并后，共立案3件，其中人事及教学类1件、科研类1件、校园管理类1件，学校工会对提案处理情况进行了跟踪督促，下面我一并向大家报告提案的办理情况。

（一）关于优化科研项目管理的提案

该提案反映了我校科研项目管理和服务中存在的一些问题。半年来，科研处在立足我校实际情况和客观条件的基础上，组织研究和讨论，采取了相应的政策和措施，主要有：

1.注意及时了解并披露科研项目申报信息，通过办公网、校园网、邮件等多渠道及时、准确、公开提供各类科研项目申报信息，方便老师们第一时间了解情况，下载、查阅、申报。

2.从今年起，科研处专门针对国家级、省部级重要科研项目申报进行专项培训，邀请省内外相关专家、领导来校指导和介绍科研项目申报经验，提高项目申报质量和立项率。

3.学习了解上级项目管理单位的规范与资讯，力求将学校科研发展和政府、社会、企业需求相结合。

通过以上方法的改进，今年学校科研项目的申报工作有所提高。但是，我们也要清醒地看到，我校教师科研项目申报水平参差不齐，科研项目学科分布不均的现象比较严重，20%的教师集中了80%的重要科研项目立项，这个比例在几年内需要逐步加大调整力度。尤其要加强科研规划、培养新人、发展特色、鼓励项目的广泛参与，发展新的学术增长点，为教职工提供更多学术竞争机会。

（二）关于完善实验教师管理制度，设定职业发展通道的提案

该提案反映了我校实验员职业技术发展过程中出现的问题。人事处作为专项工作进行了调研讨论，对实验系列教师的编制、管理、职称评定、考核标准、职业发展通道分别进行了可行性研究：

1.根据学校现有招聘考核制度，参照本校及校外教师管理的有关规定单列实验教师系列。对实验教师进行遴选和考核专业技术职称评、聘。

2.为落实培养"应用型"人才办学目标，学校实验教学队伍的建设水平需不断提高，学校将进一步采取措施促进这支人才队伍的建设。

（三）关于加强校园管理，提高服务教学和师生质量的提案

该提案提出了学校教学保障、交通管理、治安管理和环境保障4个方面的问题。今年以来，学校组织专项工作加强以上问题的处理。

1.针对教学保障方面的问题，校园管理部已经采取相应措施：一是针对教室漏水、墙面脱落问题，已经完成工程维修项目的招标工作，施工单位已经进场维修，计划在暑期完成；二是针对教室课桌椅和窗帘损坏的问题，已经进行过两轮集中维修，今年暑期将再次进行集中维修。三是针对部分校区铃声过小的问题，已经进行专项维修。

2.针对交通管理方面的问题，校园管理部已经开始按照学校新的校内交通路线安排运行。同时，即将引进新的电瓶车运营商入校，校园管理部将对其进行校园交通培训和监管，确保其在开学前按照新的交通秩序和规范提供运行服务。

3.针对校园治安"技防"不足问题，学校已经分两批共重新安装42个监控摄像头并投入使用。对校园主要出入口、重点地段的人流、车流起到监控作用。

4.关于环境保障问题，校园管理部已经禁止校内焚烧；东11运营电瓶车间将在暑期移到新址。

以上三个提案分别由科研处、人事处和校园管理部牵头负责承办，每一件都有具体答复。今后每年教代会提案及答复都会在办公网上公布，欢迎广大教职工查询并提出宝贵意见和建议。

需要进一步说明的是，学校对新成立的校园管理部提出了有效"服务教学、服务师生、服务基层"的工作要求和"出问题先解决问题，再追究责任"

的追责要求，目前保障问题仍然较为集中，欢迎广大师生督促，学校对校园保障部门的考核将更大权重地采用师生评价。

三、党的群众路线教育实践活动成果继续落实

按照群众路线教育实践活动的统一要求，我校集中性教育实践活动已经告一段落，学校认为需要继续落实群众路线教育实践活动精神，提出了以问题为导向，以师生满意为落脚点，以务实的态度回应群众意见的工作要求，把学校的决策与回应群众关切紧密结合，以党的群众路线教育活动精神继续引领、推进学校迎评促建工作和学校十年卓越发展规划目标的实现。

（一）形成制度体系，构建践行群众路线长效机制

学校将党的群众路线教育实践活动中师生的意见诉求与学校的阶段发展目标任务通盘考虑，负责任地解决在学校发展时期群众的期待和诉求，对在教育实践活动中征求的 708 条意见和建议及一届二次教代会中征集的 61 条意见和建议（含 3 个提案），从制度建设、日常管理和具体事项三个方面进行了梳理、归类，责成各职能部门按照学校相关制度规定和部门职责要求，负责地对群众的意见和建议回复、反馈解决情况予以公示，制定和重新修订了 32 项规章制度。2013—2014 学年春季学期的工作要点有 17 项，其中 13 项与落实群众的意见和建议直接相关。4 月 30 日，办公网上公示了解决问题的完成时限、责任部门、责任人、分管领导。到目前为止，已经按时解决的有 143 条，计划年底之前解决的有 9 条，由于条件所限，需要长期解决的有 14 条。

（二）推行行政工作首问负责制、限时办结制和责任追究制，提升干部队伍的管理和服务效能

学校要求全校各级领导干部、各职能部门和全体职员，在熟悉岗位职

责、部门制度、工作惯例、发展规划、工作计划的基础上，以"群众满意"为落脚点，随时检视自身工作，做好工作整改。对干部提出把主动发现问题、指导工作和解决问题作为基本工作方法的工作要求，以及时有效地解决基层和群众困难。推行了行政工作首问负责制、限时办结制和责任追究制，以及工作进程信息披露制度，实施领导督查、部门解决、群众监督、结果公开的工作措施，并将上述各环节结果纳入干部考核指标。上述工作在实际运行中，还未完全到位，尤其是各级干部的职员素养和工作作风仍需要在知识增长、经验积累、能力提高中不断提高。

（三）制定各类工作负面清单与激励办法，完善岗位管理目标考核体系

不断完善岗位管理目标考核体系，围绕现阶段迎评促建的中心工作和推进"二次创业""卓越进程"长时段重点工作，学校制定了《干部履职过错行为追责暂行办法》《干部履职竞优创新激励暂行办法》《职员履职负面清单暨履职过错行为追究暂行办法》《职员履职竞优创新激励暂行办法》《教师执行教学规范过错行为追责暂行办法》《教师教学需提升若干问题的暂行办法》《教师教学工作竞优创新激励暂行办法》和《后勤保障课堂教学服务工作过错行为追责暂行办法》等系列文件，意在集中精力解决各类岗位行为规范模糊问题，并更清晰地激励教职工奋发有为。干部、职员、教师职业行为"负面清单"的制定，是通过对"责任归位"，以促进"责任到位"；是通过划定岗位行为底线，促进各类人员发挥聪明才智，不断冲击上限，激发个性和创造性，实现各自的教育梦想。倡导的是"不禁止即可为"。

负面清单是排除法，列出不应为的行为；应知应会应为的清单是列举法，列出应为的岗位职业行为；岗位目标管理考核导入"负面清单"管理模式并与创新激励指标项目相呼应，平衡组织内部关照底线禁为和激励创新行为，塑造阳光、理性、明德、竞先、创新的组织风气，以力求"不让大学的行为因不设底线而失去质量基准；不让大学的基本功能因不守质量基准底线

而受到影响；不让大学质量基准受制于同质性而无益于特色；不让规范顾及维持秩序却困厄大学的创新"的目标。

四、全力以赴迎接教育部评估，扎实推进各项工作

本学期开始，学校以迎评工作为主线，全面统筹，做好预评估和正式评估的各项准备工作。

（一）紧扣评估指标体系，全面提升迎评材料质量。一方面，制定下发了《机关各部门本科教学合格评估准备工作任务分解表》（370条）和《二级学院本科教学合格评估准备工作综合材料参考目录》（205条），涵盖了《教育部评估指标体系》所要求的7个一级指标，20个二级指标和40个观测点，并以分解表和参考目录为依据，对各项材料进行分类收集、整理、补充、完善，为预评估和正式评估奠定基础。另一方面，在学校和学院两个层面，对学校的办学特色、人才培养模式、改革成果、教学质量监控、学风建设、专业建设、课程建设等发展情况进行总结、提炼。

（二）扎实做好专项整改、数据采集、报告撰写和规划修编等重点工作。一是学校重点对师资队伍建设、课堂教学评价、近三年考试试卷与毕业论文、实验室建设与实验实践教学、实习、实训及人才培养方案等7项重点工作开展自查自评，提出专项整改意见，完善相关基础，提高质量标准。二是进一步准确地做好数据库采集工作。三是初步完成自评报告的撰写和规章制度的修编。四是修订完善了办学定位体系。五是根据学校不同阶段的发展实际和目标，结合评建指标相关要求，修订完善了《学科建设规划》等8个建设规划和39个专业规划。

（三）创新工作方法，多渠道提高我校迎评促建的质量。本学期，学校采取"走出去""请进来""相互查"等方法和措施，学习借鉴、"开方把脉"、取长补短，迎评工作质量不断提高。一是通过"走出去"，组织二级学院和相关行政部门主要负责人前往合肥学院、黄河科技学院和郑州大学西亚斯国

际学院进行实地考察、学习和交流。二是通过"请进来",学校聘请校外专家,通过查阅试卷、全程听课等方式开展自评和自查工作,听取校外专家反馈意见,有针对性地解决教师课堂教学中比较普遍和突出的问题。三是组织迎评工作领导小组成员分组到各学院进行互访互学、相互打分、互评互助。四是组织相关部门对各教学单位进行了迎评准备工作的座谈、调研、指导,对各单位的迎评材料及支撑材料在数量、种类、质量、标准等方面是否达到规范要求进行了三次检查、反馈,并限期整改。总体来说,全体教职工都很努力,尤其是许多教师非常辛苦,各学院的迎评材料在数量上基本完成任务,当然,一些材料的质量仍需继续提高。

根据教务处两次检查、各学院院长评价和校外专家汇总评价的结果,评建办对各学院迎评材料准备情况进行了排名:排在前五位的学院是人文与传播学院、传媒与文化产业学院、管理学院、艺术学院、外国语学院;排在后五位的学院是体育学院、音乐学院、国际酒店管理学院、马克思主义学院、计算机教学部。这个评估是阶段性的、动态的,希望后位学院主动与评建办充分沟通,学习前位学院经验,抓紧时间整改,争创先进。各学院都要借机花大力气多渠道帮助教师提升授课水平。

各位代表,从今天算起,还有24周,即今年的12月中旬,学校将迎来教育部本科教学合格评估的历史性的考验,三亚学院迎接本科教学合格评估倒计时正式开始!必须看到学校在过往9年的快速发展中有不精致也有疏漏,迎评这既是挑战,更是机遇。从现在开始,学校中心工作除了维稳,就是迎评。希望全校师生员工勠力同心、全力以赴、攻坚克难,以扎实有效的工作成绩、进取合作的精神风貌牢牢坚守教学质量生命线,巩固我们全体三亚学院人九年的智慧辛勤与这一年多的紧张劳动成果,赢得教育部评估专家的肯定,一举通过本科教学评估!以出色的成绩迎接学校十年校庆的到来!

建立良好大学生态的"加减乘除"

（2014 年 7 月 4 日在全体教职工大会上的讲话）

　　十年前的礼堂快容纳不下学校全体教职工了，空调系统也不能帮助我们冷却我们沸腾的心情。一个学年过去了，大家付出辛劳，说这句话时，每个人可以像看春晚一样回顾一年的艰辛、期待和失落。快放假了，很多同志还要回家乡和亲人团聚，这也是大学的春晚吧。很简单，根据十年惯性，在一届三次教代会上我作了报告，经过各代表团审计，报告得到大会批准。我个人在此就不再重复王勋铭副院长代表学校两委会所作的工作报告，现在我和同志们交流下我的一些想法。

　　三亚学院有一个处在中国雾霾之外的阳光校园，着实让处在其他地方的人们羡慕；在艰苦环境成长的学校有了高知园，也让我们同行感到羡慕。三亚学院作为一个初具规模的民办大学，不但质量上升，还在不断追求和提升，尤其是科学研究。现在在省内科研排名，几个指标应该排在了前列，在我们后面有办学十多年的、也有五十多年的，至少在今年时段我们赶超他们了。就如王院长在报告中所说，学校有了发展布局，有一个激励方法，但更重要的是三亚学院所有人的辛勤劳动，尤其是战斗在一线的教师，在站好课堂岗位的同时，还坚守自己的学术本位、本分，收获了学术成果。根据科研处统计，今年有四项成果获得社科基金的支持，在全省排第三，如果在院校集聚的湖南，我们可以排第八。几年前当我们说要不断推动科研工作的时候，这个议题受到了很大争议，那个时候各方面基础都很薄弱，很多问题未能解决。我们的老师大量在教学一线，有些骨干尤其是有科研潜质的人还不能从更繁忙的工作中抽出时间来。为了今天的成果，三年前学校做了一些布局，一年过后收获不是很明显，有人很焦虑。相信这种焦虑是深刻的关切。借用一部电影的台词：在科研工作上让子弹飞一会。种瓜会得瓜，但不是今天种明天就开花，后天就结果，得有个过程。

三亚学院有一支老中青结合的队伍，支撑着教学主体。在学校发展过程中，年轻教师数量从占大多数到逐渐缩小。有句老话说十八岁的媳妇熬成婆，我希望年轻教师永远都青春常在。但是，人生阶段还要完成，需要恋爱、结婚、生子。所以我们看到学校的年轻人组建了家庭，有了自己的孩子。不一定都能够说我成家就立业了，还有很多困难要面对。但是，那么多的孩子，用沈校长的话说，看到学校未来生机勃勃，也令人羡慕。一个学校成长也许与这些孩子没有直接联系，他们以后可能会去"北大"或"哈佛"就读，但那颗智慧的种子是在三亚学院由我们年轻的老师播种的。我想这样一些事情让曾经在艰难环境下办一所大学或办一所企业、促进地方发展的人们感到羡慕，因为生命在延续。

当然，新的问题来了，那就是学校在今年计划中所提到的要完成政府规定的"幼儿园"建设，现有的"幼儿园"不足以安放我们对未来期待的那颗心。所以，今年后勤、基建同志要加油。

当然，我们还有很多令人羡慕的事情，话题暂且搁下。谈谈今天我要说的主题，三亚学院的"加、减、乘、除"。

2006年我向教育部领导汇报办学思路的时候，说到学校需要又做"加法"又做"减法"，主要谈到如何在人才培养的课程设计上做"减法"。我过去在扬州大学任职系主任时，曾想在政治课上做出改革，教授们对做"加法"表示欢迎，可当提出做"减法"时他们很抵触，在那样的体制下想要做"减法"很难。因此，在三亚学院创办初期，我们提出"清零"的管理理念，抛开过往的个人经历，思考一个好的大学如何办。如同本学年宣传部发起的"我心目中的理想大学"征文活动，有近百位老师积极响应，学校将集结文章后统一出版。像罗尔斯所说，未来的理想社会我们在无知之幕下设想一个理想大学的样子。当然，老师们都很理性，有实践精神，说我们的理想大学要建立在自身基础、历史、条件之上。我想说的是，当我们"清零"以后，才有了新的理念，新理念才可以被引入、建构，新的制度才能顺应新的观念建立，由此，大学先进的文化才能慢慢培育、滋长。从三亚学院的道路看起来，做减法并不是很困难。

中国人对算法研究是有渊源和历史的。在中学课本里，有一篇《曹刿论战》，谈的是庙算，即战役之前的战略筹划。这个著名的概念成为中国兵家的战略思想定位，也成为后世研究中国战略思想的基本思路。一个战略制定需要基于各项条件，中国最早一般由历史、文化、心理等各种显性和潜在物质和精神的多方元素作为战略基础，中国算法区别于其他民族。回顾历史，中国算法相较于其他领域有不小成就。

中国改革开放其实也在做加法和减法。改革之初，我们既有改革力量，也有保守力量。保守力量既不想做加法，太冒险，也不想做减法，损害其利益。而改革是希望在减法的基础上做加法。中国三十多年改革的成就，简单汇总便是如此。去除那些陈腐的观念，去除那些原有计划经济中可能束缚市场力量的制度和习惯，来释放中国特色社会主义市场经济的力量，这才有了今天中国的成就，包括经济总量达世界第二。中国的改革开放充斥着矛盾，有时是激烈斗争，矛盾几乎存在于每个家庭、每个组织、每个层面，在国家治理结构的方方面面。在改革开放过程中，我们做了许多减法，也许不完全，但也做了很多加法。

在过去许多年，中国的成就都与加减法联系在一起，现在做加减法够不够，我也不敢推测，我算术能力有限。

三亚学院的十年成就，减法做得痛痛快快，加法做得紧紧张张，今天别人看起来所艳羡的一点成就和我们老师所付出的劳动换来的新的成果，都与我们所做的加法相关。为什么我们减法做得痛快？我们最初的班子成员和后来加入学校的老员工们，大家都从体制内来，但毕竟可以与过去做一些切割、划界，也许在思想感情、观念上需要过程，但不太切合我们的利益，所以做减法时痛快，没有割肉。在此基础上，做加法也比较顺利。在出世计划阶段，我们做加法，达到预期目标，开始卓越进程时，我们做了很好的规划，得到两代会的批准，这几年按照规划一步步往前推进，加法做得锦上添花。为了迎接评估，我们推质量工程，也做得有声有色，收获了不少成果。

上个月，我访问了美国迈阿密大学，一所基础很好的大学，它是第一次与中国建立姊妹院校。学校与迈阿密大学建立合作关系，展开了很多项目的合作。按照惯例，还拜访了该地区其他学校。访问过程中，感慨颇多。在海外许多碎片现象会影响着华人和中国崛起的美好形象。用后现代的话说，人们经常是用碎片感知世界，形成自己的判断和立场。我也希望通过对这些碎片的整合，成为美丽中国梦的一部分，而不是负面的能量。在美国看到现在中国留学生越来越多，这些孩子，大多数是拿着父母的钱读书的。也许是中国基础教育的问题，或是中国传统教育的问题，或是独生子女家庭的问题，或是我国改革开放以来社会应对之策的问题，我们可以看到海外中国留学生比起其他国家学生的负面形象比较突出，或翘课或作弊或靠攀比消费取得自信，这是美国高校头疼的事情，也是华人丢脸的事情，也是我在美国觉得很不舒服的事情。但当我返校后，这些好像是熟视无睹的事情，现在看起来，"熟视无睹"四个字所包含的警惕有太多。

中国改革开放后，经济成就卓越，社会成就在不断显现，但是，腐败现象也比较突出。中央花费很大力气整治，近两年逐渐产生了成效。我们相信新一代的中央领导人是有决心、有能力惩治腐败的。曾有学者说，中国的腐败是根深蒂固的，是顽疾。靠行政力量和党的力量是不够的，需要制度和法治力量。各种说法都有道理。腐败在很多国家都存在，在很多转型国家都突出存在，英国、美国，还有南美，无一例外。惩治腐败需要有执行力度、官方决心、制度建设和法治作保障，才能长治久安。我想说的是，腐败再多，甚至有时制度没有建立、惩治不到位，并不可怕，让我觉得可怕的是，当腐败成为一种文化，在这个意义上，大家对腐败可以接受、熟视无睹或见怪不怪，这才可怕。所以，当我在美国听说我们的留学生那些恶习（翘课、作弊）时，我立刻警醒到，其实中国的反腐挑战的是腐败文化。

说回到三亚学院。学校卓越进程的质量工程，是需要有标准的，按照国家或自己制定的标准，我们执行得如何？我们曾经在这荒芜的平地上，建立了一点成就。但是，在其中，如同中国改革开放成就再大，也要向世人羞说腐败，学校各种卓越成就，令人羡慕，但三亚学院的质量工程，有各种标准，没有执行好，教学方面质量低，也许可以说是失序，从管理角度看，甚至可以说是"腐败"，因为大家已经麻木不仁了。因此，在我们迎评促建时，要做加法，但更重要的是做减法。也许加减法都不够，还需要进一个层次——做除法。

中国的改革开放，把实现梦想放置在通过自己的勤劳和智慧取得成果上，但是也许思想准备、制度准备不足，实践有纰漏，我们有各种问题存在。同样，三亚学院在十年发展过程中累积了成果也积累了问题，我们不能说瑕不掩瑜，但应该高度警惕我们在发展过程中对品质追求的懈怠和漫不经心，及我们有标准而没有去执行的漫不经心，这些可能就是教育教学的"腐败"现象。当知识分子对官场或商界腐败表示极大愤怒时，我们这些教育人是否也可以对自己存在的对教育质量的漫不经心、对学术腐败的见怪不怪可能腐蚀年轻一代的心灵保持警惕呢？我相信大家会说、会想、会努力去克服。

一所大学，要杜绝"腐败"，需要建立一个良好的学术生态，有两棵大树是健康生态的保障，一棵是教学，一棵是科研，二者是同气连枝的，是相互为土壤和养分的，当然，在大树之上，需要阳光，不需要酸雨。三亚学院只有培养出良好的学术生态，才可能不断前进。在生活中，每个人都在不停地加减乘除。中国算术有悠久历史，算法有久远历史，数学名声远播，我们能不能给自己算好账？在干净环境中进行人才培养，还是漫不经心地对待教育质量，认为质量标准可有可无、质量低劣可以容忍呢？我相信每个人都有自己的教育良心，就如我们年轻父母经常会认为自己的力量不足，但也要竭尽全力抚养下一代，让孩子受最好的教育、喝最干净的牛奶、得到最好的锻炼。我想从事教育的人，应该有一颗慈善和良苦之心。我们可以在群众路线教育中做除法，也应该下决心在教学质量上做除法，把自己作为分子除去这十年创业创新累积的成就和问题，尤其是对教学质量的漫不经心，在教学管理和实施的各环节都应如此。只有这样，我们大学人才能高扬理想旗帜，使自己成为干净的阳光雨露，来浇灌教学和科研之树，让它能够万古长青。

也许只有如此，我们才能做乘法，因为只有这样，我们每一点的付出才是正能量，而没有夹杂负面因子。也许这是个伟大梦想，也许实现很难，但我们也要借着迎接评估的机会下决心改正。在这个意义上，我们全体教职工的担子不轻。

今天，三亚学院的加减乘除，也许就是我们每个人人生的加减乘除。要过什么样的日子，要做什么样的人，我相信大家有更好的回答。谢谢大家！

现代大学制度的理念与原则

（2014 年 8 月 11 日为《三亚学院制度汇编》所作的序言）

　　大学自治和学术自由是古典大学转型为现代大学前后接续一贯的大学精神，研究组织学的学者们普遍相信，是这种精神激发大学的自我发展和自我完善，从而使之成为大学发展的内在动力，当然，也成为现代大学多样性和特色发展的一个共同基础。经过现代理性洗礼的现代大学，普遍接受这样的观念，大学自治必须以"大学规则"为基础，大学自由必须以"大学有序"为前提。基于这样的认知，我们相信，不管处在什么时代，不管处在什么社会阶段，也不管处在什么文化背景甚至政策条件下，创办一所好大学离不开必要的健全完善的现代大学制度。对创业之中的三亚学院而言，好的大学制度是学校赖以生存和发展的基础，也是我们走向卓越不可或缺的前提条件。

　　建校以来，制度建设是三亚学院一直坚守的一个理念，也是三亚学院一直坚持的目标追求和实践探索。我们相信，中国现代化还有许多艰难，最艰难的是国家法治，中国现代化还有许多前景，最绚丽的前景是国家法治。中国的法治建设还在路上，一所创建中的大学必须在这条道路上同向、同步，努力向前。多年来，我们努力建设系统、周延的治理结构；努力建设科学、有效率的决策、执行、监督、制约机制；努力不断完善全面、客观、公正的教学和科研质量评价机制；努力搭建学术上自由表达和师生民主权利的保障平台；不断努力创新大学组织内部矛盾调处、纠错、问责和安全风险防范等机制。

现代大学制度的规范、制约、保障和导向作用，要求中国民办大学制度建设既能符合中国国情和社会发展阶段性需要，又能与高等教育国际化的普遍要求接轨。民办大学的制度建设首先要遵循国家法律，遵照政府政策，要坚持社会主义办学方向，作为新创办院校要学习国内高水平大学制度建设的经验，也要汲取世界高水平大学制度的要旨，还要勇于站在高等教育发展前沿，要学会适应社会发展进而适应高校发展的大趋势。

三亚学院的制度建设经历了"出世计划"阶段和正在进行的"卓越进程"两个阶段。在建校之初的"出世计划"阶段（2005—2009 年），学院努力遵循高等教育办学的一般规律，发挥民办高校的体制优势，逐步建立健全了学校章程、党务管理、行政管理、教学管理、科研管理、学生管理、人事管理等方面的制度，确立了学校的基本管理体系。在这个阶段的制度建设中，我们根据社会和学校不同时段的条件，在不同发展时期采用了有区别但内在基本连续一贯的张力管理思想。在制度设计中，我们一直秉持以下管理理念：

1. 信奉管理是理论更是实践，推行从简洁、有效的管理起步，逐步发展为全方位的管理系统；

2. 信奉大学管理是服务教学服务学术，推行管理与服务一体化，坚持管理即服务的原则；

3. 实践组织管理目标明确、结构合理、流程清晰、考核到位、鼓励创业、鼓励创新、奖惩分明、激励为主的管理方法；

4. 实践"快、多、好、省"的创业初期管理策略，进而建构大学学术生态、教学质量优先的管理战略；

5. 追求精神功能、制度功能、文化功能三者整合一致的管理艺术；

6. 塑造职业化的管理团队和教学团队，形成自立、合作、相容、不懈追求崇高与精致的团队价值、团队文化与团队模式；

7. 以校训、校风为精神高地，以办学章程、办学理念、办学定位为制度基石，以尊重师生的人本关怀和大学以学为大的学术诉求为文化积淀，建构师生员工愿景共同、价值共享、不懈创新、激情创业、保持个性、相生共济、群体和谐的阳光大学社区；

8.立足于现代大学特大混合型组织在不同发展阶段的特点，兼顾五种文化（讨论、学习、学术、创业、阳光）的平衡，有计划、分步骤、持续朝向以自主管理、自我约束、自我激励和民主参与管理为目标的现代大学制度努力。

基于上述管理理念，我们的制度设计才有可能走向科学和成熟；加之长时间地从理念到制度、从制度到文化的一路坚守，我们学校才可能有了"出世阶段"比较健全的一系列制度；也正是缘于我们多年一以贯之的制度设计、执行与推广，才在跨入"卓越进程"之后逐步形成了制度为大、规范为重的又一良好校园文化。

基于各自社会的不同发展阶段、不同文化背景、不同经济政治诉求环境，现代大学的成长路径和发展模式可能千差万别，但却具有核心要素，即拥有相似相近的大学功能，以及大学精神和现代大学制度。其中，大学功能在不断扩展，基本功能都是人才培养，大学精神可以独树一帜，但追求知识、真理、正义，相信科学、民主，善良是通则，而现代大学制度则是基于此"同质理念"之上的内部治理结构与运行规范。因此，现代大学制度建设理应成为民办高校创办、成长、改革与发展的要件。多年来，我们在现代大学制度建立与完善过程中，一直遵循以下原则：

1.承继大学的文化传统。大学是"专门教学的机构"，是"专务培育人才的机构"，这是古典大学留给今日大学的基本遗产，也是现代大学需要传继的传统。现代大学制度建设要体现大学的传统文化，就要在自己的制度建设中坚持以教学为中心，以学生为教学主体，以教师为办学主体。我们正是承继这一思想制定出台了一系列尊重教学中心，推进教与学一体化的规章制度。

2.坚守大学的核心价值。大学的核心价值是现代大学制度建设的基石。大学的基础功能是育人，大学实现知识育人、价值育人的基础是知识产出、知识创新功能，这两项功能的特征规定了人是大学"学术共同体"的核心。

尊重人、尊重教师劳动、尊重学生学习是大学的核心价值。三亚学院多年来在大学制度建立的实践中，一直坚守和突出大学教师在教学中心和学术独立的主体地位；一直秉持和强化以此为基础的办学个性和办学理念；一直守护和提升大学教师的学术规范和学术品位。我们在现代大学制度建设中，力争做到每一项制度都从大学的核心价值出发，最终又都能回溯到大学的核心价值。

3. 发扬大学的时代精神。现代大学制度是一种适应时代要求的制度安排。多年来，我们在制度建设中特别注重制度安排长期稳定性与"现时性"的调适，力求学校所出台的任何一项制度都必须是一种好的、先进的、能适应时代要求的大学制度。大学的各职能部门需要根据时代发展的要求和学校自身发展阶段的特点，广纳民意，适时更新设计和构建与改革目标相适应的规则、细则。我们每年都要选择一些已有制度征求意见进行修改、修订或废除，其初衷也正是基于这一原则。

4. 秉持大学的学术旨趣。秉持大学的学术旨趣是现代化后发国家回应现代大学制度建设的重要课题，也是保障现代大学持续创新、科学发展的前提。现代大学制度涉及大学自身治理体系和大学与国家关系治理体系的两个方面。多年来，三亚学院在大学自身的治理体系建设中，秉持大学的学术旨趣，适时转变学校行政职能，不断发挥学术组织作用，增强学术权力，提高教师在学校办学中的主体作用，力求强化校内治理结构和制度体系中的学术权力，提升了三亚学院的学术地位。

当然，我们汇编的这一套三亚学院各方面工作管理的规章制度资料，不是为了说明我们制度的优良，只是为了总结我们一路走来的艰辛与探索，只是为了明天学校更美好的未来。是为序。

Ⅱ　办学第十年

（2014 年 9 月——2015 年 9 月）

聚焦工作要点　营造大学生态

（2014 年 8 月 28 日在全体中层干部会议上的讲话）

今天会议的主题是公布 2014—2015 学年的工作要点。本学年是我校迎评促建和推进依法治校的关键之年，法治是根本，迎评无小事，全校行动，人人有责，各位领导干部更是责无旁贷。

本学年工作的总体要求是：贯彻落实党的十八届三中全会精神和习近平总书记系列重要讲话精神，以迎评工作为重点，以依法治校和党风廉政建设为支撑，积极争取参与发展中国式职业教育探索工作，完善依法治校、科学管理、民主参与、民主监督的大学制度，培育热忱教育、崇尚学术、价值共享、以人为本、阳光进取的大学生态，全面完成学校"十二五"规划目标任务，借迎评东风大力提高整体教育质量和办学水平，加快建设一流民办特色大学的步伐。

因为年龄、阅历和岗位职责的关系，我本人会主动学习、思考中央最新文件和习近平总书记系列重要讲话。中国处在重要变革时期，一些读书人会用"苹果"来形容我们的制度和文化，怀疑"苹果"被虫蛀后价值还有多大。但我相信我们的党如大海一样有自净的能力，我希望同志们认真学习中央精神，讲正气，树信心，长本领。同志们作为干部，管理着一方事务，和一众人群打交道，又处在特殊的教育岗位上，自己树立正气，看到光明前途，这是我们在培养人时不能缺失的前提。同志们在讨论学术时可以见仁见智，但站在职务岗位上，就请把学术观点和个人理解放在一旁，要坚持学校"让学生更好地走向社会""培养社会主义接班人"的人才培养目标和定位，受命于此，就要为此而奋斗，不能三心二意。在这个总的方向、目标和标准上不能犹豫和含糊。

当然，同志们现在面对的是一个娱乐世界、网络世界，人们看问题不但多变、多元，同时还很奇怪。举个例子，在一次新教师培训中我也谈到了国内外形势，会后交流时，一位女老师评论说："男人都喜欢谈政治。"从某个角度来看，她说得没错。自古至今，中国每个家庭里都有一个儒者，哪怕是边远山村，哪怕是目不识丁，总有儒者。人类学认为一个家庭总有一个出场人来讲理，中国的出场人就是用儒学原则来和别人交涉，邻里之间或家族内部或与官家打交道等都如此。因此，在中国，男人谈政治是很本分、很正常的事情。但是一个已入职做老师的人，在今天的国际国内政治生态下，却将领导谈政治归类为男人喜欢谈政治，就显得不够正常。还有，昨天在学术委员会上，委员们对学校高级技术职称申报问题进行了讨论，发现有部分符合申报资格的教师却不申报该职称，有委员感到困惑，在别的高校或别的省份，评职称是大家争先恐后的事情，而在我们学校，部分人是过客心态，部分人是不想做学问的。我想我们干部的任务是很艰巨的，我们的老师是带着各种奇怪的想法进学校的，没有基础铺垫，缺乏环境压力，要用短短九年时间打造一支热忱教育事业、专业敬业的队伍不容易，要在这样的基础上培养优秀的大学生是很难的，这需要过程。大浪淘沙，淘的是在此过程中止步不前的、不能融入大学学术生态的人。

学校正迎来了一个新的转折点，我们干部应净化、端正自身思想，提升个人学术水平，趁势而上，把学校制度建设、规范建设、文化建设、学术建设推向一个新水平。

本学年的工作要点共分九大项。

一、全面推进依法治校，不断提升办学治校水平

（一）维护学校顶层决策制度，落实学校决策、执行、监督机制。创新

管理机制，提高服务效能。（校办计划）

（二）加强教代会职能，不断健全学校监督机制和监督体系。

（三）加强制度体系和体系效能建设，加大对制度执行情况的监督和检查力度，提升管理服务流程的制度化、规范化，公开性和可操作性。

（四）今年目标管理考核办法的重点是，国家相关法律法规、学校制度要落实到部门工作要点、岗位职责、分管领导责任和干部工作言行的实践情况中。（人事处、校办计划）

（五）依法履职、依规行权，推进职业化建设、弘扬敬业精神。完善干部工作目标考核的全要素评价，重点考核各部门、各学院"党政一把手"的工作绩效。

各部门、各学院主要负责人履职行权要亲力亲为，亲自抓落实与成效。学校将对每一项工作任务的完成情况进行统计、评比、排名、奖惩，并在办公网上公布。

二、全力以赴迎评，确保评估通过

具体工作安排如下：巩固第一、第二阶段工作成果，集中解决遗留问题，全面提高校院两级各项评估材料质量，做好省教育厅预评估准备和教育部正式评估准备工作。

（一）经过第一阶段教学基础工作和教学基本文档建设，第二阶段对每一项指标所需完成的任务、工作内容和具体要求进行任务分解建设，本学期针对各单位的不同困难，学校以专门工作组点对点的工作方式，对各部门、各教学单位的迎评工作进行现场指导，针对机关266条、学院205条材料中的具体问题研讨解决方案。各单位必须以工作组的具体意见为指导，准确落实第一轮全部材料的整改到位的工作。（此项工作在9月16日前完成）

（二）加大力度做好九项重点工作

1.自评报告：以自评报告统领校院两级评估具体材料。校自评报告工作组及各教学单位材料组成员应熟悉学校及学院的办学理念、思路，熟悉迎评工作各项指标内容和体系。学校将对此采用多种形式抽查，列入当年考核。（此项工作在 9 月 16 日前进行）

2. 规划：规划是体现学校长远性、全局性、战略性发展的纲领性文件，学校各类规划、学院规划、专业规划、课程规划在修改中要突出形成明确的定位、目标、措施和成效。（此项工作在 9 月 16 日前完成，学校将组织对规划落实与否、熟知程度等进行考核）

3. 人才培养方案：专业人才培养方案需要准确定位人才培养规格，具体明确学生应掌握的基本知识、基本理论和基本技能，做到课程模块安排合理，体现以能力培养为主线的课程体系和课程内容。（此项工作在 9 月 16 日前完成）

4. 师资队伍：各学院应在规划中明确师资队伍的数量、结构、师德水平、教学水平、科研水平和培养培训目标和要求，各专业师资数量达到"迎评标准"，体现职称结构优化。（此项工作在 9 月底前完成）

5. 毕业论文、试卷、课堂讲授：学校相关工作组必须恪尽职守、严格把关审查，对毕业论文及学生试卷做到有错必纠，查不出问题，追究工作组责任，查出问题多，追究相关学院和专业干部责任。（此项工作 9 月 16 日前完成）

各学院及学校听课专家要履职尽责，对教师课堂教学要严格把关，明确提出意见，对问题突出而未有意见反馈记录的，应追究学院和专家责任。

本学期将开展教学竞赛，原则是不影响正常教学；具体方法是评估中心推荐青年教师，专家和学院跟踪课堂评分，以评分排名次。各学院以各专业为单位推荐本专业课程名师，专家组对学院推荐的名师课程随堂评分，以评分排名次。（此项工作 9 月启动，10 月进行，11 月中旬评出结果）。

6. 实验室建设与实验教学：实验室、实习基地、实践环节建设实现标准化；实践课程体现体系建设；各专业的双师型师资应在实验课、实践环节发挥好作用；课程体系内相关实验项目能够开足。（此项工作 10 月完成）

7. 人才培养特色：各专业人才培养目标、规格和课程体系体现以应用型人才培养为核心的特点，并体现相应的特色教学模式和教学方法，尽量突出产学研合作成果及因材施教的教育教学理念落实情况。（此项工作 9 月 16 日前完成）

8. 数据库：进一步修订数据库信息，特别对重点数据信息进行反复核实，及时沟通，统一标准。（此项工作 9 月完成）

9. 制度修订：完成制度修订和信息汇总，编好制度汇编。（党办计划，此项工作 9 月完成）

（三）力争教学质量工程多出成果

启动校级质量工程建设及教学改革项目立项申报工作。

积极申报省级教学名师、省级教学团队、省级重点学科、省级特色专业、省级精品课程、省级教学成果奖等奖项，为迎评工作奠定充实的基础。（9 月启动，10 月评出结果）

（四）在总结 9 月份预评估经验的基础上，制定并落实评估最后阶段的整改计划。以合格评估 7 个一级指标，20 个二级指标，40 个观测点及基本要求为根本标准，责任到人，逐级问责。

（五）在全校师生员工中开展评估宣讲工作

教师宣讲由教务处计划，各学院院长组织实施。学生宣讲由团委计划，各分团委组织实施。职工宣讲由工会计划，机关和校园管理部牵头实施。必须人人知晓，人人尽力，不出事故。（9 月启动，11 月上旬完成）

精心安排、周密计划，做好专家组进校的接待、沟通和服务工作，高效完成专家组进校检查的各类工作。

三、提高日常教学工作质量，确保人才培养各环节正常、有序开展

（一）结合"迎评"各项规划的完善，修订各专业人才培养方案和管理办法。（9 月完成）

（二）坚持依法招生、阳光招生，进一步拓展非学历教育培训，扩大国际留学生招生规模，探索和挖掘新的生源增长点。

（三）提高留学生招生教育与管理水平，加强方案执行过程监督检查。

（四）保证教学工作稳定有序开展。（教务处计划并推行）

（五）优化教学与学生管理一体化制度，突出教学中心地位。（教务处、团委计划并推行）

（六）推进校园文化和学风建设工作。（宣传部、团委计划并推进）

四、继续培育大学学术气质，推进以科研促教学、以科研服务地方工作

（一）落实管理与服务并举目标，整合科研资源，力争多获科研项目，多出科研成果。

（二）进一步发挥两级学术委员会职能。

（三）加强科研规范建设，保证科研日常管理工作规范化，保证"迎评"中心工作。

（四）推进学校科技创意产业孵化园项目。

五、围绕迎评和学科建设的人才需求，通过制度建设和机制创新，加强对人才引进、培养、竞争和考核的全过程动态管理，不断挖掘人才潜力，激发工作动力

（一）紧跟学校人才队伍建设的目标和要求，做好人力资源规划。稳定教师规模，进一步优化师资结构。

（二）加强学校人事管理制度建设；加强各类人才考核、激励；加强高级技术职务评聘工作的科学化，促进教师学术进步。（人事处计划，10月完成）

（三）建立和完善人才队伍数据库，制定并试行学校人才分类、分级、

分目标培养方案和分期定质评估机制。

六、关爱学生身心健康，净化学生成长环境，实施课外人才培养方案，规划并实施学生从入校到离校各环节、全过程的"进出一体化"管理，全面提高人才培养质量

（一）围绕教学与学生管理一体化理念和学生进出校园一体化思路，落实校院两级学生的纵向管理制度建设，做好相关部门之间的横向统筹协调，完善围绕学生学业周期及在校学习、生活、咨询服务相互衔接的完整工作链条。（团委计划，9月完成）

（二）提高思政工作队伍实施大学生思想政治教育和德育工作的实效和水平。（组织部、团委9月列出计划评价指标，本学期实施）

（三）加强大学生学业咨询与学务协调工作，呵护学生成长，解决学生疑问、困难，梳理典型案例，构建学生学业信息库。（10月份完成）

（四）出台大学生职业生涯规划指导方案与细则，编制就业和校友会工作方案与细则。（招就处计划，10月完成）

（五）加大学生外派留学力度，推进国际合作院校的交换生项目，做好外国留学生管理工作。

七、围绕迎评工作，推进"美丽校园"建设

（一）落实校园规划方案，完成各项基建与环境工程，建设"美丽校园"。（校园管理部计划执行，10月完工）

（二）落实校园信息化平台建设目标，整体提升管理服务效能，以技术手段提升办文办事和校务公开的效率。（校办计划，9月试运行）

（三）加强学校资产管理，实现设备采购、管理、安全的规范化。（资产处、设备处计划，本学期试行）

（四）加强节能减排工作，实现单位耗能同比下降 5% 的目标。（本学期完成）

八、加强党风廉政建设，以党建促校建、迎评建

（一）加强作风建设，净化育人环境，依法、依纪、依规惩处各类腐败行为。

（二）推进学校公务信息公开，加强履职行权监督，加强正能量引导。

（三）围绕党风廉政建设，切实抓好学校安全稳定工作（包括政治安全、人身安全、财产安全），做好安全防范演练、检查。

（四）严格执行党员工作新规定，提高党员发展工作质量和组织生活质量。

（五）倡导职业精神、敬业精神、专业精神，严肃考核党员干部。

1.将学校学年学期的重点工作与岗位目标责任制结合起来进行考核。

2.落实首长负责制、分工负责制、首问负责制。加强信息披露、工作跟踪、责任追究制的落实，落实负面清单的检查评估。

3.树立"劳动光荣"意识，倡导新型工作伦理，培养义务劳动精神。组织师生干部党员参与校园绿化、美化义务劳动。

九、积极准备参与职业教育探索，创新职业教育 人才培养模式，丰富职业教育发展路径

（一）研究国家职业教育政策法规，做好学校发展职业教育的总体规划，着手制定和完善学校相关制度，在职业化人才培养特色较强专业的国际酒店、旅业和理工三个学院开展研究探索工作，出台相关方案。（教务处计划，11月完成）

（二）提前布局，深化以产教融合、校企合作、国际化办学为主要路径

的协同创新发展，争取政府及社会各界的支持，吸引行业、企业参与学校的专业建设，课程建设和人才培养。

同志们，要办好一所大学，需要教学、科研、管理、后勤等方方面面的人才，面对新学年的工作任务，各学院和机关一把手如何做，各级干部如何作为，就可以看出你是不是学校发展所需要的人才。一个创业时代、转折时代和一个守成时代、不作为时代是不一样的，学校处在创业的可持续发展之中，我们的主要干部不能以任何理由做"甩手掌柜"，在岗就应履职尽责，如果自己感觉能力、资历、水平还不够，与学校要求和师生期待有距离，那么，没有任何捷径，只有如履薄冰、勤奋工作、努力学习、尽心尽力。

我这里强调的也是职业操守，是职业化精神。我们每个人都是平凡的人，都有自己的平凡事务，我们对工作的态度和对世界、社会的看法，终归基于我们的人生观。一个人活着究竟为了什么？哲学家解答也无法让所有人满意。我们可以将复杂问题简单回答，人生无非是生活和工作，这两件事对现代人来说缺一不可。德国哲学家哈贝马斯说这是一个生活的世界，谈的是生活的丰富多彩，生活永驻活力，是为社会提供动力的源泉，可以对抗现代社会带来的负面影响（如科技理性等）。工作无非是保持敬业精神，对所选择工作有敬畏之感。如果和这个娱乐世界一起去娱乐化自己的劳动，在我看来，便不必工作了。对工作采取对付态度，对付得越精彩，人生便越会失去价值和意义。对于三亚学院的干部，我们更乐意看到有职业精神和职业操守的人，这样的人，才是不管在生活上还是工作上都适应良好大学制度、适合良好大学生态的人。请同志们以此自勉。

迎接国家评估

（2014 年 9 月 22 日在全体中层干部会议上的讲话）

教育厅对学校评估筹备的检查工作达到了预期目的，今天是反馈会和统一思想会，也是总体工作安排会议。听取了教育厅领导和专家开宗明义地对检查的反馈，我有几点认识需要与同志们交流，并宣布几项工作调整。

一、三个认识

本次检查是对教学质量的检查，这项检查以本科教学工作合格指标为标准，既检查教学本身，也能够反观倒推检查到引领、指导、监督、支撑教学质量合格与否的方方面面。虽不是检查办学整体，但通过本科教学工作合格指标来评价学校本科教学是否合格，与之相关的办学指导思想、办学定位、办学条件、办学管理、办学服务等各个支撑方面都受到了检查。从反馈意见看，我们存在的问题还很多。如何看待呢？

第一，专家角度不同。对办学来说，可以考察的角度很多，但这次专家是针对本科教学工作合格评估来评估学校办学，按照标准给我们提出意见。评价一所大学（包括民办学校、公办大学）有很多指标或角度，但我国现在只有一种，用这一个标准衡量所有本科教学。从组织管理的角度看，组织是有生命周期的，一所创办 5 年的大学和发展 50 年或 100 年的大学用同一个指标肯定会有偏颇。而现在评估只考虑教学合格结果指数，没有考虑一个组织（大学）的生命周期。从中国大学现状来看，公办、民办有着不同体制，对不同体制的大学，政府投入也不同，对不同体制大学只用一个评价标准，这是不合理、不科学的。专家们也认为目前的评价指数是有缺陷，也希望根据大学情况设置不同标准，完善教育教学评估，但现在还只是专家思考的学术问题，而不是专家们执行的工作指标。评价体系和标准有待研究，但我们不能以这样的理由来对待评估。教育厅已经考虑到我们的反馈意见，如教育厅朱处长说到我们学校的问题是快速发展的问题，他看到了海南其他高校的不发展问题或因体制原因无法改变。这对学校的评价是公允的，但我们不能以此为借口对待评估。

第二，角度不同，尺度也不同。专家提到在不同地域办学，指标体系也应有所不同。应用型大学应为地方服务，密切校企联系，但西部地区与大都市、东部等发达地区比较，评价指标也不同。如江苏常熟大学，借助地方经济，紧密联系当地企业，更好地发展了学校。但就如开饭店一样，不能以开业时间、地区条件等为推脱，因为顾客是不以此为考虑的。以这样的角度来考虑，教育部没有把学校历史、体制和所处地域纳入指标也是有道理的。因此，我们要端正态度，以平和心态看待评估，就是要以目前的本科教学工作合格指标体系来评价学校。

第三，自身管理问题，自身水平的问题。专家指出了很多问题，其中最大的问题是什么？最大的问题是围绕应用性人才培养办学定位和理念，如何落实到工作各方面、各环节。这方面学校管理层、中层到教师都有责任，不专注也不专业，不完整也缺乏实效。围绕既定办学方向和理念不能一以贯之地执行，不能一以贯之地贯穿到管理、教学的所有环节，这是两年前"两代会"上已提出的问题，这也是从学校创办之初到今天，每年干部培训会议上强调的问题，但我们没解决好。这是学校的问题，在座各位都有责任。当然，对三亚学院的人来说，办学团队和广大教师对办好一所大学要有充足信心。作为在海南的民办大学，我们办成了而且办得还不错，未来会有前途、会更好，大家要有舍我其谁的自信。本次评估检查中，虽然发现了很多低级问题，但学校办成、办得好，学校有一定竞争力，一定是大家共同努力的结果，才有更多教师和学生加盟我校，这才是符合逻辑的。看不到这个，便是"捡了芝麻丢了西瓜"。但我们也不能放弃"芝麻"。这些所谓的"芝麻"在哪里呢？

对真问题重视不够，对规范尤其是教学规范执行不严格。其他高校在教学事故处理上数量多，而我们学校讲得多，但在教学质量监控、检查和整改上做得不够，没有对教学事故进行严肃处理，"斧子"砍得少，抓得不严。学校迎评时间安排仓促，这是学校的问题，主要考虑到希望有紧凑安排，但积重难返，很多事情不是短时期内能整改的。学校班子整体是有水平的，但有时有的方面工作不力；中层大多数是得力的，但有时有的方面、有的人是有问题的。因此，本次评估要边整边改，整顿队伍是其中内容之一。

水平不高。尤其是各学院不太专注学校"围绕实用性人才培养"理念的落实，各自理解和表述，各行其是。没有一以贯之地做到和贯彻。学校有理念、领导有讲话、文件有表述、制度有规范，但教务部门到各学院检查时发现，有的学院人才培养方案仍五花八门，干部梳理、整合和贯彻能力不足，落实理解上有偏差。

经验不足。教务处的一些同志和少数学院不知道严肃抓教学环节（如调停课），不明白规范不严肃便会失去教学质量保障，不能严格做到有违规便处罚。对于人才培养方案如何贯彻到教学大纲、课程体系、课程设置和教材选用上，如何使整个环节一致、连贯，不少同志缺乏经验。一些老同志了解行规，但管理中仍出现问题，便是不负责任，缺乏教育的良知。

不够认真。后勤保障、社区工作不认真，校园卫生环境未得到保障。教学管理不到位，具体细节、环节不细致、不严肃，许多专业干部作为不够，各学院层面的教学环节和一些细节地方是失控的（如试卷规范整理）。我们要严肃整顿。

二、三个调整

（一）工作机构调整

1.陆丹负责后勤保障和基建、教学楼环境、环境卫生、干部组织、宣传工作。

2.沈建勇负责社区、学生工作。

3.王勋铭负责教学环节对评估指标的落实。迎评办督查组（刘晓鹰、贾朋社、刘庆生）对本科教学评估体系负责，提出分类整改内容、目标、标准、期限和责任制。

4.学院专项负责评估质量各环节落实，按照自评报告（10天为期限），调整文字，保证指标的一致性。

5.评估院按照教务处出台关于课程的合格标准，结合三年听课情况，提出一批亮出黄牌的课程和教师，交予教务处。教务处与学院沟通，告知学院、专业和本人整改限期（11月上旬完成，否则取消课程，教师归人才培养中心）。同时，推出各学院各专业优秀教师。

6.成立教师发展中心，王元元担任主任。对内暂隶属于人事处，对外为独立处级机构。

（二）工作机制调整

1.学校制订工作方案，院系执行。

2.行政管理事故、教学管理事故和教学事故认定办法（补充办法），由人事处和教务处负责。

3.干部评价机制与迎评工作相结合，视情况对干部职务职级进行调整。

（三）专业归院调整

亲水运动暂时调整到旅业学院，园林专业再商议。

三、三个落实

（一）责任落实

各小组落实，各学院一把手负责。教师各负其课，专业主任和教学院长层层负责。

（二）时间落实

10月中旬，学校组织专家对各项工作进行检查。从今天开始，进入评估倒计时。

（三）标准落实

按照学校自评报告，核准各学院人才培养方案提法，主要文件一以贯之地落实。重点放在人才培养方案形成及对应的教学大纲、教材、课程和实验室。教学各基本环节，各学院要将所有环节做到一致。横向支撑和思想要完全一致。

明天学校将召开分类会议，进行层层指导与动员。周三各学院进行工作布置，重点在鼓足信心，增强危机感，正确认识自身问题。

同志们，办大学不易，办民办大学更不易，在海南办民办大学尤其不易。容易的事情不会落在我们身上，要直面困难。教育需要有高尚道德，要把事业、机遇和平台放在第一位，需要委曲求全，不能任性为之。要有教育良知和胸怀，我们需要有教育家的梦想和品格，需要为事业和学生负责。温室花朵不能为民办大学所用，民办大学更是在艰苦环境中成长，这里需要的是坚韧挺拔的青松。

同志们，迎接评估是当前学校阶段性的头等任务，是学校办学长期性战略的阶段门槛。迎评已进入倒计时阶段，大家要充分认识到迎评是办学的必要环节，达到合格标准是办学的必要条件，迎评的目的是为了促进学校建设，为学校今后发展奠定基础，同时改进学校过往和现在的不足之处，促进教学质量进步，促进办学水平的提高。学校需进一步统一思想，强化对评估认识的统一程度、严肃程度、行动紧张程度和有效程度。各级干部作为带头人，要行动在前，不拖后腿，不当绊脚石；全体党员要用党员"三不""三要"的标准要求自己，勇做先锋；全体教师是迎评主体，是主力队员，不是看客、不是旁观者，就此，三亚学院没有局外人。

大学教师靠讲理立足

（2014 年 10 月 8 日在财经学院的讲话）

按照学校的工作部署，我来财经学院和大家交流下迎评问题。对于我本人来说，迎评也是一个不断受教育的过程。

在与一些高校评估专家沟通后，我感到，办学的实际进取和个性化过程与办学的公共标准其实并不是完全一类的问题，这两类问题当然相关，但在某个特定的阶段或某个特定的平台上，二者可能会冲突。专家说得很清楚，办一所学校，一定要达到公共的质量标准，这当然没错，但是专家不看一所学校是在什么样的体制下、什么样的资源条件下、什么样的社会经济环境当中、什么样的历史时段成长起来的，也不看怎样发展才能适合这所学校的持续进步与富有特色、竞争力，也就是说，一所学校面对什么样的问题，采取什么样的策略与措施把学校办起来和办得更好，这不在专家的观察和讨论范围内。这是一个非常严肃的学术问题。在一个地方的办学成功不代表在另外一个地方的成功，尽管大学同质性的方面非常多；即便是一个曾经非常成功的校长也未必能给三亚学院一个宝贵的成功经验，因为有不同的历史阶段、不同的体制、不同的资源条件、不同的文化环境、不同的成长阶段性，没办法提供可复制的经验。就像我国著名的中国科技大学的校长退休后去南方科技大学担任校长，希望创建一个在国内而言体制非常完善、人才培养非常卓越的学校，但是没到五年这位校长离任了，南方科技大学至今步履维艰。当然，也许日后它还有很多机会。但是，说到未来，谁又能说没有机会呢？

评估专家代表了教育部，不是独立的第三方，专家们的意见是，作为一所地方高校，三亚学院要办成一所好学校，主要看学校在应用型人才培养方面的办学质量。首先，也是唯一，专家们认定你是一所民办大学，一所新办大学，一所地方大学，就应归类到应用型人才培养的教学型院校的定位上去，这符合教育部从宏观布局上对大学的管控标准。也就是说，本科教学合格评估就是瞄准学校的办学定位、人才培养定位，去看学校是否围绕定位，是否采取了合适的理念、制度、措施去实现这个定位，而这个定位不是学校自己想说什么就说什么，它不是一个学术问题，而是教育部明文规定的，有具体条目，有包括许多观察点的指标。这些指标不会因为某所学校的特殊性就给删减掉，学校要评估合格，就必须在每个指标上都达标。本科教学合格评估工作是教育部授权组织的，全国的一些高校管理专家和办学的专家按照教育部制定的标准来检查每所学校在本科教学方面的成果是否合格，过程略去只看结果。我们知道，管理问题都是能变成学术议题的，但是有的管理活动在它的过程当中是不能变成学术活动的，迎评工作是管理活动，就不能当作学术问题。学校该做的，像思想发动、宣传教育和讨论的过程都做了，现在要对照教育部的评估标准，学校检查办学方面，干部检查自己的职务行为方面，教师检查自己的教学方面，各自检查问题。

在经过这样一个"反思"教育的过程后，我个人是有些体会的。三亚学院在办学方面比起同类院校有自己了不起的地方，但是在应用型人才的培养方面确实还有很多欠缺，有相当多的不到位。在教学的组织、评价以及质量监控环节，还有若干的低级错误大量存在。财经学院有，其他学院也有，有的问题在财经学院突出一些，有的问题在其他学院突出一些。我经常讲一个道理给自己听，也给同伴们听，我们不要去想已经办成了什么，已经有了什么成就，而是要经常想，还有什么没有办成、没有办好。作为一所大学，不要只想着如何把自己最好的一面呈现给别人。评估不是一场演出，而是把自己所有的、方方面面的合格呈现给教育部的专家、政府的领导、同行的教师、学生和他们的家长。因此，不是尽力而为表现出自己最精彩的一面，而是要必须全部达到合格的标准。这样一来，我们就会发现我们还有诸多的欠缺之处。

目前学校方方面面都在整改，如环境卫生、教学管理，当然包括教学活动，比如发现我们有的试卷评分很奇怪，一个班上五六十人，不合格超过30%。大学里的考试，不是人才选拔考试，而是以教学为目标的合格达标考试，所以，理论上合格率应该极高，出现太多不合格就要分析原因，是教的原因还是学的原因，不管是什么原因，肯定不会是智力原因，因为如果是智力原因，就不可能考上这所大学；而如果考上了这所大学，教师就应该按照考上这所大学的基本条件去设定教学目标，包括作业、试卷，目标可以更高，但教学手段和能力应该与设定的目标基本匹配，以让大多数能够达标。这样的常识在我们一些老师的脑海里面还没有建立起来，而且不是一个学院的一个教师，而是不少学院的不少教师，这说明三亚学院的教学管理当中存在着疏漏。当然，现在发现问题是好事，比忽视要好，正视问题，可以想办法去解决问题。没有相关常识，我们可以理解为是因为我们的教师对国际上同质性的标准还不了解时就走上了教师岗位，或者承袭某些原来高校的惰性习惯性地做事，没有认真反思一下，执拗地把不知道的常识问题变成学术问题以便发表自己的见解。迎评不是为了让专家们认为我们合格，而是让学校能够确保按合格达标的教学要求教育学生，能够把学生按合格达标的教学要求塑造成才。这个认识过程不能等，基本的教学规范不能等，问题发现了，我们就要马上整改。

对于一个相对成熟的组织来说，一定会有一个完整的机构、鲜明的层次程序和严格的制度来运行好这个组织，肯定是不能完全靠人治。制度需要组织机构以及处在各个组织机构关键点上的人去完成这项工作，这不是人治，这是制度化的人在从事管理。

世界上几乎任何组织都存在新老组织并存的现象。新组织是一类问题，老组织是另一类问题。但凡一个组织架构完整建立起来，运行比较正常，它就会带来老组织病。所谓的老组织病，其中之一就是高层领导希望实现的组织目标和对组织成员的目标要求，一定不是自己去和组织成员交流，而是通过组织架构以及组织关键点上的各个领导者们去和大家交流。这样的运转，由于隔了层次，隔了环节，隔了面对面，就有可能在传输过程中走样，以至于让很多组织的新加盟者，尤其是处在基层的年轻人对自己的目标不清楚，对组织的目标和规则也不清楚。他就会通过别人的解释去理解，他会认为别人一定比他清楚，因为别人的资源丰富、资格老、位置高。这样就常常存在越在基层越曲解的情况。一旦曲解，可能就会犯规，但犯了错误，你的上司和帮你曲解的人不会给你买单。所以，我一直想方设法找一切机会对三亚学院的年轻同志说，想要做一个好老师，要靠自己的本领；作为一位大学教师，要有一定的教育情怀；个人奋斗方向明、路子对，就要自己多学习，如同做学问，要读原著，职场新人也要自己去学习组织的政治文件文本规章，偷懒、道听途说，难免出错；在大学不能有"混"的思想，有"混"的思想的人是走不远的。学校已经提出了整改的要求，每位教师需要马上行动。在正式组织的信息传输中，曲解就容易混日子。

我国正处于一个重要的转折时期，已经重新回到了一个"讲理"的时代。教师是靠讲理生存的，是靠讲理来获得社会地位的，是靠讲理来体现自己的职业价值和人生智慧的。我希望财经学院的老师能够发扬光大这种"讲理"的精神。既然是转折，就自然有痛苦，有不适应，但对于一个学者来说，它也是一个自我更新的机遇。由于迎评促建也是学校和个人长远发展的需要，学校现在正重点培养两类人才，一类是双师型教师，另一类是学术性教师。双师型教师是教育部近年针对我国国情和现实需要而倡导培养的一类教师，这类教师需要将教学内容和社会实践相结合，将理论知识和实践技术技能融会贯通。这样的改革对我们的教师而言是挑战也是机遇，希望财经学院的老师能够看到这个机会并且抓住这个机会。

学校迎评工作还有很多的工作需要补足。学校为迎评工作在后勤保障、教学管理、行政管理上设置了若干个目标，设置了若干的底线，作为领导，我们要多跟老师们吹吹风，有的班子吹风的力度不够，最后主要买单的不会是吹风干部，最麻烦的是教职工本人，当然，不吹风和吹歪风的干部肯定是要受到规则惩罚的。有个例子，学校整治校园环境，后勤处已经明文说过校园内不许养狗，"留人不留狗，留狗不留人"，但机关有位教职工依然要留狗，那没有办法，已经解除职务了。回过头来讲，这件事情跟她的领导是有关系的，如果她的领导吹风到位，告诉她学校是要真做的，人人都要执行，会不会就能避免这个不好的结局呢？

迎评要聚精会神，要花力气下功夫，要达到标准目标。这是办学和从教者的本分。当然，回过头来说，应用型人才培养是学校的办学目标之一，不是唯一目标，评估专家们照章办事没有错，我们自己若是把自己局限在民办、新办就只能是教学型大学就有问题。那是后话，以后讨论。

迎评工作与人才定位

（2014 年 10 月 31 日在全体中层干部会议上的讲话）

一、迎评工作安排

今天起，学校就正式进入到迎评的最后冲刺阶段，学校成立评估专家组进校考察工作协同中心，由我来担任协同中心主任。按照教育部关于评估专家进校考察的流程安排，我作为学校领导，要对整个考察过程担负起协调和统筹责任，调配专家进校考察后的所有学校活动。

为更好地做好统筹管理，学校设计并制订了总体方案，配备了 5 位迎评分管工作副主任，他们是王勋铭、沈建勇、车怡、顾斌和贾朋社。各分管副主任接受主任的直接领导，向主任负责，并根据工作总体方案，制订各项分管工作方案，确定各工作组组长和成员，明确工作责任、工作目标和要求，落实到具体责任人，对分管工作的各项任务进行业务培训，对各学院和相关职能部门涉及项目的工作按照评估合格的标准进行达标培训。各工作组组长接受项目组主任的直接领导，向分管副主任负责，对本组人员统一管理，要根据副主任下达的工作方案对本小组项目工作统一计划，制订方案，明确本组的工作责任、工作目标、工作要求，要把本组的任务、时间、办公地点和迎评位置、标准等落实到担任各项具体工作的工作人员身上。

刚才几位领导向大家汇报了各组的分管工作。在经过大家讨论没有异议后，经过周末修改于下周一发给大家。下周三召开教师大会，大家在心中有数的情况下在各学院进行再动员、再布置。王副校长对分管工作的要求是无失误有亮点，车校助的要求是无缝隙，顾校助的要求是无故障，贾主席的要求是无差错，我再补充说明几点。

11月中旬是学校内所有在建或改造工程的完成时间节点。

治理社区，各学院对管辖范围各自负责。

教务处将公布循环听课方式。

各学院行政负责人要亲自担任本学院迎评工作领导小组主任。

二、准确领会评估要求

评估要看数据、报告和支撑材料的一致性。由此我在反思，学校工作中严谨的工作作风、教学风气尚未形成。首先要从严肃工作作风开始整改。学校有理念、有正式文件和明确制度规范，但到有些学院和部门后，说法变、用词偏、信息不完整、各行其是。我们要通过此次追溯数据、报告和支撑材料的一致性来养成职业言行一致、组织上下一致、各方相互贯通的系统工作方法和严谨的工作作风。换言之，通过迎评，学校将更加强调一致性的规范、言行一致、上下一致、相互贯通，不一致便视为不合格。从事大学管理的同事要分清管理活动和学术活动，系统管理活动的规范性和一致性，不允许个性化处置，一开始就强调个性化是掩盖随意性。

评估要求各类形式、程序和细节的标准化。迎评是学校面临的标准化大考。我们民办高校办学，就像在井冈山创建红色革命根据地，创办条件艰苦，需要自力更生，自力更生的精神渗透于三亚学院的骨髓，体现在工作的方方面面。但光有自力更生还是不够的，因为我们还需要从井冈山走到陕北延安，走到西柏坡，走到北京城，我们的工作作风、思想观念、形式质量规格都要面临不同阶段的战斗力大考，教学管理标准化是稳定教学质量的基本保障，我们对此应该没有异议。

按惯例，评估专家会提出很尖锐的意见。我们在正式评估前会邀请一些有经验、有眼光的专家来帮助学校检查，并不是评估打分，而是为我们如何顺利迎接评估出谋划策。因此，需要专家直言进谏。这和自主办学并不相左，通过预评估，我们可以寻找不足，及时整改，提升教学质量。当然，整改路径不是一条，大家明白，这些年来，我们不断意识到，办学过程中自身有不少问题，学校主要在眼界和心态方面，干部教师主要在经验和能力方面，这也是我们要与国外高校合作办学，让干部教师到国外进修，走国际化道路的一个缘由。

三、现存问题

从以评促建来看学校的人才队伍建设问题。

（一）管理不匹配

学校转型，后勤跟不上，人事、教学管理不配套，存在基建拖累后勤、后勤拖累管理、教学管理不能严格要求、教学环节失准、学生管理存在缺口等问题。

（二）调整不及时

学校内涵建设转型，专业建设、课程建设与人才培养方案的理念和要求不匹配。

（三）调整不到位

内涵建设和应用型人才培养需要办学思路、教学管理、人才培养、学科专业、师资队伍、课程体系、课程内容和方法的相应改变，但相关一系列调整不到位，要求不明、指导不清、监控不严、有评少估、有奖缺惩。存在顶层设计与操作规范脱节和不同步、各项工作之间不衔接和不同步的现象。

（四）设计不系统

对围绕办学目标的功能设计不系统，一些子功能目标不清晰，功能之间不连贯和不匹配，存在局部拖累全局的情况。制度和人之间应是相互紧密适配而不是脱离或对立关系。

（五）操作不严格

对围绕功能目标的工作要求没有完整科学地列出细节清单和细节链，存在细节拖累胜算的状况。从制度细节、操控细节到评价细节都有不到位的情况。

（六）经验不够用

在管理的各层面、各条线，在教学管理的好几个环节都存在经验不足问题，而问题主要在高层统筹经验不足。

（七）履职不认真

在各层面、各方面、各条线、各环节中存在，高年龄段在管理岗位上问题多，低年龄段在教学岗位上突出。

（八）职场不紧张

经验不多、能力不强、资历不够，在职场还过于松弛，不紧张，在少数部门岗位、在有些老年和年轻教师身上表现突出。

（九）志向不高远

在有些年龄段，有些管理、教学和辅助岗位上存在，值得重视的问题是在低年龄段方面。

（十）工作不深入

主要表现在领导和中层，少调查，少到现场，少有发现能力和指导经验，少有解决办法，少能够及时发现和解决问题的自我要求和意识。

（十一）制度不严密

这是前面十个问题出现的基本原因。不能及时根据发现的问题做出制度制订和修正，制度在激励和约束两方面上的规范性、及时性、严肃性、公开性、有效性都不足。从明年起，人力资源方面要做出调整。

（十二）人才缺乏

这是前面十一个问题出现的根本原因。学校在进步，管理在提高，教学在提升，学生在成长，工作上多数很努力，干部教师很多都很勤奋，校风总体积极向上，但解决学校面临问题的人才不足。从管理人才现状上看，存在"四车"现象。一是"小马拉大车"，小马缺少认路经验和拉大车能力，拉不动；二是"老马拉新车"，老马不识新途，精力不集中，拉得慢；三是"跛马拉快车"，跛马机能不健全，跟不上队；四是"无马搭便车"，在岗不在场，出工不出力，有意无意搭便车的不少。下一步学校将加大人才建设，该引进的引进，该培养的培养，该下马的下马。

四、选用"六不""六有"人才

事业在不同阶段有不同要求，学校事业发展的不同时期需要不同人才。干事业不是交朋友。事业不等人，事业催人急，人才要加强。

在我看来，组织成长周期一般要经历四个阶段，各阶段差别巨大，组织需要制订适应不同组织阶段的人才策略及管理办法，人才需要有理解和适应组织不同阶段性的策略。适应的策略是合适策略，适应的人才是合适人才。

组织成长的四个阶段：一是组织发育初期，人才极少，特别的理想、价值观、士气更重要；规范不宜严密、规矩不宜细致、执行不宜严格、考核不宜较真；二是组织成型初期，人才渐多，人才结构不完整，理想、价值观还要坚持强化，士气极为重要，需要规范架构完整、规矩细致、执行认真，有大致考核；三是组织快速成长期，人才成规模，人才架构形成，但优秀人才总量跟不上发展目标，理想明白不言而喻，价值观成为主流文化（风格），士气依然很重要，需要不断调整、补充规范，规矩要跟得上发展节奏，规矩执行严肃，考核规范；四是组织定型期或稳定期，人才架构和总量基本够用，理想各自表述，民主有空间有空气，价值观符合行业国际通行、流行标准，士气转为积极的风气，规范要完整，执行要严格，考核要坚决，目标管理、绩效管理在公开透明条件下，形成竞争和激励环境。此时，组织要持续发展，需要防止稳定期变成停滞期。

三亚学院一贯重视根据事业发展的不同阶段调整人才选聘评价标准。正式组织评价为德能勤绩，传统文化评价为功德言，社会学评价是收入、地位和声望。三种评价的本质一样，既要有能力、绩效，又要有道德、口碑。三亚学院在创办时期，对人才的要求是，大气正气，有融合力，此为德；豪气，自立和不懈，此为能；在出世计划阶段，敬业、志业、乐业，志信仁勇严，此为德，专业，此为能；在卓越进程阶段的二次创业时期，四业五德，三要三不要，依法行权，此为德，应知应会，依法依规负责，此为能。

随着迎评促建的推进，三亚学院正进入一个新的发展时期，需要对人才提出新的要求，这些要求归结起来，就是"六不""六有"人才：

（一）从理想态度上看，不平庸（不自卑，不自满）。学习欲望、成就欲望、工作欲望、担当欲望强，有潜力的人；

（二）从人格修养上看，不放纵(不任性，不随意)。依法、合规、修德、自律、自控、修养意识高，有教养的人；

（三）从道德人格上看，不躲避（不撒谎，不找理由）。胸怀坦荡、直面失误、发现问题、协同解决，有水准的人；

（四）从意志态度上看，不苟且（不屈服，不放弃）。信念坚定、意志坚强、百折不挠、毫不懈怠，有信仰的人；

（五）从辨识能力上看，不盲目（不糊涂，不奉承）。胸有成竹、手有尺度、见解独到、敢于直言，有胆识的人；

（六）从行动能力上看，不从众（不崇拜，不糊弄）。视野开阔、眼界开明、水平专业、有实干经验，有能量的人。

学校将鼓励"六种问题干部"，即作为干部，应该"想着问题、问询问题、提出问题、找到问题、解决问题、研究问题"。能想着问题的干部是有工作愿望的干部，能问询问题的干部是有工作胸怀的干部，能提出问题的干部是有工作责任的干部，能找到问题的干部是有工作眼光的干部，能解决问题的干部是有工作能力的干部，能研究问题的干部是有工作水平的干部。

三亚学院的干部只有恪守自力更生的职业精神，坚持"六不""六有"的人才标准，才能够克服掉"志向不高远、履职不认真、工作不深入"等组织和职场上存在的常见问题，才能够振奋精神做好各项本职工作，才能够做好迎评促建阶段性重点工作和学校规范化长期发展的质量建构工作，才能发展好属于所有三亚学院人共同的阳光教育事业。

三亚学院的事业是我们共同的事业，希望同志们不待扬鞭自奋蹄，在学校的迎评促建过程中、在学校的长远发展进程中，做出自己的贡献，找到自己的位置。

迎评之年的收获与思考

（2014 年 11 月 4 日在迎接教育部本科教学工作合格评估
全体教职工动员大会上的讲话）

一、迎评之年

再过四十天，教育部本科教学工作合格评估的专家组就要进驻我校，展开为期四天的评估。对于三亚学院来说，这次评估，是学校向着创办中国高水平民办大学目标奋斗的过程中必经的一次考试。学校是一个系统的有机整体，迎评大考中，全体教职工都要凝心聚力，争做学校质量工程建设的行动者、推动者。

迎评之年，学校做了什么？改善办学环境（室内外装修，环境卫生），充实办学条件（实验室，师资），严格教学管理规范（服务管理，教学过程环节、细节规范），这是学校迎评工作的三个重点。

迎评之年，我做了什么？参与计划制定，环境改造，条件改进，规范修订、执行以及各种沟通的工作。

迎评之年，我们收获什么？迎评之年，学校坚持以评促改、以评促建、以评促管的思想，围绕内涵建设，全体教职工在各自岗位上做了大量细致的工作。这一年学校的办学环境、办学条件、办学规范都在既有基础上有了新收获。

我们每个人做了什么？

环境美化了，我们师生都感受到了，差乱感受少了，舒适感增加了；

条件改进了，组织课堂教学、实验教学的局促感少了，工作顺手多了；

规范严格了，我们会受点累，潜移默化中使教学质量有保障，学生多受益了。

同时，我们还要反思，我们的人才培养理念需要更新，也需要重新落地了。应用型人才是我们学校的培养定位，应用型人才培养是一个系统，涉及专业培养方案调整、课程设置优化，需要理论教学、实验教学、实践教学的相互打通、衔接、连贯、照应，需要双师型师资队伍规划、培训、培养、建设。围绕这个目标，我们人才不多，储备不足，经验不够，要努力补足、迎头赶上的方面还不少。

二、迎评之惑

（一）水平、能力、经验之惑

为了迎评，学校已经请了两批专家进校把脉问诊。专家从各个方面、各个层面提出许多问题，虽然我们事先请求专家尽可能地严格挑刺，但面对专家提出的尖锐问题，我们一些干部教师还是不禁心生疑惑：我们办学到底有没有水平？

1.学校办学环节，从相关制度的优化到工作指导、执行和监控，都存在问题。

三亚学院在业内成就突出，怎么办学会在基本面出问题了呢？专家都承认三亚学院从无到有、从小到大、从弱到强，理念、文化、思路、战略、机制、规模、竞争力等方方面面的办学成就了不起，但不等于本科教学合格评估没有问题。专家们说，哪个学校迎评过程都有一大堆问题，他们中就有人是因为所在学校第二次才通过评估而自己成为迎评专家的，有专家所在学校提前一年组织团队专门撰写迎评报告,十四次易稿,学校迎评工作人员普遍是五加二、白加黑,准备的材料要几辆汽车拉,暑期也不放假,才得以通过评估。听到这里,我们会不会有些释然?我们只提前几个月准备,没有专门撰写班子,材料五易其稿,暑假只有一两周加班,等等,这方面我们的确努力不够。

没有关系,这方面努力不足,靠勤奋完全可以弥补。

2.干部管理环节,从设计、执行到效果,问题不少。

三亚学院干部职数不多,学校发展快,摊子大,干部们除少数外,普遍勤奋用力。但勤奋不等于聪明,聪明不等于能干,能干不等于效果好。勤奋变成聪明,才能出高质量。大学靠个性生存,没有个性就没有活力、生命力、吸引力;大学也靠同质性生存,离开同质性,就谈不上质量标准。看起来,我们的干部在大学管理的同质性方面下功夫不够,功力不足。

没有关系,我们一直相信,这是靠积累经验就可以矫正的。

3.教师教学环节,从课堂教学、实验实践教学到试卷、毕业论文等诸多环节,问题多多。

年轻教师读书优秀才入行做教师,怎么现在工作如此努力,差距还是不小?大学教师站讲台,靠好学乐教,靠勤奋聪明,也靠经验积累。显然,我们的年轻教师普遍积累不够。

老教师教一辈子书,到三亚学院不会教了?几天前,总部设在纽约的CGE全球企业中心负责人来访,谈到00后年轻人要学习什么。我们大学教育习惯于认为教师知道什么是问题、什么是知识、怎样学习、如何成功,但如今这个世界随技术变革改变很多。年轻,就方便获知海量资源,加技术,加环境,加新价值观,这是世界性的教育新问题,我们教师真的需要面对新一代了。面对他们为什么不想学、为什么学不进、为什么不跟我们走的问题,恐怕不应该再简单地认为是学生的学习态度不好,而应该想想我们教师的教育观念、教育思想和相应的教学内容、教学方法是不是出了问题。

没有问题,如果我们愿意学习,如果我们愿意与时俱进,我们会更快地积累起新的教学经验，我们的传统经验依然是宝贵的教学财富。

（二）环节、细节、形式之惑

1. 管理与教学资料严格到叠床架屋以至于产生烦琐之惑；
2. 教学环节、细节严格到滴水不漏以至于产生冗赘之惑；
3. 工作环节、细节严格到天衣无缝以至于产生形式主义之惑。

如果普遍有困惑，说明工作有压力；如果现在才感到有压力，说明过去基础有缺陷；如果基础有缺陷，说明质量标准不可靠。

中国人的性格，相对普遍不够精细；中国人的思维，相对普遍不够缜密；中国的现代化，缺少严格的理性发育培育过程，从农耕文化习来的粗疏，没有经过普遍严格的工业化、城市化的洗礼，就大步迈进现代化；中国经济也刚刚才从粗放经营开始升级；而三亚是经济社会的后发地区，没有精致环境需要，三亚学院快速发展，缺少精致追求的环境压力。

因此，教育部本科教学工作合格评估，对于三亚学院来说，是办学的精致化考试，是管理的精细化考试，是教学的质量标准化考试，是教师职业的职业化考试，是我们三亚学院人的"农村人进城""本土人国际化"考试。

这场考试在所难免，不合格，还要从头再来，反复再来，直到合格达标。

这场考试势在必胜，只有胜利，我们才能有信心地说我们的办学、教学的环节和细节有可靠的质量标准，我们的教学内容得到了质量检验和办学成果的必要支撑。

三、新常态之思

今天的中国，正在进入所谓的新常态。大家都在熟悉这个概念，新常态是什么？新是创新，是时新，是与时俱进，但新不是目的，常态是目的。按照我的理解，中国的新常态要从经济、政治、社会和修养（文明）四个方面去观察、去期待。

（一）经济新常态

按市场规律办事，政府节制干预行为，多提供公共服务、公共产品。按产业规律办事，提升产业水平，不能只是从事加工和高耗能产业，要有创意价值链。按企业规律办事，用好产品服务顾客，不做假、做次、做一时，要精益求精，职场有道德，产品有质量，服务有保障。

（二）政治新常态

官不好当，当官做不成老爷。当官的官德一样不能缺，缺能缺德都过不了关，包括党的关、群众的关、法律的关。理想是为人民服务，就去当官；理想是通过赚钱为顾客提供好产品，赚更多的钱证明自己的经营能力，然后服务社会需要，包括产品需要、慈善需要、公平公正需要，就去当企业家。官商两者不可兼得。

（三）社会新常态

官大靠不住，钱多靠不住，要赖要横要奸要阴靠不住，关系铁靠不住，坑蒙拐骗靠不住，偷鸡摸狗靠不住。靠得住的是自己勤劳又聪明，永远比别人多一分理想，多十分努力，多百分坚持。遇事摆事实讲道理，解决困难有友谊有政府，实在过不去还有依法维权。

（四）修养（文明）新常态

中国是世界上典型的文明古国，又是少有的文明古国。典型是指别的文明古国具有的我们都具有，少有是指别的文明古国都中途夭折换血而中国硕果仅存。文明，除了经济水平、军事能力、政治治理、科技成果、艺术成就，还指民众修养。所谓四方来仪，正是因为中国的文明一枝独秀。中国汉唐宋明各个时代，城市最大，城市人口最多，城市卫生设施最完善，卫生习惯最好,官民的修养最好。中国的家庭内部关系修养、邻里修养、成人修养、女性修养、儿童修养到宋代都已经形成了非常完整的体系。虽然中国缺少这方面的社会学田野资料,但从文人笔记、文学抒怀、历史记载可以反观当时的社会修养风气。近代我们落后了,但导致我们落后的不是我们的文明和文化,而是老大帝国的弊端丛生和天朝上国的故步自封心态。近代欧洲走出思想禁锢的中世纪,工业化、城市化的过程也是社会的文明化过程。就如德国社会学家埃利亚斯的著作《文明的进程》所描写的,欧洲经过三百到四百年才养成了不随意吐痰的习惯。吐痰是生理需要,但随着文明的进化,欧洲社会从上层到下层,开始逐渐认识到,随意吐痰不卫生、不友好、不雅观、不文明,仍旧随意吐痰,就丧失了与社会大众平等相处的资格。经过百年的奋斗,中国正在走向恢复,回复到自己曾有的文明位置。

学校迎评促建的一个重要举措就是创建文明校园,"四禁"正轰轰烈烈展开,未来不会禁止,因为那时已成为三亚学院人的文明习惯。这是适应新常态的需要,是学校进一步发展的需要,也是每个三亚学院人自我提升的需要。

广大教职工是三亚学院的主人翁,让我们用勤奋去夯实办学基础的质量,用经验积累去提升干部管理的水平,用与时俱进的学习态度去应对教育思想、教学内容、方法的不断变化需求,用行业标准去支撑教育教学的质量,用自身修养去营护文明校园的新常态,共迎本科教学工作合格评估大考,共创三亚学院的光辉大学之道。

所有的劳动从没有白费

（2014 年 12 月 19 日在英语四六级考试监考工作布置会议上的讲话）

昨天评估专家组结束了评估考察并召开了反馈会，老师们都很关心结果，今天我利用这个场合做个回应。

教育部本科教学工作合格评估专家组在广泛听取学校各层级汇报，深入基层、食堂、课堂、操场与师生广泛交流，审核学校的材料和数据后，给我们的评价归结为一句话是，三亚学院是中国民办大学中办得好的、排在前面的高校之一，整体办学质量甚至超过一些新办的公办大学。

昨天的反馈会上，三亚市和省教育厅的与会代表分别代表三亚市政府和省教育厅发言，认为三亚学院应该不辜负专家组的期待，应该继续努力、继续提高，三亚市政府和省教育厅一定会继续支持三亚学院。下面转述省教育厅曹厅长的话："三亚学院全体师生在迎评过程中全力以赴、奋发有为，祝贺大家。"

我们几十个日夜、上百个日夜地迎评促建，劳动没有白白付出；我们十年来为办一所好的民办大学，为完成市政府、省政府和省教育厅交给我们的任务所花的心血没有白费。

三亚学院办学十年，大家办学热忱、爱岗敬业、热爱学校，对学校认同度较高，专家表示，学校办学思路、办学定位是对路子的，学校的规划、理念和措施是有衔接落地的。三亚学院十年办学，大家在迎评过程中的努力，专家看好，对学校的艰苦创业和高速发展表示认同，有的专家甚至不吝溢美之词，认为三亚学院具有示范性。

但是，专家组也给我们提出了四个建议，指出了三点不足：师资队伍结构、专业结构有待更好地调整和整合；教学质量、学习风气还有待进一步提高；教学质量尚需体现到教学的每个环节。专家很专业，每个都是教学好手，他们指出了我们的症结所在。

就如明天的四六级考试，以往我们有学生因作弊而留校察看，不能获取学位。学生考试要作弊，意味着平时学习功夫不够，课堂教学质量没有提高或得不到保证。最近，学校的课堂秩序大为好转，到课率高，课堂上玩手机的少了。课上注意力易分散是全国高校的普遍现象，学生在课堂不爱做笔记也是普遍现象。我们都是接受大学教育的人，都知道学生课堂上不做笔记意味着什么，老师不要求学生做笔记又意味着什么。不做笔记，就意味着对课堂知识的理解、课后作业、考试和毕业论文中缺了链条，缺了至关重要的环节。树立良好的教风和学风当然需要一个过程，但这个过程中容不得我们马虎，抓好考试环节、监考环节是治标的重要步骤和手段，也是教师必要的责任。三亚学院和全国高校一样必定要负担起大学责任，用大学的质量意识、大学的信用意识、教师的质量意识、教师的信用意识、教学的质量意识和教学的信用意识来抓好考试和监考环节。

我们的学生用脚投票选择了学校，学生在四年学习中是否学习愉快、学到知识、增长能力，毕业后的就业岗位、就业前途是否理想，这关系学校命脉，这是学校办学团队尤其是我十年来战战兢兢、如履薄冰的原因。我们的老师应聘到学校，是耽搁了前程还是找到了成就，这关系学校成长，也关系教师命运，这是学校办学团队要殚精竭虑，不断谋划、改进、落实和努力付出的。

因此，我们在高兴之余，还要有危机意识。我相信我们大家对这所大学的责任心、对身边同事的责任心、对全体学生乃至校友的责任心。

感谢大家的努力和付出，一次性通过评估，不仅意味着辛劳没有白费，更意味着为学校为老师为学生打开了又一扇大门。学校将轻装上阵，谋划更为广阔的发展空间。让我们携手共进，去迎接三亚学院更美好的明天。

学校的质量建设

（2014 年 12 月 30 日在全体中层干部会议上的讲话）

紧张了一年，终于算较为顺利地完成了迎评，马上又临近新年，同志们的心态自然是很放松。学校现在召开这个会议，无意给同志们马上压上新的担子，虽然，作为一个创业型大学，我们永远有层出不穷的工作任务，但劳逸结合是必要的。今天这个会就是想和同志们做些相对轻松的沟通，一起来回顾迎评，把脉学校目前的状态，预测我们未来的所看、所想、所作、所能。

一、对迎评工作的评价

无意批评或表扬在迎评过程中方方面面的工作，只是对迎评做个总结，让大家思考下如何看待和评价这次迎评。我们较为欣喜的是，专家组通过在校考察和前期材料审查，根据教育部评估合格"三基本"标准，并结合我校属于民办教育、是新办大学、在海南三亚这样的特殊地域办学的基本特点，对我校做出了客观的评价，结论鼓舞人心。专家组看到，民办大学在中国高等教育发展事业中按照国家政策法规鼓励的方向前进，取得了不小的成就，而三亚学院靠自己的努力排在了民办大学的前列，在办学思路、办学定位、办学方法和主要教学指标上都取得了不小的成绩。我们多年的奋斗和辛苦劳动得到专家组肯定，全校师生都感到心里暖乎乎的，校级班子成员在沟通中也感到我们的办学方向更加清晰了。在评估中，用一把尺子评"三基本"，但兼顾教育的不同体制、办大学的不同时间和不同地域空间，实事求是地为国家把关、为学校谋发展，这反映出教育部大学评价体系改革的重要信号。我们在天涯海角默默无闻地耕耘，在参加丰收大会比试时，评委并没有去看田地是谁投入的，果实是谁培育的，而是专注于评价果实的品质。专家组能从这样角度看我们，确实是很鼓舞人的，比起转设评估早期那批人的那种状态、心志，可以看到十八大以来政府行为重新立信、社会风气开始好转，在其中的专家学者角色扮演也回归本分了。

当然，我们还需要用理性、冷静的态度看待这次迎评，应充分认识到学校在办学十年中的优点、缺点是相互捆绑，优势、劣势是此消彼长存在的，尤其是在对教学质量各环节的把控和应用型人才培养的思考、方法、举措上还存在许多弱项。学校教务处将对此作专门报告列出问题。有些问题是因为经验不足、经历不够、重视不多、用心不到位，而有些问题是前进发展中的问题，对不同问题我们要客观梳理和评判，不能眉毛胡子一把抓，既不能一概归为前进中的问题而一笔带过，也不能只归于教学质量和管理不力、干部队伍年轻水平不高、老同志斗志不强、整体师资队伍水平不理想、干部作风不务实，无论是哪一个方面，都要深入挖掘，需要实事求是准确定位，以利于下大气力整改。我们对问题的挖掘，不是要据此去认定某某的责任，如果是那样的话，我们的同志就是每日检讨和"泪崩"也是无用的，无助于解决本次迎评中专家组和我们自己发现的所有问题。要想对所发现问题的全貌有个准确的认知，需要在每个问题上做出具体定性分析，才能发现学校迎评暴露问题的病灶所在，才能做好下一步的提升工作。

迎评这一年来，同志们一直顶着很大的压力在工作。我们的工作中确实还存在着问题，有人说是因为某些同志的不尽心、不着力、能力不够、方法不对、斗志不强才导致学校工作的一些问题未及时解决、错误反复出现。但我并不这样看。在中国的大文化环境里，民办大学本就处于政策环境和社会心理认同的边缘，我们又是新办大学，又在天涯海角办学，面临各种资源短缺的制约，无论是物的还是人的。我们能在短时间内办成拥有两万人的大学、拥有三千亩五十万平方米校舍，一定是我们同志们努力和奋斗的结果。在专家访谈中，有专家提到学校的各项数据表明学校办学一定是个不平凡的故事，办学团队一定有不同寻常的办法和能力。这些专家眼光独特，我个人引为知音。

一个只有十年的大学能办成什么样子呢？一所学校的发展，是有过程、有历史的，短时间的快速发展一定会存在空白、缺陷和不足。我们在艰苦地域办成了别人无法完成的事情。学校筹备初期，与海南大学合作，并不被外界看好，但我们相信中国民办教育、海南高等教育的需要和省委省政府的诚意，这是学校坚守的一个理由。现在，学校还存在各种问题，但回想当初的艰辛创业，我们便会很轻松地、信心满满地笑对眼下这些许困难而勇往直前。这便是古人说的曾经沧海难为水，见过风浪、见过世面，不在乎沟坎。只要我们认识到问题，积极严肃地认真地面对，严格按照规矩办事，就一定能不断前进。

现在这个历史时间点，全面、公开、透明讨论应用型人才培养恰到好处。学校的成就让各界认同学校品质，政府、社会、教育界"降准"，不再一味讲究培养全能型、全人。总结此次迎评，学校提出全员转型、全员反思，我们无一例外要思考：在应用型人才培养转型中，我们应该做什么，还有什么潜力，我们哪些还未做到。

对于应用型人才培养转型，学校要做好顶层设计，进一步落实双师型队伍建设规划，加强对地方的人才服务、科学研究和文化服务，加强校企、校政、校校合作，多样化推进协同建设。如何将学校的顶层设计落地，需要同志们认真思考，不要局限于视野、就事论事和固守旧章，要敢于拓展思维，挖掘潜能。

二、三亚区位与应用型人才培养

培养应用型人才，为地方经济社会发展服务，需要找对地方的需求所在，这就需要及时了解政府的工作规划。昨天三亚市召开了经济工作会议，会议做出了三亚市 2014 年工作总结和 2015 年工作规划。计划要在大幅度减少房地产开发土地供给的前提下、在较大幅度控制酒店用地的条件下来提高 GDP，在控制土地使用的情况下要保住旅游需要新的举措。请旅游管理学院和国际酒店管理学院注意，政府拟同意瑞士洛桑酒店管理学院在三亚落户，你们有了强有力的竞争对手和优秀的学习榜样。优质教育资源入驻三亚，对三亚学院来说，要看作是难能可贵的机会和挑战。

在国家的"一带一路"倡议中，三亚将作为海上丝绸之路的重要战略支点来建设。南海有丰富的石油储量，国家正加大南海石油开发的力度，三亚将成为中国重要的海上石油开发的储备基地和海上服务基地。同时，南海的战略地位越来越重要，三亚正成为我国各种海上战略战术力量的基地。这意味着会新增一系列的产业和产业链条及人才需求。中央已决定将三亚打造成为和广州一样的国际航空枢纽（中转站），中国民用航空局调动各方力量正在谈判将更多国际航线落地到三亚，未来三亚会发展成为国际空港，这对各类人才的需求是现在无法比拟的，我们学校的人才培养要为此早谋划。学校在新学期开学后将组织专门团队去新加坡樟宜机场、迪拜机场考察。樟宜机场成为国际机场后为新加坡带来的产业、人才、资金和信息的需求巨大。考察新加坡国际空港，既是搞好应用型大学应用科学研究的需要，更是做好应用型大学教学和人才培养规划的需要。

教育部代表国家，对新办院校、民办高校的发展定位是有固定程式的，明确要求按应用型人才培养模式发展。在我看来，大学的定位既要了解、对接国家布局，同时也要遵循市场发展、社会发展和大学自身规律。目前，外界包括海南省市各级政府都认为我们学校就是一个培养应用型人才的地方高校，因此，我们需要积极回应、深化对应用型人才的认识，不用在说法上较真，而要立足于学校办学实力、办学水平的提升。根据国家战略和地方需求，遵循市场和社会发展规律，结合自身发展实际，探索根基如何扎牢、机会如何抓住、功能如何拓展、竞争力如何增强、品牌如何建设的问题，扎实推进学校全方位发展。有竞争力就是有实力，有实力，你说你是谁就是谁。

当下，学校的应用型人才培养如何才能做到基础扎实、规范严格呢？教学基础规范是提高办学质量的前提，不能抛开教学质量基础、规范要求来奢谈高水平。各学院院长、教务处长和科研处长一定要在教学基础规范领域深耕。办学有传统、血统和基因，这些重要而强大。对此，我是有深刻认识的，但它们中的不良成分如此顽强、顽固，对之还是掉以轻心了。在办学中，如果没能有意识地花气力避免弱项，发挥优势，便会吃亏。面对我们学校发展快带来的不精致和对品质追求不够等草创时的问题，学校还需要下大功夫对教学各环节和细节多多推敲，严格按规范办事，进一步夯实教学根基，这样我们才有可能迈向我们设定的更为远大的办学目标。

三、狠抓质量和品质建设

2015 年，是学校建设的质量之年、规范之年、品质之年，各位同志要做到心中有数。从 2015 年开始，整个校园的文化要与之配合，提升品质，唯品质，如果只是如初创时期追求大致模样，日后便会危机四伏。

师资队伍建设是保质量、提品质的重要环节。如何看待老教师和青年教师的作用呢？按现代职场的职业化标准，在岗负责，顶岗发挥作用，便不涉及年龄问题。反之，便有问题。新办大学的教师普遍年轻，如果出现问题，便是对年轻队伍培养不力、任意使用。如果能做好人才队伍培养的顶层设计，有架构和制度支撑，有计划地推进人才培养，队伍年轻反而能成为大学创新创业的源泉。对年轻人要严格要求，也要关怀备至，希望各学院注意二者平衡，要不厌其烦、持续地推进此项工作，干部之间、单位之间要相互理解、相互支持。我相信三亚学院再过五年、七年便会度过青黄不接、人才队伍两头过大的阵痛期，在困难时期，中青年干部要积极发挥作用，顶岗顶用，发光发热出彩；年轻教师要再接再厉，虚心学习，奋起直追；老教师要保持光荣传统，尽心工作。

迎评中我们的学风问题仍旧较为突出。学风不浓，是提高学校办学质量的障碍。学风是校风，是校品，是校本。提高办学质量和品质必须提振学风。学风是大学办学系统和长链条的一环，学风治本需要综治，不宜一提到学风就是抓学生学习。学生学习只是整个学风建设链条的最后一个环节。学校提出抓学生的出勤、到课率、晚归只是学风建设上"用治标赢得治本的时间"。要治本，就要按以下的链条序列系统地做好工作。

1. 严肃党风、政风，看干部想不想干，会不会干，用不用心干，有没有目标和标准干；

2. 学科、专业与师资的规划、大学各项功能布局合不合理；

3. 制度如科研机制、后勤保障制度能不能保障教学供给和激励学风；

4. 教学管理条块上的干部懂不懂行和得不得力，能不能系统设计，推动整体运行，又能一叶知秋。

具体工作：

1. 调结构：使师资结构，专业结构，班级结构，课程结构，能有利于学生喜欢学习和学有所成。

2. 稳规模：不新增专业和招生数，控制班级规模，未来几年不再考虑新增专业和招生数，除重大战略安排外，减少班级数量，有利于教师组织课堂和师生更多互动。

3. 抓环节：备课、上课、记笔记、作业、实验、考试、论文各个环节——按计划执行标准，在过程监管中，有错必究，有过必罚；抓社区管理环节，如作息制度，学校将一一对应事故责任追究。

公共道德的水平、法制完备程度与执法力度密切相关。为此，请各学院高度重视，接下来，学校会严格制度执行和责任追究。

4. 改方式：教师授课、实验内容和方式、课程评价、教师评价、学生评价等等方式不断以能检验教学成果的方式改进，按照应用型人才培养的质量标准不断创新评价方式。

各学院干部是学校保质量、提品质的主力军。目前，各学院干部之间，在态度上、能力上还存在不平衡现象。我个人认为，学院领导心系学校中心工作、学院竞争力和品质工作便是常态，否则便可以退休了。没有问题意识、忧患意识便可退位，没有比学赶帮超、不服输和追求品质的精神便可下课。

学校将在制度上对态度不端、能力不强的干部进行约束。本学期末，各学院院长要总结迎评期间本学院的工作亮点在全校做汇报。明年新学期初，各学院院长要在干部会议上做工作检讨、计划和展望。明年暑期前，各学院行政一把手要在校干部会议上述职，党务负责人在民主生活会上述职，其他所有中层干部在本单位民主生活总结会上述职。由此，干部述职制度将成为三亚学院的常态。

四、正确看待对中国的批评

最后一个问题，说一点更大的关切，就是怎么看待对中国的批评。党的十八届三中、四中全会以来的舆论转向是很明显的，但我们很多读书人，知识分子，上网的时候，就像一个来自美国的客户端在做第三方评论，正能量的消息没几个人跟，负面的消息后面跟一大堆。道听途说开始发表意见，带着个人牢骚，随意议论国家政策，作为公共知识分子这是不应当、不负责的。作为学校教师，对待公共政策，学校建议，要以客观、理性的态度对待。我由此联想到如何去看待对中国的批评问题。习总书记提出的道路自信、理论自信、制度自信，还有文化自信，我个人深以为然。

前几天我和一个在美国的亲戚聊天。他在美国定居 30 年，拿绿卡近 20 年，夫妻两个都工作，两个孩子都读硕士，他和我在一起，就不断地批评美国的制度，批评美国的公司文化，他所在的公司，可是美国第一流的化学公司呀。我们这些现代化晚进国家的人，第一次出国看见的是与国外的差距，我们总会从具体的事例推论规律。比方说中国人爱嚷嚷，上海人到哪里都爱嚷嚷，到哪里都爱占小便宜，这是美国人眼里的出国的上海人。我个人认为这不是问题。上海人优秀的很多。艾利亚斯在《文明的进程》一书中说，德国人花了 400 年，不再穿睡裤到街上了，不再随地吐痰；美国人懂交通规则也花了几十年时间，日本人不随地扔烟头，也花了 20 多年时间，但是我在日本的大阪、京都以及东京的街头，还看到一个现象，有些人在街上铲口香糖。也许是游客丢的，也许有日本人，但至少日本不吐痰的文化发生了，不吐口香糖的文化还没有促使游客们（即便全是游客）不随地吐口香糖，也许要花十年二十年。而我们这些后来参与全球化的人，穷惯了的中国人，到西方一看，到处都是优点，最后就是崇洋。我个人对此深不以为然。西方有西方的文化优势，我们有我们的文化特色，各有所长，费老所说的各美其美，是符合我们现在的状况的，要有充分的自信。在这类问题上，我为什么要多次强调？因为在座的干部，如果你们的筋儿不正，你们的根儿不正，你们的口风不严，不够严肃，要祸害很多人，我说的是祸害而不是影响。很多年轻人觉得，你做了领导肯定是主流社会的人，学问、品质、能力肯定都不错了。你尚且还这样说还得了？我另一个亲戚说他们的局长下了台，在微博上乱发牢骚。我说这人本身就是心理阴暗，在台上能说的时候不明说，下了台却拼命乱说。心理阴暗不代表社会的主流，但代表了社会中存在的一类问题。今天这个时代，我们的干部一定要多读书，尤其要找对比较的对象和时间、空间节点，找对中国的道路自信，文化自信。在这些问题上，我不希望我们三亚学院的同事在教书育人的过程中心里没有主心骨，眼里没有识别力，没能站稳脚跟，网上没有正确的力量，我们课堂上再歪歪斜斜，到了课后又弱不禁风，那是会祸害年轻人的。

我们要旗帜鲜明、立场坚定地弘扬道路自信、文化自信。同时要把鼓励学术自由和坚持中国立场这两个看起来不完全搭的事情做到并行不悖。很多学者借着学术自由在死命抨击中国，我希望我们三亚学院人不要只沉迷于用习得的西方哲学社会科学方法作为武器去反复地刺痛中国母体，而需要用新的分析工具，富有建设性地来帮助中国解决问题。看起来都是批评，但两者的立场、态度、价值取向、感情是截然不同的。学术必须要有科学立场，学术必须基于事实，学术必须保持客观，但一旦要求学术公正，就肯定要有价值涉入，也就逃脱不了感情介入，甚至要充斥着个人经历和成败的恩怨评价。我不相信这样能做好学问，最好能够跳脱一点，超脱一点，学术立场的公正往往要求超越个人感受，我知道这很难。但因为其难，才算得上高明、高尚。相反，如果深陷其中，怨声载道或乐不可支，在我看来不值一文，我不支持。在学校，我也代表党委不支持。

我们三亚学院有个马克思主义学院。马克思主义学院干什么？弘扬马克思主义，宣传中国道路，如果研究马列的不宣传马克思主义中国化，不宣传改革开放和新常态新气象，立场不明，就要考虑位置了；学校支持并向持有立场的人提供相关的位置和机会。请马院院长回去以后带领你们班子要好好学习讨论，要组织起我们年轻的教师，从一开始不但从理论上而且从感情上要转弯子，不能等同于一般的普通老师，更不能等同于一般人。党委对马院寄予厚望，千方百计和清华大学德育基地合作，就是希望在这方面有质量、上水平、有特色。

教书是要育人的。所有学院的院长和专业主任回去后都应该有这样的思想：课堂牢骚、谩骂、说与专业无关的、没有事实不讲道理以发泄和骂人招徕捧场的，三亚学院不提供市场；学校只支持有师德、爱岗敬业的好老师有更多发展机会；只支持秉持客观、公正、理性立场进行科学研究，崇尚学术自由的人们。同时我们对所有的干部，包括在机关的干部，该有政治和师德态度而没态度的，该在工作岗位而不在的，该在艰苦、危急现场而不在现场的，该发现问题解决问题而不及时化解，而酿成负面情绪和不良后果的，都看作是不作为。不作为，学校就按不作为的方式处理。学校支持在位有为、服务师生、尽责尽心的好干部。

每个人的成长需要与学校的成长取得共振。我们这个国家也一样，我们经历了近代一百多年屈辱的被殖民的历史，新中国成立以后，民族国家建立了，但经济没搞上去，改革 30 多年，经济搞上去了，但是文化的自信，社会的失序，价值的失准，人心的失衡，有很多问题。现在历史性的机遇窗还在为中国开放，中华民族没有那么多的时间再能把握自己。有的学者就说了，资本主义的终结可能就在非洲终结，劳动力市场和资本洼地都没了，也就是说整个市场经济最后一个洼地被垫平了，资本主义终结，也就是现代化出现一个大的新问题了。这从一个方面说明，每个国家有它特定的历史机遇期。现在的发展机遇期肯定不在西欧了，转到东亚了，有些还可能在非洲。我们身在其中的每一个中国人，应该有这样一点的责任感，有这样一点的自信心，国家好我们才会更好，从这一点去反观华侨会很受启发。远涉重洋时不可能对中国、家乡都满意，但在异乡看中国，强大了腰杆才硬。这不是说有问题不批评，也不是说有好想法不建议。我作为海南省和三亚市的人大代表，每次开会我也提建议，我也批评，但我的批评基本上都被认为是建设性的批评，我不会用那些激烈的甚至恶劣的话语来吸引大家的眼球，让人家说我特别有眼光，我不去做这些小孩子的事。我希望说一些中肯的意见，能够为地方建设帮忙。我希望我们的老师们、学者们在讲课的时候用建设性的话语去对待中国问题，我也希望我们在研究社会问题时发出三亚学院阳光、健康的声音。三亚学院是办得比较好的民办大学，是比一些公办大学还要办得好的大学，将来不可限量。

大家齐努力。更恰当的价值观，更阳光的心态，更舒畅的心情，有利于我们精益求精地对待职业，对待教学。有好品质的工作，才是有好品味的人。

做什么样的人

（2015 年 1 月 22 日在全体教职工大会上的讲话）

建校十年来，每学期的期末全体教职工大会，我都会按规定做个讲话。前几年习惯是结合国内形势谈学校如何发展，近几年，虽还是结合国内形势，但更多不去谈学校如何发展，而是珍惜全体大会的机会，和老师们聊聊天。一所大学，可能需要达成外部诉求和标准的所谓外在目标，但大学更是一群人的聚合，这群有来有往、知古通今的人为什么和在做什么，才能够在此交汇，也许是这所学校更值得追求的内在的目标，而聊天恰恰是达成这个内在目标的一个很日常也很重要的渠道。

今天聊些什么呢？最近我在想一个说法，说毛泽东解决中国人挨打，邓小平解决中国人挨饿，习近平在解决中国人挨骂的问题。我们就从中国挨骂聊起，说说时下主流热议的新常态，再说说我们生活的城市三亚，再说说我们的学校，最后落脚到我们的做人。

一、如何看批评中国

改革开放以来，中国社会急剧发展，也面临深刻转型，人心产生很多不适。以往，我们说中国人改革后是端起碗来吃肉、放下筷子骂娘，而随着开放的互联网出现并不断普及，以往茶余饭后的"骂娘"日益演变为互联网上的"呲必中国"，凡中国的政治、政策、经济、技术、军力、教育、城市、产业、产品等的各项成就，还有中国历史、传统和文化，中国人，中国人性等等状态，无一幸免被批评。这里面的深层原因是什么呢？在我看来，主要有三点：

1. 从外部看，中国是现今依然强势的西方眼中的文化异己、意识形态异端和族群外的冒失、冒富、粗鄙的邻居，西方借助自身国际游戏规则制定者的位置和互联网传播上的优势，不遗余力地散布对中国的批评和不满，影响到尚缺乏自信、自觉的国内舆论。西方最常用的大棒就是批评中国不民主、不自由、没有人权，但事实上，作为人类文明的现代价值，民主不应只是西方人熟练的政治权谋上的多数人决定，自由也不应只是西方人得意的内部政治表达方式的个人自由，民主和自由有同质性取向，也有文化、历史条件差异背景下的不同进路和方式，当下中国的民主与自由应该落脚在对大众的公平公正，片面强调西方式的自由民主方式与路径，在后发的发展中国家，容易产生设局控制多数就可以不顾其他，对任何体制性与全局性的破坏极度蔑视，必然导引各种各样的非暴力不合作和反弹起形形色色的非对称对抗的极端主义。但显然，被西方操纵的互联网舆论不会有对于所谓普世价值"政治正确"的冷静和深刻的反思。

2. 从内部看，近代以来的中国救亡运动是从文化的自我批判开始的，虽然现代中国的发展和进步骨子里得益于深厚的文化传统颇多，如今已日益显现，但困乏的救亡时代形成的以自我批判意识、自我批判的文化巨子们和以反思为主调的知识背景使得当代中国人，特别是读书人，在分析现实中的中国问题时，习惯于归咎为中国人的劣根未除、基因未换、大牌未洗，习惯去批评不听君子言的保守而傲慢的家长、集万千宠爱于一身的长兄幼弟、继承权势而不学无术的堂兄妹。结果就是，一旦自我隔绝于中国生机勃勃的现实，中国在一些中国读书人眼里就成了怪异的巨人国，力量再大，也是怪诞荒诞、丑陋丑恶。其实，国际国内公共视阈里中国人的许多丑陋，不过是人性的丑陋，是全人类弱点的一部分，是人类社会文明现代进程中的一部分。当经济增长到一定程度，就有条件施行更具体和更严厉的法律去遏制住这些弱点。公共场所发出噪音、吐痰、扔垃圾、衣裳不整、插队、酒驾、闯红灯、网络骂人等等"陌生人"社会才有的缺教养、不礼貌、没规矩和"野蛮人"现象，西方发达国家、我们的邻居日本，统统在经济增长后花了数十年、数百年并最终以严格施行的法律手段才得以转变的。但我们中国人，包括多数知识分子，对此要么一无所知，要么选择性失明。

3.新大国崛起，愿意不愿意，自觉不自觉，都必然是新范式的开启。过去有东周列国眼里的虎狼之国秦国，有日不落帝国眼中粗俗的山姆大叔，现在轮到还什么都算不上的中国。依旧把持着旧范式的西方人不甘、不服，羡慕忌妒恨；而中国内部，一些爱国者，延续传统的危机意识，觉得危机四伏、不尽人意、意犹未尽、美中不足，一些读书人，脱不出酸秀才的自卑亦自大，在现行体制中找不到自己的位置，就百般抱怨。孔子之过？不，腐儒自误！平天下，不是自己铲平天下，是天下太平，是天下和平，是天下公平，是天下人可以安居，可以乐业，有理可讲，有情可原，有冤可诉，有子可教，有梦可圆，有朋自远方来不亦乐乎。

对中国事业我有个基本看法：单说好，做加法不够，单说坏，做减法，不灵。

如果把中国放在全球化进程的时间经线看，对冲现代化先发与后发国家各自的优势和劣势因素，中国取得现代化成就，在多数领域都比各个发达国家大大缩短了周期；放在第三世界后起的现代民族国家和新兴经济体横向比较的纬线来看，中国无论哪个方面都优势明显；放在中国社会自身的发展线上看，统一的、独立的、安居乐业的传统价值得以实现，开放的、自主的、个体化和个性化的现代价值得以历史性地提升，如果将公平的传统价值和公正的现代价值，不单单以自由主义为尺度和路径，而代之以法治基础和公德恢复方式，那么，就有足够的信心说，看中国要三百六十度看，加减乘除后再看，才比较公道，比较有前途，比较有信心。

二、如何看新常态

中央提出"新常态"，在我看来，就是要通过对这一概念的讨论和实践，把握主动权，在国人的心态上实现与经济社会发展的同步转型，以使国人逐步适应一个正稳健成长的在世界上自信、自觉、有担当的中国。

新常态意味着经济"调结构期"的降速和提质，相比于以往做国际代加工的粗放期，更关注于环保代价和产品质量。

新常态意味着国家现代治理期的反腐、法治、民主、公平公正，相比于以往较为单一的效率指标至上期，更关注长治久安与全面进步。

新常态意味着社会"平和发展期"的讲理，正式组织的依法、节制和服务公众，公共空间的公德，人际的友善，个人的珍爱生命和懂得生活，相对于以往的社会浮躁期，更关注良序善俗。

在新常态下，随着经济调结构和降速，过去适应的模式不同了。

企业做什么都赚钱、生产什么都卖得掉，办什么学校都能招到学生、怎么办都办得下去的日子过去了。

官员就是高贵，公务员就是最佳去处，当官就可以任性的日子也过去了。说起任性，有两种，其一是唯上，上面怎么说，机械教条理解，不结合具体实际，不面对问题，其实是给群众添堵，给组织添乱；其二是唯己，按照自己意愿办事。

这方面，我们学校一批老干部没有这类毛病，因为年龄问题，他们陆续要退二线和退休，学校中层干部面临干部作风建设的新考验。有些人过去读书做事，没有当过干部，有意愿、有知识的被选拔任用了，一朝权在手便把令来行，唯我是尊，弄得四处不宁，还得要领导调节灭火，下岗了就人鬼四不像。我对一位下岗再任用的干部说，你读书再多如果价值观改不了，如果不知道正常态，不明白当干部为什么，你还是过不了自己的坎，你以后还会被自己长出一截的腿绊倒。

普通百姓必须有靠山的担忧该过去了，普通人不满意就可以骂人的日子也要过去。在我看来，反腐，既是反官商勾结肆意践踏普通民众的权益，也是反普通人违法妄为，索贿行贿，偷鸡摸狗，造谣污蔑。

总之，经济新常态下，政治和社会新常态的逻辑结果是，一切阴暗的，无论怎么巧取豪夺、乔装打扮、花言巧语、暗箭伤人，如果不收敛，不收手，必将付出人生的沉重代价。一切阳光的，无需憋屈，尽管尽情自然绽放。

我们要做自信（道路、文化）、笃信（中国事实）、讲理（传统、法律、公德）、诚信（信用、互惠）、休戚与共的中国人。

三、如何看移居的三亚城市

三亚过去经济落后但文化开放，本地人善良，不排外不狡诈。我们作为移民，融入的经济、技术、身份、情感成本不高，要学会自知、知足、感恩。

三亚的第一步机遇在热带浪漫符号，是现代、后现代好莱坞粉丝们的遗产，带来了旅游，带来了一些狭窄的产业；第二波机遇在冬季气温和全年空气，带来了房地产，带来了一整条产业链，以及吃住行游购玩相关的置业和延伸链条；第三波机遇在"中转"——空港、丝路、海上石油的三个中转，带来足以支撑旅游、置业整个产业链的多条支撑体系及资金、技术、人才、产品的多样性和难以复制性。三亚比同是搞旅游的其他城市多了工业链，多了天然的人流链。我们大学要有机遇意识和准备，我们新三亚人要感到庆幸，要有感恩这片皇天后土的情愫。

我们要做乐观、宽厚、惜福、情同手足的三亚人。

四、如何看成长过程中的学校

比起同一地区的民办院校，我们起床晚，赶集早；比起全国其他地区的民办院校，我们出生晚，发育早，且长得壮实；比起新办的公办院校，我们不哭不闹，像个多子女的家庭，像个好客的大家族，虽没有特别宠爱，添了双筷子，就不知不觉地长大了。

对许多人来说，三亚学院是邻家有女初长成；对另外一些人来说，三亚学院是蓦然回首，那人却在灯火阑珊处！政府不厌烦我们，社会不厌弃我们，师生不离弃我们。同行们像成功的家庭给自己选媳招婿，喜欢出落得大大方方的大姑娘，喜欢虎虎生气的壮小伙，他们愿意与我们结亲交往、联姻合作，有三分羡慕、有三分欣赏，还有几分让我们倍加珍惜，加倍努力！

我们要做自豪、勤劳、聪明、阳光、进取的三亚学院人。

五、如何看变局中的社会和人生

改革开放的大闸一开，意味着中国的几代人都在强势变迁波动之中起伏前进，其中就有我们的一生，一刻不停，一生不宁。本土化与全球化，中国与发达国家，传统规矩与现代范式，效率与公平，上一代与下一代，持之以恒和与时俱进，权威与大众，自我与他者，善与恶，美与丑，是与非，确定与不确定，一切的一切，都裹着各种包装，都可能有打着各种旗号，诉求的群体、阶层利益和个体感受，借助网络新技术的威力，乘着法律不周、法制不严的空窗期，各说各的，有人愿意打烂一切确定性，诅咒一切可能的成功或权威，同时，甚至不惜也把自己奋斗的一生、完整的人生和也有善端的人性，打碎一地，犹如"文化恐怖主义"。但我们怎甘于这样的人生和环境？随着新常态的到来，随着我们选择来到三亚、加盟三亚学院，我们是不是可以更自觉、更自信地主宰自己愿意的人生？

我们要做遵法、有梦、理性、公正、明白、快乐、友善的普通人。让我们彼此祝愿，相互勉励！

巩固评建成果　提升办学品质

（2015 年 3 月 6 日在各学院党政负责人会议上的讲话）

去年学校迎评促建，夯实了基础，提高了办学质量，今年，全校将巩固评建结果，以稳中求进的步调，进行工程标准化建设，让默认的程序更多、让规范更为大家所习惯。

经过 30 多年的改革开放，中国的社会主义市场经济体制已经建立，按理，除政府及少数非营利组织行为以外，其他社会交往的组织主体行为都应该属于市场经济行为，但现实却呈现为"觉醒的个体、沉睡的社会"。以到三亚一所全国著名的医院就医为例，环境良好、医疗水平较高、管理规范，但在深入与医护人员交流中不难发现医患矛盾的存在。该医院出现的问题不在于管理，而在于把管理变成了管制，一切以程序化为运转理由，缺乏对就医个体的需求、尊严和权益的主动维护，而事实的另一面是"熟人好办事"。这方面，其实整个社会风气没有好转，需要系统性的改变。大学与医疗机构相似，都属于社会系统基本设置的一部分，大学不只是有教育教化功能，还要有为师生服务的功能，需要强调两类功能的均衡性，对师生的合理化需求要充分考虑，这涉及是不是真正"尊师重生"的价值实现，也涉及学校有没有可能获得不竭的活力、动力。公办学校需要改革，要放下官办身段，增强市场化意识和服务功能。三亚学院作为民办大学，更应该把服务师生放到极重要的位置上。

过去，在学校快速地规模化发展的阶段，学校没有时间、精力听取多方意见，而凭经验"代表"各方意见，需要排除"叽叽喳喳"的声音，这其中就包括一些个性化的需求，哪怕是合理的需求。今年，学校将从试点机关服务窗口开始，切实关心师生需求。学校创办时选择了一条成功发展的路径，从理念、态度到工作方法，都有助于提高效率，不失时机发展，但从学校长远发展看，不做出改变，学校可能死不了但也活不好。学校的发展离不开师生的认同度、满意度。

刚经历集中精力评建周期，学校当前不宜贸然做大的改革，试点服务窗口先从机关开始，成熟后再在全校推广。试点工作要从对基层的调研开始，正确查找师生抱怨的问题和原因，慎重出台试行改革方案，及时调整机关的功能，通过窗口服务，更好、更快捷地满足师生需求。学校各机关不能只有管理职能，更要有服务意识，要在试点工作中处理好学校管理规则和师生个性化需求之间的平衡，要适当给基层和窗口"临机处理"权限的空间，要推行网上办公，使流程、问题、权宜、办法等一览无余。在试点过程中，学校的管理和评价系统相应会做出微调，校长授予各分管领导工作处理权限，中层干部授予科级干部处理权限，以便能够及时、灵活地处理服务窗口遇到的关乎师生利益的紧要、紧急事件。

本学期工作的总体要求是：认真贯彻落实党的十八届三中、四中全会和习近平总书记系列重要讲话精神，顺应新形势，适应新常态，坚持问题导向，突出服务意识，持续巩固群众路线教育实践成果，持续巩固评建成果，持续推进教育教学改革创新，不断提高依法治校水平和办学品质，更好地服务师生、服务地方经济建设和社会发展。具体工作要点如下。

一、坚持依法治校，保障学校改革发展

（一）加快法制校园建设。在全体干部和师生员工中树立依法办事、尊重规则、制度面前人人平等的理念，促进管理观念和服务方式的转变，在着力提升管理流程的制度化、规范化的同时，突出服务师生的理念，落实人性化解决问题、难题的方式方法和举措。

（二）科学编制学校"十三五"发展规划。（学校党政统一部署，教务处、教学质量管理办公室、人事处、科研处、政策研究室、校办参与）

（三）领会、贯彻"四个全面"，从严开展党风廉政建设，持续加强党的建设和德育建设。

1. 贯彻落实"全面从严治党"战略布局，巩固和拓展群众路线教育实践活动成果；围绕党风廉政建设，落实"两个责任"，严格实行"一岗双责"和"一案双查"，大力培育和弘扬社会主义核心价值观，坚持课堂讲授有纪律，有效应对新型传播技术与手段；按照中央"三严三实"要求形成我校良好政治生态。（学校党委统一指挥，组织部牵头，纪委、宣传部、教务处、校工会、校团委、两办及各总支参与）

2. 加强作风建设，落实服务理念，增强服务能力。转变机关工作理念和作风，树立服务意识，试点机关服务窗口日常问题负面清单制，成熟后在全校推广，切实解决师生诉求，提高服务能力和服务质量；健全学校信息公开制度，建立统一的信息公开平台，及时公开有关信息，更广泛及时地听取师生意见和建议。（人事处、校办分别牵头，政策研究室参与）

（四）在进一步完善决策、执行、监督、问责机制相衔接的同时，加大对制度执行情况的督办督查力度，及时公开、评价各项制度落实和工作任务的完成情况（本学期拟列入督促检查的制度和工作列入学期工作汇总表），确保学校各项工作不折不扣地落实到位。本学期重点考核各部门、各学院一把手的工作绩效。从 2015 年开始，学校实行各主要部门和学院一把手公开述职制。（人事处牵头，组织部参与）

（五）推动各二级学院利用多种渠道、多种形式的智力支持，着力开拓专业、技能培训服务地方科技文化发展；支持各学院结合自身学科、专业优势探索"大众创业、万众创新"在人才培养、科技服务中的新机制、新平台、新成果。

（六）提高互联网思维和大数据应用能力，提高数字校园建设水平，完成校园综合管理系统和服务平台的应用和普及，更好地方便师生、服务决策，整体提升管理效能和服务品质。（两办牵头，各处及相关部门参与）

二、围绕应用型人才培养方案，巩固评建成果，加快推进教育教学改革，加强实验室等实践环节建设，不断提高教学质量

（一）推进慕课教学试点，加快课程遴选，探索线下导师制，正确引导、持续跟踪课程效果，适时扩大试点专业课程，加快相关配套设施、网络环境建设和相应队伍建设。高度重视推进慕课教学是新办院校"弯道超车"的机会。这项工作将在马克思主义学院试行，由王志强负责。其他学院若有意愿，学校将给予支持。（教务处牵头，相关学院配合落实）

（二）推进专业课小班教学改革试点，力争早日实现小班开课课程达到总课程 30% 的目标。推进毕业论文写作循序渐进方式的教学改革试点，提高教师对专业课程小论文指导的积极性和能力，帮助学生提高学习兴趣、改进学习方法，提高毕业论文质量，倒逼应用型人才培养以提高课程质量。如果我们学校各专业实现小班开课课程达到总课程的 30% 的目标，从结构性安排来说，这是合理而可行的。在现有师资不变的情况下，要推行小班授课，有些课程课时就需要缩减，向 45 分钟课堂要质量。某些课程的课时缩减，将留出余地来多布置和批改作业，指导学生课程论文和毕业论文。毕业论文和实验教学是薄弱环节，课程论文作为训练方法之一，将标准调整，结合海南地区、行业实际缩小论文选题范围，避免抄袭，利用本课程的理论和方法，以课程论文的等级作为课程考试成绩。也可增加助教，初步对课程论文的基本格式和用语把关。最后，在累积的课程论文中，选择论文方向后扩展内容提高水平，形成毕业论文。学校希望本学期有 2—3 个学院参与试点，选择试点专业和教师，专业课程 2—3 门，教师考核良好以上。小班教学，有利于促进师生交流，改进学生学习方法，增加学生对专业课外书籍的阅读

量。学校拨出专项经费支持改革，待经验成熟后再逐步推广。（教务处、教学质量管理办公室联合牵头，相关学院配合落实）

（三）有序推进专业调整。组织开展专业调整的建设和规划论证，出台专业调整方案，科学调整专业布局。（教务处、教学质量管理办公室联合牵头，相关学院配合）

（四）推进公共课改革，重点在思政、计算机等公共课程进行微课试点，在取得广泛调研和较好效果的基础上稳步推广。（教务处牵头，相关学院配合落实）

（五）制订《三亚学院实验室五年发展规划》，加强实验室建设，加强实验教师培养与指导，促进实验教学与理论课程教学的有机衔接与有效贯通，提高实验教学对应用型人才培养的支撑作用。鼓励各学院积极发挥作用，学校将支持"拔尖"学院。考虑到各学院发展时间和专业特点不同，学校不要求各学院齐头并进，但对国酒学院提出要求，仿真酒店环境，理论课程要充分与实践课程打通，利用教学空间完成知识、理论的训练。鼓励其他学院培养以具备相应专业知识的人才进入酒店行业，不是作为低层次服务业从业人员，而是作为有专门技术的差异化人才。（教务处牵头，相关学院配合落实）

（六）优化学期教学时间安排。（教务处牵头完成方案）

三、累积学术底蕴，提高学术品质，不断加强
科研创新能力和服务水平

（一）结合学校各相关学院学科、专业目标，整合科研团队，形成专业科研群与教学的整合优势、特色优势，加强科研成果的宣传和应用，提高服务地方经济社会发展和服务政府部门决策咨询能力。（科研处牵头，教务处及相关学院参与）

（二）客观认识新办院校的基础特征，推进师资队伍整体科研进步。持

续提高科研项目和科研成果的数量和质量，力争 2015 年科研项目立项和科研论文总数在 2014 年基础上增加 10% 以上，科研综合实力在中国民办大学排位中再进一步。（科研处牵头落实）

（三）加强科研院所建设，树立"科研是教师本分"的观念，树立"科研机构科研本分"观念，落实各研究机构目标责任制，促进、评估各研究机构完成年度目标。（科研处牵头落实）

（四）积极举办 1—2 个高水平学术会议，出版相关论文集，扩大学校的学术影响力。（科研处牵头落实）

（五）做好校刊工作，不断提高办刊水平和影响力。（科研处牵头落实）

四、围绕学校人才队伍建设目标和要求，通过制度建设和机制创新，加强对人才动态管理和服务，激发工作动力，提高工作绩效

（一）围绕办学定位，优化人力资源规划。保障人才队伍能够适应并满足学校持续发展的需要，重点做好高水平人才的引进、新教师培养、骨干教师培训与晋级和"双师型"教师队伍建设等专项工作。（人事处牵头，教务处、各学院配合）

（二）以提高工作质量、服务质量为导向，优化人事管理制度。优化绩效考核系统，实现薪酬结构与绩效管理的更有效结合，进一步规范校院两级权限调整后的招聘管理制度，强化招聘纪律、完善招聘管理流程，提高招聘成效。（人事处牵头，各学院配合）

（三）大力加强师资队伍培训培养，正式发布校内各类岗位职务晋升与事业发展通道计划。做好梯队人才储备，促进教学、管理、学工、保障等各类人才队伍的协调发展；发挥学校教师发展中心职能，系统规划、动态协调和持续帮助解决教师基本素质的培养、职业能力提高等发展中的问题。（人事处牵头，教师发展中心、评估中心、教务处、各学院配合落实）

五、巩固学风建设成果，推进学生教育和管理创新

（一）促进全校上下深刻认识"大学育人为本"的职能。围绕教学与学生管理一体化理念和学生进出校园一体化思路，不断提高学生教育、管理与服务的统筹协调思路、能力和工作成果。转变学工队伍工作重点、重心和标准，促进、评估学工队伍全面关注学生校内成长环境、环节、细节；学工、教学以及校园保障各部门、各学院要协同关爱学生学业进步和身心健康。

本学期学生工作重点在慕课试点、专业课小班制试点、毕业论文写作改革试点、书山馆开放运行、实验室及各实践教学环节教学效果保障、"大众创业、全员创新机制进校园""美丽社区环境""美丽校园环境"方面下功夫，做好教学一体化协作工作。（学校党委统一部署，学生工作委员会落实计划，校团委牵头）

（二）健全学校与学生的多维联系、交流机制和协作机制，提供专业、热忱的学业咨询与学务协调服务，呵护学生整体成长诉求，有效解决学生的具体困惑、困难。（学校党委统一部署，学生工作委员会落实计划，学业咨询与学务协调中心具体落实）

（三）提高招生工作绩效。创新招生宣传工作思路和方法，提升学校品牌形象，提高生源质量。（招生就业处具体负责落实）

（四）提高就业指导工作绩效。在招生、教学、实践、就业等各个环节建立校园内外各环节就业指导联动机制。创新就业指导机制，促进就业指导进步，完善"就业指导、就业咨询、就业帮扶、就业宣传、就业成效"五位一体的就业管理与指导服务体系，转变就业观念，导入"大众创业、万众创新"新理念，推进"就业出口与培养过程联动的创业创新教育"。拓宽就业渠道，提高毕业生就业质量。（招生就业处牵头，各学院参与）

（五）丰富校园文化活动，促进校园文化育人。支持学生社团活动，创新社团机制，培育品牌社团活动；培育校友资源，搭建校友交流平台，积极开展校友会的各项筹备及成立工作。办好10周年校庆系列活动。（学校党委

统一领导，校团委、招生就业处分别牵头，教务处、宣传部、两办等部门及各学院参与）

六、加强国际交流与合作

（一）丰富国际合作与交流的内涵，落实各项具体合作项目。推动与国外高校合作建立非独立法人资格的中外合作办学机构工作，落实与美国迈阿密大学的合作项目、启动中外网络课程合作、继续推进"游学计划"实施、开发合作办学新项目，加大学生外派留学力度，推进国际合作院校的交换生项目。加大绩效评价检验政策与财力支持力度，促进各学院的国际交流工作。（外事处负责、人事处、教务处及相关学院参与）

（二）按照"择优选聘、规范管理"的原则，扩大外籍专家和教师的引进规模，优化外籍教师管理、不断提高对外籍教师的服务水平。（外事处牵头，相关学院落实）

（三）提升国际学生招生、教育与管理水平，优化留学生管理服务体制和工作平台，扩大留学生规模，优化留学生结构，提高生源质量与教学效果。（外事处牵头，相关学院落实）

七、做好校园基建、资产管理、设备采购等工作

（一）落实校园规划方案，加速推进大学生科技创意产业孵化园、新址幼儿园、新图书馆地下室内体育中心、东区与北区大学生活动中心、北区教学楼连廊封闭、校内水电独立保障、西区人工湖"落笔北海"等重点工程建设。（校园管理部负责，设备处参与）

（二）加强学校资产管理，确保资产安全保值。健全资产档案，提高资产利用率，实时准确掌握学校资产状况及变化，及时作出科学配置。（资产处负责落实）

（三）围绕学校发展需求，提高设备采购能力。做好设备采购规划，提高设备采购质量，保障学校相关设备运行。（设备处负责落实）

八、切实加强校园安全稳定与后勤保障工作

（一）稳固安全保障体系。强化安全责任意识，落实制度，落实责任。加强校园内部及周边环境整治，及时发现和妥善处理影响稳定大局的苗头和突发事件，为师生员工提供安全的学习工作生活环境，安排落实消防、防灾等安全防范演练、检查。（保卫处负责落实）

（二）及时有效做好涉及师生生活、工作、学习的校园维修、环境卫生、生活服务等保障工作。提高后勤整体的发展活力和校园服务能力。学期末召开后勤服务团队与师生代表见面会，推进民主监督，真诚交流、解决问题试点工作，进一步提高校园保障服务质量和师生满意度。（后勤保障处牵头，社区管理中心参与）

（三）树立环保与节约意识，严肃节能减排工作，实行校内各单位能耗监控。表彰节能单位，处罚浪费单位，落实节能部门与干部责任制，实现单位耗能同比下降 10% 的目标。（后勤保障处牵头，相关单位配合）

领导要练就一双慧眼

（2015 年 5 月 8 日在全体中层干部大会上的讲话）

刚才几位负责人向大家通报了学校近期的工作安排，我再补充谈几点。

一、关于校庆工作

校庆工作是本学期的一项重要工作，也是学校回顾过去十年办学和展望未来的重要节点。刚才，沈书记对学校的校庆工作安排进行了言简意赅的通报，这些安排是在校务会上通过认真讨论定下来的，希望大家能够认真贯彻落实。

校庆为谁而庆？值得每位干部思考。如果校庆只是回望历史、纪念过去和展示成就，难免落入"摆好""庆功"的俗套，便和其他高校一样。回顾学校的理念和办学使命，想想能够支撑各位在学校乐观、有信心、有底气地工作的基础是什么，大家就会对校庆为谁而庆有一个恰如其分的认识。我们的校庆，是为从事教学服务的教师、过去和现在在这里学习的学生而庆，这才是校庆的本质。因此，在所有校庆活动安排中，我们都让学生作为主角，学校干部作为后台支持。后台比前台工作更困难，相信各位会理解校庆活动的宗旨和方案，从心里感知、认同、配合学校校庆活动的安排，做好教练和培训，保证活动质量，通过校庆活动来落实学校的办学理念和使命，彰显学校的办学价值，为学校未来十年的发展进一步打下价值基础。

校庆是回顾办学十年和反思的一个机会，如同我们的宣传语"借您一双慧眼，照亮我们未来的前程"，请各位积极投身，做好后台服务。

二、关于小班教学改革

小班授课教学改革是学校从规模建设到内涵建设转变的一个重要平台，是提升人才培养质量、专业建设质量的重要载体。根据教学的一般原理，课堂是大学的黑匣子，教师课堂 45 分钟讲授的好坏学校无从及时把握。但是，教学质量是大学的生命线，大学应该努力去打开课堂教学这个黑匣子，其中的关键：一是能够调动师生双方课堂互动积极性，提高互动率；二是要把评教工作做好，通过不断促使师生走在一起的尝试和改革，让大学课堂变得更加透明。学校要不断探讨新教育理念和明确办学定位，推进应用型人才培养方向布局，强化实验实训教学基本功，最终的主战场仍在课堂教学改革。课堂教学质量是学校教学质量的前台也是压轴。学校在调研中发现，在课程建设上，我们的小班授课课程相比一些 211 学校低了 20%—30%，这也是我们的课程质量相对不高的原因之一。推进小班授课改革，对教师、对学生都有意义。希望各学院能够调动专业主任和教师的积极性，学校将给予专项津贴以支持改革、试点。请各学院将学校精神传达到位。

三、关于对外考察

前一段，学校派人分批对台湾高校进行了考察，我也参加了其中一批。我的体会是，我们要不断向别的高校学习，戒骄戒躁；学习付出了成本，同时要有相对等的收获。学校以后所有对外考察，都要事前制订目标和方案，考察要围绕目标和方案进行，考察后及时总结，形成具体行动计划。

陈博院长从美国考察归来，写了一篇文章，《直线与拱型：三亚学院人文校园的养成之路》，推荐大家阅读。陈院长 2006 年来校工作，与学校共同成长，这篇文章结合考察体会，把自己参与学校建设，在日常工作中思考人生、事业和管理的关系，很生动地表达出来，很有启发性，希望大家学习。

四、关于大学绩效评价

推进大学绩效评价是国家中长期教育计划的一部分。中国一些办学者在传统观念中认为大学就应该只是"烧钱"的，而《麦可思》杂志提供的资料显示，大学开展绩效评价，正成为全球趋势。中国大学的现有评价并不是绩效评价，而是标准评价，且标准相对单一，并难以完整、动态地反映大学的投入产出，大学的动力、潜力和整个生态，似乎全球公立大学都存在这样的问题。英美公立大学已开始实施改革，引入绩效评价涉及投入与产出的概念。采用绩效评价是社会商业化的结果，这并不是大学低俗化，至少也是为了更好回应纳税人对大学投入与质量的质疑。

英国大学进行绩效评价时做过调研，调研显示，将绩效评价重点放在教师上，以为如果每一位教师提高绩效，学校绩效自然会更好，后来发觉这个思路是错误的。绩效评价应该是有系统的组织行为，是由学校上层发动的系统工程，各功能共同实现，从组织使命、战略到系统功能、目标分解，确保绩效评价中的价值取向与路径方法的一致性，这样才能形成投入与产出比例最真实的模型。

以美国马萨诸塞大学为例，关于绩效评价，马萨诸塞大学共确定了6大类21个绩效目标。如下：

1. 学生的体验和成功。录取高质量的学生，努力提高学校的学术形象；提供可负担的高质量教育；提高学生的保留率和毕业率；多样化的校园环境。

2. 关于教育教学，受过良好教育的劳动力和公民。对本州人口的服务；通过专注战略性领域，服务于本州经济；完善课堂学习。

3. 世界级的研发事业。巩固研发领导者声誉；形成国家和地区的研发中心；使技术商业化，创造收益，为本州公司提供服务。

4. 提供社会福利。提供更多区域、全球合作伙伴数量；成为地区战略研发中心；更多样化的教职员工；促进学生在更多教育领域流动。

5. 良好的资源管理。管理有限的财政资源，实现长期成功；提高大学运营的效率和效益；增加来自校友和合作伙伴的支持；投资校园的设施，降低维护成本。

6. 营销和宣传成本。设置一个引人注目、有针对性的方式传播消息；开发更多的在线和数字工具，与观众分享学校成功；保证在各领域与校友的联系。

我们学校正在校内试行绩效评价，马萨诸塞大学的经验与我们学校的思路、价值观和办法有很多契合之处，有些工作也许望尘莫及，但有些工作已经开展。其中第 1 条，是我们已经在集中精力做的，但"多样化的校园环境"尚不足，应在人才培养方案里集中体现"多渠道培养出口"；第 2 条一直在做，方向、办法对，但与"完善课堂"的距离不小，正在通过"小班化""慕课"找突破口；第 3 条，"世界级的研发"和"使技术商业化"都差很多，前者需要建立软科学（社会科学）研究平台，如中国的重大问题（国家治理、南海等），后者需要鼓励学院办公司实体来寻求突破；第 4 条还在做，"协同体"战略与其有默契，但"多样化的教职员工"需要破除价值观一致性的创业阶段偏好；第 5 条是我们的擅长之处；第 6 条是我们一直关注的，尚待更大突破。

也许各位会用不同视角来看待各分管校领导的讲话，但如果干部头脑没有办学使命、学校发展战略和系统性安排，就会对各系统的工作安排感到畏惧。在台湾亚洲大学考察时，看到该校一个具体分管后勤与学工工作的干部能够掌握整个学校的基本情况，做到对学校各项工作如数家珍，并引以为傲向大家介绍，我们深受感动。当然，这与社会发展进程有关，民众心态会不同。也许社会的脚步需要慢些，但我们大学的脚步能否快些？

学校希望能够借您一双慧眼，同时也希望您的慧眼能够看到社会发展的基本脉络。在我看来，中国社会的许多区域若干年后会与台湾一样小微化、小型化，这样社会结构的弹力更强，经济增速虽会下降，社会心态却会更加平和。希望在座的读书人能够看到这些，看到现今社会中的非理性状态，让自己更聪慧一些，做事更有品质、做人更有品位。

借用网上流传的马云一句话，聪明人都走了，留下的都是三亚大学人。

有教育情怀的人就在我们之中

（2015 年 6 月 12 日在校庆工作总结表彰大会上的讲话）

　　十年校庆的活动取得了圆满成功，这几天，我见到的每个人，几乎都会跟我说，三亚学院从无到有，变化太大了。有位学者，2006 年来过三亚学院，他跟我说，当时就曾想这个学校要教育好学生太困难了，现在对学校的成就很惊诧，因为办学资源太少，周围环境较差。是呀，当时的三亚市，经济、管理相对落后，简陋的三亚学院周边是更简陋的乡村。这次他应邀而来参加校庆活动，对我们学校刮目相看，说要再过十年再来看三亚学院。我告诉他，您不用等十年。这次来参加校庆的有几位省厅级领导，有第一次到校的，也有来过几次的，每个人都表示看到学校有很大变化，感到震惊。前一段时间访问我校的傅国华教授就说："每次来学校都不知道如何形容，只能用'奇迹'来表达，总觉得学校鞭策自己'前进'，这个学校的老师和学生都很热情，和别的学校不同。这个学校只能用'前进'来形容。"

　　也许是围城效应吧。在我考察欧洲、美国、俄罗斯那些古老大学的时候，我就非常欣赏他们带给我的沉静、放松的感觉，这些大学有一个完整的生态，校园安静，师生乐在其中地教学、科研和学习，或者仅是享受其中的教育文化。别人欣赏我们的前进，我们欣赏别人的安静。但是，当我们将完整的大学生态作为我们的奋斗目标时，我们不能忘记我们还需保持前进速度，保持不懈则优的状态。

　　三亚学院自称为成长型、创业型大学，不成长、不创业便是退步，不进则退。当我们讨论校庆精神的时候，正如我们在讨论每个人心中的理想大学时一样，每个人都有自己美好的期许和独特的研判。谁和谁是否保持一致不重要，重要的是我们每人都有一个伟大的理想，把学校办好，实现教育的理想。

合肥学院的蔡书记在描述自己学校的发展时，说到初建时也受到各种条件的限制，办学很困难，但他们后来找到了自己的发展模式，学习德国经验，做得也非常出色。他在和我交流时说，三亚学院也许有天然的优势，那便是当一名教师选择三亚学院的时候，其实已前置有一个条件，即选择三亚学院的教师在思想上已比选择公办大学的教师更加开放，他们并不认为以民办为主体的学校会带来压抑和难为情，他们认为民办大学是更开放、更开明的，自己能够做得更多。我回答到，虽不是每位老师都这样思考，但大部分老师是有这样的想法的。我们都认为，并不是办得好的公办大学更优秀，而是装载了很多梦想、有创新、勇于实现自己的价值的学校才会更优秀，三亚学院有成为更优秀学校的潜质。我们有没有这个自信？

上海戏剧学院的韩院长了解了我们学校的十年成长路，说三亚学院的发展带有戏剧性和传奇色彩，希望和学校合作，将三亚学院的成长制作成短片，当然，不是做广告，而是找到和别人的差距和前进的动力。别人希望研究我们，我们自己要更好地认识自己。

在校庆典礼上，书福董事长的讲话赢得了来宾的赞许。董事长受到校友代表讲话感染，说到"学生水平代表学校水平，学生精神风貌代表学校精神风貌，学生的质量代表学校品质"。董事长没有直接谈学校的发展，而是用这样的方式阐述了办学根本的道理。虽然不是每个学生都如此，但优秀杰出学生和校友小概率地出现也体现了学校的成长规律。如何从小概率事件演变成更大的概率，我想这是我们未来需要研究和共同面对的如何培养创新创业人才的课题。

在校庆期间，学校收到了来自各地各方的贺信。通过十年奋斗，可以自豪地说三亚学院已成为国内受人尊重、受人瞩目和受许多人敬佩与喜欢的大学。在十年前，我们在别人的质疑或将信将疑中成长，正如我在校庆讲话中所说的"我们上无片瓦"办学。办学初，岛内有些带有成见的老师曾发表看法，表示三亚学院是"上无片瓦，下无立锥之地"，我的回答是，学校办学已经过政府同意，我们就在 3000 亩的荒地上办学。十年之后，我们办成了令人尊敬和喜欢的大学，这是我们值得骄傲的。自然，首先是我们的老师和学生是令人尊敬的，这也是我们坚持的力量。在此，我代表学校党委、行政对全体教职工、全体师生表示衷心、真诚的感谢。

三亚学院的未来是什么样子？本月底学校新的领导班子名单将予以公布，我们会说"江山代有才人出"，我们已经选择了新的副校长，三亚学院总在前进，我也不会永远担任学校校长。我想我们在位的每一天都应在场，都要为伟大的梦想去实践，教育需要情怀，每一天做好自己手头的工作是我们的责任。未来的样子应该是每个三亚学院人怀揣梦想，用自己的辛勤、智慧进行劳动实践。我们有足够的雅量去听取批评，也有足够的自信面对问题和调整优化。当我们一无所有时，我们说不用理会其他人，朝着自己的信念坚持不懈、义无反顾、心无旁骛地前进、奋斗，别人不在话下。好的大学我们见过，好大学的校长我们见过，但能办成三亚学院的便只是我们这批人。当创业的经典时段过去，我们会虚心地倾听每一个人的话，虚心地听取每一条意见。为此，今年学校对校园网络进行了改革，在个人信息平台上增加了"诉求平台"，每个教师可以通过办公网调取相关信息，可以及时实时办公办事，可以通过网络投诉痕迹和记载去备查。通过群众路线教育和学习，我们深知"群众的眼睛是雪亮的，群众的智慧是无穷的"，在中国现在已经到了群众的参与是恰逢其时的阶段。学校"诉求平台"受理教职工的办学意见和工作投诉，并留下所有的网络痕迹，这将与干部绩效评价挂钩。当然，会对投诉一一核实，确保能真实反映情况，这是不言而喻的。

未来一个卓越的三亚学院还有很长的路要走，坚持国际化方向，建立协同机制（院所合一、院院协同体、校校协同体），更多地调动各学院的积极性，发挥民主参与机制优势，更加开放和开明，是我们的远大前程。

　　学校将加强与台湾高校的交流，很快将有一批教师和学生参与学校交流项目。台湾高校比起大陆高校，因为地区经济很多年没有太大增长，在建筑上没有那么"高大上"，办学资源、资金没有那么丰富，但学科建设、专业建设和课堂教学质量普遍更接近欧美大学。比如台湾地区大学的课程地图。今天，大陆大部分地区高校的专业课程分五大板块，即学科基础课、专业基础课、专业核心课程、实践课程和实训课程，美其名曰我们瞄准一个产业、专业，定位于行业和地区服务，但其实不紧密。台湾的大学瞄准的是学生就业所需的职业证书和所对应的产业定位，描述其所需要的知识和技能的核心要素，对接课程，形成课程模块，既表达专业方向和专业，也表达岗位素养。传统的学科、专业之间的界限在台湾高校已变得模糊，横向联系非常广阔。当我们大陆高校还在试点或积累经验时，这些特点在台湾地区的大学已非常普遍。我们在为人才培养寻找更好的就业方向，中央很着急，可到我们自成一体的大学之内，我们想的是学科、专业。其实，很多老大学的教授在固守着学科专业内曾经发表的系列文章、曾经讲授的课程，把那看得更为重要，而不是因应社会需要调动学科知识和课程知识。片面强调专业性，忽略了市场变化、社会需求，忽略了学校培养的学生知识、素养、能力与市场需求的差距越来越大。台湾已在缩小差距，我们还有较大差距。

　　过去在听我校新教师讲课时，沈为平校长表示一些老师的水平不比任何公办大学的教师差。学校有指导体系，教授指点，教师很努力，可课程质量却排在211大学之后。学校人才培养在价值观方面比211大学高，反射到学生上体现出他们更加自信、勤奋、灵活、务实和受用人单位欢迎，但学生对课程质量的受益较少。课程质量不全是授课教师的问题，授课教师占部分比例，课程质量问题首先是课程设置问题，与学校教学观念、管理、结构及评价导向有关。

　　今后，学校的教学改革仅仅靠校长、分管副校长、教务长是不够的，至少只是靠干部是不行的。如果我们有教育梦想，真正让学校受到学生和社会尊敬，是要靠我们每一位教师的每一节课，靠每一位按照自己的梦想去实践。学校愿意与每一位教师一起携手。

学校办学是以学生为本。一个大学如果不以学生为本，再好也仅仅是一个研究机构，大学输出的产品首先是人才，然后才是其他的如科学研究、社会服务。如何实现呢？主导是教师。随着学校办学规模的扩大，三亚学院的老师我所认识的越来越少，但我听到看到教师的业绩却越来越多。很多老师取得了杰出的成绩，很想与这些老师分享他的经验和喜悦，同时，也很想知道他们还有什么困难需要帮助。但学校太大了，及时沟通只能仰仗网络。希望各学院的领导能做好面对面的及时沟通服务。二次创业重要的经验是把权力和责任下放到各学院，各学院的领导和干部要付出更多辛苦了。但最辛苦的还莫过于我们的老师，如果没有教授、教师，这所学校就不是一所大学，而是一个机关。

为了未来的梦想，我们正寻求省市共建三亚大学，为了未来的梦想，我们还需要付出智慧和辛勤劳动。我听过一个非常精彩的演讲。一位清华大学博士，用三年时间完成了在美国一所著名大学的学业，拿到博士学位，他的导师希望他能留在美国做一名教师，会有更好的前程，但他却回到了百废待兴的祖国。回国后几个月，他告诉自己的妻子："我要去工作，我要离开你，我不能告诉你去哪里，不能告诉你去多久，不能告诉你我什么时候回来。"他的妻子选择了信任。直到 20 年以后，他才回家。他取得了两项发明与创造，国家给了他 20 元钱，他就是中国的原子弹之父。他在垂暮之年，仰卧病床之上时，告诉自己的妻子和朋友："如果让我再重新选择，我还会一心放到祖国的科学事业上，还愿意为中华民族作出自己的贡献。"他在说这句话的时候，既平静也喜悦。我们不得不说，在我们常人看来，那是一件不可思议的事情。但对于一个有境界的人来说，这就是他的生活，他的生命，他的价值，我们要试着去理解。也许，有着同样伟大胸怀、有着教育情怀的人其实就在我们之中。

应用型办学定位和学校竞争力

（2015年6月26日在三亚学院第一届第四次教代会上的报告）

各位代表，受学校校务委员会委托，我向大会作工作报告，请予以审议。

一、2014—2015学年学校主要工作回顾

本学年，学校加强依法治校、党风廉政建设和制度建设，坚持应用型办学定位，着力通过改进教学环节的薄弱部分提高教学质量，建立协同体目标与机制，积极拓展国际合作和校企、校政、校校协同体。各项事业均取得了新的发展和进步。

（一）全体教职工认真对待教育部评估，全面总结迎评经验，持续推进教学改革，评建成果得到有效巩固。本学年，学校巩固评建成果，加强改进教学薄弱环节，加强对教学的服务，建立长效机制，从优化应用型人才培养方案、完善教学环节质量和教学质量保障体系、加强双师型师资队伍建设、科学调整专业布局、优化办学条件、建立协同体工作目标和机制等方面确保工作品质提升、措施到位。

（二）围绕应用型办学定位，紧扣教学中心工作，着力提升办学质量，教学成果初步显现，人才培养质量有所提高。一是教学改革项目稳步推进，慕课教学、专业课小班教学试点效果较好，学生的学习兴趣明显提高。二是

教学成果显著，2个新办本科专业通过教育厅评估；共获大学生创新创业训练计划立项14项，其中国家级4项，省级10项；获得海南省教学改革重大项目1项，一般项目6项，出版教改论文集5册；出版大学管理报告1册。三是学校受学生欢迎，毕业生受社会欢迎。本学年学生报到率进一步提升，为今年全国民办本科院校第一名（不含独立学院）。毕业生学位授予率达到94.63%，毕业率达到97.27%，就业签约率达到97%；综合就业成绩入围年度全国高校50强。四是学生重视多途径社会实践，广泛参与社会服务。本学年学校共有15000人次参与社会服务。其中，学校蓝丝带海洋保护志愿者服务社团获得"2014年度海洋人物"荣誉称号，学校鸣鹰支教队获得共青团中央颁发的全国"2014年中国青年志愿服务优秀组织奖"等。这些成绩是学校上下长期努力、积淀的结果，也是过去一年相关部门和师生努力、发力的结果。

（三）学校科研能力持续增强，学术成果喜人。一是科研立项持续增长，项目质量显著提升。今年学校国家社科基金项目再传捷报，又有4个项目获得立项（立项数位居全省第三，距离第二的海师大仅差1项），本学年共获得各级各类科研立项项目104项，除国家社科基金4项外，还获得省部级20项，地厅级36项，横向项目25项，各类科研经费达到570万元。二是科研成果数量和质量均显著提高，共发表论文836篇；出版学术著作17部，编写教材教辅35部，科研行动出版了《乡土三亚》《天涯哲学文存》等各类论文集12本，共获得各类科研成果奖19项。在全国民办高校排名11名，在全省6所本科院校中，与本省同类院校拉开较大差距，再次越过同城院校。三是科研协同创新平台逐步扩大，学校采取"以特协大、以特协强"的策略，与中科院三亚深海所、清华大学等高水平教学科研单位展开协同合作，建立校校、校所协同体创新合作模式，更加有力地整合校内外学术资源，以增强学校科研能力，扩大学术影响力。

（四）人力资源建设瞄准应用型人才培养目标，师资队伍整体得到加强。根据学校人力资源建设整体部署和人才队伍建设需要，一是努力提高教师教书育人水平，通过迎评促建，超过90%的教师在授课规范和水平方面明显提高；二是重视教师发展，培训措施不断加强，本学年，学校共有15名教师通过高级职称评审，46名教师通过中级职称评审，另学校持续推进"百名博士攻读计划"，推荐60余名中青年干部外出培训、出国游学、学习考察；三是进一步加大高水平人才引进力度和"双师型"教师队伍建设力度；四是人事管理制度得到优化。

本学年，管理即服务的政策方向明确，多措并举，但问题尚多。人事工作以提高工作质量、服务教学、服务师生为导向，通过规范岗位目标，管理、机关部门改进服务方法（改进网上办公、简化工作内部审批流程、细化服务措施）来提高服务效率和水平；优化教职工绩效考核体系，实现薪酬结构与激励机制、目标管理、绩效管理的更有效结合。

（五）学风建设有所改善，但学风压力尚大。一是围绕应用型人才培养的目标定位，理解"大学育人为本"的首要职能。各部门、各学院在教学环境、环节和细节上协同关爱学生学业进步和身心健康的目标日渐明晰。二是为学生提供专业学业咨询与学务协调服务，关心学生整体成长诉求，有效解决学生的具体困惑、困难，根据学生学业咨询情况形成年度《学生咨询情况统计分析报告》。三是更新就业指导观念，导入"大众创业、万众创新"新理念，推进"就业出口与培养过程联动的创业创新教育"新目标。四是正式搭建校友交流平台（学校部门、学院线上线下平台），成功举办了校友会成立大会，校友获得母校关心，校友资源得到了积累和扩大。五是以"学校搭建平台，学生校友唱戏"为宗旨办校庆的目标得以实现，成功举办了建校10周年庆祝大会及校庆系列活动，增强了广大师生员工和校友的凝聚力，扩大了学校的影响力。

（六）国际合作不断开创新局面，对外交流的广度和深度进一步提高。一是国际合作努力朝向领域宽阔、项目多样的良好国际化方向迈进。本学年，国际合作重点在延续同美国、俄罗斯等多个发达国家已建立良好关系的高校开展深度、多元合作，扩大同台湾地区高校的合作范围的同时，继续拓展与东南亚国家和地区的交流，努力构建国际交流"协同促进"的合作关系。目前学校已与美国迈阿密大学、我国台湾亚洲大学等高校建立了姊妹学校关系。管理学院、国际酒店管理学院、外国语学院、社会发展学院善用自主权，主动搭建中外合作平台。今年暑假，学校将遴选部分带队老师，选派并资助一批优秀学生赴台做短期交流学习。二是外籍专家、留学生质量和数量明显增加，留学生培养质量有所提高。学校聘请了来自美国、英国、意大利等国家共 20 位外籍专家和教师，其中具有博士学位者 8 人。今年国际学生的类别和留学生生源地数量有所增加，共有 5 名留学生获得省级奖项。

（七）办学条件进一步改善，综合保障有效改进。一是基建工程正在按计划推进，校园环境的优化、美化逐步落实。新图书馆、国际酒店学院实训楼、车辆工程实验室、语音视听实训室等重点工程基本完成；路面硬化、绿化、教学楼内部装饰等美化工程逐步推进，学校整体育人环境得到改善。二是后勤服务综合保障能力有所提高。学校初步解决了热带学校公共卫生间容易出现异味等问题，公共场所卫生能得到及时清洁、保洁，乱扔垃圾现象普遍得到消除，学生教师社区环境得到有效整治，教室保障、水电网维修、社会化管理的保障与服务常态化。三是校园治安保持总体平稳，各部门、各学院安全防范意识和安保意识增强，除传媒学院发生重大失窃事故外，资产完好率达到历来最好水平，保卫处破案力度加大，共破获校园盗窃案件 11 起，其中外来人员盗窃 4 起，抓获盗窃犯罪嫌疑人 5 人，均移送公安机关处理。近期协同治理学校南门外环境脏乱差较为得力。虽然本学年后勤保障工作和校园综合管理水平有了一定的改善和提高，但是这和学院快速发展的要求和广大师生的期待都还有较大差距，尤其是维修及时性方面还有距离，安保的规范、专业性与有效性尚要加强，学生内盗现象还存在，需要下大力气扭转。

二、巩固和深化党的群众路线教育实践活动成果

学校党委高度重视群众路线教育实践活动成果的巩固和持续推进，坚持

活动期间建立的工作机制，检查形成的工作作风，提出了以问题为导向，以师生满意为出发点和工作标准，力戒回避推诿，务实听取和回应群众意见、建议，不断改进工作。

（一）切实兑现承诺，抓好整改落实。2014年12月中下旬，学校开展了整改进展情况"回头看"，落实整改方案中的每项任务。学校党委整改方案涉及的12个方面36项整改措施中，已落实整改35条，第13条"进一步确保后勤保障，学校再出资引进一条市政供电线路和加大力度保障学校供水能力"相关工程已经完成，但下学期才能够投入使用。

（二）强化源头治理，完善长效机制。学校党委以建立系统配套、管用、有效的制度体系为目标。整改期间，学校对已有的制度进行了修订，完成了教学、科研、人事、行政、学生管理、校园管理、党群等方面共8本、114万字的制度汇编，并在办公网上公开，为学校各方面工作的开展和师生开展教学与知情维权提供了规范和依据。

（三）推进为民服务，提升干部职业化建设和服务水平。学校党委推动行政工作问责、工作进程信息公开制度建设，推行首问负责制、限时办结制和责任追究制。设立校办、人事处、科研处、后勤保障处等七个服务窗口单位，进行行政管理工作"真诚服务、流程再造"试点，实施了领导督查、部门解决、群众监督、结果公开的工作措施，在有效服务广大师生方面又有进步。

（四）从严党建常规工作，主动适应新常态。从严要求入党积极分子，严格党员教育管理，及时处置不合格党员。对于违反学校规章制度的党员根据情节轻重给予处分，并在校内办公网上进行通报。

（五）强化正风肃纪，积极推进学校党风廉政建设。学校坚持"一岗双责""一案双查"，对顶风违纪、影响恶劣的典型案例，学校予以严肃处理并在办公网上予以通报。本学年校纪委依规、依法对投诉举报的5起事件进行了认真核实、调查，学校依据相关政策法规对当事人及相关领导予以处理、处分。在教学和学工系统，财经学院陶宏书记和酒店学院部宣副院长坚持原则，廉政自律，表现突出；相反，学工线上的个别同事借学生评奖、入党机会收取钱物，学校已经接到实名举报，目前正在调查。

（六）践行"三严三实"专题教育活动顺利开局。今年5月开始，根据中央和省委的部署要求，学校党委启动了"三严三实"专题教育，制订了《三亚学院深入开展"三严三实"专题教育实施方案》，把"三严三实"专题教育作为党的群众路线教育实践活动的延展深化。按照中央"三严三实"要求形成学校良好的政治生态。

三、2015—2016学年总体工作思路与目标

围绕应用型人才培养定位、学校竞争力、师生满意度目标，凝聚力量、整合资源，科学推进与评价学校各功能、各系统建设。围绕目标开展相关工作的定位、机制、举措、能力和绩效评价；不断提高教学质量、科研水平、学生就业率与就业质量。

（一）围绕应用型人才培养目标和提升学生满意度目标，加快推进教育教学改革，不断提高教学质量。一要主动迎接教育新技术新变革，加大力度推进慕课网络教学。通过与国内外大学及教育机构合作，建设网络教学平台，加快课程遴选和"线下导师"遴选，正确引导、持续跟踪课程效果，扩大试点专业课程，加快相关配套设施、网络环境、相应机制与队伍建设。二要围绕提高课程质量推进专业课小班教学改革。推进小班授课逐步实现小班开课课程达到总课程的30%。三要围绕提升学生学习能力与效果，推进毕业论文教学改革，提高教师对专业课程小论文循序渐进的指导责任与能力，帮助学生提高学习兴趣、改进学习方法，提升毕业论文质量，推进整体课程质量的提高。四要围绕专业建设质量与吸引力，科学推进专业调整。强化优势、特色专业，逐步调减缺乏相互支撑关系的专业，淘汰缺少吸引力与竞争力的专业，出台2016年版专业调整方案，借鉴台湾高校经验，加快专业间互联互通互享、专业与行业对接、开设与时尚产业、健康产业等相关的

专业。五要围绕应用型人才培养目标加强实验室建设，加大实验教师培养力度，提高实验室开放率和质量，促进实验教学与理论课程教学的有机衔接与有效贯通。六要围绕学生就业导向着手研发学校课程地图。

（二）调动、挖掘社会资源和内部潜力，大力推动协同体工作新目标、新机制的建立与运行，提升学校办学品质和服务社会的综合能力。一要建立各层次、多类型的协同体。围绕提高应用型人才培养质量，在学校现行学术机构设置架构的基础上，建立有利于整合校内、校际各种资源，更好融合教学、科研、社会服务资源的协同体。围绕协同体建设目标，加快多元化协同体建设。鼓励并评估相关部门及各学院构建校内、校际、校企、校政、国际五个类型的协同体，落实细化具体工作推进方案。加快与江苏高校合作、与国合中心合作的"健康产业学院"建设。二要创新院内教学、科研协同体运行机制。建立院所合一的统一工作机制和分享机制。

（三）积累学术底蕴，提高学术品质，营造学术氛围，不断提高科研创新能力和服务水平。一是鼓励并评价各学院整合校内外学术资源，支撑教学，形成特色与绩效。结合学校各相关学院学科、专业建设目标，借力协同机制整合科研团队，形成专业群科研与教学的整合优势、特色优势。二要鼓励各学院提高科研服务地方能力，扩大学术影响力。各学院要加强科研成果的宣传和应用，提高服务地方经济社会发展和服务政府部门决策咨询能力。三要围绕服务教师提升的目标加快推进师资队伍整体科研进步。持续提高科研项目和科研成果的数量和质量，推动科研综合实力在中国民办大学排位中再进一步。四要围绕落实各研究机构目标责任制加强科研院所建设，促进、评估各研究机构完成年度目标。五要围绕支持"双创"目标加快市政府支持的科技孵化园项目建设。

（四）通过制度建设和机制创新，围绕"成长通衢"目标，加强对人才的动态管理和服务，激发工作动力，提高工作绩效。一要优化人力资源规划。保障人才队伍能够适应并满足学校持续发展的需要，重点做好高水平人才的引进、新教师培养、骨干教师培训与晋级、"双师型"教师队伍建设等专项工作。二要以提高工作质量、服务质量和教师职工满意度为导向，优化人事管理制度，进一步优化工作机制和完善绩效考核系统。要建立教师关爱委员会，每学年向学校提交教师满意度调查报告。三要围绕师资综合素质提升来加强师资队伍培训培养，做好梯队人才储备。发挥"教师发展中心"职能，系统规划、动态协调、持续帮助与服务教师综合素质的培养、职业能力的提高及从业的信心与积极性。

（五）巩固学风建设取得的初步成果，大力提高学风建设水平。一要发挥学生学业关爱与利益维护委员会功能，系统设计、持续推进关爱学生计划及指标体系，关注学生成长，关爱学生学业进步和身心健康。建立学生事务服务中心，每年向教代会提交学生满意度等专业专项报告。二要围绕办学使命，学工系统统筹建立健全学校与学生的多维联系、交流机制和协作机制。大幅度提高学生学习的积极性。全方位、全环节、全过程、全覆盖提供专业、热忱的学业关心、学业咨询与学务协调服务，呵护学生整体成长诉求，解决学生具体困惑困难。提高学风建设水平，提高学生对学业的满意度、毕业生对学校的满意度。三要围绕志愿率、优秀生源率、报到率、就业率和就业质量，提高招生、就业工作绩效。落实二级学院主体责任，创新招生宣传工作思路和方法，提升专业、学院、学校的品牌形象。四要科学设计学生就业工作网络。在招生、教学、实践、就业等各相关环节建立校园内外就业指导与责任联动机制。五要重视校友工作。培育校友资源，搭建校友交流平台，建立校友地图网络。

（六）深化国际交流与合作。一要丰富国际合作与交流的内涵，学校加快落实与美国迈阿密大学、圣约翰大学、我国台湾亚洲大学等院校的全方位合作项目，加大学生外派留学力度，推进国际、地区合作院校的交换生项目。各学院落实各项具体合作项目。二要加强外籍教师队伍建设。外国语学院要大力扩大外籍专家和教师的引进规模，提高对外籍教师的管理与服务水平。三要加快提升国际学生招生、教育与管理水平。

（七）做好校园基建、资产管理等工作。一要加快推进重点基建项目建设。落实校园规划方案，加速推进大学生科技创意产业孵化园、新图书馆地下层、东区及北区大学生活动中心等重点工程建设。二要加强学校资产管理。提高设备采购能力，加强资产管理质量。

（八）加强校园安全稳定与后勤保障工作。一要稳固安全保障体系。大力改进校园内部及周边环境，确保为师生员工提供安全的学习工作生活环境。二要做好校园综合保障。及时有效做好校园维修、环境卫生、生活服务等保障工作，不断提高服务质量和师生满意度，提高环境育人的效应。三要落实节能减排目标。树立环保与节约意识，实行校内各单位能耗监控，严肃节能减排学院、部门和个人责任制，实现单位耗能同比下降 10% 的目标。

（九）学校各项重点工作目标

1. 教学目标

（1）专业及方向数量稳定在 60 个左右。

（2）争取各类省级以上质量工程项目立项达到 35 项。

（3）争取各类国家本科教学工程项目立项达到 5 项。

（4）在教育部开放受理的条件下，争取专业硕士培养单位的成功申报并建设 1—2 个专业硕士点。

2. 科研目标

（1）科研成果：论文年发表量超过 900 篇，其中核心期刊占比超过 10%；学术专著、教材 50 部，增长 8% 以上。

（2）科研项目：争取获得国家级项目立项 4 项以上，省部级项目 25 项以上，地厅级项目 40 项以上，纵向项目立项总数增长 10% 以上；横向合作项目达到 28 项，增长 10% 以上；科研项目经费达到 650 万元，增长 10% 以上。

（3）科研排名：全国民办高校前十名。

3. 学工目标

（1）招生：招生人数保持在 5000 人，进一步提高新生质量，力争第二批本科录取率扩大到全国各省市招生区域的 50%。

（2）学风：学风较大程度地好转，学生非复习周的自修率提高 20%，图书馆提高上座率、借阅率，作业及时完成率、考试成绩有较大提高。

（3）就业：学生就业率保持在97%。保持省内民办本科第一的位置，保持报到率、就业率位居全国民办本科高校前五名。

（4）获奖：争取学生参加校外各类竞赛获奖超过350项。保持在省内民办本科第一名，省内本科院校前五名的位置。

4.国际合作目标

力争与一所欧美大学建立非独立法人合作办学机构，共建一所孔子学院。

5.协同目标

建立人才培养协同体20个（含院院协同、院所协同、校校协同、校所协同、校企协同、校政协同、校地协同、国际合作协同等）。

6.党建目标

发挥组织功能，发挥党员作用，干部"三严三实"教育活动取得成果，党员"三不三要"继续深化，为学校中心工作目标的实现提供精神动力和组织保证。

7.全校目标

（1）学校综合实力争取进入中国民办大学前三名。

（2）省市共建三亚学院机制建立。

四、关于第一届四次教代会提案征集及处理情况的报告

根据教代会筹备工作方案，本次教代会面向全体代表征集教代会提案。经过校教代会筹备工作小组前期布置和各位代表的共同努力，本次教代会共征集到各类意见、建议42条，且质量较以前有了明显提升。根据分类统计，这42条中：涉及教学工作及教学保障的有18条、校园各类服务与保障的有12条、师资队伍与人事管理的有6条、行政管理的有3条、科研工作的有2条以及宏观政策建议1条；这些意见、建议，有28条由处级干部提出，有

14 条由一线教师提出。

根据教代会相关规定，结合学校实际，对于学校已经列入工作计划且正在推进的工作、对于学校未列入工作计划但与学校发展规划不符或一定时期内学校尚不具备条件开展的工作、对于职能部门虽尚未落实到位但可以立即加强与整改的具体工作，本次不列入教代会提案；对于学校未列入工作计划但对实际工作预计有补充、推进作用的建议或意见，列入教代会提案。

依据以上原则，经校教代会提案工作小组初审，校务委员会审核通过，列入本次教代会正式提案的为 12 项，其中教学工作及教学保障 9 项，校园服务与保障 2 项（3 条建议合并为 2 项），科研工作 1 项。对于列入教代会的提案，学校将按照规定确定承办部门、负责人及完成期限等，深入调研，督促解决，并将于下次教代会中正式报告完成情况。对于未列入提案的其他意见或建议，将由校工会协同相关部门认真研究、吸收建议的合理部分并积极整改、落实。对以上所有 42 条意见、建议，学校将在办公网上公示处理情况，并同时进行一对一的回复。以切实推进和提升我校教职工民主参与、民主监督的水平与质量，推进学校更好地发展。

各位代表，十年栉风沐雨，见证了三亚学院的初生、变迁与成长，记述了三亚学院从无到有、从小到大、披星戴月、披荆斩棘的奋斗历程，凝聚了我们三亚学院人为中国民办高等教育探索付出的智慧和辛劳，凝聚了过去一年各位代表和全体师生员工的真诚努力。十年艰辛进程，今朝卓越启航。让我们勿忘使命，坚守信念，保持情怀；围绕党和政府放心的大学、社会尊敬的大学，企事业欢迎的大学，师生喜欢的大学建设目标，为实现我们共同的三亚大学梦而不懈奋斗！

修德进业与组织发展

（2015 年 6 月 30 日在新班子民主生活会上的讲话）

一、自我总结

（一）如何看学校发展

1. 使命感

十年办学，学校完成了阶段性任务，取得了阶段性成果，实现了阶段性胜出；但我们应该看到，与环境、自己、民办同行比较，我们胜得不易，与人财物事的条件比较，我们胜得侥幸；与老高校和国际大学比较，我们胜得没什么了不起。所以，我们更应该坚定办学使命，自我加压，不断进取。

2. 危机感

校园大了，参观者多了，看上去很美，但我们应该看到，学校整体实力还不强，师资队伍还不壮，专业建设还不全，办学条件还不优，办学水平还不高；学校面对的政策、区位、周边环境没有得到根本性改善，人才队伍没有根本性提升，我们办学者的个人能力、水平、胸怀与驾驭一所优秀大学所需的相比，距离还不小。我们要有危机感，要以时不我待的态度解决面临的问题。

3. 责任感

作为学校的领导，我们要看到，我们能作出一些成绩，缘于政府和董事会对我们的信任，缘于政府、社会、师生对学校的信任，我们要担负起这份信任，把信任转化为我们工作的动力，而不是滥用信任。我们要深知，在组织和社会生活中，最大的危险来自失去信任，失去信任的最大可能来自自己不自信或过度自信，两种情况都会使自己边缘化和站到组织对立面。看清自己究竟是谁、正确看待自己的能力、成绩和贡献，不仅是哲学命题，也是职场铁律。社会资本的积累最慢最难，消失最快最容易。十年办学，学校形成了自己的使命、理念、机制、文化，有了一支不错的干部队伍，取得了支撑未来发展的基础成就，我们要不断增强办学的责任感，把工作的信心落实为积极用心地干事业的精神状态，落实为规划工作、谋划工作、推动落实、能力水平提高、工作绩效提升的具体行动和结果。

（二）如何看待非正式组织、亚文化的圈子和信息

1.非正式组织、亚文化有许多健康养分

三亚学院在种种不利的条件下办学，为了积聚力量，提高效率，克服显见的困难，实现办学的目标，我们过去更多强调组织纪律，重视发挥正式组织的权威性。但大学的灵魂在于自由，大学组织的使命是以学术支持人才培养，学术成为大学组织的特质，而且使组织运行的古老而具有活力的机制是民主。大学中的非正式组织的自由、健康生长构成了大学生态的重要组成部分，其民主机制也成为大学生态的重要组织方式。在大学的各类交往环节中结识的朋友、熟人，在体育、文艺、文化、互联网、美食美容等方面兴趣相投，一起玩，就构成了非正式组织，好的非正式组织是学校正式组织的必要的健康补充；它们所形成的非教学科研的各种兴趣亚文化就是学校文化的组成部分。对此，三亚学院的干部应该关心、支持、融入，用统战思维来凝聚建设文明校园的正能量。产生的成果，我们看得见，群众也看得清。

2.非正式组织的活动不能破坏对正式组织的忠诚

在正式组织工作，合法性、合道德性的健康人格与正当行为都只能是传统的食君之禄忠君之事，这个君就是组织，为组织分担分忧应成为分内

的事。所以，我在三个层面上忠诚于组织，我说我信仰共产主义；我为中国事业点赞、站台、唱歌；我为学校百折不挠、鞠躬尽瘁、九死未悔。对于误解、曲解、怀疑甚至恶意中伤，我在位在岗期间，请同志们放心，不回复、不回击、不在意、不影响工作；只要我在位就为公，在位有权有责的时候，我没有任何回应力。

但有所谓个别"名者"其实是不可交谈之人。比如，我们同志间只是节庆时说说随喜恭维的话，而有的人却成天琢磨领导，极尽奉承而企图不当获取利益；有个别的人太过狭隘，总想取巧，下岗时我请两位沈院长在场作证，他自感羞愧难当，哑口无言，诚惶诚恐，但一转身就又是委屈又是理直气壮，我当他爱面子骗自己和骗愿意受骗的人；有的人心理容易阴暗，装清高无辜，却暗处捣鬼，我留了他为名为利而扭曲人格的信息。

你们其中有没有个别的人，因为自视过高而有时心境不佳，或者混个小圈子、扎个小堆，或者充耳不闻？有的小聪明还装个同情者，话里话外、神情举止把自己从领导者的角色择出来，如果自己真不当自己是队伍中的人，我们也没办法当你是主人公；想给自己积攒点人气人脉，不想为学校的正义事业出力，那么，我们也只能自清自净。

（三）如何看待自己

1. 我带着在公办大学多个中层干部岗位的经历经验来创业，学习当民办大学迎接八面来风、顶天立地、拳打脚踢的一把手，学习在落后地区办民办大学，跟过去的自己比，理论素养、规划谋划能力、解决问题能力和工作效率绩效提高较快；与同行比、与学校发展要求比，能力、水平都有距离，都有压力。

2. 教育理想有，教育观念不算落后，思想愿意开放开明，学习愿望不减，学习能力增强，但，教育情怀不足，不能做到虚怀若谷。我明白，论水平，一辈子做不了教育家，现在这个境界和状态，离教育家情怀的距离也甚远。

3. 高扬理想，牢守信念，牢守学校使命，保持危机感，保持责任感；增添教育情怀，对我们共同的事业不妄自菲薄，对自己不居功自傲；坚守岗位阵地，坚守价值和底线，继续义无反顾、责无旁贷、全心全意地服务学校，把学校办强、办壮、办好、办优、办高。

二、对同志的评价

（一）要做三亚学院的主人翁

作为中国人，要爱中国。一些标榜是公共知识分子的读书人以批评国家为能事，是会错了先贤的意，先贤是世人皆醉才独醒，现在举世惶惶你则要坚定；是吃错了西方的药，在西方政党世界里生活，多数批评是攻击工具，早已没有中立公平立场。

作为三亚学院人，要爱校，要做主人翁，不要自己把自己归类为得意或失意的人群。三亚学院早已经越过了"陆丹决策"的时期，也越过了陆丹重视才有机会的时期。那是草创时期，是没有成熟人才只有肯干事的年轻人的时期。在没有人才、没有条件的时候，领导人的鼓励是你个人的信心。当大学已经正常发展，领导人无意也无力量、无资格也无兴趣作出太多评价，活是每个人自己干的，能耐是自己干出来的，路是自己走出来的，你是什么样子和有什么前途，取决于你自己。不要琢磨领导，要在意自己。到这个阶段，你的成长和功劳、集体的信心和进步是对领导人的鼓励，而不是相反。

（二）要做三亚学院的积极有为的干部

作为政府官员，要有才，有意愿为公民服务，没有才能、没有意愿不行，不干事不行，干事贪腐不行，搞团团伙伙和小圈子不行，指挥别人干而自己不亲力亲为不行。

作为三亚学院的干部，要认清学校还在初创时期，要干部，要想干事、能干事的干部，要有激情、不畏难和有办法解决问题的干部；不要假公济私的干部，不要要阴谋诡计、一心只想着获取个人权力谋私的干部，不要老气横秋的干部，不要心怀不满的干部，不要懒惰散漫平庸的干部。三亚学院从资历、年龄、能耐、贡献上看都没有可摆老资格的干部，包括我也没有老资格。当你以为你是老资格，你其实心态放偏了、路跑偏了，比较危险了。以上做不到或不想做到，就事实上是放逐自己、自己积极边缘化、自己积极出局，是倒逼学校出手做组织处理。

（三）要理性看待集体与个人的得失成败

作为这个时代的人，要理性看待中国的进步、落后与不足，毕竟从半殖民地到世界第二大经济体才只有几十年；要感恩中国的进步和我们自己的所得，我们中国是发展快、有钱、有分量的国家，我们是有前途、有钱、有正气、国际地位不断提升的国家的国民。

作为这个发展阶段的三亚学院人，要理性看待学校过去的大踏步前进和种种不足与危机，毕竟学校才有十年的积累，成为同行中的翘楚并不等于我们办学优秀，我们只是小人国里的大将军、丑小鸭里的美女、新体制里的俊媳妇，我们虽然穿上自己梦想的红舞鞋愿意不停旋转，但在寻常百姓眼里我们还是个灰姑娘。

要感恩学校，没有学校，我们没有地方创业，没有地方施展宏图抱负，没有地方做干部，没有地方自我提升，没有地方就业或发挥余热，没有地方展现聪明才智，没有地方实现教育情怀，没有地方再展开一段快乐经历。总有围城效应。有人或许会说，离开三亚学院我更有前途，我听说眼前的巴掌不反光照不见自己的脸、巴掌很厚照不见前程路；有人或许会说，因为我才有学校今天，拜托，连我也不敢这样想，你也别想了，这样想徒添烦恼，徒添笑话，徒添麻烦。离谁地球都照转，是我们读小学时就获知的真理，在这个问题上我们都需要点境界，做主人翁是当家作主、施展抱负、满足兴趣，不是贪图超额回报的名利和唯我独尊。我今天和各位这样交流，自然是我自己对自己进行过压力测试，我想明白了，但愿各位也明白。

（四）要正确地认识和定位自己

认识自己是人生一辈子的大事。周恩来总理说："活到老，学到老。"我理解，这里说的不是知识，而是心态，是情商，是社会生活能力，是人格。

恰当地定位自己是底线智慧。人有诸多不良天性，如惰性（难勤奋），高估（难恰当评价自己），自恋（难不自我膨胀），自满（难不自大），贪得（难给予），执着（心胸不开阔）。

不高估自己的人有许多的朋友；不膨胀的人都安全在官、在商、在教；不自大的人还在进步，成为大家认同、喜欢的人；给予的人成家、成圣、成佛，成为党员先进人物。所以，我理解，学到老的活得久，学到家的活得滋润自在。

我们不能成圣成佛，但至少不要自己与自己斗、给自己找没趣、给自己找麻烦。这些浅显却是深刻的道理，没有多少人愿意相信，一念就差到迷途。这是道家之道，如水，是处下的，是常人看不上的，是要敢舍常人之取才能得常人难得的；是儒家之理（礼），是要怀家国天下之大志才能修常人难修之德的（修德与家国天下有因果关系），是要冒修德不易、平天下更难的人生大风险的（修德与家国天下是逻辑可能而不是实践事实必然），是要终身愿意自控、克己、节制才能得理的，是克己得理却不能多得、不能报复（怀仁）、得理也不能得意的。这个理的系统不能少了链条，中途不能缺一环，在岗不能一处松懈（蚁穴效应、破窗效应），在位不能一事苟且（否则就是晚节不保），一生不能变脸变样（否则大德就是虚伪）。对我们普通人来说，很难，但做到了，人生的公共交通规则就不要死记硬背了，面对反腐风暴就不用惴惴不安了，"三严三实"不要突击准备了，年终评估不用担心得分多寡了，干部在不在位不用疑神疑鬼了。做到了，我们就是婆家八抬大轿等着进门的好媳妇，是领导眼里的不二选择，是群众心目中的真心英雄。否则，即便暂时安全，心里面空空荡荡的，没滋味没趣味没意义的，相信大家都不会选择这样的人生。

卓越大学的"十三五"规划

（2015 年 7 月 2 日在校务会上的讲话）

一、编制学校"十三五"发展规划

（一）规划依据

1. 国际趋势：全球化，现代化，合作协同，民主趋势，世界机会向亚太、中国倾斜。

2. 国家政策、战略调整：命运共同体与国际合作协同一致、产业结构调整、民主法治、国家"一带一路"倡议、南海三亚区位机遇。

3. 教育政策的调整：2011 协同发展、大学转型（多种多样）、依法治校、"一带一路"框架内的区域和地方发展。

对世界趋势的分析，对国家宏观政策调整要素的把握，对教育方面相对应的政策的掌握，这些都是编制规划的依据。同时，地方发展、学校成就也是编制规划的基本依据。

（二）学校未来规划

学校未来规划要依循教育国际化路径，突出资源配置协同机制和协同体的力量，体现学校各方面工作的转型，依托"一带一路"倡议和区域发展，强调好地方性定位中的战略机遇与机遇角色。

中国的各个地方性大学均有自己的教育国际化诉求、任务和工作要求。大学面向自己的服务对象，重点是为地方发展服务，但理念、机制、资源、经验和标准要趋于国际化，要系统谋划，要突出创新，要尊重和培育民主的办学机制，要建立大学生态。

（三）学校发展目标

学校是"创业型成长型"大学，回应"双创"，应增加"创新型"大学转型的概念。学校的新转型，在人才培养定位上，应是以培养应用型人才为核心，在回应"创新型"大学与社会新技术、新产业的发展趋势时，要加强互联网和大数据意识，如"互联网＋"和"慕课"教育；在科研和服务质量、学校机制和协同等方面，应提出最简洁、最核心的创新、民主等更开放开明的理念，形成创新、民主的机制。

（四）学校发展的基础和成绩

学校以创新发展为导向，创新了教学理念和思路，丰富了校园文化；以服务地方经济和社会为方向，建立了多学科专业群；以专家治校、教授治学为目标，培育了一支办学伊始就自有的、稳定的、较强的专业队伍；以适应中国经济发展转型为己任，初步建立了应用型人才培养的目标和基础；以构建"育人家园""文化高地""学术社区""竞合平台""成长通衢"的大学完整生态为目标，建成了初具规模、布局合理、设施较完备的生态美丽人文校园；以"让学生更好走向社会"为使命，教师受人尊重，学生报到率、就业率在同行中具备了较强的竞争力。教学质量成为核心关注，科研成为教师本分，师生喜欢学校成为办学关切，文化和价值观形成学校的竞争力。通过十年办学，学校办学的同行竞争力、社会影响力正逐步提升。

（五）思路和措施

十项工程，每一项工程都要简化为若干要素，其中，要突出最为重要的要素。

转型发展的多要素，科学和民主治理为首位；

质量建设多要素，应用型人才为中心；

资源配置多要素，协同体为优先；

提升办学层次要素，学科、研究生教育为突破口；

教学质量提升多平台，课程为基础平台和重要检阅；

办学水平多要素，科研与社会服务为显著标志；

人才培养质量多要素，学风为根基，就业质量为根本；

学校运行质量多要素，资源保障、财务与后勤为"保健师"；

大学生态多要素，大学功能完整性，发展的可持续性，人文生态为系统与标志性工程；

学校竞争力多要素，报到率、就业率为压舱石，专业为品牌，文化为内核；

可持续发展多要素，师资队伍为基石，创新与民主机制最关键。

二、绘制部门工作框架图

学校作为新建院校，在以往的工作中，我们总带着过去经验或没有恰当经验参加学校建设。学校虽然有机构、职能，形成了机制和制度，但思想、规则、主意、评价等顶层设计大部分出自于校长。相对而言，运行过程中分管领导和职能部门工作相对被动。在学校十年转型之际，需要转变思维定式，通过开放思想、开明思维、制度建设来激励、引导分管领导、职能部门和干部更加主动自觉，创新工作，在明确"我"做什么、什么时候做什么、达到什么要求才能实现目标和达到什么效果的目标管理基础上，更能动地、创造性地工作。同时，建立功能与职能框架，提高管理成效，让服务对象知晓"你"应该干什么、在做什么、取得什么效果，使得评价有依据，办事更清晰。因此，部门工作功能与职能框架图的设置和梳理，显得很重要，它将有助于部门工作的目标清晰与运行稳定,统筹管理与服务、行政权力与民主监督,有利于管理者内部的有效运行和主动作为,有利于服务对象开展民主监督。

当我们再次回到出发点,各分管领导和职能部门就可以做到自己有数,被服务者也心中有数,将形成各层各级自主管理,发挥创造性、积极性、能动性,将促进工作质量提升,形成愉快工作局面。

Ⅲ　办学第十一年

（2015 年 9 月——2016 年 9 月）

把以学生为中心放到办学核心位置

（2015 年 9 月 8 日在迎新工作会议上的讲话）

经过多年的奋斗和积累，学校此前播下的种子渐渐有所发芽、长干、结果，各种高层次的外部协同合作不断。暑假期间，学校与国家发改委国合中心、时尚集团签约，共建时尚健康产业学院和研究院，未来，还有更多想象空间等待着大家努力探索。目前，学校正在拟定"十三五"规划草稿，经过几次修改，初步获得了校务委员会的同意。接下来，学校会尽快征求各个部门、学院和教职工代表的意见。"十三五"规划，将在学校"出世计划"和"十年卓越进程"的基础上，为学校的未来发展制定发展战略。

学校在"十三五"发展阶段将继续坚持教学型院校定位不动摇，在瞄准应用型人才培养方向办出特色，同时，还将寻求多方式、多途径的人才培养出口。通过协同体计划，为"应用型"三个字做出更丰富的诠释，也为探索应用型人才培养的办学实践，为应用学术研究和学术探讨，为年轻学子们的学习和成长，拓展更大的空间。学校将开放办学观念，提升办学层次，通过不断的努力和积累，办出让社会各界、让师生、让家长放心满意的大学。

当学校确定人才培养形成"进出口一体化"目标的时候，有两个也已形成的观念要引起各位重视：第一，在部门工作上，党务、学工、人事、教学、科研方面由上级党委、政府主管部门硬性要求的、规定的、必须完成的工作，三亚学院在这方面一直做得很规范，重要的是，不满足于应景工作、完成碎片化任务，而是树立了体系化观念，除了按上级要求经常性地做好常规工作，同时，还在实践过程中结合自身的特殊性摸索形成了一些新办法，更注重为人才培养体系助力，更注重形成系统性方案和习惯性动作；第二，在二级学院工作上，二级学院要逐步形成学院的办学定位、思路，校、院两级各有其层面上的政策和举措，方向一致，总任务一致，各司其职，各有任务，学院不仅是一个学校的教学单位，也是一个相对独立地面向社会、面向同行直接竞争的办学组织，要直接对学生的由入到出的全环节负责，用形成学生的竞争力来强化学院、专业本身的吸引力。

在"十三五"发展阶段，各学院需要加强专业建设。全校专业布局是一盘棋，既要考虑市场需求，又要考虑学科完整性；既要考虑以特色学科专业打造品牌，又要考虑学科专业面来支持规模发展，这就难免出现专业在布局时有"冷热"误差，学生报考志愿时专业有热门、冷门之分。热门专业要有危机感，冷门专业要想办法摆脱现状。过去学校实施的是专业保护政策，这是因为建校之初学校先要把规模做上去。在"十三五"建设中，一个专业的兴废存亡，将主要由学生的选择来决定。未来不再保护专业是因为学校要提升办学品质，提高办学层次，提高学校的专业竞争力。未来，面对全社会对民办高校依然存在的传统偏见，我们依然要有眼光、有定性地坚持按照自己的定位和特色走下去。

学校的教学管理要向课堂要质量。上个学期已启动小班教学，成效明显，学校将持续支持扩大小班教学范围，以实现计划中的精简课程、提高课程质量的目标。课程建设要进行模块化建设，专业课程每个模块要对接岗位群的知识、能力要求，形成更多的课程模块组合将是学校下一步进行跨学科、跨学院人才培养的方案基础。瞄准岗位能力需要的课程模块设计，是落实学校"让学生更好地走向社会"的办学使命的核心抓手，也是促进学生更有就业能力的"课程地图"建设的基础和方向。

服务学生，应该成为现代大学办学的中心。学校要诚心诚意地把学生的需求和成长放到中心的位置，建立环环相扣的体系来服务这个中心。对比国办重点大学，我们会看它的名师、学科、专业、科研、重点实验室等显著成果，这没有错，当我们更细致地看下去，从国外高校现状比较的角度看下去，就会发现并不是所有大学都把学生放在至高无上的中心位置，而国家重点建设高校是一回事，是不是优秀大学则不完全是一回事。三亚学院未来就是要坚守服务学生这个中心。

诚实对待问题是我们的核心竞争力

（2015 年 9 月 24 日在检讨开学典礼工作专题民主生活会上的讲话）

昨天的大会出了一些会议组织问题，有一些问题还比较严重，对学校来说，可能是近 10 年都没出现这样的尴尬。会后分管的副校长很自责，我们做了交流，认为远没有那么简单。大家刚才回顾、检讨，这样的价值观和工作态度，是有事业心的表现，也是我们十年来积累的气魄、积累的精神，是我们的核心竞争力之一。我讲五点意见。

第一，我们都熟悉一句话，我昨天也讲到，没有什么成功是简单的，没有谁能随随便便成功。过去，我在会上说，成功者都是相似的，不成功都不一样，要成功，得满足充要条件，不成功则缺这少那。过去，我们就像当年的中共在创建苏区根据地，没有枪、没有资源，但有理想、有精气神、有干部的带头率先垂范、有兢兢业业，才有了三亚学院在人才、经验、资源都不足的情况下还能够斩关夺隘，顺利完成三个阶段发展，走到堪称华丽转身的现在。我在省委党建工作会上说，我党历史上成功的三点经验，就是强大的内部组织力、外部动员力和干部率先垂范。大家今天检讨工作，诚实对待问题，这反映出我们干部的组织性和勇于担当，这是我们的核心竞争力。当一个组织内部已在推卸责任时，就没希望了，我们今天依然保持着成功的火种。

第二，学校正在做"十三五"规划，提出大学健康生态的几种要素，即人文校园（学生为中心）、育人家园、关爱师生、主人翁校园。各分管领导正在做方案，但我们对此生态要素还缺乏认识，这几种要素并没有体现在我们工作的全部环节和工作细节中。不要像有些公办学校，机械应对上级指示，顾头不顾腚，昨天按要求关爱学生，明天就做了压制学生的事。这样人家认你是有口无心，是骗人。我们做工作的一贯风范，是把理念想好，想到就要做到。丁副主任说没考虑到阳光暴晒学生，沈副书记也说得很好，关爱学生没落实在具体细节上。我拉沈副书记一起下去和学生一起晒太阳，不是做给谁看，三亚学院没官僚意义上的领导，学校的阅兵没有必要一味追求形式好看。以前我们弱小时，还要请一些外面的领导撑场面，现在这也取消了。我们的工作要落实理念，要重实际效果，要体现人文校园精神、以学生为中心。具体办事人员对理念、价值观的理解掌握是以常人态度对待的，不可能一步到位，关键靠领导心中有、手上做、带头看，这个领导示范环节是我最担心的。像今天这种分明添堵的事，三亚学院以后不能再发生了。

第三，关于分工放权，三亚学院不能靠人治。以前每件事都要校长深入全过程，全部把关，这样调动不起积极性，只有一个主人，就不会有全体成员的主人翁意识，没有师生的主人翁意识，学校是办不好的。沈副书记主持办十年校庆，办得好。这说明我们的经验和能力是能够达到的。如果事情做不好，不是能力问题，而是态度问题，是价值取向定位不准。沈副书记说向后退不错，但拿捏的分寸不准。洪副校长是教学专家，现在管这方面的全局，还要带一带。但重要的是，不能靠人治人传，要靠制度、靠规范、靠流程、靠默认程序和标准。

分工放权，授权就是授责。权力给你，担起责任就很重。十年前董事长给我权，我感觉担子重。授权要权责利一致。利是调动积极性机制的核心，权责之后没有利，就错了，动力就没了，利在权责利一体中，权责利相称才是权责利一体的前提，当然，事没做好，利就不存在了。权责利一致，有人认为是麻烦，贪官就不喜欢，贪官只要权和利，不要责；庸官要利，不要权责。这与我们不同，要时时都想，事事都想，只要在位一日，都当引以为戒。昨天出的问题要记入考核之中，车副校长抓落实。这是不是严了一些？

责任不到位，肯定迟早就没有岗位。中央正在清理庸官和不盈利的国企，不作为肯定要下岗。三亚学院要发展，必须要靠干部，必须要靠专业干部，必须要靠好干部，这是学校的期待，是师生的期待，但在岗总犯错，就待不下去了。当年想干、能干，选上来做干部，后来不想干、不能干、老干错事的，就要下去，这是学校的干部逻辑，是师生的基本认知。对此谁也不要抱有幻想。没有什么事情可以随随便便成功。要成功，制度要权责利一体，要授权，要建立规范，要按制度、规范标准行事，这是基本。

第四，隋、丁两位老师转校务工作，教师出身到行政岗，会很累，但不会吃亏，学校会考虑。学校向三亚市争取到教师退休后的平等待遇，显性和隐性方面都有考虑，这是学校的责任，管理干部要有信心。不相信学校，是自己的问题。对行政职员要有保护措施，要把第二课堂整合进人才培养方案，设立特殊教师岗位，就有了教学和科研，就能评专业技术职称，退休后的待遇就没问题。学校领导有完整的愿景图、时间表和配套的措施。

第五，建议把今天会议的各自总结做一个会议纪要，发给各学院党政一把手、机关一把手，发校内邮件。请车副校长把这作为今年考核的一手资料。洪副校长刚来，隋处长要负主要责任。丁副主任考虑问题不平衡。赵书记的问题是两条：一是军训质量下降，不参加军训的学生过多，教官是不是太多？多了是不是都尽力？建议检查这个环节；二是，武装部是个架子，主要由学生系统负责，但各总支在哪里？团委书记在哪里？在场吗？发现问题没？报告沈副书记了吗？郝副部长，你这一年读了几本书？你站在台上，对学校关爱的学生当孙子一样喊叫，我心疼，我气愤。回去读几本书，搞清楚师生间应是什么样的关系，要从内心对学生尊重，解决难题立功心切，我们都理解，但没规矩了不行。

我自己检讨，授权公平，制度、规范、程序、标准建设上下功夫不足，还未内化于心。

会开得顺利，大家都在检讨，期待靠制度管事，期待做事默认规范、默认程序。

二十字要诀

（2015年11月18日在校务委员管理学院专题调研会上的讲话）

此次校务委员专题调研会是一次"有营养的会议"，管理学院做了一个高质量的报告。班子领导力直接影响组织的生产力，希望各学院、各部门的领导班子成员做到"脑中有数、胸中有谱、心中有愿、为人有德、手中有法"。

脑中有数包括四个方面的内容：其一，要明确组织发展目标，学会抓住重点，参与到学校规划中；其二，要清楚组织架构，根据外部环境、技术发展和专业情况的变化做出内部结构的优化和调适；其三，要在坚守学校制度的同时应对新情况、新问题的出现，控制好工作节奏，创造符合学院发展的制度机制；其四，落实要到位，要有全面、定向、定量的绩效考核来检验工作。

领导干部开展工作时要做到心中有谱，既要有知识的谱系，也要有工作的谱系。谱系的构成要从十个方面来把握，即前沿知识、跟踪技术、掌握情况、发现问题、解决矛盾、平衡工作、抓住重点、形成亮点、带好队伍以及推进工作提升水平。

做到心中有谱还不够，还应心中有愿，想到的同时也要去做到，价值观要体现在实践中、实用上。

同时，干部要为人有德，既要有做人的底线，也要有崇高的目标和饱满的热情，将之投入到学校的阳光教育事业中。

在开展具体工作时领导干部要手中有法，有聪明办法做好工作的落实和推进，面对学科专业、师资队伍结构、重点实验室、国家项目评估等工作的发展和变化，要有新认识，学会变换身份和角色，坚定信念，抓住新机遇，引入新标准，加强专业品牌建设和校企合作。

大国治理的逻辑

（2015 年 12 月 9 日与王教授谈大国治理）

我们作为读书人，其实都有家国情怀，我们作为中国的读书人，都希望齐家治国平天下，这是基于文化血缘、集体记忆而与生俱来的。我们作为读书人，又都学了社会科学，西方在现代化进程中遇到新问题，传统的神学、文学、历史学等解决不了这些问题，所以才诞生了其他的社会学科来解决现代化包括工业化和城市化中所出现的问题。我们这些人其实一直比较纠结。一方面有远大的理想，要实现国家复兴，要实现共产主义；另一方面又看到别人很多的现代化成就，包括经济成就、社会治理成就、科学技术成就和学术成就、文明素养的成就等，而我们自己的国家有着种种方面的不足，现代化以后带来很多的问题，可以说，今天在中国，你横过来看，哪一方面都有问题，竖过来看，哪一段历史都有问题，交叉过来看，哪一个领域都有问题，再自我反省一下，我们每个人都有问题。理想在那儿，别人的成功在那儿，而我们的问题一堆，你说我们能不焦虑吗？能不着急吗？能不出手说话和做事吗？所以，发表学术观点这是学者的一种正义和正当，不加前提。

那我们现在要讨论的是什么呢？我们拿别人的东西来复制行不行？很简单，不完全行。管不管用？管多大用？某些方面管用了，负面效果我们能不能承受？经济方面，我们现在已经有些难以承受。西方 300 年前发展现代化时的那种粗放经济和掠夺式发展，给自身和世界带来很多问题，全世界人用 300 年的时间去消化。我们在改革开放后学习西方早期的经济增长方式，因为我们体量更大，发展更快，所以问题暴露得更集中。西方那个阶段已经过去了，他们的集体记忆对此已经淡忘了，要把它翻出来，要找历史书，找当时的著作，可当时的著作很多已经不进课本了，不进媒体了，也不进娱乐圈了，全体健忘。西方人健忘，中国人不是健忘，大多是不知道西方当年的问题。我们学习西方的经济发展经验已经有了负面效果，现在的雾霾就是复制人家的经验又没控制好局面而带来的恶果之一。

学问上也是。新中国成立后我们一开始学苏联模式，大学要为工业化国家培养专业性人才，培养工程师；改革开放后，又说不行，计划经济模式、苏联模式不行，西方的现代化成就比苏联高，搞现代化要学西方，专业化人才培养，不单是要重视自然科学，还要重视社会科学、人文科学。但我们学的是人家早期那一段，所以在学校里，高考指挥棒分出文科理科，形成了青年一代的思维定式，从小学就开始，到了大学就说我是理科，你是文科，我是这个专业，你是那个专业。我们搞教育的检讨一下，一个懂哲学的人，可能就不懂经济学，一个懂经济学的，可能就不懂社会学，一个学文学的，可能不懂法学，一个学法学的，可能不懂心理学，这个不懂，不是不理解，不在行，而是完全不知道。而这一切，导致我们国家教育体系的分科、分专业，在专业之内不知道本学科的其他专业，在学科之内不知道其他学科在做什么，做出了哪些贡献，跨专业跨学科跨界能力特别差。而这些导致我们学者在分析问题时过于片面。这一切在美国、在欧洲已经过去，他们在二战后从五十年代起就开始在反思，典型的是美国，一开始大学只是人文科学，如哈佛，后来发现人文科学就讲的是哲学、宗教、医学，不够用。就学德国分学院分专业分类，美国专业教育学得好，进步很快。后来，苏联的卫星上天了，而它的资源并没有美国多。美国人调查发现，俄罗斯人除了搞科学研究，还很重视文学艺术，大学生都学文学艺术，包括音乐、绘画、诗歌、哲学什么的，他们的思维方式很发散，创造能力很强。所以，美国人在苏联卫星上天后反思他们的大学体系，然后两三年后出了一个国会的调研成果，关于美国大学的核心课程计划的改革，后来开始推行通识教育，又叫"大书课程"，讲哲学、宗教学、美学、音乐艺术、历史等，大学生不管选什么专业，这几门课都必须学。当然，它和我们现在做的不一样，它不讲哲学通论之类的课程，而是通常归类在哲学课程的下面，不同的教授各讲一段，罗马时期或中世纪，这是一种分类；还有另外的分类，如你讲唯物，我讲唯心，都是哲学下面的分类。这种分类方法使美国教师们一开始就要完成一件事情，当他讲哲学的一个门类的时候，如唯物主义，他必须使学生从唯物主义来理解整个哲学史的线索，教师要梳理出唯物主义的线索，包括成就和主张，还必须兼顾其他非唯物主义的主张，这就导致美国的整个教学体系和美国教授的思维方法训练从一开始就能从一个点达至整个面。而我们的大教授都是"大一统"，乐于画一个知识谱系，但如果要找一个时点的知识，又不知安到谱系的哪里去做有效解释。美国教授几十年前就训练学生从一个点找到整个知识谱系，这种方法就教会美国的大学生从一个点能画出整个知识谱系，就把我们马克思主义关于万事万物的普遍联系在知识谱系上解释得非常清晰，而我们的教育体系在这方面存在明显不足。这种不足带来的严重后果是，我们的教授们会片面地看问题，我们的学生也片面地看问题。马克思主义在中国传播了上百年，很多人都有辩证的思想，普遍联系的思想，但在某些时候，只有马克思主义的时候，我们以为全世界、全人类，在看问题的时候，只有这一个价值观，有时候看，这是好的事情呀，但其实很坏，一种新思想传来了，我们就没有判断、决断了，就容易说原来的东西什么都不管用。我比王教授小几岁，回想一下我们那个年代，哲学思潮一会儿萨特，一会儿尼采，然后大家就着迷，然后就轻易地把我们形成的世界观和方法论全给丢掉了，你说这是不是我们中国人知识的浅薄，或者说我们教育阶段性的浅薄？这种浅薄是从哪里来的？是我们对于知识谱系的无知，是我们教育方法论的不恰当，而这种后果一旦延伸到社会实践中就更严重了。

如果一个青年人在大学里受到这样片面的教育，他看问题就会很极端。要么白要么黑，当黑白都找不到平衡点的时候，他就没有了是非观念。现在的青年人中有多少人有自己独立的思想？跟着媒体走，跟着时尚走，跟着极端思想走，都很容易，没有形成知识谱系，不沉下心来看书，很难有定性。我在世界各地走动，我看到的外国人坐在那儿看书，我们中国人玩手机。外国人也有人玩手机，但更多人坐在飞机上看书，我在美国欧洲旅行，两三个小时的飞行，大多数人没事了会掏出一本小书看。而在中国，我坐飞机看书，我就变成了另类。不看书哪有思想力？哪有判断力？这是不是我们迫切要解决的问题？这跟你说的官僚主义集团有关系吗？弱关系，没有强关系。很难把全民不多读书归咎于官僚集团的操纵，在多元化、市场机制、网络技术条件下的今天中国，任何集团要搞什么禁忌都很难，何况指引大家不读书、不热衷于知识谱系和思想力的形成。它办不到，这是另外的问题，是市场逐利带来的焦虑，是社会快速发展带来的资源焦虑问题。

任何一个国家都需要一个官僚集团来运转，只是我们国家在两个问题上、两个时段上都有问题。在第一段，从民国一直上推到先秦有文字记载的历史，中国很早就形成了大一统的观念。大一统又和中国人的天地观有关系，天地观又和人生观有关系，天地观、人生观、大一统又和地理环境、经济生活方式有关系。地理环境，东边是大海，日本过不来，日本那时候还没有力量；西边是昆仑山脉、帕米尔高原，崇山峻岭，强敌也过不来；南边还是采集文明，有什么采集什么，果腹足矣，还没到农耕文明。这样的环境下，唯一的麻烦就是来自北方的游牧民族，这个游牧民族在森林和草原之间，它不仅骚扰中华民族，也骚扰中亚、中东、印度、西方罗马，这支游牧民族把马这种动物改造成战车（而我们农耕民族把动物改造成工具，劳动工具），然后呼啸而来，呼啸而去。他们有养殖，丰年了，多多生育；歉年了，牛羊冻死了或瘟疫了，他们就呼啸而下到南边的中原地区，或者到达地中海地区，不断地南下挤压，罗马被挤压垮了，所谓的东罗马到最后的拜占庭，落脚到俄罗斯东正教。印度被换血了，印度人是雅利安人与土著的混血。埃及被混过血了，埃及没被希腊灭掉，也被来自北方的游牧民族把文明洗劫了一遍。只有中华文明做了一件傻事：修长城，为此耗尽国力民财。官吏们耗尽心思，征收徭役，从阶级论的角度来看，是地主阶级为了官僚集团的利益，把匈奴这样的兄弟民族挡在关外，但换个角度看，它是把游牧民族对农耕民族的冲击挡在了关外。在城墙没有被攻破的时代，农民们一边交赋税，一边享受财产和妻女不被呼啸而来的游牧民族掳走、男丁不被杀死、房子不被点火的生活，而与此同时，多少的中亚文明、阿拉伯文明、埃及文明、地中海沿岸文明都被呼啸而来的游牧民族破坏了，你说这是官僚集团的功劳还是它的罪恶？从这点看，如果我生在当时，我宁愿交赋税，我就喜欢田园生活、耕读生活，我当然愿意交赋税。秦皇也好，汉武也好，可能专制，可能横暴，但我愿意交赋税，我不想被游牧民族杀害，不想亲人被掳走，也不想让辛辛苦苦盖的茅草屋被烧掉。因为在那种强力面前，你一点抗争力都没有，何谈博弈？何谈水能载舟亦能覆舟？这是一个为生存趋利避害的逻辑，可以说得通。

但另一个问题来了，官僚集团你说它居功至伟也好，你说它趁火打劫也好，他会说：我把危害挡在了关外，你们得听我的呀。你说的那一切就发生了，官僚集团从此不顾民生，大肆掠夺人民的财富。但这个逻辑也说不通，哪一个皇帝，哪一类官员，昏庸到这种程度，一定要官逼民反他才快活？这个逻辑它不完整，还得加一个条件。我读博士时看了一个韩国人写的书，说农耕文明朝代后期富裕到一定程度的时候，就是和平到一定时候，老百姓就要开枝散叶，田园生活嘛，有田才行。一般一场农民起义之后，建立了新的王朝，明智的君主都做一件事，就是开始改革，把土地分给流民，然后制约豪强对土地的垄断。多多少少地进行改良，这时农民就吃饱饭了，吃饱饭，田园生活没事了，就开枝散叶，生孩子，然后一百年、两百年后，土地还是这么多，耕种技术没有革命，但人口增加了数倍。中国从宋以后，可耕地没有大量增加，明清两代扩张版图，但基本上增长的不是耕地，人口已急剧增长，且基本上都在农业地区，特别是水利灌溉地区。这个时候问题来了，经过两三代人，一般是六十年到一百年，人口急剧增长，而耕作技术没有革命性的变化，土地单位产出已达到了当时技术的极限，粮食增长跟不上嘴巴的增长。再加上农耕社会最大的天敌，所谓天灾，对农耕文明是最危险的敌人之一，就加速了一个朝代的灭亡。

所以，我们谈到人祸，其实要从两个方面去看，而我们过去少讲了一条。我们认为是地主阶级压迫农民，是官僚集团争权夺利，但我们忽略了另一条，就是人口增长带来的过密化和技术跟不上。天灾再加两种人祸，就发生规律性的农民战争。我坐在那读书的时候，就一直在想，官僚集团当然坏，地主阶级当然坏，可是他们是傻子吗？他们不知道这样玩下去会把自己玩进去吗？傻子皇帝坐那也会想这个问题呀。中国的史书汗牛充栋，皇帝年轻的时候都要有太傅教你兴衰成败的规则，从唐代起"水能载舟亦能覆舟"的道理就深入人心，深入官心，深入帝王之心。官僚集团要花力量把游牧民族挡在长城外，也要求得民心，把暴乱抑制在可控范围之内。可人丁兴旺，技术上没有根本性突破，制度上解决不了人口增长，又要养那么多的官兵去治理国家，国家的赋税入不敷出，于是，两三百年一个兴衰周期就要出现。这个周期律跟官僚集团有关系，因为它们没有产生一个新的制度和治理方式，但想一想又未必完整和公平，对于我们中国人来说，中国传统官僚集团就真的可恶至极吗？我们想一件事，同时代的欧洲在干什么？欧洲在罗马帝国以后分崩成若干个小国，你知道他们之间的战争有多少吗？欧洲中世纪几乎有三分之二的时间在打仗。而我们有二分之一时间在打仗。这个大数据可以说明一些问题，中国官僚集团即便有罪，也不是人类的罪大恶极者。

余秋雨的文章，我初上大学时爱看，文笔很好，有思想，但等我后来读了很多书以后，感觉他不够，《文化苦旅》对中国的酷吏的描写角度就不足。我到欧洲和美国去，发现他们博物馆保留的很多酷吏对人犯的残酷刑罚与中国酷吏不相上下。学人类学让我明白一个道理，人类有惊人的相似，好的智慧，坏的劣根性，有惊人的相似。不同地方的人的智力水平、道德水平没有太大的差别，智力的部分已经测定出来了，这不用我们去争论，情商的部分，道德的部分，也没有太大的差距，而现实中的差距缘何存在？与制度相关，也与文明处在不同的发展阶段有关。我与在吉利工作的一个英国人交流，他现在 30 多岁，他告诉我他小时候住在伦敦的郊区，进趟城，回家就要抠鼻子，里面全是黑的。他才 30 多岁，伦敦今天的灿烂天空也就不过才二十年。我们现代化还是未竟事业，发展阶段不一也是一个原因，与官僚集团怎样也是弱联系。

现代化早期，因为工业化打破了农村生活，城市生活打破了农民的生活节奏，出现的问题全世界都差不多。在传统规则遭到蔑视而以城市和工业为中心的法制还没完善的时候，人类社会贪官污吏横行，盗贼四起，垃圾遍地，瘟疫蔓延。这不是一个官僚体系怎么样的问题。中国的知识分子都读一本圣贤书，要么都进一个官僚体系，要么就隐于民间，像你我，进了民办大学，其实，官办、民办，各有各的优势，各有各的难处，我们不能单向度地把中国社会的问题都归结为官僚体系本身的问题。用马克斯·韦伯的话说，它在世界各地到处存在。帝国就是靠官僚体系来运作的，而文明古国都是帝国，如希腊、罗马，不要认为有民主的城邦社会就不是帝国，它是个小帝国。我看，西方人只是在文艺复兴以后为了找到新的制度建构的因子而在希腊城邦里找到了某种似是而非的民主，把它放大，找到了一个说头，就像我们今天读圣贤书，老想在先秦孔子、老子那里找到一句话，为我所用，梳理出一条线，而历史当年是不是这样，已经不重要了。我们细看西方的历史，其实，民主的血腥暴力和帝国的血腥暴力难分伯仲。我知道您很爱国，你说讲官僚主义集团不讲鸦片战争以后，其实讲了没问题，只是讲什么要明晰。官僚体系本身在运作国家时在全世界曾经都一样（王：西方也专制了两千年）。只是到了现代化开始以来，中国作为一个文明古国顺利地进入现代化进程，这个成就在全世界古老文明中只有中国，传统官僚集团的印记容易被记忆，被识别，被传承，被批判，是不是这样？西方的文明都被换过血了，断裂了。中国文明没有被换过血，少数民族蒙古人进来，满族人进来，都被汉人换血了。所以，不是官僚体系出了问题，也不是儒学出了问题，而是一个社会的经济生产方式没到那个时候，人们的社会生活方式还接续不上。西方人很幸运地在这五百年走到了我们前面，它最早开始了工业化、城市化，它过去碰到的问题我们现在也碰到了，它在五十年前，或一百年前，就解决了，我们还没有解决，没有解决的原因跟共产党真没太大关系，我反复想过，不是因为我是党委书记，是党员。换一个视角，换一种方法又如何呢？我们客观分析下近代中国由于西方现代文明冲击所带来的社会混乱局面。我坚决相信，如果没有中国共产党率领中国人民奋斗，以中国当时的经济生产方式、社会生活方式、社会的理性程度及国家的整合能力和社会治理水平，不可能很快走出泥淖。连俄罗斯都不行，俄罗斯的文化普及率、识字率、高等教育的水平，因为在彼得大帝时候就跟紧西方，这些方面比我们理性得多，基础牢靠得多。今天，在俄罗斯街头，你不经意就会看到人们的艺术教养、公共教养，比中国人好得多，俄罗斯的知识分子比中国的知识分子普遍理性得多。但即便如此，中国还是在中共治理下得到更快更强的发展。发展中人人收益不均是事实，但人人受益也是事实。

如果这样看来，我们要呼吁的应该还是如何把中国的经济继续发展起来，把老百姓的生活搞好，把中产阶级做大，这是一方面；同时，也从制度上约束官僚集团任性和官员的嚣张，不要因为你当了官就可以是老子，别人就是儿子。你选了官家这条路，就是公共人物，就要为百姓服务，就要有公共意识，就要认识到纳税人交了钱大家才能办事。这就是现代性要求。当然，我们讲的是为人民服务。以我看来，为什么人服务？你就是公务员，纳税人交了钱给你，法治国家中你该干什么就干什么，我跟你是平等的，不用说为我服务，好像你道德上多高似的。如果长久以为自己居于道德高地，经济收入上又不能使内心平衡，就会想去做不法的事。共产党是执政党，应该担负起责任，应该在宪法法律的范围内活动，不应该有自己的特殊利益，党员干部也不要把自己弄得像圣徒似的。圣徒是个体自己——修炼，不可能一个群体都是圣徒。修炼不成功怎么办？他就要心理不平衡，对老百姓发火，索贿受贿，这是我不愿意看到的。我倒愿意他公务员做得好，履行职责好，有个法律，做得好鼓励他，做不好惩罚他。我今天跟你说的，看起来是国家治理的学术大问题，是我个人对社会的一点认识，其实，也是十八大以后新一代中央领导集体自我认识和想做的。

　　您是名师，思考问题很深刻，您的讲课也有非常大的感染力，所以我希望我们在某些问题上做些沟通，期待你下次讲课时继续发扬你的风格，然后在某些问题分析角度上让青年人更加客观地、理性地去看我们当前的问题，而不是为谁贴膏药。柏克是个思想家，也是个老牌政治家，我读柏克时就注意到他说过，要换掉一个制度很容易，但换掉的成本很大，谁来承受？社会溃败的牺牲者，不只是贵族，更多的往往是普通百姓。英国走到今天，与他们当年老贵族和新贵族妥协，及商业化给他们带来的交换理性传统有关系。我们没有商业交换的传统，不会照顾彼此的关切。农耕文明革命就两种方式，要么你压我，要么我把你反了，这是"整体性交换"，我在文章中发明了这个词。我们现在要在整体性交换如政府与社会之间，百姓和官员之间嵌入一个个具体的交换。比如经济上的交换，在淘宝搭建的平台上，你我交换，通过第三方支付，你不认可，就不支付；政府和百姓之间有各种诉讼法，可推动民告官。不要只是党内整党，要老百姓越来越多地监督，官员们依法办事，依法晋升，谁也不要乱来。这就会好。我说的是不成体系的思考，不吐不快。

思政工作转型的路径商讨

（2015 年 12 月 24 日在三亚学院思想政治工作
转型专题研讨会上的讲话）

上午沈副书记代表学校党委肯定了学校思想政治工作队伍在过往历史当中的重要贡献，我这里再强调三个意思。

第一，三亚学院走到今天，如果有短板，就不是这个水平。因为只要有一个短板，水就落下去了，盆里的水就不是这么高。所以三亚学院的几支队伍，包括思政工作队伍，都做了同等重要的贡献。

第二，三亚学院走到今天，在很多艰难困苦的时候，能够挺身出来和党委、和领导站在一起的是机关工作队伍和思政工作队伍。我举个最简单的例子，学校发展初期不可能一下子把所有的房子盖好，我们不是李嘉诚投资的学校，人才招来一两百，房子已经砌成几十万平方米放在那，我们是滚动式发展，而为了适应滚动式的发展，我们思政工作队伍、机关工作同志不知道多少次地搬家，吃了很多苦头，为学校扛了很多重担。

第三，说到辅导员队伍。在三亚学院，大家都在为人才培养努力做贡献。我们三亚学院的学生不管在校园里还是走到哪里去，都呈现出一种特别的气质，我们称之为阳光，人家说特别的开放，特别的有勇气，特别的大方，其实就是自信。这种自信心的培养，它跟学校整体的发展有关系，但是也跟辅导老师这支队伍通过跟学生朝夕相处，使学生在耳濡目染间带上了三亚学院的气质有关系。三亚学院有前途，你们在这里就应该得到应有的尊重。

现在来说今天会议的主题——转型。听同志们的讲话，我做了很多的记录，也受到很多启发。刚才在团委书记的发言当中，我做了一些回应。我要说明的是，愿意处处回应的，说明这些问题有争议性，解决了这些有争议性的问题，我们的工作就会更明确，方法就会更得当，机制会更好。

转型，这个词已经用了很久，大概存在在两个意义上。一个在社会学意义上。农业社会向工业社会、乡村社会向城市社会过渡，这在人类历史上称之为重要的转型。再往深说到历史形态，大家就会谈马克思所说或者现代哲学所说的不同的社会转型，即马克思说的奴隶社会、封建社会、资本主义社会或者农耕、工业、现代、后现代社会。一个社会向另外一个过渡，实现了新的基本形态的稳定，这就叫转型成功。处在两个形态间的过渡期，叫转型阶段。后现代哲学家会提出来范式概念，指的是在一个时期稳定的观念、理念、理论、方法、路径乃至内容转化到另外一种理念、内容、方式、方法、路径，这是范式的转型。范式的转型是一个大变化，比如哲学范式转型，虽然前后都叫哲学，但研究的领域、研究的观念、研究的方式以及价值尺度、认知结果都发生了很大的变化。

我们今天谈转型，依然在思想政治工作的范畴之内。思想政治工作的有些理念、观念要变化，有些工作内容要增加或减少，有些工作方式要保留、发扬光大或创新，有些工作路径要连续或再创新，还有些技术过时了，现在要用新技术，有的机制还要更新，诸如此类，我们都称之为思想政治工作的转型。我回应一下上午我提出来跟大家一起来讨论的问题。

一、回归经典

思想政治工作转型，我刚说了它不是范式的转移，它是一些理念、观念、方式、内容的更新，回归经典是我提出来的三亚学院思想政治工作的重要一点。为什么要回归经典？以我的认知或者积累，谈出来跟大家分享。

党的建设与思想政治工作同向、同时、同步，这是我们党的思想政治工作的一个经典理念和方式。同向、同时、同步并不影响党建和思想政治建设，各有侧重。党建的主体在于自身建设，党要管好党，再发挥其他的作用，如对群众的影响力，对工作的推动力。党建的力量，一是自身的组织力，二是对外的动员力，三是党员领导干部的表率作用。思政建设强调对客体的协调，它的主要对象，有党内的同志，但更多的是党外的群众。党的思想政治工作，有很多经典的工作机制。

1.思想政治工作的价值导入机制。我们党在不同的历史时期，总有自己的不同任务。在任务下达给基层、下达给人民群众之前，它一定有一个思想价值的导入机制。无论是在井冈山、在延安，还是在北京城，无论是在"大跃进"，还是在改革开放时期，可以看到我们党在任何一个大的任务来临之前，思想价值导入机制运转得非常灵活、非常有办法、非常有成效。

2.思想政治工作的预警机制。从毛泽东同志提出"党要领导军队""枪杆子里出政权""党支部建在连队上"，那个时候起，我们党的思想政治工作就有个预警机制。过去是防止兵变，重大战斗之前防止开小差，防止有人策反。在不同的历史时期，它有不同的任务，预警机制几乎成了我们的看家本领。

3.思想政治工作的群众路线机制。办什么事，都离不开群众。从群众中来，了解情况，代表群众利益，到群众中去，解决群众的问题。在群众之中，不要高于群众，不要飞扬跋扈，不要给群众使绊子，最后能收获群众的理解、支持、拥护。

4.思想政治工作的层层负责机制。横向的联动分担制，以及党务思政系统的独立运行机制，这是我们党的一个经典传统。过去在部队上做党建，政委、教导员、指导员层层负责，各尽其责，在横向的军政关系、政民关系上有联动机制。军事指挥官负责打仗，如果仗打得不顺，队伍打散了，但党务系统还在，书记没了，党员上，甚至党员没了，预备党员上，这个系统一直是在的，等到恢复时期，又重新建立那一套体系，价值导入、预警、群众路线又来了，这是生生不息的一套自体繁衍机制。到了新时期，这套东西依然管用，这是经典。

另外，思想政治工作这支队伍一定是思想觉悟领先，遇到群众有情绪，思想政治工作马上就能跟上。这支队伍的道德修养也要堪为表率，没有说大家饿了，做思想政治工作的人却吃得饱饱的，没有说把公家的东西拿回自己家去。思想政治工作者要做到艰苦危急时在前，碰到困难时，一定要走在前面。这也是我们思政工作的一个传统，也是党建的一个传统，一个经典。

所以，我们说到转型，首先是别把经典和传统给丢了。

二、与时俱进之"时"

只回到经典行不行？这就要说到第二个问题，新时代我们碰到了新问题，解决问题需要与时俱进。时是什么东西？我首先要回答这个时代的特征是什么。最近在上演《芈月传》，有一场戏是各方贤士在四方院里对以儒治国还是以法治国争论不休，最后秦王说如今是大争之年，要以法治国。从现在的国际竞争来看，也是大争之年。和平与发展的主题，这是我们国家提出来要极力争取的，但客观面对的形势，还是大争之年。国际格局走到今天是欧美推动的。他们过惯了富日子，抢先一步制定了有利于自己的游戏规则，我们也要过富日子，但完全按人家的游戏规则玩，你就富不了。我最近看到一篇美国学者写的文章，解读得特别深刻。他说：如今的中国正从第二大经济体迈向第一大经济体，积蓄了足够的愿望和力量，要过美国人一样的富日子，接下来印度又是个人口大国，也想过美国一样的日子，可是根据经济学家的计算，地球的承载力是有限的；换句话说，走在前面的富人俱乐部的人心里明白，这个地球承载不了那么多的富人，但这又没办法放到桌面上去讨论，于是美国人玩出很多花样，归根结底就是不和你共赢共富。有西方学者早说过："资本的终结，可能是在廉价的地租和廉价的劳动力终结的地方。"第一步是在欧洲终结了，然后到了中国，中国完了以后又到东南亚、印度，接下来可能就到非洲，等到非洲也没有廉价的地租和劳动力的时候，资本主义也就终结了。也就是说，我们目前所看到的市场经济的这一套规则都要终结，人类会发展出另外一个社会形态。而人类社会的大转型，从来不会是风平浪静的。美国学者所说的"地球不能承载这么多富人"与资本主义终结的理论有相似之处，大家都看到了大争之年的基础。

和平与发展虽然是主题、主旋律，大家都要维护，但是面临的潜在局势，大家作为一个读书人，还是要心知肚明。为什么世界上有的国家如美国、日本，对内的制度不错，国民福利不错，但对外就要用各种手段搞中国呢？为什么一定要搞双重标准呢？背后的原因是富人俱乐部容不下这么多国家，一下子拥进来13亿人，再加上印度十几亿人，富人俱乐部承载不了。这是我认同的学术观点。

再说到国内。国内的公平压力，大家都能感受到，很多人拿起自己的"大棒"为自己争利益，有体制内的官员、学者，有赚了钱的企业家，有普通的知识分子，还有底层的老百姓。韩愈说"不平则鸣"，"文化大革命"有大鸣大放，现在就是另一个"大鸣之年"，一件事情出来总有不同的观念，而且双方是唇枪舌剑、互不相让。

如今，主流的导向与多元的意志趋向交织在一起，谁胜谁负，谁占的赢面大，要站在不同的角度看。电视传统上是主流媒体，网络的自媒体看起来是支流，但中老年人还离不开电视，而年轻人则玩的是APP、微信微博，如果就受众面来说，谁是这个时代的主流？如果就谁站在主导的场面上来说，究竟是自媒体的份额大还是电视的受众大？我们只能说是交织在一起，值得我们警惕。这个时候人们要作出自己的选择，相信主流媒体还是相信自媒体？相信微博上的大V公知还是相信领导人的讲话和官方的声音呢？几乎没有一个定论。所以，我们又可以说这是个"大选之年"，这个选择不是个人小众化的小选，现在是大众在站队。

中国经济发展方式转型进入到新常态，新技术也在改变着新常态。不少东西不说衰落了，也不说消灭了，但是肯定有很多新东西在旺盛生长，在大力兴起，所以这也是一个"大兴之年"，兴旺、发达的大兴之年。马云代表的网络平台中间商即电商的兴起意味着一个产业的兴起，也意味着一种新的价值观的兴起。如果说书福董事长做吉利，代表着中国自主民族工业品牌的兴起，那马云做的可能是另外一个意义上的兴起。研究经济学和社会学的人都知道，中国是在一个法制缺乏、信用体系缺失的情况下搞市场经济的，交易成本是很大的，可是自从有了马云的网络平台，有了支付宝这个中间监控环节，交易量大增，交易成本大减，这改变了原有市场的交易规模和模型，即在法制缺失、信用体系缺失的情况下，因为一个新技术和新产业的兴起，就改变了在传统产业和社会结构下因法制不足和信用不足而令市场发育艰难的困境。还有其他如微信技术兴起，大众创业兴起等等。

再说到我们三亚学院。十年卓越进程开启，我们的领导班子有了一个新构架，我们的机关和学院的行政队伍，在大踏步地前进，我们的教师，无论是搞教学还是科研，很多也是大踏步地前进，水准提高得很快。今年开了一个出外交流人员的汇报会，几位同志在上面讲，我坐在下面心里很释然，我们一批干部脱颖而出，站在哪个大学去讲话也不输，也不 Low。而面对新形势，我们这支思想政治工作队伍有些参差不齐、不均衡，亟待从整体上提高。学校已经确立了应用型人才培养的方向以及多渠道培养的路径，我们这支思想政治工作队伍要围绕学校的中心工作、"十三五"规划、应用型人才培养和新的战略跟进努力。前面说的是大争、大鸣、大选、大兴的大时代，这里则说的是我们三亚学院人如何确立自己与大时代同向的在学校的地位和价值的小时代。

三、与时俱进之"进"

认清楚了由国际到国内再到我们三亚学院的时代特征，那么与时俱进该进什么，如何进？也就是说，我们的思想政治工作转型，要在这样一个时代转什么、如何转。目标不能变，但是工作重点可能会变化，工作内容可以增设，工作机制要调适。我们先来看转什么。

1.思政和党建要同步，思政工作队伍要加强修身、廉洁自律、克己奉公，否则，在今天这个时代要成为思想政治工作队伍的成员有点难。

2.意识形态领域的斗争是重点工作。刚才说了大争，别人不跟你说资源的问题、承载的问题，他用意识形态做标码，把你压在下面，让你软弱可欺。但中国哪里弱了？看历史，中国有5000年的文明；看现在，用最短的时间成长为第二大经济体；看技术，虽然创新的主体不在中国，但是中国跟踪学习的能力特别强，昨天在华尔街，今天就在上海，明天就到了海口；看劳动者素质，中国也是所有后发国家中最强的。毛泽东当年说中国人勤劳、刻苦，我们还以为说着自夸的，等到30多年的改革开放以后，看遍全世界，中国人真的是既勤劳，又刻苦，跟所有欧美国家、亚非拉国家相比，中国人的劳动力素质是极高的，既包括了认知水平、文化底蕴，又包括了勤劳这个品质。我有个朋友在越南和柬埔寨投资，当时觉得地价便宜，劳动力便宜，现在夫妻俩埋怨死了，说当地人懒，没办法，要哄着他们干活。所以，人家知道你的力量在哪里，玩不过你就玩意识形态，因为人家是所谓的民主国家，而你是社会主义国家，人家就找这个茬，中央很警惕。所以，在未来的工作重点当中，意识形态领域的工作要求会比较严格。

3.工作责任不变，但是路径会有些变化。比方说过去经常会用开会的形式来解决工作中的很多问题，可能今后要有平台的意识，这个平台既可以是网上的平台，也可以是网下的平台，但不会只是正规会议的平台，要学会如何把各种平台运转起来。工作方式会变化，过去我们总是教育别人，现在要交流，多年之前我就提出要双向交流、双向教育，现在，你再以教育者自居，上去还没有说话你就输了。我看了好几期撒贝宁主持的《开讲了》，发现凡是以成功者自居给别人教育的，掌声就零零落落，凡是把自己降低了，谈自己当时怎么困难、怎么困惑，跟大家平等交流的，马上就掌声如雷。所以，教育的姿态已经变成了交流的身段。这是我们思想政治工作必须面临的一个新阶段。

4.技术的变化要求思政工作者转辅助为自主。网上技术最重要的是即时性，过去说分分钟，现在是秒秒钟。办学初期阶段，在大环境风平浪静的时候，学校没有要求思政工作队伍太多地承担主体工作责任，而根据党委对形势的研判指导工作，现在必须要强调主体责任。刚才有同志提得好，未来对学院的考察、考核，我们要加上思政转型的导向，将更多的突击转为提前计划，将更多独自的工作转为团队式的系统工作，将更多的学生事务工作转为更多的学生学务工作，将保安转为安保。对组织部来说，要在组织工作之外加强思想教育；对校团委来说，要将组织活动转为管理、引导活动；对学生工作来说，要以团队为核心，将事务性的应对转为专业性的安排。学生党员的发展与教育工作，要将入党前的严格转为四年在校期间都要严格。在这方面，过去出现过一发展入党，什么活动都不参加；一发展入党，就掉链子；一发展入党，就翘课了，这样的人，组织部今年要重点查处。学生党员当中有一个这样的坏典型就坏一群、坏一批，学生干部这支队伍的力量基本上就没有了，就成反向作用了。

5.要转被动为主动。同志们提出来要培训、要规划、要有计划性，这些都很好，最终是要建设这支队伍转被动地接受为主动地发出指令。我们基层的思想政治工作队伍随着学生的变化而变化，这是职责所在，只随着上级的变化而变化，这就不对了，如你是医生，就要给人看病，而卫生局老是给你下指示，要你开会，不去出诊，就误人命。辅导员这支队伍要主动自觉应对学生工作的变化，这是天职。要避免上级机关不断发文、召开会议，一会儿这事、一会儿那事，搞得基层工作者静不下心来专注学生工作。今天校办也在这，今后要管住教务、科研这两个发通知的大户、组织学生活动的大户，要跟他们沟通，要管住这个口。行政的主动是好事，不干活是不行的，但是冲动大了，有时候就带来副作用。

6.要转苦闷为乐趣。做教育工作、学生工作是有很大乐趣的。辅导老师跟学生的交流是最充分的，因为他们解决的是心的问题、思想的问题。"把别人的钱装到自己口袋是最难的"，这是企业家说的。"把自己的思想装入到别人的脑袋里是最难的"，这是牧师做的，也是辅导员做的。学生在思想困惑的时候，你帮了他一把，其实有时候只是说出了他想说而没有说出来的话，仅此而已，他已经觉得你是他的导师，帮助了他，多少年以后感恩戴德，也许跟你一辈子的同学，跟你半辈子的同事也做不到这种交情，而人生当中就处了这么一群年轻朋友，开启了年轻人的心态，挺好的。所以我说，与青年学生交流，我们要不 OUT，不 LOW，就要跟学生学习，你变得年轻，你变得前卫，变得活力常在，有什么不好？所以，思想工作不但有光荣神圣感，同时还是一件好玩的事情。

四、做到回归经典与与时俱进的统一

最后我们来谈谈如何转、怎么转。

1. 要实现思想政治工作新机制、新平台的常态化互动。思想政治工作，党委负主体责任，党委书记负主要责任，分管书记是日常分管工作的责任者。所以，思政工作的常态化意味着沈副书记要跟大家经常见面、交流，有时候是工作会议，有时候是茶话会，有时候是培训会，有时候就是一个信息交流，喝喝咖啡，在群里聊聊。这个平台、这个载体、这个机制要常态运行起来。

2. 要健全思政的大系统。第一要实现学校思政工作目标与学校发展总目标的一致和同向，我们提出来五项工作任务。第二要实现目标分解。要把总目标分解到各个部门，每个部门都有自己的职责，都把相应的职责担当起来。我们把保卫处也列到党务部门系列，在思政工作上，保卫处要有目标、有计划、有机制、有指导、有预防，只要出了安全问题，保卫处要首先负责。一听到学生当中的思想问题，团委马上就紧张起来，确定是某个学院的学生，总支书记马上就行动起来，这就是首任负责。行政部门要实行价值取向与党务工作方向一致，行政也要守住思政的底线，不能是书记在守，院长在唱反调，这是不行的，底线大家要守住，关键问题上一同站队，碰到困难的时候，互相打气支持。

学院党组织作为学院一级思政工作的责任主体，有多重任务：一是接受学校党委的领导；二是实行学校统一的党务和思政工作制度；三是接受组织部归口的统一要求；四是接受职能部门的业务指导和技术支持。各个党务部门都要有对各学院的业务指导和技术支持，但是记住，我没有说评价，因为你老在评价的话，学院的日子就太难过了。现在宣传部这项工作做得很好，很及时。我们过去各个学院责任主体不明确，不去做网络，大家都不积极的时候，我们要频繁评价，现在大家积极性都高的时候，我们就要自动评价。行政部门、上级主管部门要约束自己的工作冲动，发文件、开会议，一定要慎之又慎，要想我有没有给基层思想工作队伍添加负担、有没有打乱他们的工作节奏。当然，反过来说，我们各个责任主体就要尽到责任。有时候上级来文很急，马上就要材料，我们不得已赶紧下去要资料，这种事情如果是三亚学院刚办两三年，我们有推托，我们办了十年了，为什么党务的基础数据没有建立起数据库？上级来得急，你为什么也急？你为什么不从自己应该建立的数据库中调出上级党委要的资料呢？这些问题，经不住问，部门主体责任未尽好。

3. 要建立更有效的思政工作机制。

首先，是要建立思政工作者的职业形成机制。我们要把职业规划、职业通道、职业培养、职业竞争纳入统一的人力资源管理范畴，要建成思政工作的职业政治家队伍，要有职业理想、有职业尊严、有职业乐趣、有职业形象、有职业责任。这支队伍要是职业保健医生队伍，是心理治疗师，是危机处理专家，是廉政预警专家。如果思想政治工作队伍对廉政不关心，当行政干部处理学生事务时用权不当，老师在跟学生交往时职业交往不当，谁去关注廉政和师德？要靠我们这支思想政治队伍。我们这支队伍说的不是书记一个人，是委员会的全体成员，包括全体辅导员老师。这支队伍还要成为职业的思想教育的专家队伍。我们三亚学院要建立自己的职业认证体系，一定的职业证书最后累积成职业资格，一定的职业资格加上职业的经验和绩效考核，就达到职业晋升的门槛，有的是心理咨询师方向，有的是职业规划师方向，有的是应急处置方向，今后的出路问题就解决了。前天陈莎莎主任跟我说，学校官微希望发我一段感言，我一看，那个周末一分钟留言栏目做得很温情，我被打动了，就说了一段，还给官微提了几个要求：目前微信才诞生四五年，有两年的普及期，我们基本上跟全国一流高校同步，我们的阅读点击量现在已经做得不错，投入很少，产出不错，学校支持你这支队伍进行专业的提升培训，全国相关的会议，你就要去参加，有专家就要去交流，你要把自己打造成一流的官微专家，打造成一流的全国高校微信公众号专业人才。同样，我们辅导老师也应有这个在小平台成就大事业和大人生的志向。刚才还有同志提到，现在辅导员用微信公众号来解决一些问题，这就很聪明，我觉得我们就得要利用这些新技术、新平台，推出三亚学院优秀辅导员的微信公众号，可以根据专业或年级分类建设公众号，有针对性地通过新技术手段做思想工作，让我们的辅导员成为这方面的专家。还可以为这支队伍建设网络课程，如创业课程，辅导老师找来优秀的毕业生和校友，搞系列的互动式访谈，做成慕课课程，辅导老师做线下辅导，争做创业课的名师。在这方面，学校要下大力气投入和建立机制，同志们也要积极行动。

其次，要建立思政工作和业务工作一体化的机制，与业务工作对应的分类工作机制。工作分类在学院这一级，任务特别复杂，不容易理清，要花点工夫调研建立这个机制。比如说一体化有党风、教风、学风的一体化。抓党风了，能不能促进校风和学风呢？学生党建工作中，与学生的学业进步、就业、创业、职业生涯规划能不能一体化地促进？思想工作的政治要求与公民的公德要求能不能一体化？思想政治工作的工作效果能不能与工作平台、工作技术进行一体化布局、设置、推进、评估？通过分类机制走向一体化机制，其实就是融合机制，思政工作只有在与业务工作融合中才能找到自己的出路，找到自己的价值，找到可能的工作成效。主体责任和主动融入，这两个是一回事。刚才有位艺术学院的同志说自己学院里院企合作的平台有点空，没有什么效率，希望带着学生的社团进去。这就是非常好的融入。学校要将学生工作转型往业务方面转，多做业务方面的事情，少做事务型的事情，在学生喜欢的学业业务中做好思想工作融入。

4.要使用新技术、改进工作方法、提高思政效益和效率。刚才一位同志说到了"二八定律"，即帕累托法则，它指的是一个不均衡的方式，某种意义上也是指的社会的不平等，但这个不平等，从管理学上看，却可能是最有效率、最省力的办法，它是一个关键管理，在时间管理、投入管理、产出管理方面，是最省力的办法。我们的思政工作也可以运用"二八定律"，20%是自身建设，80%是示范垂范；20%是激励因素，80%是保健因素，就是说如果用20%的精力建立机制，解决了激励问题，80%的那些工作还在，问题还在，但是你做起来就会省力得多。学生工作方面，花20%的精力抓好学业推进，事务管理工作的80%还在，但是做起来就会省力得多。同样，行政工作上，20%是抓创新发展，80%是基础运行，用抓创新发展来带动常规。思想政治工作要懂得怎么样抓住关键、抓得轻巧。

5.落实各级组织以及思政工作者的主体责任意识。主体责任意识培育，包括目标、激励和过程的培训、教育、评估等。

6.在卓越进程中实现思政工作者的价值。刚才有辅导员说不知道自己的工作价值在哪里，有些困惑。从总体上来讲，如果思政工作不能解决稳定问题、安全问题、保健问题，也就是说学校如果不稳定、不安全、不健康，学风不好，学生不安心，学校怎么可能卓越？稳定工作包括意识形态工作，安全工作也包括意识形态工作，健康问题包括廉政、公共道德、职业道德、师德等，这些工作都是学校推进卓越进程缺少不了的，辅导员工作功不可没。在学校的卓越进程中，如果我们不作为，像拔河一样，十个人拔，九个人都很用力气，我就轻巧一些，少用点劲行不行？其实大家都知道，龇牙咧嘴好像用力，可是实际上没有用劲，在你前后的人都能感觉得出来。你不作为，学校卓越了，就跟你无关了，你会有羞耻感，大家也会冷眼相待。在一个团队之中，人心有杆秤。如果你主动作为，保持了一方平安、稳定、健康，卓越就跟你息息相关，卓越功勋上就有你的一半，如果你能够工作业绩突出，经验很丰富，上升到理论，提供很多有营养的经验跟大家分享，你就有卓越的贡献，你的职业意义就显现出来了，学校对你的职业高评价也就顺理成章了。

学校现在把思政工作队伍作为人力资源的一支重要力量纳入统一建设规划，有统一要求与支持。过去我们会想这支队伍的来源、工作趋向、工作重点、工作特征与我们另外一支队伍是不一样的，我们对它的要求也不一样，现在在目标要求、品质要求都一样的情况之下，同志们既要感受到学校的重视，也要感到有压力、有距离。压力不是个人的，而是集体的，所以学校要开这个会来形成统一的认识、形成统一的目标、形成统一的制度来帮助大家解决转型过程中的那些难题，帮助大家来实现自己的职业理想，帮助大家在思政工作岗位上长期干下去能有职业尊严、职业价值、职业自豪感。我想这些问题解决了，同志们就会一直像年轻的庞博老师这样保持赤子之心。我们工作干久了，往往赤子之心就被蒙蔽了，就被淡化了。学校既鼓励大家常葆赤子之心，同时也努力用制度来促进赤子之心的保持，这是我今天讲的关于机制建设的重点。今天的大讨论之后，学校会形成工作方案，到时候还会征求大家的意见，实现我刚才所说的转型目标。

人人关注学校"十三五"规划

（2016 年 1 月 12 日在 2015—2016 秋季学期工作总结大会上的讲话）

各位同事，大家好！按照会议的安排，洪副校长用数据对本学期的工作做了一个概要描述，车副校长则针对今天出席会议的机关和学院的行政职员，报告了学校有关制度的制定及相关工作布局，并第一次对学校酝酿了半年之久的"十三五"规划草案做了介绍。我完全赞同她们的报告。

国家的"十三五"规划是我国未来五年经济社会全面发展的重要工作指南和行动纲领，这个规划在制定的过程中，虽然是力求照顾到方方面面的因素和意见，也不可能做到无可挑剔，而且未来五年我国的外部环境和内部条件都可能出现不可预测的变化，规划本身并不是不会在实践中调整，甚至是大的调整。但是，正是因为有这样连续性的宏观规划，才使我们国家在整体转型的过程中，不会迷失方向，不会有重大的资源浪费，也不会有重大的挫折，这恰恰是中国这样一个缺乏商业资本，也缺乏工业化经验的后发国家实现赶超战略的重要方法。国家"十三五"规划实施正处在全面建成小康社会、实现"两个一百年"奋斗目标的重要节点，很快会有一些国家布局、政策导向、工程项目、资金资源等要落地。我们在体制外生长，借不上国家的资源，这是我们学校前十年的基本状况；但现在时代变了，国家治理的思路在调整，市场在资源配置中起决定性作用和更好发挥政府作用之间的博弈也在进行，民办大学有机会跟进国家和地方的战略规划以及参与相应的产业发展布局、工程和项目，这也是大学为地方经济社会服务的一个应有策略和基本担当。我们花了很长时间琢磨国家和地方的"十三五"规划，制定学校自己的"十三五"规划，就是要把握时代给予我们的发展机遇，更好地指引我们学校的卓越发展。

学校的发展规划可能与具体的个人关系隔了很多层，但是我想说，我们的同志们要关注学校的规划。一个不抬头看路的人，他会是两种状态，一个是驴子状态，因为它不需要看路，也不能看路，主人为防它乱跑把它眼睛罩住了，它只能拉着那个磨反复地转；另一种是老黄牛状态，主人的鞭子抽着它在田里反复翻土，一抬头就可能被鞭子抽到。作为一个自由的人，主体意识极强的人，在生活中是一定要抬头看路的，我们知识分子要知世界之格局，知中国之大局，知生活之环境，知时序之变化，以判断自己发展之可能，如何知学校规划之方向以助自己发展之可能？我谈五点个人的体会。

第一，我们要对世界格局和一般规律有个常识。书福董事长不是政治家，但几年前他就跟我说："当今世界这个样子的格局不是我们中国人建设的，要知道这是欧洲人、美国人他们建立的。"一个专注于企业发展的人说出这样的话，不知道在座的专注于学问研究的老师们是否都能得出这一结论。我个人认为，这个认知对书福董事长走国际化的企业发展道路，以及他作为一个企业家站在什么层面、角度说话，与政府怎么合作，与国际企业怎么合作，都有莫大关系。世界格局走到今天，应该追溯到五百年前现代化从西欧发祥，中国要在现代世界生存和发展，不仅要重视自己国内的大局，更要学会了解世界究竟是什么样子、格局是怎么样形成的，我们所谓的一般规律是谁在说的规律，谁在走的规律，又是谁的规律。不要认为我们读了很多书就知道了外面的世界，书上面的解读和你自己的解读不一定就完整地诠释了当下你所感知的这个世界。而了解世界格局和一般规律恰恰是大学之所长，不一定所有的大学、所有的大学领导、所有的大学教授都能感知，但是相比较而言，这是大学之所长。

第二，世界上很多事情，我们如何把它做起来或者往哪个方向做、做到什么程度、该怎么做，都会碰到一个应然和实然的问题。我跟着关宝老师学社会学的时候，因为我的底子浅，我得从外围进入，所以我多读了不少社会学之外的书，我大概知道，社会学是讲究实然的，就是社会是什么样子，你不能逾越它去创造出很多的理论，你至少要从社会的现象背后去找到社会的事实，然后再去探寻社会哪个样子更好，提出一点设想，而不能去规划太多，规划多了就不是社会学了。经济学根据大数据说话，也是在实然的科学之内。而当有人总是说："我们今天这个社会是这个样子的，但我们的做法应该是那个样子的。"我大概可以把他归纳为一个哲学家，一个伦理学家，一个政治学家，甚至是一半儿的教育学家、人文学家，因为他们都是描绘社会应该是什么样子的，哪样是不对的、不好的，哪样是更美的、更善的。如果我们把什么是实然的、什么是应然的弄清楚了，我们在规划自己的人生或者规划自己的学问时，就至少知道我们是谁、条件在哪里以及怎么做。学校的"十三五"规划界定了学校的应然与实然，也应该会有助于同事们理解自己的实然和应然。

第三，国家"十三五"规划出台以后，市场如何接，学校如何干，这是一个新的考量。前面说过，中国政府一旦形成规划，很快就有政策配套，然后是工程配套、项目配套，资金落实。过去的腐败不少跟这一次次规划中的寻租有关。现在在割断这种寻租，规划的资源与民办无关，但规划的方向与学校有关。学校如何跟进国家规划发展自己要有办法。

第四，要关注一切新技术。我在和企业家、和市场打交道的时候，特别敏感几个词：新技术，新需求，新资源，然后才来谈到老格局。人类处在农耕社会的时候，新技术对社会的影响力也大，但是基本上不是一种突飞猛进的颠覆性变化。但是今天，当我们有了网络技术、网络平台、人工智能的时候，新技术对人类的各项事业可以说带来了颠覆性的影响。我们三亚学院的领导班子、老师已经有了认识，已经在这方面做了一些工作，当然我们做得远远不够。无论如何，我们对此不能采取简单的跟风态度，要保持高度的兴趣、高度的关注，必要的时候要下狠手、做大事。

第五，认清"我是谁"。这是我们个人考虑职业生涯时要回答的，也是学校做规划时要回答的。学校要回答我是谁，就要回答我要干什么、干成事的条件是什么、与谁共舞、客户是谁、能到哪里、最后成为谁。对于这一系列的问题，我们应该从世界的格局和一般的规律、国家的法律和政治的一般条件、政府新的规划以及市场的动向来回答。

大学校长的新角色

（2016 年 1 月 13 日在全体教师 2015—2016 学年秋季
学期工作总结大会上的讲话）

　　各位尊敬的同事，刚才几位学校领导就学校整体工作的几个方面做了汇报，同时也告知大家，更全面的工作部署我们会在网上公布，到时候请大家批评、提意见。我今天的发言，是和大家来交流、交心的，可能会让我们的主持人贾主席失望，没有更多深层次的思考。昨天晚上我在寻找今天跟大家交流谈话的话由时，看到搜狐网上某著名文化学者的一篇文章，文章的大意是说中国现在正面临着与世界文明相对接的阻力，一方面来自国家主义，一方面来自民粹主义。后来我在网上搜了一下，发现他站队站得挺出格的，他的名字我就不说了。在三亚学院时间久的同志都知道，这些年三亚学院在推进国际化的建设，我本人也考察过欧美许多国家，进行学校办学工作的一些交流。我曾经说过一句话："中国的经济，总体上来讲与发达国家的差距还有 20 年，中国的教育与世界发达国家的差距还有 30—40 年。那么中国社会的方方面面的进步，包括国民的公众素养，则可能在这个时间之上还有更多的时间。"但是，这不意味着我认同那些网络公知的主张。

　　从我的出身讲，我的祖辈是属于那些乡下的有钱人，无论是经营土地还是经营商业，地主或者是小资本家，他们因为新中国的建立，资产都没了；我的父辈因为家庭出身的原因仕途受到了影响。因此，从家庭的原因讲，我大概应该是体制的所谓的"受害者"。在国办大学干了 21 年，再到民办这里干了10年多，我也感受到体制有个门槛，进入需要很多条件，有个玻璃窗，可以看进去但很难走进去。但是，我从知识、从一个读书人的良知出发，无法去简单赞同那些与中国的事业站到对立面并叫阵的人。所以我一直说我是个乡下人，故土难离，家贫不弃，母丑不嫌。我比不得那些国际化的人士，可以从容淡定地华丽转身，脱中入欧、脱中入美、脱中入西。我经常想，我们这个国家历史的力量没有选择让我们去走别人的发展道路，我们现在的国情也容不得我们进行苏联的那种所谓的"休克疗法"。我有限的知识告诉我，我们作为一个从传统的文明国家进入现代化的国家，它厚重的文化、辽阔的国土和巨量的人口有时候也是一个重大的背负，谁在领导岗位上都要背负，谁作为读书人在感情上都会经常比较悲愤。世界上还没有哪个像中国这样是文明古国、有着巨量的人口和辽阔国土的国家能够顺利地给我们提供一个顺利转型为现代化强国的示范，而我们现在的环境也不存在一个低门槛让我们从容地加入到国际的所谓豪门俱乐部。我比较相信有一位美国学者的话："中国雄心勃勃地要崛起，印度雄心勃勃地要富起来，大家都想过美国人的生活，可是这个地球承载不了这么多的富人。"因此，我们希望是和平崛起，但是我们的环境并不是像我们有些学者说的，我们想做什么别人就让我们做的。虽然我知道我们自己有很多问题，甚至有不愿改、难以改的毛病，但从感情出发，我很难那么冷静地解剖自己的母体。因此我还是个乡下人，保持着对故土的那份情结，对国家的那份情结。

我并不怀疑我们有些学者有一种学问精神，也佩服他们的学术勇气，在今天还能在网上叫阵，但是我实在无法认同他们的学问都具有科学精神。显然，有些学者在叙说如此重大国家治理的话题时，学术视野狭窄了一些。有时候，他们的学术态度也像愤青一样，攻其一点，不及其余，喜欢拿中美去做简单的比较，喜欢抛出顾头不顾尾的那些解决问题的方案，喜欢对国外爱屋及乌，也喜欢让自己作为独立的第三方对中国进行评价，他们似乎觉得自己没有在中国事务中事事时时操盘就把一切归咎于不民主。对此，我一直采取一种比较怀疑的态度。我想，如果我们不能够从历史的条件和现实的国情出发，不耐烦从更多学科的多维角度去分析，不舍得花更多的精力去研究，只是喜欢以语不惊人死不休代替学术良知，喜欢以公众代办代替学者道义，那就不要自诩为学者、自称为中国学者，尤其是那些已经站到了一些非常重要位置上、具有一定的学术影响力的人。一些网络公知天真地、人为地把中国分为体制和人民、国家和社会，选择性地忽视在社会科学领域发声时要秉持的学术良心，实际上已经在中国社会艰难特殊的转型时期背弃了自己对社会实践所负的责任。我想，艰难的时刻需要所有的知识分子站在一起，共同面对我们国家的转型，我们国家的发展，我们国家的未来。

我最近在写一篇文章，叫作《竞争时代胜出的精英与不自信的国人》。我经常地诧异，在这个时代竞争胜出的精英们，几乎是许多领域的精英们，都比普通人更加不自信。我明白一点道理，尽管各有各的成功，但他们之中，有的人缺乏判断能力，有的人缺少历史感，有的人没有耐心，有人缺乏爱心，有人拘泥于太多个人生活境遇和情感因素，他们缺少了对这个国家的那份应有的精英担当，反要由我们这些普通人为他们在这儿操心。我在批评别人时，不是说我有什么了不起，我超能，不是说我已经超越个人际遇，更不是说我是体制和时代的幸运者、宠儿，相反，作为凡人，体制带来的困扰，时代环绕人生的袭扰，工作和生活中种种的苦恼让我时常哭笑不得。但是，即便体制弄人，生活恼人，也不能阻碍我对中国的信心和对中国事业的热忱。生在向往的学术世界，我不能选择没有猪队友；作为三亚学院校长，对中国事业、对我们学校的事业，我比猪坚强。也许吧，因为太过投入于办学，因为是个深耕的农民，我经常说我存在着巨大的局限性，我希望大家能够帮助我前进，我对我的局限抱歉，我对我自己还不能够把所有的问题都说清楚抱歉，也希望大家给我指点。

学校的"十三五"规划正在制订中，下学期会更多地征求各方同志的意见。我希望我们在规划自己事业未来的时候，有基于我们学校事业在中国环境的背景，即有什么条件、有什么环境、有什么能力、有什么样的立场和感情的背景。而这些背景正如我刚才所说，它不是政策文本可以表述的，但它确确实实地饱含着在字里行间浸透的热泪和感情。

好了，在岁末年初，寒假将至之际，大家今天晚上还有很多各种各样的聚会，心儿像鸟一样展翅要飞翔，我不忍心再开始更多严肃沉重宏大的叙事。我想与各位分享一些轻松的话题：

过去的一年我给自己的称谓加注了：

一、"我是个农夫"，作为校长，界定自己坚持在三亚校园耕耘的工作方式和角色；不跑来跑去，也不左顾右盼和怨天尤人。我和很多的学者交流，说我在这里耕耘了近十年，未来只要在岗一天我还要像个农民一样守在这里。我说我出国，即便到远洋飞行，最希望一个星期就能回来；到北京就希望开完会两天就回来；在海口基本上是当天回来。我太恋家了，太离不开三亚学院了，所以像个农夫一样。

二、"我是个店小二"，作为校长，界定与政界、学界会通时的角色，不自以为是，也不偷工减料和敷衍了事。这几年访客多了，我要去接待各种各样的政府的、学界的、企业界的访客，他们会在想三亚学院是什么样子、有没有合作机会等等，我就想说，我是个店小二，我给大家介绍三亚学院，希望你们在这儿过得愉快。在三亚学院主场，我做个店小二，我觉得挺光荣的。

今天，我和同事们对话，我愿意以更欢乐的方式，但我的笑点低，同仁们的笑点高，笑不起来时，承蒙给点鼓励，撒点花，点个笑脸，打个赏。

三、"我是个星推荐"，老师们辛苦一年，我给各位分享今年影视频道的好节目，说说我们生活当中的生活演义，推荐几个时髦节目，让大家在寒假陪伴家人娱乐轻松一下。

推荐一：江苏电视台的《世界青年说》。这是一个帅哥和美女结合在一起的节目，都是会讲中文的各国的青年精英。挺有意思的，大家同在一个地球村，唇枪舌剑之中看出了巨大的文化的差异，但是他们之间的交流依循一定的游戏规则，不进行人身攻击，往往会说到一个国家会自大，比方说美国人会攻击伊朗人，或者说伊朗人在说美国人，或者英国人、澳大利亚人共同说美国人的自大，但讲到国际关系敏感问题的时候大家会戛然而止。让我想起我们老一辈的无产阶级革命家在处理国际关系的时候说"斗而不破"，我觉得现在的娱乐节目也真的很有水平，把国际关系演绎得如此精彩。

推荐二：《蒙面歌王》。推荐理由：关注起点公平。在《中国好声音》叫座的背景下，从转转椅去评价一个歌坛新人，到这一次蒙面去评价歌坛的老将，我觉得中国社会对公平的价值诉求已经倒逼社会评价机制的改变。尽管国家的总体规划是一回事，但是社会的各个基底、各个层面正在做公平机制重新的铺设是另一回事。我觉得是机制在决定着公平，实力在决定着地位，我在那个地方看到了一丝希望。

推荐三：《跑男》。推荐理由：体现客户至上。一群当红的明星拼命地跑、玩命地演，只要能让我们乐，他们就怎么玩，太敬业了，请收下我的膝盖。对于客户至上，中央和企业、学界已经呼吁了很久，其实在民间已经有很大市场，真的是市场是配置资源的重要因素。

推荐四：《金星秀》。推荐理由：呈现台上台下的新关系。过去无论是领导还是老师或者是名人在台上的时候，往往是一副教师爷的嘴脸，包括我在内。他们是教导、训诫，后来大家不乐意，他们挨板砖。现在好像到了一个较为平等的、相互开撕的局面，挺有趣。我期待未来的中国社会，大家在守法的前提上，在公共伦理、公共道德方面，有平等讨论的平台，温文尔雅地去开撕。

推荐五：《四大名助》。推荐理由：提供职场在场经验。最近一期节目中，有个女孩说："爸爸，我们不约。"她说她从小被爸爸给约在酒吧里面，她很烦，她讲到有一次她被服务员狠狠地抓住说："叫你爸快回去，我们下不了班。"所以她带着很大的创伤记忆。我们以为爸爸基本上是在酒店工作。但等到这个女孩的爸爸发言的时候，我才发现，女孩的爸爸是博士，妈妈是博士，两个人都是著名医院的知名医生。主持人问："你为什么喜欢喝酒？"爸爸说："大家知道医生的，在手术台上面，差之毫厘失之千里，人命关天，所以我们在工作不想生活，在生活不想工作。"这就是职业化的工作状态，属于自己的生活方式。

推荐六：《琅琊榜》。推荐理由：请听正义的回声。我觉得它超越了《基督山伯爵》的经典复仇故事，反对了二元取舍，同时也在崇尚多元文化过程中，重新回到人类是需要是非、善恶这些有界线的评判、有界线的诉说、有界线的站队的，重新回归正义是人类行为的必要边界的主张。也许仅仅是电视剧实现正义的标志，仅仅是人文理想与文人趣味，但它的高收视率证明，社会生活中大众追求崇高的回归，正义是多么了不起，是我们普通大众的崇高追求。

推荐七：三亚学院的官微和《南山南》三亚学院版。推荐理由：即便我们要行天下之远，也需始于足下这一步一个脚印。当下我还是个俗人，孩子是自己的好，学生是自己的有出息、聪明、漂亮。

今天中午我接待了北京大学的一位领导，他先从网上了解我们，也在同行当中了解我们，看着校园就一直追问："你只说了三亚学院的过去，你也说了'十三五'规划，在你心目中五十年以后三亚学院是什么样子的？"我说："我不说，我们不约。"他一定要我说，我尊重这位领导，就说："中国民办教育人在三十多年披荆斩棘过程中，葆有一颗赤诚之心，就像《琅琊榜》中的那些人一样；但是他们起步都说'我们要办中国的哈佛'，多少年过去以后，事实证明他们被主管部门、被同行、被社会当作是教育界的一个笑话，纷纷倒下。不仅没成为哈佛，哈佛的影子、哈佛的毛儿也没有。"他依旧追问："你心目中的三亚学院未来是什么影子？"我说："在我身后有一个崖台，原是一个荒山野岭，我们用两年的时间种了五万棵黄花梨和沉香，在未来的三年里那个山要被种植上五十万棵黄花梨和沉香。黄花梨一年成活，三十年有格，五十年成材，你说我想三亚学院是什么样子的？"

为学术增进再次挑战自我

（2016 年 2 月 6 日给非正高职称中层干部的一封内部邮件）

各位同仁好：

岁末年初，举国遭遇寒流，我在三亚感受 6 度的气温，真是"环球同此凉热"。这是三亚学院的第十一个年头，各位同仁前前后后来到三亚创建三亚学院，在荒地上建一所大学，还是没有国家资源支持的民办大学，其中的艰难只能说甘苦自知、冷暖自知了。

去年，我们的学校连续第五年完成国家计划新生报到注册稳定在五千名，连续第五年进入第三方评价的全国民办大学前五名，首次进入毕业生就业全口径统计（2700 所左右）的前五十强。

过去几年，我们的学校两度顺利通过国家评估，学校的治理结构、制度建设、队伍建设、管理水平、教学质量、科研数量、社会服务能力进入稳定良性发展的逐步增进阶段，党建工作成为海南高校中党放心、组织表扬的先进，人才培养和学生工作屡次给学校增光添色，宣传工作稳定而有亮色，外事工作拓展并推进了办学国际化，校园保障的各项服务工作让学校有了崭新面貌，各个学院的工作也实现了从较为单纯的教学机构向办学机构的转型（尤为体现在多数班子建设从有想法到有章法了），美丽校园的梦想基本形成，基于阳光文化等校园文化的健康校园生态已经构成别的学校难以企及的基础，越来越多的教职工和学生及校友悦纳自己的学校，加之一支骨干队伍正在茁壮成长，可以认为，我们学校未来进步的通道就此打开。如果环顾朋友圈，给自己鼓劲加油的话，要充分认识到，我们是中国唯一一所在欠发达地区、不发达城市中快速壮大和良性发展的优秀民办大学。

所有的成绩与多重因素相关，比如，地方党组织和政府的关怀和支持，海南的宽松环境，董事会的信任和支持，三亚城市在进步，师生们共同努力等，但最重要的内因是，各位同仁有教育梦想，许多人有教育情结，更多人越来越有教育情怀，认同创新创业创价值。虽然艰难，从不放弃；虽然位低，从不自卑；虽然经验不是长项，学习和进取却是擅长；虽然没有特殊照顾，却在撑住一片天地；虽然没有尊贵，却赢得普遍尊重。这是我眼中心里的各位同仁。

虽然如此，我们学校也有短板，干部进步不平衡，接到我这封邮件的同事还有短项，即学术增进还有欠缺（有的是学历、有的是职称不够高）。各位同仁知道，学校和我本人不迷信学历和职称，但我们都知道这些背后是靠科研和学术能力在说话。学校发展到这个阶段面临新的挑战，科研能力不够则教学质量不高，学术水平不进则学校事业就退。为提高学术有两个选项，一是培养自己的年轻人，但事业机会等不得人慢慢长大；二是引进一批人才，但谁来做人才的领导和伙伴？两个选项都需要在位的各位同仁，都需要你们的更好表现。培养新人需要你我以上率下，引进新人需要你我与名师共舞，我们自己如果有缺就缺少说服力、感召力。所以，提高学术能力成为学校和各位的当务之急，提高职称成为各位的不二选择。

我期待各位像当年向荒地要现在的美丽校园一样，像从当年没有校园文化到有了现在校园堪称先进的理念、制度和队伍一样，像从当年没有学生到有了现在的在校生规模和人才培养成果一样，像从过去曾经仅仅能够维系教学到现在有一批教学和科研成果一样，像从过去没有经历、经验到现在大都有管理底气一样，从头再来，向困难勇敢地发起冲锋，向自我再次挑战。我相信各位同仁的理想、信念和潜力一直都有，至今还在。

学校在新学期可能会出台新政策，既创造条件鼓励各位从事科研和提升职称，也对各位提出任职的职称要求，即满评职称条件三年而不能晋升的，将下岗进行专项科研培训。

　　新春前夕发此邮件，辗转反侧多时，还是鼓起勇气，我们既然已经相互信任这么多年，就还要继续互信下去。大地冬寒，有毛泽东的"北国风光"；春江水暖，有各位的泳者先知；学校学术精进，有赖同仁负重先行。

合并是为了更好地发展

（2016 年 2 月 26 日在社会发展学院拆分、合并动员大会上的讲话）

洪艺敏副校长、江合宁院长、陈博院长代表学校和学院为我们解释了学校这次学科和学院调整的原因、意义和方案，对拆分和合并后的工作安排做了详细的动员和部署，他们讲的都很有道理，说的都对。

对于社会发展学院来说，这是拆分，但更是合并，通过合并，更好地握紧拳头，打出力量，对于社会发展学院的老师和学生的发展都会有更多的益处，可谓合时千般好。合并过程可能有思考不周全的地方，这就需要我们多做沟通和化解工作。在社会发展学院合并到两个新学院的过程中，我们学校的制度环境没有变，我们生活的物理空间如教室、办公室，基本没变，我们的教学团队、学生班级，也没变；变的是我们的新目标，是我们更高的追求。这个时候，我们为新目标想得多一些，细节上就会发现一些考虑不周到的地方，解决这些问题，需要我们的干部们工作做得更细，多从我们各个学科、专业和学生发展上做谋划，多做一些沟通工作，多做一些思想工作。

对于社会发展学院来说，这毕竟是个拆分，三亚学院办学第一天，就有了社会发展学院，它承载了太多人的情感和记忆，一朝之间，社会发展学院就成了一个历史的名词，很多人情感上一时是难以接受的，可谓离时万般难。人是情感动物，总会有情感上的不舍。社会学是我们社会发展学院的龙头学科，成立后第一天的课程，就由我介绍社会学。社会发展学院也是我们已故沈关宝院长曾经辛苦工作过的地方，他请到了很多的名师，使社会发展学院成为三亚学院引进校外名师最多的一个学院，正是这种名师的熏陶，也包括各位其他方面的努力，社会发展学院走出了三亚学院的第一位硕士生、第一位博士生，他的名字叫杨君。刚才陈博院长说的一句话非常好，社会发展学院的血统还要在艺术学院里发扬光大。社会发展学院的优秀传统、好作风也要在合并后新成立的法学与社会学学院生根开花，毕竟法学要利用社会学这个平台，只不过单独的一个番号合并后成了两个番号，以前是 A，现在是 AB，这只是旗帜的事情，实质上没有变。

按照学校的新分工，我现在是法学与社会学学院的联系人。我本来是牵头理工学院、财经学院，现在调整到牵头既能学好理工又能懂一点财经的法学与社会学学院来，我会做好后勤保障工作。

着力构建应用型人才培养课程体系

（2016 年 4 月 8 日在专业课程体系构建交流会上的讲话）

感谢侯老师和石老师，你们不仅仅是我的同事，还是我的老师。你们在上面演示的时候，我跟洪副校长在台下交流，我说我相信你们两位在这些问题上已经超越了我们，我们只从宏观框架上设计"课程地图"，并没有在实践中用我们的理念去解剖、钻研我们的专业。你们的专业课程地图做得这么仔细，一定耗费了很多精力；做得非常漂亮，说明我们的教学创新是可能的，学校新教学计划的落实完全值得期待。同时，我特别向各位老师说一下，两位老师思考和展示的是自己所在学科和课程的体系建构，他们的思考和展示只能给大家提供借鉴，并不是给大家提供模板。我知道，可能有些老师离开了模版就不会做方案，一定要克服这一点，好的方案一定是来自每个人自己对教学理论和实践的深入挖掘。刚才，大家提出了不少疑问，这说明老师们在对教学实践进行反思，说明我们的方案还有更多要完善的地方，还可以做得更好。我相信只要开好头，一定会有更多的老师走上学校的舞台，走上全省的舞台，走上全国的大舞台，去宣讲我们的经验。

我把刚才老师们讲的画了一个表格，就是通识课、专业课加创新课程在这个课程体系里的位置。刚才穿插着讲了，整个中国的高等教育面临的是中国三十几年来不断变化变迁的过程，其中经济领域的变化尤为剧烈，由此带来社会的变化，分化出来各个行业关于人才的新的需求和规范；高校在过去的环境中形成了一些对权威的简单认识和简单膜拜，不改革就不能适应新的社会变化。过去的权威只是过去的环境之下解决问题的权威，能解决当下高校人才培养问题的，才是今天的权威，两种权威，归根结底都是要解决问题的。我们要抓住人才培养方案这个事关解决人才培养问题的关键，人才培养方案一旦制订下来，就要稳定实施，我们校务委员会的意见是稳定实施四到五年，不允许出现前面王老师所担心的，换了一个比王老师有名得多的王教授就把方案也换了。方案的严肃性就在于稳定性。在制定人才培养方案时，第一要尊重同行的同质性的基本规范，第二要根据学校的发展定位和区域发展的基本要求，第三要紧扣学生成长。缺一不可。这一次方案制定，大家肩负了使命，学校会舍得投入，会全力支持大家的工作。

关于课程地图的三个构成，经校务委员会讨论，课时分配上，大概是通识课程占到30%，专业课程占到60%，创新创业课程占10%。创新创业课程的这个10%，不会要求大家都一步到位，有条件的马上安排，没有条件的逐步开到10%。通识课程，有两点要明确：第一，通识教育不只是与专业教育相对，还要着力与本土化对照，要瞄准参与全球经济和人文交流的国际化竞争需要；第二，根据学校的基本情况，通识课程还是培养一个大学的所有专业学生的共同素养的教育。专业课程，我们不要只是把专业与某个知识学科联系起来，要明确的还有，专业课程实际上还要与行业标准有联系，要通过明确专业方向，来使专业课程与行业标准更好地结合起来。关于创新创业实践课程，新开设的专业入门这门课，既可以划入创新课程，也可以划到专业课程，它帮助新生形成专业认知，上完这门课，就知道怎么认识专业，怎么去选课，找哪些专业书，到哪个行业去就业，行业需要哪些专业知识能力，就带领学生初步入专业之门。

我要把我们应该做的事再重复一下。第一，要能够把握新一轮中国高校必须面对的整个中国经济发展到现阶段的形势，包括产业发展，经济转型；第二，作为院长和专业主任，应该熟悉怎么重新设计和规划一个专业。我想说的是，我当系主任的时候可没这个能力，放到二十几年前的大学环境里，我要去做这个事，校长和书记都不会放权给我，卡得死死的，但那个时代过去了，我们现在这些中青年的院长和专业主任，通过这轮改革和人才培养方案的修订，要让自己对专业发展的认识，有一个自我培训，让老师们有一个共同的培训，三亚学院对诸位抱很大希望。

昨天在市政府开了共建三亚大学的会议，学校没时间去庆祝，马不停蹄地要做课程地图建构这件事。各位已经成为所在专业领域的专家，我当老师时想都不敢想人人能做这样的专业主任。前些日子，上海交大的图书馆馆长来访，他说现在社会上对大学批评很多，批评大学培养人才是下饺子。他说想比较一下，是"文化大革命"时代学生要掌握的知识点多还是现代学生多，是那时候获取知识的效率高还是现在的学生获取知识的方式途径效率高。我现在回想我们读书那会儿，与刘伟同志现在所学的文学差别很大，我们对文学理论的理解相对单一，文艺理论的定义多狭窄，阅读的范围除了经典就没有多少能说的了。但这代人恐怕会有理论方法选择障碍症了，当然现在学文学的人思维更活跃、更敢去闯去试。所以，我们的年轻同志不要被固有的观念和知识体系困住，要带着质疑的精神自己去发现和解决问题，重新树立起自己的理论与实践良性互动的知识结构。

最后一句话，也是我自己参与人才培养方案过程当中一直考虑的问题。我是学文学出身的，刚才的问题我意犹未尽，就是办应用型的大学会让我们传统的读书人不舒服，我想不只是我一个，好多老师包括教师和博士、院长和主任都有这个感觉，这是大学教师的情结。我是来搞学术的，课也讲得好，这就是传统教授的情怀，面对如何认识应用人才培养，我们容易陷入困惑。我举个例子，大家或许就能明白过来。有在英国排名前 7 名、世界上排名前 50 名的英国大学要和我们合作，我受邀去访问过三次，他们为什么会期待三亚学院呢？因为他们号称是全世界最具典范性的校企结合培养应用型人才的学校，想通过跟三亚学院合作，进而跟李书福、跟沃尔沃开展合作。我后来想明白一件事，所谓应用型人才培养，我们可以把它理解为解决专业领域问题的专门运用的学术训练，而不是说我们去培养学生当个工人，应用型是用我们的行业知识储备、我们的专业认知、我们的行业经验来解决专业领域的应用问题。这可以说属于学术范畴。我想这样说是不是各位会舒服一些？反正我觉得我舒服一些了。我们每个人都有大学的情结和大学的情怀，希望我们在应用型人才培养或学术型人才培养上不要过多地纠结，路是人走出来的，问题是人解决出来的，解决问题后，会出现新的局面，未来的日子更美好！

解读思政工作转型方案

（2016 年 4 月 19 日在思政工作委员会扩大会议上的讲话）

今天的会议是一个关于党建工作的理论研讨和工作对接会，重点是讨论我校的思想政治工作转型。三亚学院有一个优良的传统，那就是始终坚持以党建促校建，始终坚持社会主义办学方向。4 月 18 日，习总书记在中央全面深化改革领导小组第二十三次会议上对发展民办教育做出重要指示，会议提出要支持和规范民办教育发展，要坚持和加强党对民办学校的领导，设立民办学校要做到党的建设同步谋划、党的组织同步设置、党的工作同步开展，确保民办学校始终坚持社会主义办学方向。一段时间以来，关于如何发展民办教育，政府和社会形成了诸多认识，它们都在中央全面深化改革领导小组第二十三次会议上得到了相当明确的回应，这为今后民办教育的发展和党建工作指明了正确方向，幸运的是，三亚学院一直以来方向对得准，路子走得正，方法也得当。

一、三亚学院十一年的短暂经历，表明了三亚学院以党建促校建是正确的道路

对于三亚学院形成党建工作优良传统的过程，我们不妨做一个简单的回顾。早在 2004 年底，教育部批准三亚学院筹办的正式文件还没出台之前，三亚学院筹备小组就向省教工委申报建立三亚学院的党组织，在省教工委的

直接领导下开展工作。省教工委很快做出批复，同意建立党组织。三亚学院党组织成立后不久就参加了海南省第一批党的"三讲"教育活动。当时，三亚学院的教职工人数不超过 30 人，党员占了一半以上，每天工作到下午四点钟，然后花一个小时时间开展"三讲"的理论学习，交流心得体会。今天在座的贾朋社、李源、尹萍、傅萍等同志，参加了这个活动，应该对这些都历历在目，有比较深刻的印象。在"三讲"教育活动中，学校党组织就得到了省委巡视组的充分肯定，认为初创的三亚学院能够走到这一步就在于党建工作抓得真。

接下来就是全党开展党员"先进性"教育活动。此时，三亚学院的基本组织架构已经建立，包括党组织的三级架构、行政的基本教学和科研架构都已经齐备。党的先进性教育对于三亚学院推动现代大学组织制度建设，厘清争议，找准定位，起到了非常关键的作用。同时，与上一次"三讲"教育活动一样，在三亚学院最为艰苦的条件下，党建教育起到了凝聚人心、鼓舞斗志的作用。同志们在教育活动当中，树立了对中国改革开放的道路自信，树立了对中国高等教育事业发展的信念和信心，树立了对民办教育能够为中国现代化建设提供人才和智力支持的信念和信心。同志们，这些今天看来的寻常举动在当年能做到是非常难得的，起到的作用也是非同一般的。中国民办教育诞生伊始，就面对着太多的非议、怀疑，但这些非议、怀疑在三亚学院从没有形成气候，其他民办高校普遍存在的那种棍子乱飞、谣言四起的风气和状态，在三亚学院从来没有市场。三亚学院的人心思进、人心思定、人心思教、人心思正，这样的风气也应该归功于学校党委抓党建，在筹建期就选择了恰当的定位和得当的方法。

在中国，推动现代化各项事业的发展离不开党的领导，而党的领导有一个最基本的路线，那就是党的群众路线。在全党开展的"群众路线教育实践"活动中，三亚学院党委总结过去十年发展的经验和教训，深刻地自我检讨，认识到在多年的党建教育中，贯彻群众路线是个弱项，自以为是民办，大家都是群众，从群众中来，办好学校为群众，没问题，但领导干部到群众中去，则明显不足，汲取群众的智慧不够，关心群众的疾苦不够。所以，学校在"群众路线教育实践"活动中深刻地反思学校建设的经验和教训，作出了制度性的调整，态度认真，办法得力。如今，但凡学校出台重大制度，都要反复地征求各级各方的意见。开通阳光公务平台，认真开好一年一度的教代会，纪委聘请群众监督员，组织后勤与师生年度见面会，学业咨询中心建立，官微增添的"民间色彩"，诸如此类，对学校的健康发展起到了重大作用。"群众路线教育实践"活动中，三亚学院被巡视组作为贯彻群众路线的先进典型推荐到省委。

现在，全党"三严三实"和"两学一做"专题教育正在继续，在座的从事党务工作的同志、从事共青团工作的同志，对此都有恰当的认识，严肃的态度。

可以说，三亚学院从一开始就做出的抓党建促校建的道路选择是恰当的，三亚学院党的制度建设是健康的。重要的是，三亚学院的党建不是被逼出来的，不是被上级强行要求的，而是自觉的。这既是学校党组织和党员干部的政治责任，也是学校办学的管理智慧。未来，三亚学院的以党建促校建的制度安排和工作路径还会继续加强。

我们不能说三亚学院的党建处处都是优秀的，我们也有不足，贯彻群众路线上有一些不足，我们已经改进了，但还有没有其他不足？学校各级党组织都还不同程度地存在着思想政治工作不到位、组织生活建设不落实、党员的先锋模范作用不突出等问题。为此，学校党委将从制度入手进一步推进党建工作，很快要出台三亚学院思想政治工作、党建工作转型方案。

三亚学院在四次全党性的教育活动中都被上级党组织在专项审查时肯定，党建成果也在民办教育系统形成了经验，出去交流过两次。当然，真正地在全省范围内得到上级党委有影响力的肯定，还是在全省高校党建工作会议上。省委常委、组织部长、省教育工委李秀领书记对三亚学院的党建经验做了总结评价，他说，三亚学院党委书记总结了党的历史上党建三要项，即党内强大的组织能力、对外强大的社会动员能力、党员干部率先垂范作用,对党建的认识是有高度的,三亚学院以党建促校建的这条道路选择是正确的,是有办法的,三亚学院的党要管党、党管思想、党管廉政、党管师德、党管学生、党管安全稳定和意识形态的党建工作概括非常全面和到位,值得所有的高校学习。上级组织对三亚学院十年党建工作的肯定激励我们更进一步搞好党建。出台思政和党建工作转型方案,就是要传承三亚学院党建的优良传统,遵照十八大以来习总书记的系列重要讲话精神和中央对高校基层党组织建设的意见,明确指导方针,搭建基本框架,优化工作方案。

党建的核心是党要管党。第一,加强党的思想建设,党管思想。要使全体党员和思政工作者树立共产主义信仰,明确马列主义、毛泽东思想、邓小平理论、"三个代表"重要思想和科学发展观的指导思想地位,确立对中国传统文化、改革开放理论和道路的自信,形成提高党性修养和发挥党员模范带头作用的自觉。第二,管意识形态领域内的师德,学生正确的思想意识和健康人格,要通过思想政治工作委员会制度落实党管思想。组织建设,即党管队伍,要坚持党委决策和两级责任制,党委和党总支的两级主体责任制。"三不三要"要持续讲。"三会一课"要制度化、正常化。第三,党管廉政建设,党管作风建设。在廉政建设上,在制度设计的权力制约上,学校已经有了要求,要明确写进转型工作方案。党规的"一岗双责"和"一案双查"制度要得到贯彻。纪委建立了与权力清单同步的廉政清单,党内的党员违纪处理要公开透明,要方便群众监督,要写进廉政工作方案。关于作风建设,群众路线是我们作风建设最重要的着力点,要设立党员服务岗,对党员干部的服务态度、服务效率要有要求,要写进工作方案。第四,党管文化建设。人事处正在起草一个关于三亚学院文化建设的方案,到时候一并纳入。这样,我们的党建方案就会有四部分组成。其中,比较难、需要花大力气的就是党管思想部分。我们花了几个月的时间,上上下下几次修改,现在大家手上拿到的《三亚学院思想政治工作转型方案》,明确了党管思想的基本方向、基本制度和基本抓手。今天,我们就重点讨论这个方案。

二、思政工作运行体系图示的解读

在三亚学院党建布局中，思政工作是一个难题，今年要破解。请大家翻到材料第 12 页的思政工作运行体系图。这个运行体系图也是三亚学院思政工作的责任主体、工作任务分解以及相关制度建设的一个总的关系图。校党委是抓党建的主要领导力量和一级责任主体，通过抓两个组织系统来落实，第一是直接抓各个党总支，这是二级责任主体，第二是通过思想政治工作委员会。思想政治工作委员会主任由校党委书记担任，常务副主任由党委副书记担任，副主任包括了教务长和人事长。委员会由职能部门组织部（统战部）、宣传部、纪委、团委、思政室和各党总支组成。思想政治工作委员会今后就成为三亚学院思想政治工作的组织者、监督者和评价者（系统内的自我评价）。当然，还有党委评价、群众评价和上级党委评价。公办高校一般是把组织部、宣传部的工作并列在一起，但考虑到三亚学院作为民办学校的特殊性，宣传工作要从紧盯冷媒体发展到越来越让位于热媒体，热媒体在整个思想建设、文化建设的传导作用有越来越大的趋势，所以，三亚学院的宣传部主要抓的是与时俱进的热媒体的建设，如官网官微建设，还有对外的其他方面的建设，包括跟市广播电视台签订的战略协议，这些都是基于我们党委对思想工作建设新的技术平台的认识。公办大学的宣传部抓的工作，我们一分为三：相当一部分党员的思想教育和教职工的思想教育由组织部和党总支来承担；学生的思想政治教育分解由团委和党、团总支去承担；教职工的思想教育还有一块分解到工会去承担。

在职能部门下面有四个分支，其中主要承担思想政治工作职能的队伍是思想导师。思想导师和党务工作队伍一样，是承担思政工作的主要职能、职责的队伍，要求很高，学校期待也很高。其他各个职能部门，专业地开展思想政治建设方面教学和科研的机构是马克思主义学院，专业地解决思想工作当中心理教育、心理健康建设和心理疾病问题的机构是心理辅导中心，专业地解决学生学业和生活问题的是学业咨询中心和社区。分工协作机构是行政部门、学院和各个专业系（所），支持与协同的队伍有教师和职员。

这是我们花了相当长时间认真思考，又专门组织了小队伍研讨提出的主次。"齐抓共管"已经成为我国高校30多年的思政、党建工作经验，但是我看到的多数齐抓共管方案，大部分是要求很高，说起来谁都重视，做起来谁都可以逃掉，觉得那样写的够全，又高大上，似乎把它放到了最重要的位置，结果不脱形式主义。我们下大力气、下决心去改进，就是要把应该承担责任的主体和主要工作责任写明确，谁是主力军，谁是配合，谁是专业队伍，谁是支持队伍，都要分得清楚。这里，所有分工的，没有一个是没有责任的。但是，谁是主体责任，谁做什么，应该清清楚楚。

在这些责任机构里，思想导师干什么？我们界定其承担主要责任。马克思主义学院干什么？也有界定，它是做思想政治教育，是和学校党委、团委配合做校内外与思想建设相关的实践活动的。我们的学业咨询中心干什么？通过咨询掌握情况，面对面地解决问题或协调相关部门解决问题。社区老师通过帮助学生解决生活困难来解决思想的困惑。这些都是分工职能。协同机构呢？所谓协同，就是工作的同向、同步、同调，不但行政职能部门如此，各学院的管理者是如此，专业的负责人也是如此。什么叫支持协同队伍？这是我们党委委托一个小组研讨的时候提到的一个认识，教师和职员如果唱反调或拖拉就是没有支持协同工作。厘清教师教书育人的目标与边界是重中之重。教学、科研是教师的本分，学校不会对教师提做不到的要求，也不会把什么事情都归结为思想问题、三观问题，把人生活的什么事都归结到思想政治工作的时代已经过去了。教师的思想工作做什么？就是上好你的课，做好教学和科研，就是坚持专业知识的科学性，就是坚持真理，同时记住，这毕竟不是在国外办大学，自然科学还好，社会科学中毕竟有价值观渗入。一个三观上出现偏差的人，要想在课堂上生点事儿，就确实能生出事儿。因此，我们要加强师德师风建设，师德师风建设第一条当然是恪尽教师职守，其中核心的一条，就是应以正确的思想去引导学生，引导学生形成正确的三观。也就是说，教师不能利用课堂、利用自己的专业知识，把学生诱导到非常敏感的政治方面。我们国家在讲民主建设，你在课堂上也谈民主建设，但与中央的民主建设主张不一致，对不起，你就别讲了，你在学术会议可以提出关于自由、民主的个人意见，但在课堂上要回到社会主义核心价值观的完整定义中去。

教师的教书育人，主要是通过传授专业知识、科学道理来进行，切不可一提教师的思想政治工作职责，就要让教师把与"党要管党"和思想政治工作相关的事情都直接拿到课堂上去说、去做，课后还要加强辅导，如果不这样做，考核就不合格，教师评价时就给负面。这是禁止的，学校和党委不会做，我们也禁止党总支包括行政部门对教师的课堂行为轻易上纲上线。要做的事是沟通，沟通，再沟通，不能因为他不听你的话，有点"调皮"，马上就说他上课胡言乱语，师德有问题，师风有问题。我不希望在我任职期间三亚学院出现这样的问题。我坚定相信这也不会是上级党委的初衷。是你干部跟教师沟通的问题就是沟通问题，是他性格的问题就是性格问题，是他知识水平的问题就是知识水平问题，是他职业规范不好就说职业规范不行，不要乱扣帽子，更不扣政治帽子，不要在我们党认真抓党建的时候把什么问题都往这方面靠，这是辜负上级党委领导的期待和要求，容易把党建引向偏差。党要的是团结广大知识分子，团结青年学生，一起实现中国梦，这是问题的关键所在。在高校，党建的两个核心，第一是立德树人，把更多的学生团结到党的旗帜下，信仰党、信仰社会主义、信仰改革开放和中国梦；第二是团结众多的教职工，尤其是教师，尤其是青年教师，与党同心同德。老同志在这个问题上要清醒，年轻人在这个问题上一定要警醒。我们提倡的阳光文化、健康人格，也希望在这方面有所体现。

三、转型思路的解读

转型，不是什么都转。哪些转，哪些不转，都要严格核定。首先，思想政治工作的目标不能转，上级党委对此有要求，我们多年的党建和思想政治建设对此也是有传承的。其次，队伍的职责不变，校党委是责任主体，党务干部、思想导师是落实主体。要呼应时代要求，运用现代管理和现代科技的手段，通过转变工作角色，优化工作机制，创新工作模式、方法，搭建有效的工作平台，拓展工作路径，调整各项思想政治工作的内容定位，来建立与"中国梦"同向的思政工作体系。这里没有写与党中央的要求一致，因为这是党建工作方案的一个子方案，在总方案里我们一定写上。子方案中思想政治工作的对象有很多，既有教职工也有学生，既有党内的也有党外的，要求都是完全一样的。对于广大的青年学生，我们会争取把他们团结在党的旗帜下，而不是以党员的标准要求所有的学生，中央也没有这个要求，一定要做好区分。学生积极要求入党，是我们的教育成果，没有要求入党，接受党的领导，为中国梦而奋斗，这也是我们的教育成果。教师是知识分子，他们团结在党的旗帜下有两类：第一类是积极要求入党，成为入党积极分子，进而成为党员；第二类是虽然没有积极要求入党，但贴近党的教育，对校园里的思想教育活动不排斥、不反对，也算是对思想政治工作有认同的队伍。一定要明确的是，教师是思想政治工作的支持队伍，而不是主体队伍。

对党忠诚，对党负责，这与我们的文化传统也是相关联的。中国是一个道德社会，对人的评价有多种，其中很重要的一条就是道德。道德教育既要分类，更要分层，不同的人有不同的道德建设的内容、任务，不同的人群有不同层次的道德建设任务。马斯洛根据人的不同层次的需要把人的需要分成了五种，孔子则根据人的智力和能动性把人分成上智、中人、下愚或圣人、贤人、普通人。分类分层是就道德教育的目标而言，对于所有人，基本的道德标准也是不可或缺的。第一，法律底线标准。法律是道德的底线，对全中国 13 亿人要求都一样，谁也不能越过，越过就违法，就不道德。第二，水平标准。社会发展到今天，在大街上随地吐痰、乱扔垃圾、闯红灯，就越过公共道德的标准线；在人群中大声说话，两个人撞上了不互道声"对不起"，就违背了国际通行的道德标准。这样的水平标准，不是城市人就能做到，也不是知识分子就做得更好，有的读书读到博士也是在公共场所随地吐痰、大声说话的。对于底线标准、水平标准，关键是要去遵守，要去形成习惯。第三，崇高标准。为共产主义奋斗，舍生忘死，是不是崇高的道德？当然是。为了他人的利益，为了人类的利益，牺牲了个人的生命，牺牲了个人的青春，牺牲了个人的健康，是不是高尚的道德？当然是。不是所有人都能表现出这样的高尚道德，但所有人都要视之为崇高道德的标准，这是所有人都能而且应该做到的。我们的思想政治工作，要让经过大学教育的人守住道德的法律底线，具备公共道德水准，同时，还要营造环境，让那些愿意为共产主义事业奋斗的人能够成为具有高尚道德的人，成为人们景仰的对象。在这个问题上保持客观的、科学的态度，就是对党的事业负责。不要只唱高调、编假话，最后弄得群众反感，与党感情上若即若离，甚至站到了党的对立面。也不要没理想、没信仰、没要求，要旗帜鲜明地弘扬高尚道德，树立崇高理想，让党的旗帜成为平凡世界里亮丽的指引。

总之，这次转型方案，转的不是目标，而是角色、方法和机制，我们引入现代科学管理，丰富现代技术手段，建立体系化的工作流程，就是要搭建更多有效的、入脑入心的思想政治工作的平台，包括网络平台，如建立思想政治工作的各类微信群，就是我们现在在抓的事情。在思政工作的平台上，各责任机构要转变自己的工作角色，尤其是实现主体责任和分工协同的工作角色转变，这涉及意识转变、重新定位，关系到下一步的工作机制优化。在分级负责的工作机制中，分工负责是一个工作机制，协同作战是一个工作机制，要相应地调整思想政治工作的内容和定位。思想政治工作队伍的建设，要从思想入手，从工作态度入手，也要从工作绩效入手。做思想政治工作的人既要有专业基础，也要有现代学科的一般能力，熟悉并掌握现代科学管理的手段和方法。目标管理是现代管理的重要方式，绩效考核纳入思想政治工作，就是希望人人有目标，人人多努力，用成果公开透明地说话。只有每个人不断提升自己的空间、平台，给自己创造更多的机会，我们的思想政治工作才会更有成效。在三亚学院，但凡有心，但凡努力，但凡有成效，都会有更大机会。

这次思想政治工作转型的一个突出亮点是辅导员队伍的"六师"角色转型，进一步突出了思想政治引领。思想政治工作的重点是立德树人，是把更多的广大青年学生团结在党的旗帜下，这是全校的思想政治工作重点，也是中央的要求。"六师"有六个方面的任务，但是，最突出的是思想政治工作。不叫心理辅导师，也不叫生活助理师，而是用思想导师来概括所有的六个方面，就是要突出思想政治工作。为什么不叫思想政治导师，为什么不加政治？三亚学院还要发展为国际化大学，未来要有国际化的动作和平台，多个"政治"会增加很多没必要的解释工作。但是要明确的是，虽然没有加"政治"两个字，完整的解释就是思想政治导师。

思想政治工作自成系统，同时它还要在学校的整体系统中发声、发力。为什么？因为三亚学院不是党校，它是一所大学，它是为地方、为行业服务的开展应用科学研究和培养应用型人才的学校，思想政治工作不能偏离整个学校的系统和发展，不能自说自话。让思想政治工作融入学校整体系统的发展进程，在学校里整体工作是处于第一位的。无论是党委、党总支，还是各个职能部门、责任机构，整个思想政治工作队伍都不要偏离出学校的整体系统行事。办好大学，也是让党放心的重中之重。

这就要求思想政治工作要落地到大学文化建设之中。三亚学院十多年的经历表明，正确引领下的思想政治工作一定是与学校的阳光文化建设、学生健康人格建设捆绑联动建设的，不可能要求思想政治建设一条线，人格健康一条线，师德师风又是另外一条线，这三个是交叉的，相辅相成、相互促进的。一个学生的健康人格比较到位，师德师风有水平，思政建设有一定的成效，思想工作很多的问题就解决了。集中攻关某些思政难题，大量的办学精力就节省了。相反，思想政治工作做得不好，歪风邪气就显露，学生人格建设就有偏差。所以，思想政治工作、师德师风建设和学生人格养成，与学校的校风、教风、学风建设是相互促进、相互养成的关系。思想政治工作一定要落实在大学文化建设当中才会对路数、有成效。

四、转型目标及任务的解读

关于转型的目标和任务，首先要先说一说工作导向。

我们的思想政治工作导向是把所有机关工作统一到党的自身建设、党的意识形态工作和学校立德树人、师德师风建设的工作方向和工作标准上。这个要求很高，也是非常严肃的。意识形态不能出现偏差，要和中央保持一致。立德树人是学校人才培养的根本任务，师德师风建设是必要环节，我们要紧扣教学这个中心，办让党放心、让人民满意的好大学。三亚学院有办学的国际化目标，有培养应用型人才和创新创业人才的目标，有科学研究的目标，有为地方服务的协同目标，还有未来成为民办大学的标杆、成为"一带一路"重要支点上的优质大学的目标，总体目标就是成为一所应用型人才培养和应用型科学研究的高水平大学。但上述目标的实现，并不必然就能实现建设让党放心、让人民满意这个中国大学的政治目标。偏离政治目标，我们不但不能说我们实现了上述的目标，而且我们要意识到学校正陷入危机，面临着危险。党不放心，人民不满意，这是一个危险的信号，这是危机出现了。作为基层党委，要深刻领会习总书记的讲话精神，要牢牢把握思想政治工作导向。

要落实工作导向，就要实现工作机制的转型。我们的工作机制是党委领导下的思想政治工作委员会统筹运行和各部门分工协同的机制。通过机制转型，整合资源、统筹安排、落实责任主体，每个机构和部门以及队伍都要有自己的责任主体。机制转型首先要突出问题导向，遇到什么问题，解决什么问题，不要什么事情都重新来一遍。全国搞思想政治工作的，似乎每天都没闲着，像蜜蜂一样的，但是问题还是成堆，有意识形态偏差的照样有意识形态偏差，有心理疾病的照样有心理疾病，学风不好的照样学风不好，没有效能，思想政治工作能好吗？不行。其次，要落实工作目标。三亚学院各项工作都要建立目标管理责任制。再次，要完善评价机制。校党委对思想政治工作委员会的机制即职能做评价，思政工作委员会对各个职能部门、职能队伍做评价，要针对工作目标实现与否、问题解决与否进行具体的评价，评价对象的工作目标实现了，工作系统、工作方面、工作对象里的很多问题解决了不少，甚至首要问题都解决了，考核自然就是优秀。

推动思想政治工作队伍转型，重点是加强辅导员队伍的"六师"角色转型。学业导师是基础，请传统的辅导员老师、未来的思想导师们要认真领会。为学生提供专门化的学业指导，是思想政治工作者的基础性的角色，也是全程性的工作，做一年和做四年，都是基础。学业导师的主要工作是抓学风建设。课堂上的专业教育还是专业教师的工作，学业导师没法替代，学业导师主要抓学生在成长过程当中遇到的跟学业有关的大概率事件，抓学风建设。督促学生怎么去读书，引导学生怎么去学习，形成良好的宿舍风气和专业的、年级的、班级的学习风气，这是学业导师的主要职责。

思想导师是重中之重。要突出思想工作的政治导向，帮助学生把握好人生方向。

生活助理是常务角色。处在生活辅导老师的位置上，自己的学生生活上有问题，要给予指导、指点。当然，我们特别界定了要培养师生感情。思想导师指导众多学生规划学业生涯，事情多而杂，要化解繁重，就要提高工作效能。从效能出发，既是提高工作效能，也是提高工作能力、工作绩效，既减轻自己的劳动负担，也是在帮助学生自己进行独立的生活。作为生活导师，要从每天面对的、被解决的那一点问题中跳出来，要善于帮助学生建立起学生间的师长帮、学长帮，学习好的帮学习差一点的，实践能力强的帮助实践能力弱的，沟通能力强的帮助沟通能力欠缺一点的。如果你第一年上岗每天那样做，那是因为你没有太多的经验或者说你刻意地要跟学生建立起感情、建立起熟识度，以便于今后的工作，但是如果做到第二年还是如此，那还有精力去做其他的工作吗？还有能力去提高工作绩效吗？不可能的。所以，生活导师重在培养师生感情，要提高工作经验、工作效能。经验丰富了，解决问题的能力也就提高了，把学生队伍调动起来了，建立起了学生互帮互助的机制，学生的学习能力也就增强了。

社会化导师是核心价值。从社会学或者心理学的角度看，人的一生都在进行社会化的过程。大学阶段是人形成三观的重要阶段，也是人社会化的重要阶段。有的人的社会化过程比较健康、比较顺利，他对世界持一种积极的态度；有的人在大学这个重要阶段，三观没有恰当定位，对社会持一种消极的态度。就像哲学有一种积极的哲学，也有一种相对消极的哲学一样，它会影响到日后一年、十年甚至终身对社会的态度。在大学，离开了父母，和同辈群体一起生活，在知识的海洋里，在师友的熏陶下，培养了可以转化为自己的认知、行动的能力，走到社会上去，不管社会腐败也好、没有腐败也好，腐败严重也好、腐败不严重也好，不影响他对人类社会发展的大方向、社会进步的正能量的基本判断。反之，如果大学四年的社会化过程进行得不顺利，他更多地从反面去吸取人生教训，看历史是片段的、短暂的和局部的，以为世界永远是这个样子，现在如此，将来也会如此，他对世界就是消极的态度。在大学里没有顺利完成社会化过程，他到社会上任何一个单位，就很难把他的三观转化过来，而且会影响他的爱情观、职业观、人际关系以及未来养儿育女。他会传导什么样的价值给孩子呢？你得要学会讨好人，看到叔叔阿姨要讨他喜欢，或者说你得要争，在小朋友之间就开始这样。无论是我个人的经验判断，还是学科的分析以及数据的统计，都支持我的观点。所以，我想说的是，帮助大学生顺利实现社会化是我们思想导师的核心任务。如果一个大学生对社会持积极的态度，相信人类的发展进步是大趋势，邪不压正是一个大概率的事件，中国共产党领导了中国革命事业和建设事业，既有历史功劳，也有现实依据，也有未来前景，中国的改革开放事业是正确的发展道路，还会坚持下去，中国的和平崛起假以时日一定会实现，假如他的三观是这样，他对社会当中的个人得失、一时好坏，就会用大趋势、大概率来压小确幸，而不是用个人的小、不顺利、不得已来驳大。所以，社会化太重要了，社会化工作做顺利了，我们思想政治工作就"发芽"了。有很多问题是因为人的态度、价值观出了问题，才出现思想偏差，才和我们党走不到一起，思想想不到一起去。如果思想政治工作做好了，党建的许多任务可能就实现了，可以说自动实现了。对于社会化导师，要专门培训，培训的主要任务是由马克思主义学院承担。马克思主义、辩证唯物主义、历史唯物主义是我们认知世界、认知历史的一个最基本的哲学方法，是我们认知世界社会化的一个重要来源。基于伦理学的思想道德建设，也是我们社会化的一个重要方向，思想道德与法律也有着密切的关系，马克思主义学院要联合法学和社会学学院来一起做培训，要请社会学的老师去专门地讲一讲社会化的基本概念、社会化过程中的主要任务，青年大学生在这个阶段应该做什么，做成什么样子，目前中国大学有哪些问题，国外大学有哪些问题，等等。要对这些问题进行研究，专门给我们思想老师做培训。这些问题解决了，很多事情就能做顺了。

职业辅导师是学业导师角色的继续。从入校门一直到就业，这项工作是学业导师的重要组成部分，专门划出来说，说明它重要，由学业指导中心培训，必要时还要请外面的专家来培训。

心理辅导师是专业角色，是面对所有人的常态工作，也是面向重点阶段、重点人群的工作。心理辅导师是专业角色，上岗之前要经过培训。什么是健康的人格？什么是健康的心理？健康心理的目标是什么？平时怎么养成？要注意哪些问题？碰到哪些问题怎么解决？所有学生都需要正确地解决这些问题，思想导师的心理辅导角色，就是要有能力去解决学生的这些疑惑。重点要讲讲面对重点阶段、重点人群的重点工作。大家都知道，大学生心理发展的重点阶段是一年级、二年级、三年级，那么重点人群是哪些呢？是那些心里有偏差，经过心理测量出现问题比较多的，大概有数据表明是容易出问题、变成心理疾患的那些学生。心理辅导师要能判断说哪些学生可能会出严重心理问题，要能把社会化过程和思想价值观的一些偏差与严重心理问题区分开来。急剧变迁社会中的中国大学生的大多数心理问题是社会适应问题或者说是价值观问题。价值观问题严重了，出现大的偏差，然后憋屈在心里，就容易出现心理问题。对于价值观偏差引起的心理问题，思想导师和社会化导师要能及时作出判断和帮助化解，我们说的重点人群是那些有心理疾患的学生，这方面有专业的心理治疗师，我们学校的心理辅导咨询机构要发挥专业作用，心理辅导师的任务就是"送诊"，要建立"送诊"制度。"送诊"完了以后，要有反馈。心理治疗师是非常专业的，他不能够泄露咨询对象的档案，这是一个职业规范，那么，反馈机制怎么建立？要在不影响、不违反心理咨询健康已有的规范基础上，建立一个沟通机制，及时了解学生的恢复情况，如果心理治疗师说我也解决不了，好像问题还很严重，那么这时要建立"送医"制度，送到相关医院去治疗，不能耽误一个学生。

五、任务分解表解读

方案中的任务分解表是阶段性的任务分解表，马上要建立相关的制度要求、制度机制，我就不解释了，这项工作一会儿由沈副书记来布置。

六、思想导师职务说明书解读

三亚学院所有的岗位都有职务说明书，思想导师职务说明书是由人事处根据学校的工作方案制订的，主要依据前面已经讲了，格式是人事处对三亚学院所有岗位的统一的格式要求。说明书中的补充说明很重要，这里做个解释。

1. 工作职责。"六师"是职责，不是任务。辅导员转型为思想导师，承担六师的角色，不是要接受新的任务，而是原有职责的清晰化、科学化、规范化。

培训是适应转型履职要求的进修，分为两种：一种是岗前培训；一种是专项培训。六师的职责界定清楚了，下面就需要培训，通过社会化培训、心理辅导培训等，提高履职的专业性和规范性。各个学院在团委的统筹下还可以做一些内部培训，比如通过调研，搞清楚学生的生活问题有多少类、有多少量，归类进行梳理，然后汇集众智给出各类问题的优化解决办法，制成培训手册，发到每一个生活辅导师手上。

2. 工作定量。六师的基本工作内容是确定的、可量化的。六师面向的对象是确定的，接受任务的类型和指向也是确定的，换句话说，谁来给思想导师下任务，下达什么任务，下达多少任务，在补充说明里都做了明确界定，这在其他高校是没有的。党总支书记可以下达任务，但是下达的应是思想工作、党务工作任务，超出了职权范围，就不应该下达，思想导师也可以拒绝接受。任务的数量以计划性为主，应急为辅，学校党委通过思想政治工作委员会，要求各个党总书记在每年年初对可能涉及思想导师的任务做出工作计划、列出任务清单，然后下达给所有的思想导师。今年是过渡时期，实行"六四开"，就是60%是计划内的，40%是应急的。一年以后，也就是明年九月以后，要实现"八二开"，即80%是计划内的，20%是补充的。

为什么要留20%的补充？因为上级党委完全有可能突然布置一个我们还没有能力计划出来的任务，还有一些应急的工作。我们工作中既然有应急机制，就说明有应急的情况存在。就像财务预算里有应急款项，思想工作也有应急预案。分团委可以下达任务，也是从"六四开"过渡到"八二开"。团委书记和管理科也可以下达工作任务，两个加起来，也是从"六四开"过渡到"八二开"。理想的状态，就是未来一个思想导师入职了，经过培训，拿到一个带有职责和任务书的工作手册和一个工作计划书，自己好好地学习，不懂的地方问上级领导、问其他同事，然后就按照计划去工作。不要每天反复地讲一样的话，要自主地开展工作，要根据职责、任务书和三个计划（总支计划、团委计划、分团委计划）来安排任务，这三个计划是应急的，占20%。

做了思想导师，突发应急的事情就得加班，应急是在办大事。各学院院长下达关于本学院的人才培养体系中的第二课堂的相关工作任务。学院的院长不能给思想导师下达在人才培养体系中第二课堂相关工作任务之外的工作任务。比方说某院长让思想导师帮自己去测量一下学生的素质，如果思想导师没有担任这个课程任务，这个下达就是违规的，如果经过双方同意和学校批准，将测量学生素质算作第二课堂，这时下达任务才不违规。各学院办公室主任可以下达面向全院干部、教职工的工作任务。如果不是面向全体教职工的任务，办公室主任无权给思想导师下达任务。下达了任务怎么办？一可以投诉，二学校会明察暗访。学校党委规定的事明知故犯，纪委就可以检查这个办公室主任的工作作风，批评教育，甚至处分。要确保思想导师这支工作队伍精力集中，主要任务集中。当然，中国是人情社会，很多年轻人想我就是有满腔的热情，我就是有浑身的精力，我希望跟大家搞好关系，顺便的事就帮别人办了，我乐在其中。那是你的事，学校党委不承担这个责任，也不认你这个账，如果你的六师任务没有完成，六师任务打了折扣，学校就要对你追责。

解读完方案，下面就要按照分工，组织动员各方面去做建设，希望大家能抓紧工作、出效率。这个解读要发给所有的行政部门和党务部门，让大家知晓我们是怎么界定的，尤其是行政部门该怎么作为，什么是它的协同工作，以及哪些领导可以下达指令，能下达什么样的指令。今后，纪委要通过明察暗访的形式做调查，团委要继续做调查，党委、思想工作委员会也会做调查，搞清乱下任务、下达不在范围内的任务的概率有多大。调查一两次以后，大家就习惯了，思想导师的权威就树立起来了，同志们的工作成果就利于实现绩效了。

思想工作关系学校工作大局

(2016 年 4 月 19 日在思政工作委员会扩大会议上的总结讲话)

刚才沈副书记做了一个非常清晰、准确的讲话。我补充说明几项具体的工作。

第一，请宣传部将历年来对三亚学院成就的报道收集一下，编一个小册子，发给今天在座的各位同志。把我们目前宣传出去的、被媒体关注的亮点集成一下，集成完了以后，大家就知道哪些是我们的亮点，哪些要继续丰富。

第二，也请宣传部牵一个头，建立一个思想政治工作外部评价体系。评价体系里要加一条，将报道学校思想政治工作经验的文章，发表在什么样的刊物、什么样的级别，有多少篇数，一一列出来，作为学年工作表彰的一个依据，应该要有这样一个激励机制，组织部、纪委等上交上级的经验介绍也算在内。我要补充说明思想政治工作的一个重要观念。思想政治工作是学校的一个系统工作，思想政治工作要落实到学校的文化建设中，但我们的不少同志不太容易将思想形成体系，对观念进行贯通，这点要改变。一个思想政治工作者的能力是要通过对思想体系的构建和观念的贯通来体现的。比方说立德树人这项工作，我们从党务工作的角度去说的时候，就是让党放心，但如果你从思想体系的建构和教育观念的贯通上去讲时，重点就是抓思想引导，核心就是社会化，通过思想工作转型，为更好地服务学生成长建立好的机制和平台，这就是立德树人工作。立德树人为什么不同时让党放心、又是

457

在为学生服务？这两个观念其实是贯通的，你更好地为学生服务，让学生健康成长，能够顺利就业、创业，为社会做出自己的贡献，这样党就放心了。让党放心既是政治的，也是专业的。任何一件事情都可以从几条线上去说，如果你深刻地理解了什么是教育，什么是育人，什么是大学的管理，你把这几个核心词真正琢磨清楚了，就能发现它们之间是相互贯通的，关键是要找到这个贯通点，就像立德树人。党建工作是让党放心，这是党建工作重要的方面、载体，要总结这方面的经验，需要有意识地去谋划，把它落实到学校的培养体系和文化建设中去，落实到更好地服务学生的成长，让学生更好走向社会中去。我们思想政治工作战线上的同志要有这样的意识和能力。

另外，有几件事情要说明一下。人才培养方案的修订是我们这个学期的重中之重、收官之作，其中涉及不少思想政治工作问题。这次修订确定的人才培养定位是以应用型人才为主，多渠道培养人才。我们要通过课程建设来落实这个定位。课程分通识课程和专业课程两大块。通识课程里面有共同课程、人文教育课程，还有第二课堂。专业课程里分学科和专业基础课程、专业的核心课程、专业的方向课程、专业的实践课程，还有创新创业课程，可以归到前面专业课程里的第三、第四项里去。这项工作是比较难整合的，但出现了老师们积极配合的现象，让我们备受鼓舞。

学校的上一轮的人才培养方案修订是由王勋铭同志主抓，我参与了评审过程，发现了一些人才。隋珊珊同志就是在第一轮当中发现的人才，有几个学院年轻的院长，包括高一兰、刘伟、孟翊同志等等，都是在汇报人才培养方案，学校、学院的专业定位时，被学校发现他们有系统的思想、有专业的认知能力、有管理的思路，才被逐步启用的。刚才的发言中，杨嘉琳同志脱颖而出，这就是在实战中发现人才。我希望各学院总支书记要动员，让各学院的人才在这新一轮的人才培养方案修订中，还有我们思政工作转型中，脱颖而出。

科学研究工作，刘副校长在抓，几个学院在推动。科研风气是我们学校长久发展的竞争力所在，我们现在在力推干部科研，三板斧先砍在校一级和中层干部的头上，就像我们体育测试，三板斧先砍在校领导头上一样。昨天，我们跑了三圈，又做了十五个俯卧撑。今年，体育运动会就要中层干部以上都参加测试，60 岁以上不测试，但六十岁以上的要做体育表演，参加娱乐活动。科学研究要抓的头三板斧砍在干部头上，校一级的领导干部和中层干部科研要求的文件一公布，就要实施，三年之内不行，就要降职和免职，那是很严的。过去没抓好，这一次抓的急，同志们很辛苦。我们决不把最难的事情让基层先做，从校长开始、书记开始，体测，我和沈书记先去跑、先去做俯卧撑；做科研，校长、副校长带头，下面一件事情一件事情轮到你们，这样合理吧？我在省里总结经验的时候说，我们党成功的经验就是党员干部起到率先垂范的作用，我们先从自己做起。

关于人才招聘，亿元的计划，60% 是现金支出去的，40% 是通过房子、科学研究设备来体现的。董事会已经通过了计划，现在就是拿出钱来招聘。招聘之前就要研究，现有的教师怎么办。现有的教授、副教授薪资水平也要上升，新引进待遇高，要求也高，像学科上有什么建树，被评为什么人才，已经达到什么样的层次水平，我们基本上是瞄准了海南省的标准，薪酬比人家高一点，科研经费比人家少一点，房子补贴比人家大一点，有的房子是送的，这是第一步计划。未来还可能出台第二步计划。大家会说，为什么后面招聘的拿那么多，我们前面打江山的人却这么少？所有大学在引进后续人才的时候，在引进国外人才的时候，都出现这样的思想问题。大家注意，各是各的职责，各是各的能力，各是各的解决问题的方法，学校发展到什么阶段，就需要什么样的人才，而人才都是有市场价格的。沈为平校长曾告诉我，当年交大引进了一个百万年薪的老外，工作时间是三个月，工作水平看上去还没人家高，工作经历也不够，工作也没出什么成果，年薪 100 万，他们交大的老师才拿了十几万、20 万不到，他们就说让他做，校长来了让他做，院长来了让他做，系主任让他做，最后人家干不下去，就走了。交大出现的情况，在三亚学院会不会出现？肯定会出现。但是怎么去引导？怎么去认知呢？交大如果不引进，能成为今天的交大吗？他现在只要国外的优秀博士，要国外著名大学、稀缺专业的博士，其他国内的博士一概不引进。当年，他也要发动科学研究，沈校长说他在交大做副校长的时候，交大的科研也是一般般，他们也拿出一笔钱来激励大家，等到三年以后、五年以后，交大的水平比较高，上海的环境也比较好，就不要激励了，老师们拿的科研纵向经费、横向经费多得多，学校里几百元钱、几千元钱的鼓励根本看不上、不要了。总要有个过程。这样的思想工作，大家要去做，大家坐到这个位置上，就要认识到，凡是与学校健康发展有关的事情，都是你的事情。

说一下今年思想工作的一个重要、继往开来的事情。三亚学院的老同志为三亚学院的工作奠定基础、树立标杆，支撑了这么多年的发展，但是随着时间的推移，老同志要退休，我们一茬茬的老干部随着年龄的上去，要退休了。对党委来说，人才后继乏人，但我不太希望思想工作的人才是从外面引进来的，思想工作的任务、政治引导和大学文化的本土建设这两者是一体的，也就是说，学校的文化建设和思想工作是相辅相成的，我们一定是从本土培养，不太可能引进外面的人来做思想政治工作。那么，年轻人谁来接班？我们比你们还着急。我们不会去责怪年轻同志不成长，你们也不要责怪学校不给你们平台，好好把这个思政转型方案读一读，消化了，方向有了，标准有了，干好了，机会就来了。把傅萍同志调到旅游学院是迫不得已，培养一个机关干部不容易，培养一个人力资源的中层干部更难，尤其是民办学校的人力资源干部难上加难。首先这样的人才不好找，公办的经验不一定适合我们，但是，我们基层党建工作确实还缺乏人才，不得已把傅萍同志调到旅游学院去做总支副书记兼副院长。为什么旅游学院不能自己产生呢？难道下一轮又要从机关里一个个再调吗？机关干部也是捉襟见肘，我们也不希望从机关里抽调。所以，同志们，思想政治工作的转型，也是希望通过转型推动大家提升水平，你们的能力提升了，学校的工作好做了，队伍发展的通道自然就出现了，也解决了几支人才队伍各自专业化的问题和各自发展的道路问题，这句话是留在今天这个时候才讲的，希望同志们能够深刻理解。我就讲到这里，谢谢大家！

新形势与回归传统

（2016 年 5 月 6 日在"两学一做"学习教育动员部署会上的讲话）

同志们，今天的这个会议十分重要。中央部署的这次"两学一做"学习教育活动，是新一届党中央党建战略部署的组成部分。这个战略部署，从八项规定到群众路线教育、"三严三实"，一直延续到"两学一做"。群众路线教育主要是抓关键少数，也就是党内的主要干部，地方政府到市县一级，包括我们学校一级，学习对象、教育对象也主要到市县和学校党委的层面。"三严三实"是对所有的党员干部的要求。"两学一做"是在前面两个阶段的基础上延伸到基层，同时强调要把"治党从严"落实常态化，也就是说，它不应该只是全体党员阶段性的集中学习，而是要把学党章、学习近平同志的系列讲话，落实在日常的党员实践中。刚才组织部的两位同志已经结合自己的体会，就中央和省委的要求做了一个表态发言，我个人认为他们的认识是到位的，对落实到行动的强调是对路的。既然有两位同志在前面做了很好的铺垫，我就不再重复他们所讲的内容了，这里突出强调几个概念和问题。

从群众路线、"三严三实"到现在的"两学一做"，各个阶段有不同的重点，逐步从集中性的教育向常态性的教育延伸，特别强调全体党员要把党章作为总的规矩、纪律、要求，落实到行动中。经过 30 多年的改革开放，这一次党内教育已经与过去 30 年中任何一次党内集中性学习教育有了重要的区别，区别就在于"回归"。过去 30 年中的党内教育，不断强调的是解放思想，动员全党去适应改革开放，创造经济社会发展过程中的党建新经验，而十八大以后，三个阶段的党员教育集中体现的是回归党章、回归党的优良传统。大家知道，国家的众多法律都要依循宪法这个根本大法，新一届党中央实际上是重申了党章的根本法地位，我们党的众多党内法规，都要依循于党章这个根本法。党章被提到这个高度，其实就是要强化广大党员的党纪意识，这是过去 30 年所没有的。

学党章的同时还要学习习近平同志的讲话，习近平同志的讲话侧重在三个方面：一是对党的理论的丰富；二是治国理政的新要求；三是评价或者是认知。习近平总书记的讲话是当代中国最鲜活的马克思主义。改革开放以来，我们的党章没有大的变化，但是我们的社会生活可以说发生了巨变，这种变化不只体现在今天中国 GDP 总量上升到世界第二位，中国人的思想观念、行为方式都发生了翻天覆地的变化。党和政府为了将中国的现代化扎实有效地向前推进，就要组织全社会来安排好经济社会生活，这个过程需要动员全党的力量去做。过去是用计划经济的办法去动员，现在要在市场经济的环境中去完成，而市场经济的要求和我们党员适应市场经济的要求之间并不是天然地没有缝隙的，很多时候是需要我们转变观念，才能想开一些事情，于是，思想解放成为第一大需求。小平同志时代，我这个年龄的同志记得都非常清楚，他是要动员全社会不管白猫黑猫，抓住老鼠就是好猫，不管姓"资"姓"社"，只要发展好中国经济、让中国人民致富就好，不管先富后富，只要中国人富起来就好。应该说，这个观念的变化和我们党在革命战争时期的革命动员及新中国成立初期的社会动员差别巨大。我记得那个时期，我们很多党员群众脑子转不过弯来，我们是以为人民服务为根本宗旨，现在搞市场经济，怎么可以让有的地方先富而不管别人贫困呢？为什么同一个工厂里有的车间先承包先发奖金，而其他人不可以呢？为什么城市里面可以先富而农村不可以或者是相反呢？大家有很大的困扰。30 多年过去了，这些问题早就没有了，但是新的问题又来了。社会经济总量上去了，但社会的贫富差距开始加大，城乡之间、东西部之间、不同的产业之间，贫富差距越来越明显，人们发生新的疑问和困惑，社会行动日趋难以协调，产生巨大的社会耗损，而部分党员干部发生严重贪腐行为，更让大家对执政党产生质疑。中国共产党作为执政党，它的任务就是要组织好中国这个庞大的社会来推进现代化，而一个分裂的社会表面再富也难以最终完成现代化。所以，新一届党中央，就是要用群众路线教育、"三严三实"和"两学一做"来告诉全党，中国的现代化要继续，中国的改革开放要继续，中国共产党的执政地位和执政能力要提高，其中重要的一条是党内不能腐败，而广大党员要用为人民服务这一宗旨来不断修炼自己的党性。为30多年来解放思想的要求增加一个"回归"的内涵，可以概括新一届中央推行的党内教育的特征。习近平总书记的系列讲话正是对这一回归内涵的鲜活阐发，学习讲话会加深我们对这一内涵的理解，增强行动的自觉性。

我们在座的很多党员同志入党的时候，接受的是解放思想的要求，要求党员学习更多的知识，培养更多的能力，为社会做更大的贡献，这才是好党员。大家在这个氛围当中成长，党性也按这个要求去锤炼，却不知道社会在变化，对执政党的要求有变化，党中央对党员的要求也在变化。我们的老同志说了，好不容易把观念从计划经济中转过来，现在怎么要转回去吗？是不是不改革开放了？是不是向左了？是不是保守了？现在我解释完了，大家可能就清楚了。改革开放会继续，中国现代化进程还没有完成，但是党要回应社会对执政党的要求，全党要有回归党章这一党内基本法和总规矩的意识，重新树立起为人民服务的宗旨，我们过去几年提出的"三要三不要"其实是与党和习总书记的新要求相呼应的。

我接下来要讲的是"一做"，即做合格党员。大家在入党的时候都学习过，党性锤炼是一辈子的事，思想入党是一辈子的事，但是真的碰到具体问题也是需要进一步学习讨论和理清的，需要进一步树立理想信念、政治意识、大局意识以及看齐意识，着力解决理想信念不牢、宗旨意识不强、精神不振、行为不端等问题。归结起来，核心意思其实就是两个方面。

第一，改革开放以来，中国社会发生了很大的变化，四届中央领导集体每一届都应对新形势提出了新的要求，党的理论在不断地丰富，作为党员，我们每个人都要想一想，我们入党的时候说相信共产主义，那现在经历了这么多世事以后，共产主义还是不是我们关于社会认知的理想形态。在我看来，这是毫无疑问的。我今年可能有书要出，其中有一小篇就是讨论这个问题。中国改革开放的一个巨大成果，就是中国花了最少的时间成长为世界第二大经济体，比世界上任何发达的经济体都省去了至少 50 年到 100 年的时间，而且还是在这么一大片土地和这么大的人口总量的条件下实现的。日本的人口也不少，但是没有大片的土地。当空间变化，空间当中的人发生变化，社会结构就会发生很大的变化。另外，在时间要素、空间要素之外，还有文化要素，这些要素决定了没有任何一个西方国家能给我们提供经验，也就是说，我们所取得的成就，都是在中国共产党的领导下取得的。我们唱了一辈子"没有共产党就没有新中国"，我们受党的教育那么久，会讲中国共产党是领导中国革命的核心力量，也是领导中国社会主义现代化建设的核心力量，但我们唱久了说久了，对它深刻的含义可能就有所麻木，需要重新树立对党的信心，树立对共产主义事业的信心。

第二，现代化运动在全世界推广，有的学者把它称之为从西欧开始的现代化，通过殖民和贸易推广到全世界。我在过去到美国到欧洲去，没什么感觉，这一次出差才突然感觉到，我们中国在很多地方是一个全世界的例外。欧化世界的现代化运动把语言、习俗，当然还有技术和现代观念带到全世界，今天的所有欧洲国家，被欧化的北美国家、南美国家、南亚和东南亚国家、非洲的相当多一部分国家，以及被欧化的大洋洲国家，它们之间具体的文化经济背景不同，语言有差异，但是官方语言中绝大部分是英语，受过高等教育的人大部分都说英语，唯独中国，全世界平均五个在校大学生中就有一个是中国人，但是我们绝大部分的大学生不说英语。我看到一个智库发表的文章，说今天中国最大的敌人不是别的，就是西方的疑问和世界的疑问，语言相通的人对文明、对习俗、对规则的理解有一定的相通性，你再强调自己的合理性，再强调自己的正当性，语言不通解释不清楚，沟通不到位。我们将来可能发动一个在全校说外语的活动，就像发动全校进行健康长跑，当然，我们的目标不是把我们变成他们，而是让我们能够自主地、成功地穿越或者超越他们的世界。我要说的重点是，现代化运动主要解决的是效率问题，如何解放生产，通过技术和相应的制度来推动人类的经济发展、社会文明提高和民众生活水平提高，当然也包括知识水平的提高和公共素质的提高。但是，现代化运动还没有解决公平问题。这句话如果要放在一年前讲，大家会觉得太奇怪了，但是今天来讲，大家看到，美国的特朗普要获得美国总统的宝座，他不得不回应美国人对精英社会的质疑，解决百分之一和百分之九十九的关系问题。美国有了法治，也有了民主，还不断地强调人权，但这么多年来一个显然的事实是，美国解决不了或者说搁置了美国社会的巨大社会差距问题。欧洲许多国家也一样，更不用说其他被欧化的南美、南亚、非洲的相当多一部分国家。甚至也包括我们中国。中国现代化取得了巨大的成就，但是关于公平公正问题，这一方面的改革、调整，还需要很多工作要做。中国现代化的进程尚在半程之中，中央面临着艰难的抉择。经济方式必须要发生转型，如果不转型，我们就变成别人的代工厂，付出环境代价、劳动低成本代价等，就会陷入中等收入陷阱。转型很艰难，不像新加坡等小国。六七年前我去新加坡考察，新加坡为工业化算了笔账，认为请外国培养工程师不如自己培养工程师，就开始做计划，办大学，办专业，然后把工程师培养出来；再后来看到现代化的工程技术上自己占不了优势，中国发展起来了，贸易和金融业上自己占不了优势，有香港、上海在竞争，压力山大，于是就布局保险业，组织了一大批专家进行环太平洋考察，然后设计研究项目、培养专门人才、支持专项公司，使保险业现在一枝独秀。小国就可以这么做，中国这么大的国家不可能这样不断快速掉头。不转型肯定没出息，可能就要掉入中等收入陷阱，而转型要冒风险，企业家有风险，行业有风险，地方政府有风险，当然最后摊销到两头，普通百姓和中央政府会有风险。这个时候，不是粗放发展时那个思想解放观念就能挡事的了，绝不可能。最简单的一个比方，我们那一代人读书的时候都拼命想上大学，现在中国有几千万的大学在校生，孩子上大学太普遍了，读书就没有了动力，包括农村的孩子。我上半年在一个农村做了一个调查，家里面特别穷的和家里面比较富的孩子都不想读书，过去到一个县城来是他们一生的愿望，从小学就开始好好读书，现在没那个愿望，网络社会把他拉到无知的世界去了。再一个，中国的劳动力素质虽然在提高，但是劳动者的吃苦精神没有了，现在吃苦耐劳玩命干活的都是五六十岁的工人，年轻人则是一边哼歌一边干活。还未富就开始出现新问题，这样一个巨大的困难已经不是仅靠一个政策的调整可以解决的了。作为执政党，八千万党员要成为这个社会巨大的组织力量和动员力量，我们应该要有这样的意识。从严治党，一方面或者主要方面是执政党要像个执政党的样子，要回归到为人民服务的宗旨，党员要像个党员的样子，要率先，要领头；另一方面，我们现代化面临的各项事业还需要基层党组织和广大党员来发挥好自己的凝聚作用。我想这是我们做合格党员的拓展的要求。

在做合格党员上，学校基层党组织要发挥好作用。过去我们的兼职党支部书记压力挺大，现在压力可能更大。为加强基层党组织建设，学校组织人事部门出台了关于工作专项津贴的文件，推进思想政治工作转型，把辅导员转变成六师，其中思想导师是重要的标识性工作，不让他们去干许多杂活。校团委做了一个很好的调研，发现辅导员做得最多的活儿是填写各种各样的表格。我们要把他们解放出来，专注去做思想导师的工作。所以，学校明文规定各党总支、分团委要专门配备学生助理，一方面是给学生一个勤工助学的机会，另一方面也让学生与书记、老师经常接触，有更多的机会获得一对一的教育，同时我们还要求加强网络办公、无纸化办公，要建立起基本信息库，让大量的表格可以自动地生成，把大家从烦琐的、具体的杂务当中解放出来，集中到党建、思想建设和有效的行动上。

最近我看到一篇文章，北大退休教授钱理群对改革开放这30多年来的知识分子做了一个较高的评价，认为他们起到了一种唤醒和启蒙的作用，但他呼吁未来的中国知识分子要过更精致的知识和精神生活，把精力从获取行政权力、知识权力和舆论权力上更多地分出来，要埋头做科学研究，他把希望放在了青年知识分子身上。我觉得中国需要有这样一批知识分子，继承中国传统知识分子的自由精神和批判精神。从孔子、孟子和庄子开始就有一种批判精神，我们不能简单地用西方的逻辑说这是不合作、站在社会对立面，各个国家文化传承是不一样的，当代知识分子尤其是党员知识分子，要能正确地看待这些问题。

我还想说一些这次去巴基斯坦的感想。我们先到丹麦，与丹麦一家很好的商学院签署了共建"丝路商学院"的协议，这是欧洲第一家丝路商学院；然后飞到巴基斯坦，与巴基斯坦的信德伊斯兰大学签约建立南亚第一家丝路商学院。巴基斯坦有两亿人口，它的东边是印度，西边是阿富汗和伊朗，是陆上丝绸之路的重要通道。信德大学位于港口城市卡拉奇，是一所 1888 年成立的古老且很有影响力的大学。这次我们参加的是海南的一个教育代表团，去了四个学校十个人，巴基斯坦来了十七个大学，三天的会议安排得非常满。主办方很热情，举办了论坛，与我们签署了协议，巴基斯坦的副总统在接受电视台采访时说，这是开启了中巴的教育走廊。可以说，一个小小的海南省拨动了整个南亚地缘的格局。我在做发言的时候说，巴基斯坦人民特别热情，一看是中国人就特别有礼貌，我把它想象成当初苏联对中国援助的时候中国人对苏联的感情。巴基斯坦目前的安全形势不是太好，但我关注到，中巴之间看起来是一个富国和穷国的关系，但是信德伊斯兰大学做的一个访问英国的影片，我跟海大的校长说你做不出来我做不出来，海南电视台也做不出来；并且，十七个大学的所有校长讲话都像陆丹一样不需要讲稿，他们讲得非常流畅，非常有思想，在场的所有年轻人都非常有礼貌有规矩，非常热情地希望能跟我们每一个人合影，全讲英语，语言非常规范，只是轻微带有南亚当地口音，穷但是有尊严，经济落后但是很主动。我说这是中国教育需要警醒的地方，中国的经济好了不等于中国的教育就好了。可另一方面，我在发言中说，中国是从一个半殖民地国家发展到现在的第二大经济体，不太可能给巴基斯坦提供一个模板，各个国家的文化语言习俗不一样，应该各有各的道路，但中国的某些现代化建设的经验可以分享。中国之所以走到今天，有四大要素，第一是成为一个独立的民族国家，第二是外部和内部没有安全问题，第三是内部团结，第四是现代化驱动。什么叫独立的国家，大家都知道，但是什么叫内部和外部系统都安全，大家没体会。我们到信德省的省长家里去访问，要经过四道岗，其中三道岗都有枪，汽车无一例外地要把引擎盖和后备厢打开检查，警犬要嗅一遍，只有最后一道岗没有枪。省长府邸差不多有三个高知园这么大，而街上跑的汽车百分之九十九都是二手车，两亿多人口的国家没有多少工业，大学基本上是殖民地时期建立起来的，人们对商品价格非常敏感。我在那就非常有感想，当我作为一个知识分子，作为一个社会学学者，想到良好的社会制度的建构一定是需要民主，要有更多的自由，就像社会主义核心价值观描述的那样，但是什么时候、什么条件下合适，到什么程度，用什么方式，这真的是需要认认真真去探索的。巴基斯坦是一个民主国家，但巴基斯坦的贫富差距非常巨大，等级制也很森严，虽然网络不说、媒体不说。后发国家的现代化，需要有一个强有力的党领导、组织起全社会有序地推进，而不是像卡拉奇街头乱哄哄的人群、乱七八糟的车辆挤来挤去。我们党治理现代化国家的经验真的是有它的非常独到之处，作为党员对此要坚信不疑，不能看到欧洲到处都一样，欧化世界的文明都差不多，就在羡慕的时候忘了人家比你多了两百多年的工业资本的积累，多了海外殖民捞过来的财富，忘了中国是从半殖民地独立出来进入现代化国家行列，30年以后才建立了完整的工业体系，如果缺乏一个有力的党的正确领导，很难想象中国能变成像今天这样。

组织起一个有工商传统的社会和组织一个基本上是农业传统的社会，组织力量、组织方式是有巨大的差别的。中央在治理腐败，我听到有的党内同志在埋怨太严格了，对于个人来说、局部来说，确实这样，但是放在全局，就像我刚才所说的巴基斯坦那么穷、老百姓过得那么差，而他们的官员还处在神性的位置上，从这点来看，我们不只是要反腐，也不只是要执政党党员的道德底线和廉洁标准，还需要良好的党群关系，需要干群之间相互平等的交流，需要干部公平、公正处理公共事务。也就是说，平时我们党员干部对待群众，不能说我守住底线要求就可以了，还得要有平等相处的自觉，还要有公平公正地处理各种事务的自觉。这样，我们做合格党员，向中央看齐，向习近平同志看齐，才可能找对方向。在座的不可能都去中央，我们中间不太可能有谁去坐习近平总书记的这个位子，我们要学的是像党中央和习总书记那样有气魄、有自觉、有担当、有能力，作为党员，为人民服务的宗旨时刻在心，在工作和生活中自觉、自律。我觉得做到这样，我们的"两学一做"就会有很多收获，上级党组织对我们也就更加放心了，群众也会对我们更加满意，我们的各项事业也会更加顺利。希望大家好好努力。

大学的竞争力与办学战略

(2016 年 6 月 7 日在三亚学院一届五次教代会预备会议上的讲话)

　　各位尊敬的同事，大家好。首先要感谢参与教代会筹备工作的同志们的辛勤劳动。教代会筹备是一项常态化的工作，但是学校没设专门机构，工作都是相关部门的同志们在正常工作之外挤出时间来干的。我们和一个公办大学不一样，投入产出的比例是我们长期关注而且会永远关注的一个议题。不可能为了一项工作，甚至是一项重点工作或一项特别关注的工作，我们再设立一个机构，这会是长此以往的状态。所以，建议大家对他们的劳动表示感谢。

　　刚才在车副校长解读学校"十三五"规划草案的时候，我特别注意到国家提出的创新、协调、绿色、开放和共享这五大发展理念，把创新放到了特别重要的位置。在国家发展的不同阶段、不同方面和不同层面上，五大理念中哪一个是核心，我想会有各种不同的解读。我校的"十三五"规划，要去谋划学校最近五年，乃至未来十年、二十年这样一个重要的转折阶段，这是打基础的重要规划，特别需要一种开放精神。我曾经说，改革开放到今天，可能要在语序上调整一下，即开放改革，没有开放就不会有改革，不重视开放就不可能有改革，不着力于开放就不可能有真正的改革。所以，"开放"必须成为我们学校办学的一个重要的基准点。同时我们要有创新，大学发展的源源不竭的动力来自于创新。大学对社会的贡献，当然体现为它的培育人才和智力服务的基本功能，但是，大学作为一种社会设置，在社会上之所以存在，和别的设置有所区别，就在于它的创新。因此，我们的"十三五"规划尽管有"十大工程",充分体现了绿色、共享、协调,但是我们的着力点,还是在要有开放的精神和创新的意识。

贾主席对明天教代会的议程已经做了说明,明天要审议的一些报告也已经发到了各位代表的手中,我这里不做重复劳动,就谈一些我关于办学的体悟,希望对大家理解报告、推进讨论,或者是对推动学校"十三五"规划顺利通过能有所助益。

一、大学对学生的吸引力、竞争力及办学与评价的观测点

大学是培养人才的,我们一直在关注着这个问题。大学如何去吸引学生,可能是大学的一个永恒话题。这个话题包罗万象,我简单地归纳出三个"四点",即学生进校前关心四点、进校后着意四点、毕业后回味四点。这十二点可能是我们在推进办学的方方面面工作时必须加以考虑的。

进校前,学生会关心学校在哪里、学校有什么好专业、学校有什么名师、学校的排位如何。学生希望知道自己会进入一个什么样的环境,这个环境更多的是指学校所在的城市环境。如果是一个国际化的大城市,文化发达,交通便利,信息传输快捷,财富集中,学生自然会认为在这里读书会有更多的机遇,希望在这所学校选择一个有就业竞争力和自己喜爱的专业,遇到能帮助自己轻松取得好的学业成绩的优秀师资,希望这所学校排位所体现的地位和能力能给自己的毕业带来更大的竞争力。学生入校前关心这四点,其实都是人之常情,无可厚非。

进校以后,一切落定,学生会注意四点:一是学校的文化氛围,这个"文化"是有很多的可以蕴含的意思,譬如这所学校活力如何,对师生,甚至访客,是否宽厚,这体现出一所大学的生态;二是有哪些平台通道,能给学生增长见识,提供机会,有益于学生成长,这反映一个学校是否以学生为中心;三是课堂上老师给了自己什么启迪,学生既希望专业学习进步,也希

望能有名师指导自己的人生，这体现出学校的师资队伍状况；四是自己的同辈是一个什么样的群体，能不能在日常交流中使自己开阔视野，多方面得到促进，对自己的成长有帮助，这反映出学生对多元化同学群体的需求。

毕业后，学生往往回味四点，一是哪些老师，二是哪些同学，三是哪些机会，四是哪些记忆。哪些老师与自己的成长有关？优秀的师德师能，永远会让各类学生铭记。哪些同学与自己有交情？大学是教师的，也是学生的，大学的学风与文化很多都沉淀在同辈学生的日常交往之中。哪些机会促成自己的人生重要经验？大学生的使命感与领导力多数不是天生就有的，要有各种机会去促成。哪些记忆历久弥新？四年校园青春，氤氲出迷幻的校园情感，可以拍出很多《致我们终将逝去的青春》之类的大片，让人流连忘返，这里展现校风，渗出文化。

这些特别有意思，我自己长期在思考这些问题，可当我花了二十几分钟把它写出来以后，我有点沮丧，这里面从头到尾没有关于校长的。进校前不关心校长是谁，在校内不关心校长是谁，毕业以后不关心校长是谁，我估计我就做了这么一个默默无闻的工作。大家想一想，你在这个学校，校长是谁对你重要吗？不重要。你毕业以后，校长对你重要吗？不重要。就是北大的校长也是如此，因为北大人说："我们已经习惯于没有校长。"浙大人也说我们习惯于没校长，因为校长调来调去。校长如此，院长是不是好一点啊？院长可能好一点，因为与学生接触的机会更多一点。

总结这三个"四点"，我们可以看到在大学生与大学的关系链上，首先一个核心就是如何吸引学生，而要吸引学生，大学是需要一整套的办学条件和办学策略的，其中最重要的就是大学师资。整体回味，四点当中都离不开一个核心词——老师，无论是名师还是普通老师。大部分同学对时任校长已经不记得了，但都会记得自己的辅导老师、几个讲课好的老师。对此，我想大家都有一样的体会。但是，办好一所能够吸引学生的大学，光有师资显然是不够的，确实需要校长、院长，还有各部门的处长和方方面面的同志们一起去谋划大学到底该如何办。中国和美国、英国的大学制度是不一样的，英国大学制度在很久以前就有了教授办学这样一个传统，后来美国传承或者学习过去。但在中国要实行这样一个由各种各样的教授委员会来办学的体制，文化氛围不够，条件基础不足。在中国，大学如何办，还需要管理团队担当起很多工作。

大学如何办？大概有这样几个要素：一、要给学生提供更多的平台；二、校园环境要宜人，校园环境包括学习生活条件、环境生态、活动空间等；三、要有一支很好的师资队伍；四、学科专业建设要比较强；五、大学有很好的服务地方的能力，能够为更多的地方产业提供比较强的智力服务、人才服务；六、一个国际化的大学会让学生感到更好，因为很简单，中国的好学生大部分都跑到北大、清华去了，而北大、清华的好学生毕业以后大都跑到美国、欧洲去了，一流大学还不在中国，这是个基本的现实，所以国际化非常非常重要。

下面从这三个"四点"来看看我们学校的办学。学校在哪里创办是非常重要的。根据我的研究，现在的大学生，无论是欧洲的、美国的，还是日本的、中国的，都喜欢往大城市跑，这个国家最好的大城市往往吸引这个国家最优秀的学生。比如，中国的学生都愿意去北上广上学，而美国的学生都希望到纽约，当然因为哈佛的原因，还会去波士顿。我们的学校不在大城市，是不是就悲剧了？不是这样。我们是个大国，每年有几千万的学生，不可能都挤到大城市，还有很多其他好的选择，就像我们今天最优秀的知识分子并不都在大学里面，而是有相当一部分在政府体制里一样。很多的新兴城市照样吸引非常优秀的大学生，比如，美国阳光地带的佛罗里达的大学就吸引了很多的优秀学生，而且是最漂亮的学生。我跑了西海岸、东海岸，都没看到很帅气的、很漂亮的男生女生，但是在迈阿密大学可以看到全美最漂亮的学生。不同学生是有不同需求的，后现代社会这一点更趋明显。三亚学院不在古老的城市，也不在经济最发达、交通最便捷、信息流最大的地方，是不是有其他的优势呢？三亚是有区位优势的，我以前说过很多，就不再展开。接着说好专业。大学不管办在哪里，如果办有好专业，那铁定是吸引学生的。

几乎所有来到三亚学院的专家都会给我们建议，让我们打造几个特色的专业，使学生一听有这个专业就想报考这个学校，没能进入这个专业，也可能服从调剂留在这个学校，这是一个办学的策略。再说名师。一所大学有哪些名师这个非常重要，名师的引领将成为我们三亚学院未来一段时间办学策略的一个重点。名师来挂帅，建立一个团队，这将是我们"十三五"期间名师工程的一个重要着力点。然后是排位。虽然教育部没有搞中国大学排位，但它的各项政策已经事实上给大学排了位，这个排位其实是不能完全反映大学的真正实力的。社会上有一些热心组织在做各种各样的大学排位，这些排位有些不值一提，有些还是很有分量。今年下半年会发布一个中国民办大学竞争力和办学质量排行榜，我相信我们三亚学院会在其中。在美国，有各种各样的排位，我们经常会在美国大学的宣传广告上看到，诸如"我是商学院当中最好的"，"海洋学科我是最好的"，"我是东部联盟（或者西部联盟、南部联盟）当中最优秀的大学"，"我是最古老的大学"等等，用这些排位来表示这个学校存在的价值。我们中国现在还比较少，但未来会一哄而起，出现各种各样的第三方的排位。

我们学校的创办，是有一个时代背景、文化氛围的，在当时是汇聚了一批愿意读书、愿意搞学术的有教育情怀的教师，希望给大学生创设一个进入社会的成长通衢。这一点特别重要。最近，又到了高考，又到了毛坦厂中学时髦的时候。我认真看了关于毛坦厂中学的报告，说实话，我既感到有一丝凉意，同时也感到暖意。中国到现在为止，高考还是人们从基层、从下层向上流动的一个重要通道，否则，家长和学生怎么愿意吃那么大苦，到位于大别山区的批量化生产高考生的毛坦厂中学里面去呢？这是我的暖意。但是这样去培养学生，不会对高考制度有更多的积极性改变，学生进入大学以后的状况可能也让人担忧。美国的学生只在高中最后一年比较忙，其他时间都是相对宽松的，但进入大学，实质上是非常紧的。而我们，现在基础教育非常紧，到了大学却普遍地比较轻松。这样的一种反差，说明我们跟国际上教育的正常规律是相违背的。我们更多地强调记忆力，而忽略开发学生的创造力、想象力，这是中国大学在办学上与整个国际潮流相违背的地方。当然，我们谈到中国成就的时候，也会说中国基础教育比西方好，这个我不评价。

关于平台通道，其实在一个大学里面，除了课堂和实验室，还有很多更能影响学生成长的发展空间和机会。这些年我们学校一直在推动创造各种各样的实践载体，包括学生社团。大学生从教师那里获得的成长并不比他在同辈群体中获得的成长更多。学生毕业以后，可能只能记住三五个老师，这些老师上的课非常好，某些课程、某些观点给了他比较深刻的印象。但是他能记同辈群体一大群，那些人对他一生都会有影响。所以，为学生搭建更多的平台通道，包括实践通道和学生自己朋友圈的通道，各种各样的兴趣载体，这是我们办学时要特别重视的。中国有些优秀大学，比如北大、清华，在这方面就做得非常棒，我们三亚学院这两年开始重视了，但是还不够，希望引起大家关注。

关于名师启迪，一个好的名师是有预见性的。比方说"席明纳"这个词，是沈关宝老师在三亚学院第一个说的，然后好多载体和老师们都在运用，到现在变成一些学院的传统。一个名师的一个词，就对学校的教学方法和科学研究方法带来了一种新的创意。这个词也许我们听过，但为什么我们不能说出来呢，也许是我们关注的事情太多了。名师也关注很多问题，但是他能够聚焦到某一点，认为在这一点上突破后，能带动其他。这是名师的重要性。同辈群体的成长刚才说过了，不再说。

哪些老师能被学生毕业后一直记着？我们都是老师，但是能被学生一直记住的，不一定很多。哪些同学？这些同学在他们四年当中起了哪些作用？还有哪些机会？大学四年除了进课堂，还参加过什么样的活动？我们要注意这样一些问题。我参加过若干年的毕业典礼，学生毕业的时候你会听他们说什么？我发现他们说的最多的，可能是操场、舞会、活动等，说的最不多的是课堂上学了什么东西，及老师的谆谆教诲、辛勤劳动之类。课堂是我们的主战场，是大学之所以存在的合法性之所在，要加强生动活泼、学生主动的课堂建设，提高课程质量。课堂之外的很多教育机会，可能是我们要特别关注的。一个学校要给自己培养的学生留下成长性的记忆，是挺难的事情，是要特别用心去做的事情。今天的官微发布了关于一群音乐学院学生做一个关于魔兽电影的主题曲的事。我这个年龄的人不太了解魔兽，但是我听那些歌挺好的，看到学生们的留言也挺好的。打游戏我们是不主张的，可是学生毕竟在打，打了以后，我们要有一个正面引导，把这个好的曲子拿出来给他做一个大学青春的回忆，挺好的。所以，用心做就可能做得更好。

讲了学生关注的十二点，其实有一个核心，即以学生为中心。

二、图景与图景的重合以及重合度——国际格局、国家规划、高教规律与新大学进步

我们现在正在做规划，做规划就要谈图景，图景有多种，哪些需要重合，重合度有多高，这是一个需要上升到哲学高度去思考的大问题。我今天就要提出这样一个命题，明天大会上大家多讨论。

学校这么多年的发展中，我们着重考虑了国家图景、地方图景和教育图景，并在考虑学校图景时刻意与它们做了重合和对接。

（一）生存战略

对一个新办学校，生存当然是最重要的，我们当时考虑的比较多的是要自立和自主。中国大学人才济济，但没有自主办学的体制。很多公办大学在和我们交流的时候，很羡慕三亚学院这样的民办大学。当然，我也很羡慕他们拿到很多资源，一哭、一闹、一叫，国家和政府就给他们很多资源。他们羡慕三亚学院，是因为他们有很多聪明的想法都没法落实。所以，一所新办的民办大学，首先要自立，能够自主地办学是最重要的。

1. 自立—自主策略

（1）效率、规模换合法性存在空间

我们既然是企业投资的，而企业是以效率取胜的，那么，提高办学效

率就是我们办学最初的一个立足点，然后要形成规模，以效率、规模换合法性存在的空间。五千人的大学或者一万人的大学和现在两万人的大学是不可同日而语的。大家记住，对三亚学院来说，我们在海南地方和全国民办高校当中，两万人的规模和几千人或万把人的规模是不可同日而语的。能招到两万人，是社会认同你的地方，因为拿脚去投票，学生数就是票数。

（2）合拍、合规换高信任空间

无论是政府还是企业董事会，无论是地方还是行业，如果你和政府的政治导向、规划乃至指示不合拍，与教育内部的规范不合拍，那就不可能被信任，所以要用合拍和合规换高信任空间。同样，我们也要这样要求我们的管理团队，你们要合拍，学校的发展处在生死存亡的重要关头，要跟学校紧紧合拍；你们要合规，你不合规就等于我不合规，基层不合规、中层不合规就等于校级领导不合规，我们是要被查的，学校就处在濒死的边缘。过去，我们有些同志们对此不理解，甚至包括我自己，有时候重视博士，用人心切，一下子提拔得太快，不尽合规，就引发了一些后遗症，对我们博士层面的队伍建设产生了阶段性的负面影响。当然，我们做了一些柔性处理，已经把后遗症的风险降到最低，当事人是心知肚明的。学校要自立自主，还要坚持合规。吉利以前是不是合规，我不研究吉利，不知道，但是现在收购沃尔沃之后，它特别注重合规，因为它只要犯一个微小的错误，就有可能把企业给搞垮了。李书福董事长说："合规是企业生死存亡的大事。"我们三亚学院对此要特别重视。有时候，我们会在个别人才安置和合规上面做艰难的抉择，不要怪领导层心太狠、手太硬，没办法，这是生死存亡的关头。学校对事不对人，对人不只是宽容，而且要亲和、贴心、暖心。

（3）超常规换常规时间

谁都想过希腊和西班牙的那种晒太阳的、喝咖啡的、聊聊天的生活，气定神闲地去工作，这是谁都追求的，但是不可能你生下来就这样。马云说

477

了："年轻时候吃尽千辛万苦才换到了中老年的悠闲、财富、地位和尊重。"对一个年轻的学校来说也是这样，你必须要用超常规的手段、方法、策略和劳动，才能换得你常规发展的时间。有时候是用疲劳换时间，有时候是用自我牺牲换时间，有时候是用别的其他的换时间。

（4）创新观换机制优势

在我们过去的背景下，我们的生存是靠效率、规模、合拍、合规、超常规，但是未来一个阶段，全国如此，大学如此，三亚学院更如此，必须要有创新观，而创新观不只是一种观念，而必须是一个机制，形成机制优势，才可以根本性地解决问题。我希望在座的同志们能够多多地发挥自己的智力优势，能够为学校的创新发展提供更多的思路。

2. 跟随策略

一个学校要生存和发展，还要有跟随策略。跟随策略几乎是所有后发的现代化国家、区域和后起的企业、大学要采取的基本、必要的策略。没有人天生就是横空出世，就是创新，不管你美国怎样，我中国就是创新，不可能。不抓住国际产业分工的机会，付出环境代价、劳动力的代价，产生出中国的沿海模式，不可能换来最初的那种国际合作。办一所新大学，要学习国内国外的老大学、好大学的成熟经验。我们三亚学院，最初就是依照老大学的成熟经验来确定学校的架构、机构、功能和队伍的。

学校用招生计划来定学校阶段性的建筑、设备和师资的数量，也采用了跟随策略。2005 年年初，我们就用一张蓝图描绘了三亚学院的整体建筑规模，但是，我们拿到三千招生计划就起三千的房子，拿到四千起四千的房子，拿到五千才能起五千的房子，表面上是因为我们没那么多钱，其实是我注意到，几乎所有的老大学都是一步一步发展起来的。去牛津大学看，它就不是整体规划出来的，今天的牛津不是两百年前、更不是六百年前的牛津，早先就这么几栋房子，后来根据需要在不断地发展。美国的那些有两百多年历史的大学，最早就是一栋教堂算是图书馆，一个教学楼是最初的教室，没有自己的学生宿舍，学生们就住在附近的村镇，后来不断地再发展新的校舍。像三亚学院能够一开始就有一个统一的规划，后来一步步落实规划，在国际上没有太多的先例。当然，与国内那些大学城比，我们就很汗颜。大学城建设是政府批出一块地，搞一个规划，哗一下子，房子全起来，然后所有人全搬过去。这样的东西是中国批量式生产的公办大学的经验，我们没有这种幸运，也不受累。海南的好几所大学搬进了桂林洋大学城，至今为其所困，大巴车把老师们拉来拉去，不胜其扰。这些大学的领导看到我都是很羡慕："哎，你们老师跟学生、学校住得很近啊。"

跟随策略不仅体现为学习老大学、好大学的成熟经验，还体现在根据市场、产业变化定专业和课程设置，跟着学校规模大小定管理办法，跟着国家政策定管理对策（如党建、思政工作转型），跟着办学条件改变来调整办学定位，等等。学校一开始就有办学定位，办一所教学型大学，这个定位还在不断地强化，我们现在强调应用型大学，强调产教协同，强调研究生教育，强调智力服务于地方、产业和国家，强调国际化等，都是根据办学条件的改变所作的办学定位的调整和完善。

3. 聚焦策略

人的精力是有限的，学校也是如此，在学校发展的不同阶段，肯定要有一个聚焦。创业阶段是价值观、文化、队伍和管理的聚焦，我为此花了太多的精力，我的两本记录当年讲话的书里，花了很大的篇幅，反反复复地在讲这些问题。转设前后，学校开始讲究治理、合规和教学品质的聚焦。提出二次创业后，我们要发掘各种各样的资源，开始讲究放权和协同体建设，形成资源、放权和协同体的聚焦，这方面学校还在做，大家也在行动。现在，搞省市共建三亚大学，要强调大学服务地方的功能，形成国家战略、产业发展、人才培养和智力服务的聚焦。大学要始终鼓励创新，未来，我们还要聚焦创新。创新首先是机制的创新和人才的创新。一个好的机制可以吸引人，但是人来了以后能不能创新，还要靠人发挥创新的能量。下个学期，我们要听取大家对于聚焦创新的意见。

（二）文化战略

同向的大学竞争，只有生存战略是不行的，需同时辅助以文化战略。三亚学院的文化战略体现在多种策略上。

1.开放与宽松策略

我特别建议大家看看华为的案例，华为有个非常好的、值得我们去学习的文化，就是当一名员工今天犯了错误的时候，不要去追溯他的过往，只说今天的事情。由于我的执拗和倔强，三亚学院在人力资源管理上，精心维护了一个阳光公务文化。这也导致有时候因为心急，曾经在批评某些同志的当下不足时，联系起了过往，这对这些同志其实不是很公正的。今后，无论是教职工、干部还是学生，处理就处理当下，处理的时候给人更多的改正机会。这个理念在我们今年的学位委员会相关政策制定上就有所体现，2016届毕业生中没拿到毕业证或学位证的学生，年底给一个补考和再评价的机会，以后就实行新的学位评定办法，学生当年不毕业的话，还有第五年、第六年时间。今年，学校办学已是第十一个年头，一批老同志先后从三亚学院退休，他们为三亚学院的教学、行政和科研工作提供了很多的经验和示范，做出了卓越的贡献。在老同志荣退茶话会上，孙仁佳老师跟我说："陆院长是跟我说，到三亚去边养生边教学，结果来了以后发现，一个活儿接一个活儿，不断地加码。"当时学校是相对宽松的，非干部还是相对宽松的，但是孙老师后来走上了"干部贼船"，就不宽松了，呵呵。

2.清零与再造策略

我们的老同志对清零策略大多印象深刻，别管哪里来的，先清零。李长禄主任其实还可以再干两年，但他遇到一些事，想明白一些事，一定要今年退休。走之前我们聊天，他就跟我说："当年啊，你这个清零可对我打击大呀，我以前那段的工作从小到大、从弱到强，做到校领导的位置上，到你三亚学院就给我清零啦？我那么多的辛苦，那么多的积累，就清零啦？"我们说的清零不是说你经验的清零，而是说在艰苦的环境和条件下办一所新的民办大学，我们不能带着老眼光、老经验开始，要适应学校的新的发展目标、新的机制，对老眼光、老套路、老办法清零，创造新的大学机制。可能是我当时解释不清，以至于这样的清零对老同志们压力挺大的。李长禄同志可真能装，走的时候才跟我说当年的清零。当然，他现在是乐呵呵地说这些的。

3.阳光与职业化策略

阳光，我们强调的是阳光公务，不是让家里面什么事都给学校报告，这是违背人权的嘛。

4.愿景与精神内聚策略

在座的很多同志参加了我们学校的大学愿景和理念的设计，参与了广泛的讨论，我们的学生也参与了。通过人人参与大学愿景的设计和讨论，我们形成了精神内聚，我们成了三亚学院人。

5.服务与主人翁策略

我们强调管理即服务，服务的对象不是企业那样的客户，我们是想要更好的服务式管理，能够让每个师生体验到主人翁的感觉，并培养大家的主人翁意识，发挥大家的主人翁能力。当然，各项工作服务中学生是中心，是核心。

6.暖心与主人翁策略

学校"十三五"规划里面特别提到了暖心，因为光有服务还不够，很多基层的具体问题在自己的职权范围内没办法一时解决，这时就要用态度用跟踪服务去温暖人心。学校建设暖心文化十分必要，这种文化使我们在不断面对新问题时，能够共同迸发出主人翁意识，共担风雨，共同应对。

（三）运营战略

1.模糊策略

我们一开始是有一种模糊的策略，因为没办法把三亚学院描绘成一个具体的样子，开始的时候都不能说能把这个学校办起来，因为我只有一张吉利集团和海南省政府的战略协议框架的复印件，也没有人给我介绍谁是科长、谁是市长、谁是省长、谁是海大的校长，没有人介绍，自己一切都要从零开始，所以，开始我们只能要一个相对模糊的策略。但是，价值观是可以清晰的，管理和方法是可以清晰的，大学的三种功能即教学、科研、社会服务是可以清晰地呈现但只能逐步展开。

2.清晰策略

这几年我们无论是教学、科研还是管理，都在强调明确的目标管理和绩效管理，未来会更清晰化。

3.学习策略

学习，我们过去是闭起门来不交流，这些年来通过协同体，也广泛地出去参加各种各样的会议，学习别的大学的成功经验，尤其是国际化的成功的、成熟的经验。

（四）人力资源战略

1.上马和赛马策略

办学早期，我们的人力资源策略是上马和赛马。上马的时候只有一个基本的门槛，没有那么多的要求。那个时候，学校领导在直接管人。管人管到什么程度呢？管到我出去吃饭，如果看到某个服务员不错，我都想和他聊一下，带回来，到我们食堂工作。从 2005 年一直管到 2008 年。2008 年以后基本上是机构在管，不是校长在管。办学早期，我们的人力资源管理可以概括为"老撑大""名有面""小管事""少做多""奖多惩"，就是老同志、老教授把大场面给撑下来，找来的一些名师把三亚学院的面子给撑起来，年轻人在管着具体的事务，小鬼当家，管理干部少，于是一人多岗，强调赛马，于是奖励多于惩罚。这些不对称引来一些后果，但是基本的思路还是有道理的。

2.合规与活力策略

2008 年以后，两级管理逐步展开，这是象征性地向各个学院分权。那时，学校已有一万多学生的规模，两级管理合乎大学办学规律，能够保持大学活力。到后来才是真正的两级管理。

3. 主人翁策略

经过二次创业分权、放权，我们的两级管理已经实质化。学校、学院各自招人，这个大方向不会改变，但有一些需要改进的地方。将来，我们可能会在人力资源管理上出台一些补充性的、丰富性的政策，来让上级推荐下级，同层相互推荐等。这种举荐制要配上追究连坐制，就是说，举荐好了怎么样，举荐不好了又怎么样，会有一些说法。一般来说，你看中的人合作起来挺方便，然后做起事来顺手，这样效率就会提高。但是也有个问题，假如将熊，那就熊一窝，或者是大家都平庸。所以也要有一个追究连坐制度，促使你去举荐更优秀的人。

4. 动力策略

工作动力基于岗位的说明、通道、目标、绩效和量化管理，基于透明、公平及及时奖惩。及时奖励有点难，我们有老师提出来："我们的科研是发表文章马上就奖励，我觉得这统计啊都很困难。"但是，有些事情我们可以通过更加透明来体现公平，通过更加及时的呈现来体现奖励的效率。这个问题是我们未来要充分加以探讨、研究的。

（五）竞争力战略

1. 文化策略

要形成一个文化——阳光、主人翁、立新和创新。为什么提立新？我注意到我们很多同事发言，基于的不是最新的观念、最新的经验，经常是用已经过时的观念和过时的经验来发表自己的主张，来表达自己的意见。因此，我们是不是要讨论一下立新，起点上就要跟别人不一样，然后再来谈创新，创造别人没有的，这叫创新。我们现在首先要立新，立于新的基础上，不要用过时的经验、过于老套的方法来解决新问题。我昨天看到一个案例，陕西有一个副市长因公殉职，媒体去报道，说他家的窑洞非常的破。我们表扬一个人完全不应该回到这么 low 的起点嘛！因为一个副市长他的收入足以让他摆脱在陕北的那个老窑洞，那个破窗户，没有必要为了表彰一个劳模或者英雄，就把他什么事情都说得非常高大上，不食人间烟火。我们三亚学院宣传系统推荐优秀人物没有这个必要，我们要与时俱进。今天一个好干部的形象就是要奉公守法合规，要积极进取敢作为，还要把工作做好，比别人更强，当然要向群众征求意见，但是前面三条是必需的。当有人开始特别"左"的时候，我们大学的人要特别清醒，我们要站在理性的层面上，要站在中国现代化的目标和追求上，去评价我们的人和事，以及建立我们的机制。

2. 大学生态的竞争力策略

大学是一个生态系统，此事做不起来，大学生命力不久不壮。大学的生态系统内的一个重要点，就是相互竞争。我们就在海南，对生态最能理解。植物生长靠太阳，大树底下无美草，而树越多含氧水分越多。在大学，就这样一个生态的理念，如何去把它变成一个大学建设的系统性工程，这是我们必须要考虑的，我们来得及，我们十年之内在做的很多事情都是跟系统性排斥没关系的，那么现在做系统性建构，相对来说基础比较好。今天国内不少大学动辄就是国家给它的钱加上自己的钱超过百亿，远远比香港和美国一些大学的资金多、富裕，但是为什么没有变成一流？就是大学生态系统里面的某些性能不好，现在大家说的是行政化，其实也是学术没有去追求真理与创新。我们作为一所新学校，基底不厚但是相对来说健康，做起来相对容易，这是需要大家精心地去思考和建设的。

3. 非路径跟随、非条件满足策略

简单说就是弯道超车，需要把握时间窗，需要付出有组织的努力。

4. 创新驱动与技术支撑策略

就是要形成知名专业，形成高产出科研，形成开放的价值观和创新的评价向度。未来我们三亚学院要想办好，必须有这样的一个战略思考。

现在我们不讲培训了，因为同志们已经不需要培训了，而是需要一个相互培训的过程。作为校长，在校务会上经常说的事情，应该拿出来与我们所有的同志分享。我们的"十三五"规划是集体智慧的结晶，我愿意在此次预备会上和同志们分享一些思考，也希望在未来的规划的完善和规划的推行、执行过程当中，能够得到大家的支持和鼎力帮助，谢谢大家。

全面推进卓越进程

（2016年6月8日在三亚学院第一届第五次教代会上的报告）

各位代表，受校务委员会委托，我向大会作工作报告，请予以审议。

本学年，学校以科学编制"十三五"发展规划为指引，认真开展"三严三实"专题教育活动和"两学一做"学习教育活动，围绕应用型办学定位，着力提高人才培养质量，持续推进协同体战略，加快拓展国际合作，各项事业取得新进步，学校竞争力和影响力进一步提升。

一、围绕"十三五"发展目标，协同体战略持续发力，协同效应加速显现

1. 校政协同步伐加快，学校被省市两级政府纳入区域发展战略

今年2月，"推进省市共建三亚学院筹建三亚大学"被写进《海南省教育发展十三五规划》和《三亚市2016年政府工作报告》，我校成为全国第一所省市两级政府共建的民办大学。目前，学校正在将省市共建具体工作任务逐项推进，通过校级领导牵头、学院协同参与，抓紧同省市政府及相关部门开展工作对接、项目承接和成果落地等具体工作，加快推动各学院在各级政府工作安排中"系统有一位，项目有一个，工程有一角，亮点有一处"协同发展目标的实现。目前，学校已经与省市政府部门及事业单位开展近20个校政协同体建设项目，推进速度较快的有法学与社会学学院牵头，艺术、传

媒、旅游、音乐、人文协同参与，与吉阳区政府共建的三亚市社区学院，传媒、人文、法社学院与三亚市电视台共建的三亚广播电视台工作站，时尚健康产业学院与三亚市中医院开展的服务海南健康产业协同平台等校政协同项目。校政协同有效拓展了各学院发展空间和相关专业的影响力。

2. 全面推进校际协同体合作，初步搭建起多维联系的协同立交桥

今年 5 月，学校在全省高校中率先进入全国应用技术大学联盟，学校形成的地方性、应用型办学定位和人才培养特色得到"国家队"的高度认可。

本学年，学校先后与国家发改委国际合作中心、中国社会科学院、中国科学院深海所、厦门大学、南京财经大学、山东财经大学、中国中医药促进会等近 20 个高校、研究院所、企事业单位及社会团体共建合作机构、签订合作协议、推进项目合作，为专业建设、科研拓展、社会服务、教师发展及学生就业创业搭建新的平台和渠道。

3. 国际协同效应充分发挥，开放办学新格局逐步形成

学校积极与国家发改委国际合作中心合作，成立三亚丝路商学院，成为全球首家丝路商学院的发起单位和牵头建设单位。学校借此契机创新国际协同体合作模式，先后推动欧、亚、非三大洲的多个国家共建丝路商学院，志在服务于中国国际产能合作，培养支撑中国企业"走出去"的复合型跨文化管理人才，推动构建"一带一路"教育共同体。丝路商学院合作模式已经成为学校国际化发展战略的新路径与新名片。

二、教学工作突出内涵建设，以通过教育部评估为契机，全面深化教学改革，应用型人才培养质量稳步提高

1. 加快推进应用型人才培养体系建设

学校注重学生进、出门与学业过程一体化培养，通过招生、就业的成绩推动人才培养质量提升和专业结构优化，围绕旅游与文化产业链的发展，调整和布局学科专业，形成相互联系的专业群，积极对接海南省"12+1"重

点产业布局对人才的需求，在会展产业、旅游产业（酒店管理）、文化产业（文化与旅游协同发展）等方向，作为全省牵头高校进行人才培养模式的全面创新。

学校不断明晰应用型人才培养目标定位，完善和构建应用型人才培养课程体系，探索"课程地图"方式，加强课程建设与推动就业之间的紧密衔接，推进公共基础课程改革和通识核心课程建设；网络教学覆盖面继续扩大，利用优质网络资源，新开网课30余门，初步遴选35名"线下导师候选人"，近13000名在校生参与慕课在线学习，取得良好效果。

学校不断完善人才培养配套机制，提升教育服务供给品质，丰富学生学习的选择空间，修订和完善学籍管理制度，初步拟定弹性学习年限、课程互选和学分互认、双学位教育和主辅修制，将在下学年逐项逐步实施。

2.持续推进教育教学改革，前期布局成果开始收获

本学年，小班授课逐步扩大试点范围，增加到22门，学生反映较好；思政课教学改革成果走在全国前列，不仅得到"马工程"权威专家和省委教育工委领导的高度称赞，还获得教育部项目立项；学校加强教育教学研究，共收集整理教改论文111篇，经过评审，有50篇结集出版；学校积极组织申报教改科研项目，获得教育部项目1项，省级项目6项，其中重点项目2项；校级教改项目立项共77项，目前已结项48项。学校支持体育教学改革，鼓励师生积极参加各类赛事，体育学院积极推进体育竞赛，在全国院校的体育竞赛中进入百强榜。

3.加大创新创业教育投入，人才培养环境和质量得到进一步提高

本学年，学校加强大学生创新创业能力培养力度，进一步完善创新创业学分积累与转换机制，增加1000万元作为创新创业奖励金和基金，形成了更有效的激励机制；改建扩建北校区大学生创业孵化基地4000平方米，为不同校区学生就近提供创业培训、孵化等服务；为了给师生营造更好的创新教育环境，目前学校正与三亚市共同投入5000万元在南校区建设"大学生创意孵化基地"。

不断改善的育人生态环境和"双创"培养机制取得了丰富的教育成果。本学年,"互动传媒广告公司模拟与实践"等 4 个项目获批为国家级大学生创新创业项目;在全省首届大学生创新创业竞赛中,我校包揽半数奖项,为海南参赛高校之冠,其中获得一等奖 2 项,"最受欢迎项目"8 项;法学与社会学学院《大学生参与海南省渔民法律援助》和理工学院《航拍飞行器设计与市场拓展》当场成功与企业签约落地;艺术学院学生结合三亚旅游文化产业市场需求所开发的创意产品和理工学院水下滑翔机项目得到李克强总理的当面称赞。截至 5 月底,学校 2016 届毕业生就业率已经超过 94%,用人单位满意度达到 96%。随着学校影响力和美誉度的持续提升,2015 年新生报到率达到 96.2%,超过 2014 年 0.4 个百分点(2014 年学校在全国民办高校新生报到率排名中获得第一名),远高于省内本科高校。

4. 教学质量监控体系不断完善

学校积极推进教育教学质量监控,探索建立校院两级教学监控架构和长效质量监控评价体系,形成《三亚学院教育教学质量监控评价指标体系》等专项报告,对保障教育教学质量稳步提高提供了重要依据。

三、科研工作积极发挥智库效应,扩大服务面向,提高服务层次,学校学术竞争力、影响力持续提高

1. 智库建设取得成效,科研成果应用渠道快速拓展

本学年,学校加快推进高端智库建设,服务国家、地方经济社会发展的能力进一步增强。其中,《国际油价断崖式暴跌的成因及我国的应对之策》一文被教育部采纳,并在《教育部简报(高校智库专刊)》刊发。其"研究成果采纳通报"指出:"《高校智库专刊》以'聚焦重大问题、服务国家战略'为导向,面向党和政府决策部门,重点刊载高校专家学者着眼于战略研究、预测研究、对策研究的咨政建议,为党和政府科学决策提供高质量的智力支持。希望你校创造有利条件,支持研究团队的相关咨政研究;组织力量

深入开展重大理论和现实问题的研究，努力产出高水平决策咨询报告并及时上报，充分发挥专家学者智库作用；建立健全哲学社会科学研究分类评价机制，将咨政成果纳入教师评价考核体系，作为职称评定、评奖评优、项目立项、人才计划选拔等的重要依据。"此外，《取消银行关于出国留学资产证明收费》的建议被九三学社中央《零讯》采纳；学校承担了"海南省文化广电出版体育事业十三五规划""海南扩大旅游消费研究""三亚市 2014 年全面深化改革研究报告"等多项地方政府委托项目；学校专家学者还通过人大、政协提案建议等形式服务地方，多项研究成果被地方政府及相关部门采纳；学校积极参与地方立法过程，其中，法学与社会学学院参与起草的《三亚市白鹭公园保护管理规定》成为三亚第一部地方性法规。

2.科研成果数量稳步提高，科研竞争力明显增强

截止到 5 月份，全校本学年共发表论文 680 篇，其中在《哲学研究》《环境科学》等权威核心期刊发表论文 42 篇，同比增长 20%，出版学术著作 11 部，编写教材教辅 3 部，其中《侦查行为的可诉性研究》等 3 本著作入选海南省社会科学成果文库，占海南省第一批入选著作数量的 60%；共获得地厅级以上纵向科研项目 62 项，其中省级以上项目增长 23%，高级别科研项目数量增长较快；本学年纵向项目经费预计将达到 210 万元，较上一年增长 8%；横向项目立项 11 项，总经费达到 140 万元，经费较上一学年持平；获得各类科研成果奖 42 项，其中专门用于奖励 2014 年科研成果的经费达到 100 万元，学年科研总经费超过 450 万元。本学年，通信与信息系统省级重点学科通过省教育厅验收，图书馆通过全省高校图书馆审核评估，学校科研排名在全国民办院校中位列第 8 名，较 2015 年又前进 4 名。

3.学术交流收获颇丰，以学术会议促进科学研究和人才培养的新模式成效明显

本学年，学校举办"首届国家治理国际学术研讨会""全球首席执行官交流会""第九届高等教育展望论坛"等具有重要影响的学术会议 13 场，开展各类学术讲座、科研培训 80 余场，其中，"全球首席执行官交流会"搭建

企业家与学生面对面互动交流平台，有效推动学校产学研模式的国际化实践；"首届国家治理国际学术研讨会"汇集国内外该领域研究专家，成立国家治理研究院高端智库平台，形成了差异化的高端智库路径，并形成了一批科研出版成果，待优秀出版社年内出版。学校教师参加国内外高水平学术活动 200 余人次，去年 11 月，我校作为中国唯一高校派代表参加了在美国哥伦比亚大学举办的全球 81 所顶级商学院参与的全球视频会议，同时学校还组织师生通过视频全程参与了该场视频会议的讨论，接入国际化高端技术平台的通道，丰富了国际化人才培养方式。

四、人力资源建设围绕学校中心工作，加强师资队伍建设，探索全员目标管理，结合大学文化生态系统性建设，提升教职工职业化水平和工作品质

1. 人才规划突出激励导向，人才队伍建设方案细化落实

本学年，围绕学校"十三五"时期发展需要和人才成长需要，学校进一步加大高层次人才引进和相关配套工作，发布"亿元人才引进计划"，启动设计和完善各类人员多方向发展通道，持续推进干部和教职工多途径、多平台、多方式培训培养，学校共有 11 人获得高级职称，其中正教授 4 人，副教授 7 人，50 名教师晋级中级职称；63 名新教师成功考取高校教师资格证；19 名新教师因在岗前培训成果验收中有突出表现，被学校提前聘任为讲师。职称晋级、学位升等的人数占教师总人数的 21%，中青年干部、教师外出培训、出国游学 50 余人次，获得专业培训、外出学习人数超过职员总数的 20%，两支队伍的培养均达到建校至今最好水平。上学期，学校对全体教职工工资进行了普调，学校还提高了副高以上职称教师、专业主任和基层党务干部的基本工资，这部分人群占到学校教职工总数的 20%。

2. 全员目标管理绩效模式初步形成，职员工作品质和服务质量得到提升

本学年，学校进一步规范了各行政管理岗位职务说明、界定岗位责任、

建立管理模型和工作模型，继续调试、完善制度建设，初步编制了《三亚学院行政管理岗位职务说明书》，导入"管理干部胜任力素质模型"，修订《干部条例》《提高管理干部学术能力"三年计划"实施办法》等制度，不断提高干部的全面素养，优化绩效管理模式和方法，提升工作品质，推动工作成效和服务质量不断提升。学校经过多年的职业化队伍建设，部门配合度明显提高，内部协同服务和积极配合为师生解决实际问题的能力得到有效提升，虽然还有不足，但是已经显示出比较优势。同时，学校人员稳定性有了大幅提升，人才聚集效应显现。

五、强化育人理念，突出双创教育、学生关爱和社团品牌特色，全方位开展学生教育管理与服务

1. 创业就业一体化服务平台初步搭建，配套机制进一步完善

本学年，学校加快落实"大众创业，万众创新"理念，推进就业出口与培养过程联动的创业创新教育，初步搭建起创业就业教育网络服务平台，共帮助在校生完成注册公司 29 家；加强创业就业指导，开展的就业指导与咨询活动的学生覆盖率超过 90%，学生对活动满意度达到 91%。目前，学校正加快细化方案，将创业就业教育整体纳入对相关部门和各学院学生工作的目标与评价体系中。

2. 完善关爱服务学生的体系，学生满意度有所提高

本学年，学生事务服务中心建设进一步完善，学业咨询与学务协调工作效能明显提升，在学生中的影响力逐步显现，服务窗口已办理各类学生事务 10541 项，办结 10531 项，办结率超过 99.9%，学生满意度达到 97.3%。

学校官微建设取得突出成效，成为学校与师生校友之间、师生之间、学生之间有效、暖心沟通的新桥梁，官微与师生互动信息月均 2000 余条，总计各类信息互动达到 30000 条。学生服务窗口与职能部门和学院之间的信息沟通机制不断完善，已开展 4 场 102 人次的见面会，职能部门负责人现场解

答学生困惑，基本形成了高效服务关爱学生成长的多维联系网络。

学校推进教师办公时间制度改革，将学院周三下午集体办公分时分专题规划，在规范专业建设、教学研究和师德师风建设、教师课余在学院办公的时间划分以趋合理的同时，也促进了师生互动交流效果的提高。

学校不断提高学生就业创业指导与服务，连续四年被评为"海南省高校就业工作优秀单位"；学生对学业的满意度和毕业生、校友对学校的满意度明显提升。

3.校园文化活动丰富多彩，品牌建设取得成效

本学年，"一学院一节庆""一专业一品牌"活动进入正常化，既提升了社团活动的品质和影响力，又成为各学院专业协同成果的展示平台，有效促进了专业建设与发展，学生社团参与率超过 70%。学院节庆活动如艺术学院"三亚的冬天"、旅游学院"旅游嘉年华"、理工学院"国际机器人大赛"、音乐学院"天涯音乐节"等的影响力已经走出校园，得到了各级领导、学界专家的认可和省内主流媒体的广泛关注，很好地展示了专业品牌建设的成果。社团活动取得较好成绩，学校鸣鹰支教队和蓝丝带海洋保护社团受到团中央表彰；学校还获得全省大学生暑期社会实践"优秀学校"称号。

六、推进学校国际化发展战略，国际合作质量和 教育外事工作品质取得新进步

1.学校全球化多元合作交流新格局初步形成

本学年，学校持续扩大国际交流与合作，多项国际化办学项目取得新突破，学校同丹麦尼尔斯布劳克哥本哈根商学院合作办学项目正式启动，下学期开始招生；学校同美国托马斯大学成立中美联合学院，与迈阿密姊妹校推进共建孔子学院项目；学校开通中非教育合作走廊，在教育文化交流、国际化合作办学、丝路商学院合作模式方面同非洲部分国家达成共识，专门召开了"非洲国家同三亚学院师生见面交流会"；学校参加了在巴基斯坦举行的

"推进中巴合作伙伴关系：信德省—海南省大学论坛"，与信德伊斯兰大学成功签约合作建立了南亚第一家"丝路商学院"，同时与巴基斯坦13所高校分别签订了合作备忘录。今年下半年，学校还将前往越南等东南亚国家高校开展交流与合作，为学校"十三五"期间拓展与上合组织国家、东盟、澜湄国家以及"一带一路"倡议框架内国家和地区的教育交流的总体布局打好基础，更多的"请进来走出去"合作平台为教师发展、学生学业进步提供了更多的机会。

2.以加强国际师资队伍建设和国际学生工作为抓手，持续提升教育外事工作品质

围绕学校国际化办学需要，学校进一步提高了外事工作的宏观协调能力和风险疏漏控制能力，专业化程度明显提高，学校国际教师工作效果持续向好，一些外籍教师积极参与学校小班授课，相关工作得到海南省外国专家局的赞誉；学校承办的"海南省第四届国际学生汉语与才艺大赛"得到了海南省教育厅领导的赞赏。下一步将重点培育"三亚丝路商学院"优质师资，研发具有核心竞争力的商科课程，为丝路商学院的招生和发展积累资源和实力。

七、学校育人环境和服务保障体系不断优化完善

1."美丽校园"品质建设稳步提升

本学年，学校完成大学生创新创业街、北区室内运动馆（书山馆地下层）、东区教职工室内运动馆改建（书海馆）、东区和北区大学生活动中心、中美友谊喷泉景观带等重点工程建设，基本完成学校学年度基础设施建设和维修维护工作目标。后勤保障部门积极加强对师生员工意见建议的受理、反馈、公示，设立专职服务督导，定期跟踪、排查落实情况，不断面对问题、总结提高。师生教学科研条件和生活交往环境持续改善，校园维修、环境美化、生活服务等保障工作能力增强。

2."数字校园"运行环境得到改善，办公效率有所提升

本学年，办公系统的顺畅运行提高了各部门办公效率，通过办公系统共处理各类文件1712项，会议服务129项，内部邮件3668封，诉求表达30项，共计5539件，部门间网上协同办理效率更加便捷高效。

学校积极开展数字校园建设调研，研究制定学校数字化校园建设目标与标准，确定了整体提升网速和后台运行环境的优化方案，学校投入300万元用于数字校园"云平台"建设，为加快网络教学资源和学术资源建设提供空间支撑、技术支持和环境保障；学校不断加强网课设备设施建设，已经建成慕课教学录播教室2间，在建录播教室3间，将在下学期投入使用。

3."健康校园"活动广泛开展，健身运动成为校园新时尚

学校持续营造阳光、运动、健康的工作环境和落实体育育人环境，设立专项资金支持体育工作委员会和工会活动。通过开展校领导带头参与并年度测评的校园健康跑、体育欢乐节，支持教职工代表队参与省市各类体育赛事活动，以及各基层工会自主开展的各类阳光向上的健身活动，极大地提升了教职工自主健身与维护健康的积极性，校园逐渐形成阳光运动的健康氛围；学校不断搭建康体养生文化交流平台，开展健康讲堂、饮食健康等健康知识普及活动，契合了广大师生热爱运动、热爱生活、热爱生命的愿望。

4."平安校园"建设扎实推进

学校以专项资金支持，完成了校园安全防范标准的设定，落实对消防设施排查修缮，安装车牌扫描式新门禁系统，对车辆通行证、校园通行卡进行年检。积极开展各种类型的安全教育和成规模的安全演练，提高了广大师生员工的安全意识和应急能力。学校还不断加强防灾防盗等安全设备设施升级改造，为全校师生提供安全的学习生活环境。学校加大校园周边环境综合治理力度，校门口交通混乱的局面实现重大改观，校门外摆摊设点的老大难问题基本解决。

八、党建工作以开展"三严三实"专题教育活动和"两学一做"学习教育为契机，切实加强学校领导班子建设和党员领导干部作风建设、基层党组织建设、宣传阵地建设，推动学校思想政治工作转型提升

1."三严三实"专题教育扎实开展，"两学一做"学习教育深入推进

本学年，学校以党委书记专题党课开局，认真开展"三严三实"专题学习研讨，按时召开民主生活会和组织生活会，强化整改落实和立规执纪，出台相关制度 6 项，问责、查处、降职、免职干部 5 人；制定"两学一做"学习教育实施方案，启动全体党员"学党章党规、学系列讲话，做合格党员"的学习教育。

2.推进思政工作整体转型

学校加强思想政治工作顶层设计，组织召开思想政治工作转型专题研讨会，通过专题讲座、原因剖析、基层调研等多种形式引领思想政治工作回归党章、回归经典、回归传统，思想政治工作队伍的责任意识、创新意识、践行愿望得到进一步激发；出台《三亚学院思想政治工作转型实施方案》，通过转变工作角色、创新工作模式及方法，提高思政工作效能，对辅导员队伍向思想导师（"六师"）角色转型做出明确要求，构建起以思政工作转型为抓手，解放辅导员工作时间，聚焦思想工作和学业指导工作，促进大学立德树人目标实现，助推学校教学科研持续发展的思想政治工作新格局。

3.进一步加强基层党组织建设和党务工作者队伍建设

本学年，学校强化基层党组织建设，调整、配齐基层党组织委员，党务干部队伍得到配齐配强。经调配后的党总支委员 51 人，新增或调整委员 14 人，占比近 30%；党支部委员 57 人，新增或调整 28 人，占比达到 50%。党总支、党支部委员总计 108 人，其中新增、调整委员 42 人，占比接近 40%。学校加强党务人员能力建设，共进行党务干部培训 8 次，召开专题讲座 14 场，党务工作者政治素质和业务能力得到提高。学校严格开展党员组

织关系接转与排查工作，取得明显成效，已完成总数的 96%。

4.宣传工作充分发挥官微等新媒体传播优势，为学校内涵发展凝聚更多正能量

学校官网持续改进，日平均点击率达到 4000 人次，新闻被新华网、人民网、《海南日报》、海南电视台等 60 余家国内主流媒体转载 269 条；新闻通稿的报道数量增多，全年外媒稿件报道学校 106 篇，较去年增长 85%。

学校官方微信平台取得长足发展，累计粉丝关注 28000 人，单周综合排行达到全国第 40 位，热文排行达到第 60 名，微信影响力排名海南省第 1 名，已经成为学校服务师生、扩大影响、凝聚力量的重要平台。今年 5 月，学校官微在腾讯高校教育类微信公众号评选中荣登南部地区榜首，获得"南部之星"称号，在《中国青年报》举行的高校官微年度大数据评选中成为海南省唯一获奖的高校。

九、关于学校"十三五"发展规划编制情况的说明

为抓好机遇，乘势作为，科学谋划学校事业发展，从本学年伊始，学校经过统一部署，根据《国家中长期教育改革和发展规划纲要（2010—2020年)》，结合《三亚学院十年发展规划（2011—2020 年)》，立足学校实际，起草形成《建设特色鲜明的高水平应用型民办大学——三亚学院"十三五"发展规划（2016—2020 年)》（审议稿)。为"十三五"期间推进各项工作明晰了事业更好发展的目标和定位，建立了行动的起点和路径。

学校高度重视"十三五"发展规划编制工作，初稿由前后两任分管教学的校领导亲自执笔，相关领导和部门共同参与，由分管人力资源的校领导组稿，经过半年时间逐步修改，校务委员会多次召开专题会议研究讨论规划编制工作。为把学校"十三五"规划制定得更加科学合理，更具有针对性和可操作性，今年 2—3 月份，征求了部门、校外专家的意见，4—5 月份，学校以召开分组座谈会的形式征求各方意见，座谈会分为学院院长组、总支书记

组、教授博士代表组、中青年学术骨干组、青年教师代表组、干部职员代表组、后勤组和学生代表组等 8 个组别，共 128 人参与，共收集到各类意见和建议 335 条，通过合并归类，整理出有效意见 263 条。5 月 18 日，学校召开校务会专题会议，对意见进行逐条审议，吸收了大量的意见和建议，通过反复讨论修改形成了今天各位代表手上的审议稿。

可以说，"十三五"发展规划的形成过程，是学校依法治校、科学决策、民主决策的过程，是总结过去、谋划未来的过程，是众人拾柴、众志成城、统一思想、凝聚共识的过程。请各位代表全面把握审议稿提出的总体要求、目标定位和重点工作，深入思考，充分讨论，提出建设性的意见和建议，使审议稿更加完善。

各位代表，今年是学校实施"十三五"发展规划的开局之年，也是省市共建三亚学院、筹建三亚大学的开局之年，十年磨一剑，学校获得了来之不易的"海南省五一劳动先进集体"荣誉称号，这是政府和社会对我们十一年来办学成果的肯定与褒奖。站在新的起跑线上，让我们紧抓机遇、不遗余力、信心满怀，坚定办学使命、坚守教育情怀、坚持大学梦想，加快推进特色鲜明的高水平应用型民办大学建设，为实现学校"十三五"发展规划的宏伟目标，早日实现三亚大学梦想而不懈奋斗！

附录：团队结构、组织机构变化及学年大事记

一、办学第九年（2013年9月—2014年9月）

1. 团队结构：校级领导6人，处级（含副处级）76人，科级（副科级）118人。

2. 组织机构变化：

2013年9月26日

经学术委员会研究决定，校务委员会同意，成立三亚学院"马克思主义哲学研究所"。同时，成立三亚学院"财税金融研究所"。

2013年10月24日

经校务委员会研究决定，成立三亚学院校刊编辑部。

2013年12月17日

经中共三亚学院委员会研究决定，成立校园管理部党总支。

2014年1月14日

经校务委员会研究决定，将国际旅游学院更名为国际酒店管理学院，原名即刻废止，组织架构及人员、师资配备不变。

2014年3月12日

经中共三亚学院委员会研究决定，撤销中共三亚学院后勤总支委员会。

2014年3月27日

校务委员会委任"教育部人文社会科学百所重点研究基地清华大学高校德育研究中心民办高校德育研究院"机构成员。

2014年4月30日

经校务委员会研究决定：旅游管理学院旅游管理（酒店管理）专业并入国际酒店管理学院，旅游管理（酒店管理）专业的教师与学生同时并入国际酒店管理学院。

2014年5月5日

经校务委员会研究决定，成立三亚学院信访办公室。

2014年5月19日

经校务委员会研究决定，在评估中心原有教学质量评价等职能的基础上，增加对学校教学工作进行全程督导的职能，并由分管教学工作的副校长直接领导。

2014年5月19日

经校务委员会研究决定，成立三亚学院马克思主义学院。

2014年5月27日

经党政联席会议研究决定，对我校思想政治教育工作领导小组成员组成进行调整。

2014年8月4日

经校务委员会研究决定，对后勤保障处主要负责人分工进行调整。

3. 学年大事记：

2013年9月8日

庆祝教师节暨表彰大会召开，对过去一学年在学校"二次创业"发展进程中各系统做出突出贡献的先进集体和先进个人进行了表彰。

2013年9月17日

2013级新生开学典礼隆重举行。同日，第七届"中国高等教育展望"

论坛暨"高等教育研究所"揭牌仪式召开。

2013 年 9 月 30 日

校务委员会扩大会议召开，党委书记、校长陆丹全面解读 2013—2014 学年秋季学期学校工作要点。

2013 年 10 月 3 日

中共中央政治局原常委、国务院原副总理李岚清来访我校，与师生代表座谈，分享了他对教育、篆刻、音乐的热爱与人生感悟。李岚清高度肯定了学校实施"人文通识教育"的做法，希望继续在培养健全青年人上下功夫，坚持走下去。

2013 年 10 月 11 日

经国家教育部复审通过，我校吕振肃教授指导的"基于物联网控制的智能家居系统"和陈博副教授指导的"海南城市公共服务信息在智能手机终端上的交互式传播方式研究"的创新训练项目获批为 2013 年国家级大学生创新创业训练计划项目。

2013 年 10 月 18 日

我校与美国中佛罗里达大学正式签署了关于建立中外合作大学（三亚中佛罗里达大学）的合作备忘录，商定共建普通本科院校。

2013 年 10 月我校学生连获全国性大奖，理工学院学子在 2013 中国机器人大赛暨 Robo Cup 公开赛中斩获 1 个全国一等奖和 1 个全国三等奖，作品"海洋及流体测控实验装置"在第十三届"挑战杯"上荣获全国三等奖；艺术学院学子李雪佳的作品"唤醒人们感知破碎景观"在"艾景奖 IDEA-KING 2013 第三届国际景观规划设计大赛"中获得园区景观设计学生本科组金奖。

2013 年 11 月 8 日

海南省首届社科学术年会专题论坛在我校召开，我校教师的 7 篇论文获本届学术年会"优秀论文奖"。

2013 年 11 月 10 日

强台风"海燕"袭击三亚，对我校基础设施形成严峻考验。

2013 年 11 月 29 日

我校首届学生素质拓展之"我和你"大比拼总决赛举行。

2013 年 12 月 5 日

我校田径队在海南省第八届大中专学生田径运动会上取得专业组一金三铜的成绩。

2013 年 12 月 7 日

第四届全国民办高校学报工作研讨会在我校举行。《三亚学院学报》在全国民办高校学报评优中荣获"优秀学报一等奖"。

2013 年 12 月 16 日至 22 日

由我校师生参与制作的大型纪录片《海之南》在央视科教频道 (CCTV—10)《探索・发现》栏目播出。

2013 年 12 月 27 日

艺术学院服装与服饰设计专业在第八届全国信息技术应用水平大赛之"国教华腾杯服装创意设计大赛"决赛获实操单项的团队全国一等奖。

2014 年 1 月 4 日

第一届教职工代表大会第二次会议召行。

2014 年 1 月 10 日

中青年教师在读博士、硕士研究生中期考核会召开。

2014 年 1 月 12 日

党委书记、校长陆丹与来访的清华大学马克思主义学院院长、高校德育研究中心主任艾四林共同签署合作建设"教育部人文社会科学百所重点研究基地清华大学高校德育研究中心民办高校德育研究院"协议。

2014 年 3 月 6 日

党的群众路线教育实践活动总结大会召开。

2014 年 3 月 14 日

音乐学院学子赴三沙进行慰问演出。

2014 年 3 月 26 日

中国校友会网发布《2014 中国大学评价研究报告》，我校获评五星级民办大学，被认可为中国大陆地区办学水平和办学层次最高的综合类民办大学；在 2014 中国综合类民办大学排名中，我校名列排行榜第四名。

2014 年 4 月 3 日

学校为我校教师首次在《中国社会科学》《社会学研究》等国家最高水平学术刊物上发表学术论文举行奖励仪式。

2014 年 4 月 18 日

我校与喜达屋集团共建"喜达屋海南区管理培训班"开班仪式在三亚海棠湾举行。

2014 年 5 月 1 日

新的校园道路系统试运行。

2014 年 5 月 21、22 日

党委书记、校长陆丹，校领导沈建勇率我校考察团访问合肥学院、黄河科技学院、郑州大学西亚斯学院。

2014 年 6 月 9 日

我校与美国迈阿密大学签署了缔结姊妹校协议。

2014 年 6 月 21 日

2014 届优秀毕业生表彰大会暨学士学位授予仪式举行。

2014 年 6 月 28 日

第一届教职工代表大会第三次会议召开。

2014 年 7 月 4 日

2013—2014 学年工作总结大会召开。

2014 年 7 月 7 日

《海南日报》报道《三亚学院开展创业教育 近百毕业生创业当老板》。

2014 年 8 月 26 日

校园电视台 UCTV 采制的电视新闻《经商经历为大学生注入"创新基因"》
获中国教育电视台 2013 年度优秀教育新闻节目二等奖。

二、办学第十年（2014 年 9 月—2015 年 9 月）

1. 团队结构：校级领导 11 人，处级（含副处级）73 人，科级（副
科级）126 人。

2. 组织机构变化：

2014 年 10 月 29 日

根据学校工作需要调整校领导分工。

2015 年 6 月 30 日

学校党政联席会议宣布新一届学校领导班子正式成立，并对学校领导分
工进行了调整，明确了新一届学校领导班子的具体工作。同时决定，学校实
行校党委会、校党政联席会议、校务会（校长会）、学术委员会各自分工负
责的决策机制，将继续实行调整后的教务长、学务长、人事长、研发长、总
务长、秘书长"行政六长制"独立负责与整合管理的执行机制。

2015 年 8 月 15 日

经校务委员会研究决定，成立三亚学院时尚健康产业学院。

3. 学年大事记：

2014 年 9 月 10 日

庆祝教师节暨表彰大会召开。管理学院教师李卉妍当选全国优秀教师，
获教育部表彰。

2014 年 9 月 16 日

2014 级新生开学典礼隆重举行。

2014 年 10 月 10 日至 12 日

理工学院学生作品 Kinect 体感控制机器人获得了 2014 中国机器人大赛暨 Robo Cup 公开赛武术擂台赛动作投影项目比赛全国一等奖。

2014 年 10 月 30 日

由法学院承办的法学、法律类综合期刊《天涯法治》杂志发行。

2014 年 11 月 20 日

传媒与文化产业学院校企联合实训中心暨双师型工作室正式成立。同日，我校公益性社团鸣鹰支教队荣获"最美三亚人"大型公益活动的"最美三亚人提名奖"。

2014 年 11 月 20 日

李克强总理视察浙江吉利集团，党委书记、校长陆丹向总理汇报了校企合作培养人才、校企协同创新的工作，总理勉励我校要培养具有精益求精精神的职业人才。

2014 年 11 月 21 日

著名军事摄影家查春明，新华社海南分社常务副总编辑宋振远在我校开展"海洋强国"爱国主义教育讲座。

2014 年 12 月 7 日

第九届孔子学院大会在厦门举行，党委书记、校长陆丹作为特邀代表应邀出席大会。

2014 年 12 月 13 日

我校哈萨克斯坦籍国际学生贾娜与蒙古籍学生苏宁巴雅尔获海南省第三届"琼州杯"国际学生汉语和才艺大赛一等奖。

2014 年 12 月 15 日

学生陈郑淏、李笃发、刘思雨创建的"嫦娥三号月球软着陆数学模型"荣获 2014 年全国大学生数学建模竞赛全国二等奖。

2014 年 12 月 15 日至 18 日

教育部本科教学工作水平评估专家组对我校本科教学工作水平进行了评估。

2015 年 1 月 4 日

法学院"花儿与少年"调研队获得"海南省 2014 年度大学生志愿者暑期社会实践先进实践队"荣誉称号。

2015 年 1 月 7 日

我校成立海南旅游新业态研究中心。该中心下设"海南邮轮游艇研究基地""海南度假酒店和住宿业研究基地"。

2015 年 1 月 13 日

中国校友会网发布了《2015 中国大学评价研究报告》，我校被评为 5 星级中国一流民办大学，在中国综合类民办大学排行榜排名第三。

2015 年 1 月 22 日

2014—2015 秋季学期工作总结大会召开。

2015 年 3 月 6 日

学校召开中层干部会议，对应用型人才培养展开探讨。

2015 年 3 月 9 日

学校新图书馆书山馆正式启用。

2015 年 4 月 8 日

旅业管理学院 3D 模拟高尔夫实验室启用。

2015 年 4 月 21 日至 25 日

党委书记、校长陆丹率我校高等教育考察团赴台交流，考察期间与台湾"国立"中山大学、圣约翰科技大学、亚洲大学、南华大学、台南应用科技大学等达成多项校际合作协议。

2015 年 4 月 29 日

中国社会工作教育协会华南地区中心年会暨社会治理能力与社会工作发展研讨会在我校召开。同日，我校与中国科学院三亚深海科学与工程研究所签约结成战略发展协同体，更好地服务于"一带一路"国家战略目标及海南省海洋战略的实施。

2015 年 4 月 30 日

"单人无动力帆船环球航海中国第一人"翟墨在我校演讲，体育学院教师颜正、学生王楠应邀与翟墨一同重走海上丝绸之路。

2015 年 5 月 23 日

在第二届中国大学生阳光杯排球联赛中，我校女子排球队获得全国季军。

2015 年 5 月 27 日

按照省委组织部要求，我校开办专题教育党课，党委书记陆丹作《坚持"三严三实"，践行"忠诚干净担当"稳步推进学校卓越发展》的报告。

2015 年 6 月初

校长陆丹一行应邀访问美国迈阿密（牛津）大学和圣约翰大学，就合作建立非独立法人中外合作办学机构、合作建立孔子学院等重大项目达成了初步共识。

2015 年 6 月 8 日

2015 届优秀毕业生表彰大会暨毕业生学士学位授予仪式举行。同日，海南省省长刘赐贵出席 2015 世界海洋日暨全国海洋宣传日开幕式、2014 年度海洋人物颁奖仪式，蓝丝带三亚学院志愿者服务社获评 2014 年度海洋人物。

2015 年 6 月 9 日

建校十周年庆典大会举行，数十位省市领导、岛内外专家学者、友好协作单位领导莅临庆贺，众多校友返校祝贺，成立校友会暨创客联盟。同日，省委常委、三亚市委书记张琦等领导会见了三亚学院董事长李书福、校党委书记、校长陆丹一行，祝贺十年校庆，并表示市委市政府愿意省市共建三亚学院，三亚市将以与公办高校同等的支持政策与力度，促进三亚学院办成国内外著名高校。

2015 年 6 月 26 日

第一届教职工代表大会第四次会议召开。

2015年6月29日

在2015年度国家社科基金一般项目、青年项目及西部项目中，我校教师共有四个项目获批立项，立项数名列全省第三。

2015年6月30日

教育部发布2015年度全国毕业生就业典型经验高校名单，我校综合就业成绩入围全国高校就业工作50强，在全国一千一百多所普通本科高校（含独立学院）中获33强。

2015年7月30日

党委书记、校长陆丹受邀做客新华会客厅，分享学校就业工作典型经验。

2015年8月22日

国家海洋局宣传教育中心经审核，将我校纳入第一批全国海洋文化产业示范基地名录。

三、办学第十一年（2015年9月—2016年9月）

1. 团队结构：校级领导8人，处级（含副处级）75人，科级（副科级）123人。

2. 组织机构变化：

2015年9月17日

校学术委员会审议修订相关条例，选举产生了新一届学术委员会主要成员，沈为平教授当选名誉主任，沈关宝教授当选主任，刘晓鹰教授、陆丹教授当选副主任，增选洪艺敏教授、王宏海教授、唐蔚明教授等为学术委员会委员。

2015年12月25日

经校务委员会研究，决定成立学生事务服务中心。

2016 年 3 月 2 日

经校务委员会研究决定，成立高等学校发展评价研究中心。

2016 年 3 月 2 日

为推进三亚大学筹建工作，经校务委员会研究决定，将原社会发展学院的城市规划专业并入艺术学院，在原法学院和社会发展学院基础上，成立"法学与社会学学院"，原社会发展学院的社会学、社会工作和应用心理学专业并入法学与社会学学院。

2016 年 3 月 2 日

经中共三亚学院委员会研究决定，撤销中共三亚学院社会发展学院总支委员会，原法学院总支委员会更名为法学与社会学学院总支委员会。

2016 年 3 月 15 日

经校务委员会研究决定，成立三亚学院学术服务中心（副处级建制），隶属科研处。

2016 年 3 月 22 日

经校务委员会研究决定，成立三亚丝路商学院。

2016 年 5 月 26 日

经校务委员会研究决定，成立海南信访研究中心。

2016 年 6 月 12 日

经校务委员会研究决定，成立海南地方调查与数据中心。

2016 年 6 月 12 日

经校务委员会研究决定，成立海南黄花梨栽培与研发研究所。

2016 年 6 月 15 日

经校务委员会研究决定：成立"信息与智能工程学院"，原理工学院计算机科学与技术专业（含计算机科学与技术专业网络工程方向），软件工程专业及计算机公共教学部整建制划入信息与智能工程学院。

2016 年 6 月 15 日

经校务委员会研究决定，成立三亚学院新媒体中心。

2016年6月20日

经校务委员会研究决定，成立三亚学院公共外交研究中心。

3. 学年大事记：

2015年9月2日

由中国国际公共关系协会主办的第五届中国大学生公关策划大赛公布最终获奖名单，传媒与文化产业学院参赛学子荣获全国三等奖3项，优秀奖6项，入围奖9项，指导教师肖灿荣获"最佳指导奖"。

2015年9月14日

教师节表彰大会隆重举行。

2015年9月15日

党委书记、校长陆丹受学校党委会委托参加在海口召开的2015年海南省高校党建工作会议，系统介绍学校十年办学发展中加强基层党组织建设、充分发挥民办高校党组织的政治核心作用的党建工作经验，省委常委、组织部长、教育工委书记李秀领对我校党建工作表示高度肯定。

2015年9月23日

2015级新生开学典礼暨军训总结大会召开，党委书记、校长陆丹寄语新生"成功不易，未来可期"。台南应用科技大学校长林品章一行受邀参会。

2015年9月26日

2015—2016学年就业工作专项会议召开，全面总结2015届毕业生就业工作经验，部署动员2016届毕业生就业工作。

2015年9月25日

党委书记、校长陆丹主持召开开学典礼工作专题民主生活会，校领导沈建勇、洪艺敏、车怡和学校教务处、校办、校团委、武装部有关责任人参会。

2015年10月14日

"健康校园跑"举行启动仪式，党委书记、校长陆丹等校领导与全校师生代表一起开跑。

2015 年 10 月 17 日

海南省第二届社会科学年会·三亚学院专题研讨会在书山馆报告厅召开，三亚市社科联主席，校党委书记、校长陆丹期望本土学者更好地发挥社会服务能力，成为地方社会发展的智力支撑。

2015 年 11 月 3 日

财经学院学生乔侨在第二届"大智慧杯"全国大学生金融精英挑战赛中获得"金融操盘手"一等奖，李海娇等 7 名同学荣获二等奖。

2015 年 11 月 10 日

我校作为中国唯一一所受邀高校，参加在美国哥伦比亚大学举办的世界500 强企业与全球 81 所顶级商学院全球视频会议。

2015 年 11 月 12 日

我校理工学院学子在 2015 中国机器人大赛暨 Robo Cup 公开赛中荣获动作投影技术挑战赛项目冠军，并获得水中机器人全局视觉水球 2VS2 项目二等奖。

2015 年 11 月 13 日

我校通信与信息系统（海洋通信方向）专业顺利通过省级重点（培育）学科验收。

2015 年 11 月 25 日

思想政治工作专题会议召开，党委书记、校长陆丹要求各党总支、各部门树立高度的使命感，深入扎实地开展好高校思想政治工作。

2015 年 11 月 27 日

干部派出培训学习成果汇报会召开。

2015 年 12 月 1 日

电影《爱在北纬 18 度》走进三亚学院开拍启动仪式在音乐广场举行。

2015 年 12 月 2 日

首届国家治理国际学术研讨会在我校举行，三亚学院国家治理研究院正式揭牌成立。

2015 年 12 月 9、10 日

IBM、美国安德玛公司、沙汗克投资集团、蒙塔洛萨人力资源顾问公司、美国必能宝公司、沃尔沃公司等世界 500 强企业的多位 CEO 齐聚我校，在书山馆报告厅与学生展开对话交流，分享知名企业在引领全球经济发展过程中的诸多经验。

2015 年 12 月 17、18 日

体育欢乐节暨体育狂欢夜举行。

2015 年 12 月 20 日

我校在 2015 年海南省大学生创新创业训练计划项目展示大赛中斩获过半项目奖项，总获奖率达到 75%，为海南省各高校之最。

2015 年 12 月 18 日

我校领导班子"三严三实"专题民主生活会召开。

2015 年 12 月 26、27 日

"2015 高等教育展望——思政课基于慕课的混合式教学改革试点评估研讨会"在我校举办。

2015 年 12 月 29 日

我校在国际水中机器人联盟 2015 年技术与工作研讨会上被授权成为"机器人科普教育'百千万工程'海南基地"。

2015 年 12 月 31 日

国内最大的创新创业商圈黑马会三亚分会在我校揭牌成立，党委书记、校长陆丹与黑马会三亚分会会长为"黑马会三亚创客论坛 · 黑马会三亚大学联盟"三亚学院永久会址揭幕。

2016 年 1 月 6 日

第九届高等教育展望论坛隆重开幕，论坛主题为"大学通识教育与应用型人才培养"，中国教育学会会长钟秉林教授等教育专家参会。

2016 年 1 月 11 日

中国校友会网最新发布了《2016 中国大学评价研究报告》，我校跃居 2016 中国综合类民办大学排行榜第二位，被评为五星级中国一流民办大学。

2016 年 1 月 12 日

在团中央面向全国高校开展的百佳大学生理论学习社团创建活动中，我校鸣鹰支教队荣获"全国百佳大学生理论学习社团"称号。

2016 年 1 月 13 日

全体教师 2015—2016 学年秋季学期工作总结大会召开。

2016 年 1 月 14 日

我校与三亚市中医院举行战略合作签约仪式。

2016 年 2 月 15 日

教育部发布《关于公布 2015 年下半年中外合作办学项目审批结果的通知》（教外函 [2016]12 号），我校与丹麦尼尔斯布劳克哥本哈根商学院合作举办的酒店管理专业本科教育项目获得教育部批准。

2016 年 2 月 15 日

法学院参与起草的《三亚市白鹭公园保护管理规定》正式施行。

2016 年 2 月 24 日

由人民日报社人民网主办，人民体育、人民网舆情监测室联合发布了"2015 中国普通高校体育竞赛榜"，我校作为全国唯一民办高校和海南省唯一高校入围该榜百强，位居全国第 82 名。

2016 年 3 月 2 日

我校校务委员会扩大会议召开，对 2015—2016 学年春季学期工作要点征求意见。

2016 年 3 月 8 日

我校蓝丝带海洋保护志愿者服务社团在中央宣传部、中央组织部、中央文明办、共青团中央、全国妇联、中国文联、中国残联、人民日报社、中央电视台等部门联合举办的志愿服务"四个100"先进典型评比活动中被评为

513

"最佳志愿服务组织"。

2016 年 3 月 21 日

中国高等教育学专家、厦门大学教育研究院名誉院长潘懋元先生率博士生调研团一行莅临我校，对我校办学思想、专业设置及教学改革等方面的典型经验展开为期一周的实地调研。

2016 年 3 月 22 日

国务院总理李克强在三亚考察期间视察我校师生结合三亚旅游文化产业市场需求所开发的创意创业产品，勉励三亚学院师生坚持走好科技创新之路。

2016 年 3 月 25 日

三亚丝路商学院在我校签约并举行揭牌仪式。

2016 年 4 月 2 日

国务院教育督导委员会办公室下发《关于公布 2013 年和 2014 年普通高等学校本科教学工作合格评估结果的通知》（国教督办函〔2015〕75 号），我校顺利通过本科教学工作合格评估。

2016 年 4 月 7 日

海南省人民政府、三亚市人民政府正式签约共建三亚学院，三亚学院成为全国首家省市两级政府共建的民办大学。省市共建三亚学院将集中政府、高校优质资源，全力推动在三亚学院基础上筹建三亚大学。签约仪式上，学校正式发布"亿元人才引进计划"。

2016 年 4 月 14 日

"三亚学院专业实习实践基地"暨"三亚广播电视台工作站"在三亚广播电视台举行揭牌仪式。

2016 年 4 月 19 日

我校召开思政工作委员会扩大会议，推动辅导员队伍向思想导师"六师"角色转型。

2016 年 5 月 2 日至 4 日

党委书记、校长陆丹参加在巴基斯坦举行的"推进中巴合作伙伴关系：

信德省——海南省大学论坛"。论坛期间，我校与巴基斯坦信德伊斯兰大学签约合作，建立巴基斯坦及南亚第一家"丝路商学院"，并与巴基斯坦13所高校分别签订了合作备忘录。

2016年5月3日

我校荣获2016年海南省五一劳动奖状。

2016年5月6日

"两学一做"学习教育动员部署会召开。

2016年5月11日

非洲国家驻华使节代表团访问我校，共叙友谊，就中非两国教育文化交流、国际化合作办学、丝路商学院合作模式等进行洽谈，共商中非教育合作大计。

2016年5月18日

我校与三亚市吉阳区政府协同共建的三亚市社区学院正式挂牌成立。

2016年5月23日

我校被批准加入全国应用技术大学（学院）联盟。

2016年5月30日至31日

各学院2016届优秀毕业生表彰暨学士学位授予仪式隆重召开。

2016年5月31日

我校参与编制的《海南省"十三五"文化广电出版体育发展规划》（简称《规划》）专家论证会在省文体厅举行。

2016年6月1日

2015—2016学年中层干部述职会议召开，各职能部门负责人、各学院院长（教学部主任）或主持工作的中层干部作学年度述职发言。

2016年6月4日

我校与吉利控股集团、北京新世纪跨国公司研究所共同主办的"全球公司中国论坛——全球公司理论创新与最佳实践分享"论坛隆重开幕。

2016年6月7日至8日

第一届教职工代表大会第五次会议召开。

2016 年 6 月 19 日

我校联合三亚公共外交研究院成立的三亚公共外交协同创新中心基地在书山馆报告厅举行揭牌仪式。

2016 年 6 月 24 日

艾瑞深中国校友会网发布《2016 中国大学教学质量评价报告》，我校作为五星级中国一流民办大学荣登 2016 中国民办大学教学质量排行榜第四位。

2016 年 7 月 19 日

中科院深海科学与工程研究所"探索一号"科考船从三亚母港起航，进行首次短途综合海试，我校理工学院教师陈晓虎作为预备潜航员全程参与。

2016 年 8 月 2 日

我校荣获"全国民办高校创新创业教育示范学校"荣誉称号。

2016 年 8 月 15 日

我校 2016 年招生继续延续了往年生源火爆的态势，同时生源质量以及招生数量都有显著提高。我校普通类专业在河北、浙江、广东等全国 16 个省份均为二本批次录取，在二本线上录取的新生人数占总人数的 51.5%。

代 后 记

凤凰鸣矣，于彼高冈。

梧桐生矣，于彼朝阳。

菶菶萋萋，雍雍喈喈。

—— 《诗经·大雅·生民之什·卷阿》

一

　　我一直希望有个机会和大家谈谈心，像若干年前和最初的创业者们在每年年末推心置腹地公开交流思想一样。因于近几年两度评估的重点工作所需，不敢分散大家对工作的注意力；同时也虑及学校分类分层授权办学正在推进之中，不愿叨扰基层的工作安排；囿于自己对制度建设和制度管事的认知尚不充分，担心逾越规矩，所以，很抱歉一直没有合适时机和在座的老师们交流。往年，在民主生活会上，领导班子成员会有一些交流，而今年，按照"三严三实"活动的党内民主生活会的规范要求，只能就"要说什么，不能说什么，必须要聚焦于什么问题"来展开。今天的会议，中层干部都在场，机关同志也在，所以，我就利用这个机会跟大家交交心。

　　刚刚过去的2015年是学校十年办学完成出世计划、着力基础建构、二次创业和正常办学计划后又一个重要节点。对新办大学而言，能够进入内涵建设时期是正常办学的一个标志；对所有大学而言，内涵建设是没有终点的，是一个永恒的命题，不同品质的大学、不同年龄的大学、不同类别的大学，内涵建设都永远在路上。对我们这个新办的民办大学来说，现在开始谈内涵建设，已是一个蛮奢侈的事情。我们所追求的内涵建设，有着双层的内涵，既是教学质量和学科品质，也是大学的文化和我们师生的气质，与其他大学的内涵建设有同质性，也有差异性。

　　我们一直致力于阳光文化、育人家园、学术社区的办学理想，而一个起步即艰苦到必须拼命奋斗，一个不强化团队价值则可能滑向个人私利泥沼、不严肃规则则马上会被人情世故俘获的环境，一个相较于中国民办普遍的老板文化和雇佣文化、社会普遍的职业敷衍，不高扬高尚理想则会立刻陷入平庸、跌入庸俗的局面选择，这些决定我必须要卫护我们的办学理想。恪守这个理想与我们给政府、董事会、师生的承诺高度重合；恪守这个理想与许许多多同事的理想和期待一致，我因此必须言出必行；恪守这个理想，从办学第一天起就不能在职场交朋友，因为我没有能力在大学理想、公务规则和个人偏好之间取得完美平衡，所以大家即便是同道中人，也在一定距离之外。这决定我们不得不与一些人只能同一段路，决定与一些人迟早分道扬镳，尽管我对事披肝沥胆、对人苦口婆心，也难免成为个别人的不舒服、不待见、不见光和我的不可言说之处。麻烦的是，问题不在人我之间，而是在学校和个人的分野，所以我倾其所有所能，也只能卫护一极，我选择我认定的和大家已经选择的，但年终岁末我经常为此伤感，因为我不能维护两端，同志们聚会的时候不带我去，同志们交流的时候不跟我玩儿，我形单影只地去做自己的事情，虽然这时候求清净做学问是最好的，但是一个学校不可能由一个人办成，还需要团队的支持。如果为此同志们觉得我不近人情，我对那些曾经的同事说声抱歉。

我已经明白，中国的民主建设在社会主义核心价值里面占了分量，一定是要推进的，什么时候推进、以什么方式推进、推进到什么程度，是需要方方面面协调的，但这是个不可扭转的大方向。我也已经明白，今天在朝向民主建设的过程中，你在前面，就要准备后面有不一致；你在上面，就要准备你有不周要接受下面的意见；你走出自家卧室客厅到公共领域，就准备接受公共规则，包括各种批评，甚至非难和"被拍板砖和被扔臭鸡蛋"。我相信这会是我们日常政治生活中的一个新常态，以后会越来越正常。只要你想当公众人物，哪怕当个班主任、辅导员，就要准备好这个心态，否则你就退场，你就回去，回到客厅，回到厨房，回到卧室，不出家门。

我希望各位干部和我一起，不要总记得自己已经做了什么，还要介意自己还有什么没有做好，要记得总有不同意见，不要总惦记春晚闭幕"掌声响起来"。不会再有鲜花、地毯迎接你，做了什么就乐在其中吧。惦记着掌声响起来，鲜花献给你，那是可以在娱乐节目里；在现实生活中，在一个民主社会里面，"各安其分，各尽其责，各享其乐"是一个常态。

在座的所有老师面对人人都是麦克风的环境，也许也要有此心理准备，站上讲台不只是对道业惑进行传授解的光荣施予，也可能需要对"吐槽冒泡"之勇敢坚韧的收纳和化解。想想职业心理咨询师的"垃圾桶"角色，我们也是。

我们如果做不到闻过则喜，也要能够无则加勉；不能够海纳百川，也要劝慰自己心静如水；很多事情，不值得我们去睚眦必报，不需要我们去与人一般见识。我小时候在外面跟小朋友闹矛盾了，回来以后妈妈安慰我的一句话就说："不要跟他一般见识"。听这话儿，感觉我是知识分子家庭出身，其实我妈妈只是个小学老师。遇到麻烦，站得更高一点，眼界会更宽广一些，心态会更平衡一些。

今天大学教师如果讲师德，已不是公德示范可以仰视，不只是政治同调可以划界，不再是职业奉献能够承载，也已不是坚持真理可以完整诠释；也许还需要以更大的同情和慈悲关怀，审视转型社会民间存在的种种一时不能消化的、不能释怀的疾苦、疾患。所谓的教育情怀，也许这是其一，需要我们共勉吧。

我会一如既往地继续努力履职。我一直在倾听各种各样的声音，反复地思考，对于一个大学来说，有没有最优的发展战略，有没有最聪明的工作思路，有没有最有水平的办法，有没有最成功的模式。在与各类成功人士的交流中，我经常去关注他们创造的一些新经验，但是我在想，不管是老经验，还是新办法，都得要明白一些事，就是有的人是红楼梦里的晴雯，叫"心比天高，命比纸薄"，她没有找到发展的那个环境和台阶；有的人眼高手低，他自己没有修炼出那个条件；有的人，邯郸学步、亦步亦趋，他没有那种主见；还有的人，故步自封，他没有动力。这些人，就在我们每个人成长过程中相与的小学同学、中学同学、大学同学、硕士研究生同学、博士研究生同学中，如何解决这些人的问题，我也没办法。因为从所学的社会学知识中获益，我特别重视时空条件，注重与时俱进和因地制宜。也就是，你可以有一个很好的规划，但你不要告诉我理想国是什么，通向理想国的很多路径或条件那是悬崖绝壁，你必须把那个桥架起来，木桥、钢桥还是网络之桥我不知道。你一定要分段实施，要不断自己创造条件，否则，不要提理想国。注重自身条件，因地制宜，也要与时俱进，这是我们三亚学院十年发展的一个基本经验，也是我们每个人安下心来没有好高骛远，没有经常拍案而起，没有怨声载道，而是踏踏实实地在做事情，一步一个脚印往前走的基本理由。

当然我也从人文学科里面受到一些教育，比方说，始终有梦，用台湾人的话说，有企图心。企图这个词，在中国的汉语词典里面是一个中偏右的词儿，有一点贬义，而从台湾的那些佛学大师的嘴巴里面说出来，就是一个偏褒的词儿，人要有企图心，就是要有上进之心、奋斗之心、愿景之心、良善之心，同时，要始终"比猪坚强"。

当然，我也有改变，比如，当学校度过生存危机后，我和同事们减少人为领导，致力于制定更多规则，推动制度建设、依靠制度办事和维护制度权威；当学校发展了，人才多了，我和同事们推动放权，将人财物事等权力下放给副职、部门、学院，这一过程还会继续；当中央领导集体开展群众路线教育活动时，我认定契机来临，推动学校的法制和民主建设。在个人的经验和能力之外，这种领导角色的现代性也在增进。看起来我很努力了，做得不少了，但我知道我做得还远远不够。

我知道，不是所有人都能同步理解我和我们学校的愿望与行动，而不理解却也得行动是蛮不舒服的。

我知道，学校集体的主张与个人的需要总有差异，而我只能顾大局之此而失个人之彼。我也是从最基层的一个普通老师做起的，我知道在一个制度环境中，如果不能够大家配合得很好，呼应得很周全，个体的生存是有一种无力之感的，但是过去我无暇顾及那么多。

我知道，为了理想不失时机，在推动学校快速进步中不少同事累、紧张、不轻松，而我不得已在两难中选择了有意无意地忽视一些同事的个人感受。

我知道，儒学、其他宗教信仰都有己所不欲勿施于人的戒律，而我身在其位，不得不勉为其难。

如果，我们不能都想到一起，不能照顾所有人的愿望，是我的局限，我要道歉。

如果，尽管客观存在着个人愿景和岗位能力不足、职业化欠缺，但同样多的因素是，发展机遇期留给我们的时间不多，学校提供的培训和条件不多，学校的人才、资金和积累不多，当然，更因为我个人的领导力不足，为此，我要真诚道歉。

我不能道歉的是：

我知道，不是所有人一开始就瞧得起、看得上我们，而我们一直不知天高地厚，很骄傲地保持远大抱负、不懈和前行。有位高校的"猪队友"领导，邀我陪领导喝酒被我婉拒了，他喝高之际打我的手机：不跟我们玩是吧，我是"国军"你不过是"民团"。后来他下岗也奔高薪的"民团"去了，但是，不过半年就被扫地出门。还有许多预言家预言我们短命和穷途末路。今天我为我们三亚学院人一直以来的这份骄傲抱歉，我们的一路前行让你们下错注了；我特别希望三亚学院的年轻教师有这份骄傲，特别特别希望三亚学院的年轻学子有这份骄傲。对待门阀、世袭、身份取人等等俗见陋识，总有一日让它们自惭形秽，向我们说声抱歉。

我的期待三亚学院人都知道，我们从不甘落后，当然也不甘平庸。在学校还没有转设时，我在2008年说，独立学院是我们在大海边试水办学的平台；本科合格评估前，学校制定十年中长期发展纲要时即提出成为民办大学的优秀代表者；即便今天我们稳居民办本科院校前列的新出发点上，我们也要说，"十三五"规划设计也不能够全部展示我们雄心美梦的庐山真面目。

中国还有增长机遇期；海南已经有国家南海战略区位的优势；三亚因为生态和干净已经有潜在的"抢注"区位优势；我们的校园生态美丽、基础骨

架已经在吸引更多青睐；未来三亚学院的朋友圈会有更多教育界和其他业界
高大上的协同伙伴。

未来考量的是学校有没有雄心大志实现我们的战略目标，学校领导有没
有办法接得上资源，学院有没有能力接得住平台，教师们有没有能耐接得稳
机会，学生们有没有信心投入学业与创新学习。

我们三亚学院的十年历程是在很多人的怀疑和一些人的质疑中大踏步走
到今天的，学院许许多多干部、老师是在相信和共识中成长发展的。

我相信没有人愿意学校止步不前，没有人愿意自己落后平庸，我坚信一
个有光明前途、蒸蒸日上的学校是承载我们每个人事业和生活之美丽愿景的
人生舞台。

我真心希望的是，在推进事业进步中照顾个人的成长，在助力个人进步
中发展我们共同的事业，事业之中，我们相互亲和，美美与共。

中国就是这样，人多资源不足，竞争一直激烈；转型社会就是这样，不
进则退；好生活永远就是这样，你不抓紧它，它便弃你而去。

我真诚地邀请三亚学院人都鼓起勇气和信心为我们每个人的未来努力，
都付出足够精力奋斗于岗位工作和个人成长。

（2016 年 1 月 2 日于三亚学院某次中层干部会议）

二

我离开上海到三亚创业已经跨十三个年头，三亚学院创立已经十二年，学校培养的本科生已近三万人。最初参加创业的老同事基本年届七十都陆续荣休，不经意间，三亚成为他们令别人羡慕的颐养天年之地，他们在三亚有居所、有家园，而学校则成为他们一生奉教最值得流连忘返的感情寄托。春节前夕，已经荣休数年的邓曾甲老教授从遥远的美国加利福尼亚他女儿的住所发来暖暖的新年祝福，洋溢在新年欢乐里的还有高知园（教职工商品房园区）两三百儿童的欢声笑语，他们的爸爸妈妈从大陆各地，有的还是从境外各地不远千里万里来到这所学校创业，从事教育大多六七个年头了。在学校校务委员会讨论年轻人的晋级事项时，人力资源的同事会提示一下，他（她）在我们学校入职已经七（八）年了，是的，在三亚学院工作七八年以上的年轻人比比皆是，如果硕士研究生毕业工作，他们已经大多三十四五岁了，成家与立业，一样不少。学校工作很紧张，年轻人工作生活安排也很紧凑，紧绷的感觉会让人对于假日的松弛愉悦特别敏感。校园和家园近在咫尺，紧密的办学生活让我们的大学正如郁郁葱葱、欣欣向荣的自然生态，繁荣健康地生长。很多年前，我梦想的大学成为"育人家园、学术社区、文化高地、竞合平台、成长通衢"的目标，事实上已经完成了基础构筑，正在顺利展开和一点点地呈现她的茁壮、生机和美丽。

美丽的校园不仅为本校师生欣赏，也普遍赢得来访宾客毫不吝啬的夸赞。海南主流媒体和建筑协会把我们学校评为海南十大生态建筑群之一，书德楼、书山馆被评为十大最美建筑，我们是海南唯一入选的高校。健康的校园也有据可依，教育部长敏于中国高等教育与社会经济转型的对应关系，在多种场合强调大学新生入学报到率、毕业就业率是衡量办学质量最显性最直接和易比较的指标，我们学校被第三方评价为民办大学入学报到率最高，被教育部评价为毕业就业率进入全国高校全口径统计的五十强；中国的一些高校校长尤其是有些清醒而睿智的校长如中央美院的潘公凯等，主张学校要办得让学生喜欢，我们学校的官微影响力被权威机构评为全国三千多所大学官微的前五十强，大学官微的受众群体基本集中在在校生和校友，全国公办高校数十年上百年的历史其累计的校友数倍十数倍于我校，从这个角度看，三亚学院的师生员工和校友对学校的关注和关心是倾注了大量的时间、精力和感情了，爱这所学校成为多数人的共识；去年的统计数据表明，学校的科研成果排位在民办大学第八位，国家社科基金项目获得数在海南排第三位，这个数据还需要考虑其他排位在前的高校办学历史数倍于我校；重要的是，一批学术造诣深厚而教育情怀浓郁的学者加盟学校，北大的王海明教授、海大的赵康太教授、厦大的张光教授等，还有数位加入学校国家治理研究院的客座教授正拟全职加盟；学校的建设成就吸引了地方政府的支持，省市共建三亚学院办成三亚大学变成了更多人的意愿；已经吸引四十多个国家和地区的大学前来交流，走出去的策略引来的合作项目越来越多，出国留学或进修、校园内有留学生已然成为常态，美国文化中心、欧盟的教育教学项目陆续落地学校；仅去年一年，出岛（飞行的交通方式）参会、进修、访学游学的教职工达到百分之三十，二十多位教师通过省级评审晋级教授、副教授，百分之二十的职员晋级。当然，照例，这几年还有关心学校的领导们到校园视察、考察、调研，就不说他们吧，长大的孩子不再说家长，我们大学要学会不在意领导如何。大学无论如何都要靠自己好好活下去，事实就是，好大学都是靠自己活得好好的。前进，不停顿地前进，成为学校管理者的职业追求；成长，不断地成长，成为学校师生员工的校园生活常态。大学若有健康生态，我衷心希望，必是由我们的过往过来，必是从此过去。2017年春节的脚步走近了，北方各地逃避雾霾和寒冷的人们带着满心的向往来到三亚过冬过节，我此刻将在完成书稿后，与李书福董事长一起飞行数国考察项目。把好空气好心情留给喜欢三亚的人们，我们，还要继续前行。

前行在中国现代化进程中，就需要面对许多并非想当然和顺理成章的事情。中国文化和中国现代社会进程的语境中，有一件值得从事教育尤其是专务大学办学的人们反思的语言现象，这与全球化相关。在全球化趋势中，传媒把农耕文化的民众、西方工业化初期的公众统统变成不再能够独立思考和难以集体行动、已然无力感知生存的大众。在大众环境里，新的言语变得容易被媒体界定、传播也容易被大众悦纳，而且容易贴标签和按标签标价。成名成家在中国传统中是读书人的一生梦想，但鲜有人如愿，但在现代中国社会，并非遥不可及，如流行歌手高居年月周流行榜首，称之为歌唱家；画师有作品参展、点评，尤其在拍卖时能获得好行情等，即称之为艺术家；在论坛和冷热媒体上比较活跃的经济学研究者，称之为经济学家；创办企业产品卖得好的，被称之为企业家，一上电视和网络说话，就成专家，等等。改革开放以后的大众传媒语境，让古老文明国家中的中国人在现代化进程中成名成家变得可想可及。这是好事情，汉代开启的儒学官化，让其后的中国人规矩太多，国家治理倒是方便、社会运行倒是有序了，百姓与生俱来的丰富多彩的生活诉求倒不见体制性空间，人们生命存续期间的生命疑惑和生存艰难所必要的心灵慰藉也稀缺信仰体系的文化生态保护和安放。中国人晚近的集体记忆里，丰富多彩、活力四射的社会景象在民国初年和改革开放才有爆发性增长的一小阶段，还是借了中国大唐盛世曾经开放、意大利文艺复兴普及之名。文化是不是土生土长的其实真不重要，人类文化的特性是本土性生产、生存和生成，同时也是与外来文化的互动、借鉴和相互吸纳的结果，重要的是，这些曾经让中国近现代本土文化活力恢复、活力四射的营养如今安在？或许过去的营养终将逝去，但能够再生产的新活力究竟在何方尚不得而知，至少我不知道。

我比较确定的是，中国大众传媒语境中，有的家似乎被禁忌。人口大国中遍地的官员，没有媒体称谓哪个网红是政治家，这是可以理解的，这叫不作。但几千所大学和几万所中小学、几千万的在学学生，数十万从事教育工作者中有无数专家称谓，但却没有谁被称为教育家，同时也鲜有人以教育家自称自居。分析中国社会生态，缺失此类称谓，大略因为有的环境不宜，有的不敢，有的实属没有等等，都有可能，但却不存在是谁谦逊而不称。如果比较一下，歌唱家、艺术家、经济学家、企业家等等，皆因在经济社会与经济收益相关，被称为家的都有不凡的经济收入，称其为家的媒体因此有经济收益。如果不作相关方利益输送关系的狭隘想象，至少可以看到，诸家无一例外地都有突出产品给社会提供明确的有所增益的服务，并且，其产品质量和品牌，并非官方钦定而是市场自主选择，认与不认、要与不要、喜不喜欢在民和在我。如果我作这样的思考至少是一种认真的思路的话，那么，真诚从事教育的人们，真的需要反思自己的存在感中有多少社会存在价值了，我们从事教育的人们是不是皇帝新衣加身，是不是只在自娱自乐，是不是浪费了公共资源，甚至是不是还妨碍了他者。这真的是自诩或自我激励是为教育情怀而来的教育界同仁们值得作步步惊心、句句惊心之问的问题。同样，答案一定是不确定的。是的，不确定是这个世界今天最大的确定性。

为了应对这个时代变动不居的环境不确定性，近年来，我在学校提出了办学者需要具有"环境响应力"的问题。并把自己由远及近的环境思考与同事们分享。

（一）大学所处的世界格局

1. 2010 年开始，我用"欧化的世界"指代全球化的由来，西方的冲动、利益和对非西方的损益，用欧化的世界游戏规则来提示中国的社会主义道路艰难、开放不易和改革了不起、加入 WTO 意义重大、GDP 总量位居世界第二的惊艳、和平崛起不容易。

这连带考量中国大学的教育国际化的必要与不易。

2.中国与发达世界的距离。经济数据为所有人耳熟能详，历史、文化、体制的不同决定了中西方难以作简单比较，我用自己的国际旅行经验做形象表达："英国人会种草"——英国作为老牌资本主义国家的土地政策（私人对土地拥有产权）代表其私有财产的根深蒂固，种草是对土地私有的爱惜和有效利用；"德国人能种树"——德国作为后起的资本主义国家，国家意志（政府力量）比西欧其他国家更为鲜明，大面积的次生林不只是生态保护也是国家的战略资源积累；"法国人会涂鸦"——同样是发达的资本主义国家，法国人的自由精神源远流长，涂鸦既是艺术方式也是心灵抗争；"日本人会铺地"——作为一心一意脱亚入欧的日本，相比于人口密度，日本国土面积不大，日本的生态保护和欧美一样好，但生态建设更花功夫，高速公路连接县域公路，再连接乡村道路，农户房前屋后和田间地头都是硬化路面，生态需要建设投入、干净需要环境基础；"美国人爱盖房"——作为欧洲移民为主的美国人，冒险精神超过母国文化，创新能力领先世界，财富最多国力最强，房子也盖得别具一格，纽约标志性的钢筋混凝土高大建筑是欧洲没有的，二百多年间把大学校园、教堂、博物馆建得怀旧而阔大，多而坚固，新奇而美，令人惊讶。以上我说的是，中国的历史欠债太多，虽然经济总量位居第二，平摊到人均和公共基础建设上，还有很长的路要走，包括教育、创新以及国民公共素养与西方相比还有几十年的距离亟待拉平。

这连带考量中国教育的长远使命。

3.钱多起来以后显露在国际社会面前的中国，暴露出来一系列中国问题，媒体指责和学者反思成一波。我认为，这些议论中国人不合群和不合时宜的公共问题，不单纯是地方性文化与国际惯例不合的问题，更多的还是经济发展的进程未到的问题。所以，我说，根据埃利亚斯的《文明的进程》，德国人花了四百年才解决了不随意吐痰的陋习，而日本人不到处扔垃圾通过立法和实践也花了几十年时间；北欧、法国文明程度不为不够，至今随手扔烟蒂的陋习尚未根除。经济发展加上法治权威，加上长时间成本，才能使一地一国的陋俗得以根治。所以，文明水平无关乎国体、政体、传统、文化，更无关乎人种。

这考量中国人在关键时候的民族自信和国家自信，也连带考量大学教育对年轻人恰当认知世界和自己的能力。

4.全球化是西欧和北美财富增值的世界玩法，游戏规则由他们制定，至少他们先熟悉和优先掌握着解释权。但是，就像文化传播，不等于文化的创始地就永远占据文化高地一样，当游戏规则被后发国家适应后，全球化就不只是利于美国自身了。美国想改弦易辙，不是容易的事，特朗普当选挑战的不只是美国的贸易自由富国之基，而且颠覆了美国两百多年建立的精美的精英社会游戏规则，美国的精英社会会利用制度阵地进行层层阻击。更何况，去除了美国自由女神价值观光环的"美国优先"策略，美国对外施展的国力少了很多魔力、诱惑力。其他各国的爱国主义教育应该简单多了。

这连带考量中国大学的德育。

5.中国与发达国家比较什么，这是经常会让人纠结的地方。不是什么都可以归结到制度和路径差异的，但基本上都可能归结为经济进程的不同。媒体和学界经常批判的中国对象，更多是比错对象，把处于现代化半程的中国与完成现代化进程的国家比较并不合适。不在同一个时间进程中，虽然可以比较出差别，但不容易比较出造成差距的真正原因。

这连带考量大学中社会科学研究的参照系问题，中国的社会科学理论受益于西方学术方式和方法训练，但如果将其作为唯一尺度，就难免会有谬误。

（二）大学所处的中国环境

6.中国的现代化成就首要是经济上的，现代化的所有工程都基于经济支持和经济改变。中国现代化成就的主要标志是改革开放过程和改革开放不可逆，不管什么时候什么方式，都不可逆，这一点，作为社会理论从业者，我比许多经济收入、社会地位、社会声望高的人更有信心。与钱和权无关，中国改革开放带来的现代性祛魅，没有罗马以后的基督诞生众神隐去更具震荡，但比当年的西方新信念更普及，没有尼采的上帝死了，但比当年的西欧更深刻；没有社会转型硬着陆，但比俄罗斯经济的市场取向更彻底；没有套用殖民者留置的政治遗产，但比印度社会运行有效得多。儒学于汉建立体系以后的向来恢宏到至今社会制度性安排的失魅，以及至今不能再度被重新官化，就是中国社会现代化祛魅的根本部分，尽管儒学本身一直而且将继续给中国社会、中国人以传统文化与现代生活的特殊营养。

这连带考量大学教育中道德教育的使命、方式、路径、尺度。

7. 经济转型是长过程。中国经济转型与中国所处国际环境的国际产能转移、大国国力此消彼长有关，也与中国人口结构中年轻世代的价值观和生活观变化（以至于没有上代人苦拼和拼命）、社会效率观转向公平观、政府效能下滑以及企业在包括赋税在内的负担加重下利润率下降等都有关。重要的是，造成前段高增长的特殊社会环境和特殊个人动机没有了，发现和创造新冲动的机制和机会还没有出现。习惯于低增长也许是全社会必要的功课。对高等教育，国家大力度投入的政策和社会大规模投入的热情，都将进入冷却时段。

这连带考量大学的投入时点、方向和力度，以及如何适应内生增长方式。

8. 中国要度过如今思想史的幼稚期。中国发展有许多困境，但难解的困境是现代思想尚处于幼稚时期。毕竟，农耕文化积蓄很久，现代文明滥觞屡屡不畅，脱离半殖民苦难并不久远，而区域差异极大，人口如此众多，维系生命、生存、共处、社会秩序等"维系问题"，经常性地大于其他发展问题的优先性，至少是分散了许多财力精力。人们，经常并不在一起讨论，而是各说各的不幸或兴趣。需要在没有更广泛共识且"大家都不容易"的艰难尴尬处境中坚持度过，需要极为豁达的心态，做不到包容，至少要做到降低焦虑、愤激、失望和悲怆。

这连带考量大学的发展问题，必须解决生存难题和继续鼓舞士气的问题。

9.中国问题的根在法治。政府公信力，企业诚信，社会信用，人际互信的稀薄、缺失、无力和不信，根子在法治权威信誉的不牢靠，这是中国所有问题归根结底的问题。

这连带考量大学办学者个人的责任担当再大、忠诚度再高、忘我奉献精神再强烈，也大不过、高不过、强不过依法治理。

10.中国人分正常人和不正常人。因为经济发展，中国社会高度和快速分层、分化，但与财产、权力、知识、地位、声望无关的是，中国人当下分正常人和不正常人，那些对待个人得失与荣辱、个人成就或失败，对待亲朋好友的善意或苛刻，对待公共的遵从或忤逆，对待私域和公域的越界或自恋等等，与其生活的社会环境当然相关，但也与其个人的人生观、价值观影响其心性、人格相关。法治一日不树立权威，不正常便是大概率事件，今天，需要远离不正常的人，包括不正常的人们需要远离自己的不正常。更多的由正常人组成的社会才可能是正常的社会。

这连带考量大学教育，培养的人才当然需要专业知识和技能，但是同样不能缺少的是培养学生形成健康人格。

11.中国最大的人口红利不是人口再生产的数量，而是改革开放焕发了几代人摆脱贫困、找到个人尊严、勤奋进取的劳动精神和工作态度这个人口质量的红利。现在，这种红利变得不具有确定性。糟糕的是，人口学家们仅一窝蜂地呼喊人口的再生产，似乎还没有人给出令人信服的答案，比如一定的土地上人口再生产与资源配比的关系，过量人口与低劣产品市场的关系，大量人口与政府效能不足的关系，教育质量和服务体系质量不高的关系，大量人口与公共服务质量难以标准化的关系，大量人口与治理中必要的民主和协商的制度性安排的关系以及其效率可能与质量控制的关系。

这连带考量大学的精神需要的是创业精神，尤其普遍以创新号召和自居的大学，需要思考没有创业精神，创新何以可能和如何广泛而可持续。

12.中国家庭教育要走出"不要输在起跑线上"的误区。中国家庭教育首当其冲的就是不要输在家庭教育的家长作为教练的心态和方法上，培养正常人理应成为家庭教育的正常心态和方法。

这连带考量大学服务的小众化和个性化问题。

13. 当政治正确成为政治学研究进入公众社会后成为值得反思的议题的时候，大学的"教育正确"也由来已久，比如教学相长已然不足，需要让位于翻转课堂。

这连带考量大学教育需要经常性检视流行的学术观念、理论，需要长远树立敢于质疑"压倒一切的力量"的学术气质，尤其要勇于质疑市场价值极大化的观念。

（三）民办大学所处的环境

14. 民办大学的社会价值被严重低估。被低估恐怕不能简单认为是疏忽，而应该考虑是否存在为掩饰公办院校浪费公共资源的真相而刻意疏忽的力量。也许，每一次对民办大学的指责和压缩，都意在策应公办教育社会价值的降低和背后不计成本运行的真相可能被揭示的恐惧。办学需要投入，但也需要计算投入产出，否则，纳税人如何评价办学的效益，仅仅有政府机构的评价是不够的。

民办教育自己需要树立足够的办学自信，包括能力自信、公德自信、公益自信。

15. 社会需要检讨，是否存在事实上的对民办教育的体制性歧视。如果存在，歧视行为是否存在人为制造社会的歧视和异己。歧视的结果，对从业者而言，并不是致命的，也许民办教育的从业者可以找到创业和收益的乐趣，但对被教育者而言则是可悲的，他们容易在受教一开始就被蒙上社会轻微越轨的阴影。

民办教育者，不因为资金、知识和能力而生存，而因为感情特别执着、心脏特别强大才能存活下来和发展下去。

16. 对民办教育的包容性发展问题。如果中国社会可以容忍改革开放的观念、制度、资源和组织的所有准备不足，可以容纳市场经济发展和社会发育过程中企业的起点定位、价值向度和品质的诸多不足，可以将中国社会的诸多问题解释为传统文化失魅、社会制度失灵，以及由此产生的腐败蔓延和信用缺失的大环境问题，那么，为什么不可以容忍民办大学起始和初期的资源以及品质不足？为什么不可以解释这种不足的社会环境原因？重要的是，为什么不可以将治理教育的外部环境与治理民办教育同步，为什么社会不能够先行站出来承担责任？这恐怕不仅是观念陈旧，还是价值偏颇；不仅是弱视、短视，还是刻意存在偏见。如果存在偏见，偏见者和纵容偏见者担心什么和希望发生什么呢？这是一本清清楚楚的账单，但没有人出面晒一晒，却让民办教育背负不德的重负。德不是用来治人的，而首先是用来自我节制的。这是中国儒学开初的魅力和宣誓宣称的魅力。如果这做不到，就不要轻言德范了，也不要让教育勉为其难吧。

（四）大学自身的环境

17. 大学是否需要系统行动？大学是生态系统，有生命力的大学需要专注于大学健康的生态建设，而不只是看到几个显性标准，尤其不能只介意政府和评估专家的几个标的。政府是正确，但政府是有任期的，关心任期目标无可厚非，但大学要与一届届政府相处好才行。专家是有水平的，但专家是政府聘用委任行事的，是拿政府尺度到处衡量的，他们作为个人和作为官派身份对办学的判断是不一样的，这也是情有可原的，但大学要与不同身份的专家都沟通好。

大学发展需要合适的定位，合适的治理，其中，管理必须是系统性设计和协同联动的，现行公办大学的管理由于体制复杂而产生文化冗余，存在领导决策层面以及执行方面敲锣打鼓不在一致的旋律或谱系上的管理积炭，难以自清。大学传达不同的管理声音（价值观和路径）是不必要的学术争鸣，就如同发出混乱行动信号的服务机构，客户东奔西突不得要领，结果可想而知。这样的大学生态，虽然办学队伍人才济济，结果却会人才挤挤，内耗的生态会无谓地消耗资源。

健康的大学生态，基于健康的治理结构，形成一致的系统目标，产生协同的系统行动。

18.大学是否需要战略？大学是古老的社会设置，现代大学是成熟的组织，古老而成熟的组织形态稳定（如以校园为空间，校院系为基本运行结构、师生教学为日常活动等），组织功能明确（教学科研社会服务），组织任务清晰（人才培养、科学研究），组织与环境关系稳定（社会不可缺少的知识生产、人才生产由专门机构负责），等等，它与其他组织如国家之间、军事组织之间、企业之间等等存在明显的此消彼长的竞争关系是明显不同的，但是对组织而言，只要存在或强或弱的竞争关系，就必须要进行战略设计，以通过战略目标设立和组织内部取得一致的战略行动赢得竞争过程中组织创设、存续、发展和生命力。

大学需要设计战略，解析战略，并以战略统合形成制度、机制、文化，形成大学师生员工的共识和行动力。被任何一方规定的大学办学目标、定位、标准，与大学自己设计的战略其结果是不一样的，但往往，许多大学的目标是被定制、依葫芦画瓢、跟着惯性走，或没有战略、战略不清晰或没有共识。

19.大学治理不止于合适的治理结构如此简洁明了。治理过程需要预设性、规范化、竞争性、个性化等等人的要素以促成成功的组织治理。大学治理、大学文化、大学校长以及团队的信念、情怀、价值观、责任感、个性和能力等这些办学的个性化表征，并非个人所能达至，前提是读懂了社会的沉默不语，恰当响应了、契合了社会的环境要求。

20.大学文化对大学发展是实际价值还是装点意义？文化的力量具有正反性，新办大学的文化建立如同治病，病来如山倒，病去如抽丝，大学校长要特别注重文化的健康原创、集体认同、体系传播、阶段接续和与时俱进的再创造。

21.专家治校是中国大学办学的必要答案。专家治校需要大学的社会环境或大学治理结构鼓励办学者职业化，需要制度或环境促进个体的职业化条件，形成职业精神激发的环境支持。

当下，中国实施教授治校的社会条件不足，起码的，引导学术竞争和学术评价制度转向的环境还不足。

22.大学的历史形成了办学常识，大学依靠大师，但为什么强调当下要专家治校？

区别于其他教育形态和层次，是大学的学术取向和任务，所以，大学的重要的基本功能是通过学术活动实现的。教授以治学为本，所以说大学之中，教授治学；大学学术区别于与其他学术机构的地方是，大学是专务培养人才的地方，是以学术能力为核心培养人才的地方，大学的基础功能是教育教学，教授以学术能力为基础、以学科知识为专长，在特定专业培养相应人才，是其本分也是其功夫，所以说大学之中，教授治教。现代大学与传统大学相比，基本功能没有太大变化，办好大学的环境、条件却更加复杂多元，办好大学的竞争力需要的要素增加很多，所以大学治学变得更加专业专门化，千变万化之中的大学不离本行的有两个基本，即大学的两个特殊产品，一是有学术能力的合格学生，一是有水准的学术成果，生产这两个产品是大学生态的系统工程，结在这个大学大树上的产品果实需要大学内外很多条件，但最基本的和最直接的条件都与教授相关，都与教学和学术相关，所以说大学之中，教授应该治校。只是在中国的过往条件和当下环境中都还不宜实施，还需要过程。当然，教授成为治校专家的兴趣、精力和个性特征，决定其治校的平台、方式、途径和频度不一样，治校结果不一样，办学结果也不一样。

23.以学生为中心。千禧年一代人的思维、价值观和行为方式不应是家庭的麻烦、管理的成本，而应当是家庭的新活力和组织的新资源。

这要考量大学教育面对千禧年一代，不是教育需要矫正对象，而是教育思想和方法研究要顺应新世代的机会。

24.大学治理结构、大学机制活力与大学组织变迁力。大学治理结构的科学性有利于促成大学办学方向的正确性、办学定位的恰当性等大学基本路径和基本方法在依法治校和依规治校前提下获得办学的可靠性;但大学是否具有机制活力和组织变迁能力以保证大学可持续发展,还需要大学校长和团队有能力响应环境、整合资源、形成共识、形成健康的大学文化和大学生态,有效地激发起师生员工不懈进取的士气。

25.大学机构以学生为中心。大学内部的结构围绕大学的基本功能而形成有效组织教学、科研和社会服务清晰的基本机构。但是,随着大学功能细化、大学功能拓展和大学内涵深化,大学因应社会的需求其功能不断地社会化,尤其是中国大学的行政化趋势有增无减,形成较为典型的科层制架构并自我派生出越来越多的自我循环的事务,大学内部结构也随之变得更加复杂。在此剪不断理还乱的复杂关系中,如果大学能够重新回到人才培养这个大学的基础功能上,以学生为中心设置学校功能架构和功能设计,那么,大学的结构并非不能简化和清晰化,也能够突出服务学生的机构处于关键位置。这要考量的不是学校领导的智商,而是大学校长的勇气和决心。

思想导师从员到师。中国大学的辅导员制度由来已久,革命时期色彩浓郁。强化学生的德育,需要先为辅导员队伍正名,使其回到大学教师的教育教学本职上,这是本,而强化其教育的思想性特征,并以专业知识为入口和通道开展德育,则有利于教育的知识权威认同,有利于教育者教学的专业性认同。回到以学生为中心的教育,其效果在实践中是可以验证的。

26.大学生的校园生活是人生特殊的学习生涯。大学生活有别于其他生活,主要在人的精力分配以学习为主;与人生其他学习阶段相比,具有更丰富的知识可选择性,更为专门知识的系统训练是其特征;而大学学业生涯最为突出的特点在于,在同辈群体环境中,做一回思想的漫游者。这种思想漫游,结合了人生追梦和现实考量,结合了专业与兴趣,学习兴趣、体验兴趣、表达兴趣,重要的是,这些兴趣大多不一定能够结合专业化的兴趣,往往往是，一旦变成专业训练，就使学生兴趣索然。放任这种思想漫游和相关联的兴趣，是大学的胸怀和功夫，是学习者的幸运。

27. 大学人文在哪里？大学必定追求事业发展、职业精进，同时也必定追求人性化。大学人文的人性化，不是在宽松或严格的两级中取舍，而是要有度的把握。在大学健康的生态环境中，校园物理环境空间和制度环境空间的合适度、师生员工于工作学习的紧张或松弛的心理空间度，是大学人文的难得温度，激情催促紧张，宽松调节焦虑，需要理性平衡的选择。

28. 大学治理中大学校长的领导。大学需不需要集中领导？大学是知识分子的集群，知识分子都有知识专长，都愿意知识产生价值，都有自圆其说的学术训练，都愿意在知识竞争中张扬个性和价值。不说各种价值有个人私利取代公务的潜在和现实的可能，仅仅如此，大学就可能成为争执不下的散漫场合。大学治理并不是比拼知识和个性竞技，大学治理是大学能够创立并保持可持续发展的专业化平台，大学授权或集权于具有大学治理知识、经验和能力的人才能够集中力量办好大学。在这个意义上，大学治理结构尤为关键。

29. 为什么需要集中领导还需要尊重群智？大学是以生产知识为技术专长来生产人才的地方，大学具有不同的学科知识构成的不同学科体系，大学教授根据各自不同的学科知识背景、不完全一致的学术方法训练、不尽相同的学术路径等等学术领域特殊的方式展开学术活动、教学活动，这本身具有更大程度的开放性和个性化空间，不可能完全整齐划一。整齐划一就一定扼杀大学的活力、生命力。所以，集权管理的校长重要的任务便是必须乐于听取别人意见、善于集思广益、能够团结大家，尊重个性智慧，发挥团队效应，这是大学组织特性造成的大学领导力特质。

30. 大学校长的知识结构。每个大学校长都有特定的学科背景，也理应在某一个领域有所建树，但是，中国大学校长需要有意识地丰富自己的知识结构。中国高等教育长期专注于专业教育，这个年龄段的教授大多是在单一专业领域培养人才的时代中脱颖而出的人才，以个人单一的知识结构与多元化的知识构成的教职员工群体相处，管理多学科构成的大学知识生产活动，确实有所欠缺，有时决策难免捉襟见肘，有时决断容易失之偏颇。在三亚学院，为了避免这种尴尬，学校已经组织了多学科多专业、跨学科跨专业的知识培训，学校干部知识体系的健全工作延伸到学院一级管理者。

31. 大学校长的任期长短。大学校长是拿农业工具干着农活的农夫，而不是在标准化流水线生产的技术工人。熟悉土壤比熟悉图纸更费精力和更难保证确定性，了解自然的气候节令比掌控室内温度更为复杂，阳光、水分、营养配比调适要比掌握数控技术更具有不确定性，重要的是，大学作为生产知识和人才的专业机构，核心是人才创造知识和培养人才，组织人的活动就需要对人有深入持久的了解、理解，组织建构或维系适合人创造知识和培养人才的环境也需要深入而持久，因此，大学校长的任期需要长阶段而不能蜻蜓点水。

32. 大学办学的简与繁。大学管理要简约，繁则生怠；大学治理结构要均衡，失衡则功能偏颇；大学管理方式要简洁，复杂则低效；大学制度要简化，烦琐则消耗精力和激情；大学机制要简明，直接有效，晦涩与弯曲则不得要领；大学结构要复杂，大学组织是混合型组织，既需要金字塔结构的运行效率，更需要扁平结构的方便民主和个性化存在，简单则容易背负金字塔的沉重；大学工作流程要清晰，默认和自动生成，既有效也有利于知识分子自己操办，含混则耽误事情、影响心情；大学服务要细致，大学文化要繁复，大学内部交流要广泛，大学上下沟通要不厌其烦，反之则淡漠、单薄、隔膜，与大学健康生态疏离。

33. 大学办学的加法和减法。创新是大学的本性，与时俱进是大学的擅长之处，新的落地、进步向前，往往都在做加法，在社会转型时期、经济增长时期、创新爆发时期，加上中国大学由上而下指令的体制特征，大学工作最容易造成一直做加法的叠墙架屋，其结果往往因为时间和精力有限而适得其反。大学创新和与时俱进，需要同时做加减法，加新就要同时滤旧，进新就要同时考虑汰后，这样才能既保持时新，也保持高效和活力。可惜的是，无论是惧上戚还是怕下怨，许多大学宁可不断负重做加法，也绝不做吃力不讨好的减法，这是另一种管理上的搭便车。

（五）三亚学院的地方环境

34. 海南岛屿经济被国家生态战略限制开展工业化，道理上讲，既然不是市场经济竞争的结果，就该由政府买单实施足以填平与发达地区差距的转移支付，以谋求区域发展的平等机会和分享与发达地区等价的发展红利。由于体制力量，事实上不能获得这样的补偿。问题是，这种以牺牲局部不建设为代价的计划经济一盘棋思维，并不会就此终结，而且会愈演愈烈，海南为成为全国生态后花园牺牲的道德强制理所当然的下移蔓延到岛内的一盘棋思维，让海南内部某些区域、某些行业、门类、体制外因素继续为海南大棋盘牺牲，并且会一步步传染开来，逻辑上也难以阻挡其蔓延到组织与个人、公权与私域。这和印度落后的种姓制度是否已经接近，值得思考，区域和家庭一样，出生就被制度安排了命运，这离耸人听闻不远。

这连带考量大学治理问题，大学内部尽管存在不同院系和部门在系统中位置重要程度不一的事实，也存在其各自发展过程中不均衡的事实，学校治理中的资源配置还是不能差别过大，相反，需要通过管理机制的一视同仁缩小差距，甚至补足差距。通过竞争机制产生效率是一回事，配置资源的政策公平则又是另一回事。

35. 如果海南一定要坚持一盘棋思维，至少也要够聪明地谋求全岛格局能够具有相对竞争力，既然国家定位海南为国际旅游岛，那就应该在国际化和旅游上做足文章。把旅游国际化作为岛屿经济社会国际化的突破口，要足政策，把旅游产业链做大、做长、做全、做强，形成独特的区域经济优势。但如果国际化只是幌子，旅游仅仅作为区域经济和城市经济的一个部分，而地方政府的视阈、思维和方式依然实行与内地开放等宽的边际和等同的功能，产业依然各行其是，那么，就只能一次次被一盘棋了。可惜的是，由于被定义成为什么样子的思维已经决定了地方只能成为什么，所以，任何假设、理性分析和主观努力都变得不可能。这印证了观念落后就是能力欠缺的观点，没有能力又何来为一方造福的责任担当。

海南是经济落后省、财政小省、教育弱势省，民办大学在僧多粥少的财政环境里，在经济上资源上得不到实际支持，但在自主性上却自然获得"组织的个体化"空间，需要恰当利用好这种看似不利的环境和资源。

这连带考量大学的治理和创新，起点是对存在状态的合理性质疑，兴奋点是对资源配置和整合的重新认识，突破点是寻找可能的市场新需求。尤其在民办大学办学，需要恰当响应环境，需要恰当认识资源，需要有能力整合资源，需要在职业思维、职业价值和职业绩效评价上从客观的资源导向型转变为义务责任导向型。

36.扶贫调查海南18个县市的贫困村，得到的初步判断令人惊讶，改革开放以后恢复的基层乡村建设，其实其精力在政权建设，组织经济生产的功能已基本荒废。贫困村，是市场经济自然竞争被淘汰的结果，也是基层政权建设中经济缺位的结果。

这连带考量大学治理问题，高层管理发现基层出现的任何偏颇，首先需要反思的是上层的政策导向是否存在偏差。

千百年来，世界上存在一些古老而能够延续到现代的设置。博物馆，陈列承载和诉说文明轨迹和文化趣味；教堂庙宇，承载和诉说生活在这里的人们的信仰和困顿。现代大学，从久远的西方中世纪而来，也带有历史和文化趣味，也自有信仰和信念取向，本来应该千姿百态，现在却越来越趋同，仿佛是现代社会的另一种设置即工厂公司，专务于生产，只是大学以生产和经营知识产品、人才产品为乐事，以在同一大市场以及不同细分的子市场为自己获得更多消费机会为大学机构的合法性标准和存在价值。这是件确定无疑又疑窦丛生的恼人的事情。

大学的现代化进程，存在于大科技时代形成的不可逆且不可自控的知识的市场化取向、科技理性取向和某些区域突出的行政化取向的社会生态中，以布鲁代尔的长时段假设，这种惯性还将持续相当长一个时期，大学于此有觉悟但也无可奈何。肯定的，大学不可以自身基本功能之外的方式企图改变世界，也许，大学认知和求新以改变世界的重点并不能着力于大学的社会环境和作为社会设置的大学体系本身，亦不应附庸风雅以求得一时风尚以自得，而应该在求得自身竞争力的基础上，在求得自净的生态中，激情洋溢地着墨于在大学之内如何取得更多合理性，更多朝气蓬勃，更多共识文化，更多进取进步，更多宽松尊重，更多相安无事和更多温暖亲切。归根到底，大学如同生活世界，生活于其中的人们喜欢什么样的活力四射、丰富多元与自由自在的生活，大学就应竭尽力量提供对应的知识、人才、文化产品和生态环境，营造这样的生活。有此大学生态，大学作为社会设置的必要自足和必要回馈，才有可能，才可持续。同时，大学也才会因此产生其他机构不可替代的作用。这本是大学自带的情怀吧。

世界上存在各种大学，有的惊鸿一瞥或昙花一现，有的从未惊艳至平淡寻常，有的眼花缭乱地迅速崛起，有的温文尔雅地缓释芬芳，而成功大学的大概率形态仅只限于一种，即那种历久而弥新者。这个过程，漫长而短暂，激越而淡泊，她的常识在于时间是常数，她的非凡是在与时间赛跑。

（2017 年 1 月 31 日于维也纳雪夜）

责任编辑：李源正

封面设计：林芝玉

图书在版编目（CIP）数据

民办大学的实践与思考 / 陆丹 著 . —北京：人民出版社，2021.12

ISBN 978－7－01－022924－9

I. ①民… II. ①陆… III. ①民办高校－研究－中国 IV. ① G648.7

中国版本图书馆 CIP 数据核字（2020）第 251505 号

民办大学的实践与思考

MINBAN DAXUE DE SHIJIAN YU SIKAO

陆丹 著

人民出版社 出版发行

（100706 北京市东城区隆福寺街 99 号）

北京汇林印务有限公司印刷 新华书店经销

2021 年 12 月第 1 版 2021 年 12 月北京第 1 次印刷

开本：710 毫米 ×1000 毫米 1/16 印张：34.5

字数：500 千字

ISBN 978－7－01－022924－9 定价：88.00 元

邮购地址 100706 北京市东城区隆福寺街 99 号

人民东方图书销售中心 电话：（010）65250042 65289539